重慶大學

年鉴2021

CHONGQING DAXUE
NIANJIAN 2021

重庆大学校长办公室　编

重慶大學出版社

图书在版编目(CIP)数据

重庆大学年鉴. 2021 / 重庆大学校长办公室编. --
重庆 : 重庆大学出版社, 2022.7
ISBN 978-7-5689-3272-1

Ⅰ. ①重… Ⅱ. ①重… Ⅲ. ①重庆大学—2021—年鉴
Ⅳ. ①G649.287.19-54

中国版本图书馆 CIP 数据核字(2022)第 070798 号

重庆大学年鉴 2021

重庆大学校长办公室　编

责任编辑:陆　艳　陈　力　　版式设计:陈　力
责任校对:王　倩　　　　　　责任印制:邱　瑶

*

重庆大学出版社出版发行
出版人:饶帮华
社址:重庆市沙坪坝区大学城西路 21 号
邮编:401331
电话:(023) 88617190　88617185(中小学)
传真:(023) 88617186　88617166
网址:http://www.cqup.com.cn
邮箱:fxk@cqup.com.cn (营销中心)
全国新华书店经销
重庆升光电力印务有限公司印刷

*

开本:889mm×1194mm　1/16　印张:25.25　字数:610千　插页:16 开 8 页
2022 年 7 月第 1 版　　2022 年 7 月第 1 次印刷
ISBN 978-7-5689-3272-1　定价:199.00 元

《重庆大学年鉴 2021》
编辑委员会

《重庆大学年鉴 2021》
编　辑　部

编者的话

2020年,极不平凡的一年,世纪疫情和百年变局交织,形势错综复杂,全体重大人不忘初心、牢记使命,勤奋学习、努力工作,在危机中育新机,于变局中开新局,把增强“四个意识”、坚定“四个自信”、做到“两个维护”落实到压实重大责任、服务重大战略、落实重大任务的实际行动上,高质量完成各项急难险重任务,统筹推进疫情防控和学校事业发展。这一年,学校坚持以习近平新时代中国特色社会主义思想为指导,深入学习贯彻习近平总书记关于教育的重要论述和党的十九届二中、三中、四中、五中全会精神,党的建设不断加强,立德树人全面落实,学科建设扎实推进,人才引育持续发力,科学研究不断突破,脱贫攻坚成效显著,条件保障持续改善,“十三五”圆满收官,为“十四五”发展和实现第二个百年奋斗目标奠定了坚实基础。

这一年,我们坚决扛起疫情防控重大政治责任。第一时间成立疫情防控工作领导小组,第一时间发出全校“动员令”,第一时间制订疫情防控工作方案,坚定信心、同舟共济、科学防控、精准施策,牢牢守住校园疫情防控“安全线”。延迟开学期间,做好线上教育教学,坚持“停课不停教、停课不停学”;同时,科学研判、严密防控,积极稳妥推进全面复学。坚持育心与育德相结合,做好疫情期间人文关怀,以战疫为教材上好爱国教育课。在抗疫斗争中,学校附属医院医护人员白衣为甲、逆行出征,充分凸显重大人的使命与担当。

这一年,我们主动对接成渝地区双城经济圈重大国家战略。凝聚思想共识,加强统筹谋划,瞄准重庆“两中心两地”建设需求和学科前沿,立足学校百年发展基业,谋划完善校区功能定位和校区学科布局,推进“重庆大学科学中心”、超瞬态实验装置建设取得实质性进展,成功列入教育部高校重大科技基础设施“十四五”规划。牵头成立成渝地区双城经济圈高校联盟,加快建设环重庆大学创新生态圈,深度融入西部(重庆)科学城建设,充分展现重大人的气魄与胸怀。

这一年,我们认真落实精准扶贫重大政治任务。对口扶贫云南绿春县,帮党建促引领,帮文化促志气,帮教育促发展,帮产业促增收,帮医疗促提升,指标任务平均完成率超过400%,帮助绿春县脱贫摘帽。同时做好开州关面乡、沙坪坝青木关镇帮扶工作,推进巩固拓展脱贫攻坚成果同乡村振兴有效衔接。《焦点访谈》专题报道我校经验,“五帮五促”获评教育部十大典型项目,获评教育部精准扶贫采购十佳单位,充分彰显重大人的格局与情怀。

这一年,我们坚定不移推进党的建设。坚持社会主义办学方向,把政治建设摆在首位,持续巩固主题教育成果,深入学习宣传贯彻党的十九届五中全会精神,牢牢把握意识形态主动权。积极推进“全国党建工作示范高校”培育创建工作并顺利通过验收,10个党组织入选重庆市高校党建“双创”工作培育创建单位。全面从严治党，深入开展巡视整改“回头看”，持续推进校内巡察工作，积极营造良好政治生态、和谐稳定校园氛围。

这一年，我们全面深入推进立德树人。加快构建思想政治工作体系，深化“三全育人”综合改革，创新性打造具有学校特色的六大育人阵地和综合改革示范区（虎溪校区），加强“高校思想政治工作创新中心”建设，成功创建“全国文明校园”。成立本科生院，30门课程入选国家一流课程，自主审核新增药学、外国语言文学一级学科博士点，学生升学率继续增长，就业率稳中有升。

这一年，我们加快推进“双一流”建设。高质量完成“双一流”建设各项任务，高水平达成预期目标，部分指标超额完成，关键领域实现历史性突破。启动实施基础理科卓越行动计划、基础文科振兴行动计划，持续推进学科优化调整，科学编制“十四五”规划。ESI整体排名较2019年同期提升117个名次，世界前1%学科增至12个，前1‰学科增至2个，社会科学总论首次进入前1%，标志着我校文科水平迈上新台阶。

这一年，我们持续提升科研创新能力。全校自然科学类科研实到经费首次突破10亿，获批国家自然科学基金项目数和经费数均创历史新高，实现逆势增长；获得国家自然科学基金创新研究群体资助，基金重大项目实现历史性突破；获批“高等学校科技成果转化和技术转移基地”“国家知识产权示范高校”，成果转化合同金额突破1亿元。首次获得国家社科基金重大研究专项，冷门“绝学”研究项目取得“零突破”。加快新型特色高端智库建设步伐，在重庆市委人才工作领导小组指导下成立“重庆人才发展研究院”，与中国科协等共建“城市化与区域创新极发展研究中心”。

这一年，我们着力抓好人才队伍建设。坚持党管人才，将师德师风评价贯穿人才引进、职称评聘、推优评先、表彰奖励等全过程。破除“五唯”，建设完成人事信息系统，开展评价改革试点，实施教职工奖励办法。创新引才模式，推进“云端招聘”，设置引才专员，分批次、分阶段规划建设人才队伍，全年引进教师236人，新增国家级人才36人次。

这一年，我们深化拓展对外交流合作。坚持以全球视野推动对外开放，召开国际化发展推进大会，发布国际化发展规划。新增17个国（境）外合作高校或联盟。继续加强与地方和企业的合作，与南京市共建重庆大学南京研究院，与溧阳市共建智慧城市研究院，与四川省人民政府开展战略合作。

过去的一年，学校各项工作有力推进，成绩令人振奋，这是党中央、国务院和教育部、重庆市的坚强领导和全校师生员工共同努力的结果。在此，我们代表学校由衷礼赞全校师生员工的无私奉献！真挚感谢海内外广大校友的倾力相助！诚意致敬社会各界的关心支持！

在本卷年鉴中，我们力图全面、完整地反映学校各个方面的工作，由于篇幅限制及编者能力有限，疏漏和不当之处在所难免，敬请各位读者批评指正。本年鉴的编纂得到了学校领导及校内各单位的大力支持与协助，在此一并致谢。

编　者

2021年12月

2020 年 1 月 7 日，学校召开教师干部大会

2020 年 1 月 8 日，校长张宗益受邀出席 2020 未来教育论坛并做主旨报告

2020 年 1 月 10 日，周绪红院士牵头项目获国家科技进步一等奖

2020 年 2 月 26 日，校领导视频连线慰问附属三峡医院

2020 年 4 月 13—14 日，校党委书记舒立春带队赴云南绿春县精准对接定点扶贫工作

2020 年 5 月 8 日，学校召开疫情后开学复课工作部署视频会

2020 年 5 月 12 日，成渝地区双城经济圈高校联盟成立大会在成都举行

2020 年 5 月 18 日，四川省眉山市党政代表团来校访问，携手推动成渝地区双城经济圈建设

2020 年 5 月 25 日，校领导带队开展疫情后新学期全校教学检查工作

2020 年 5 月 31 日，学校召开原重庆大学、重庆建筑大学、重庆建筑高等专科学校合校发展 20 周年座谈会

2020 年 6 月 17 日，学校举行 2020 届选调生出征欢送会

2020 年 6 月 23 日，学校召开"十四五"发展规划编制工作布置会

2020 年 6 月 24 日，学校召开国际化发展推进大会

2020 年 6 月 28 日，校长张宗益出席两江新区明月湖—重庆大学新工科教育科创平台签约仪式

2020 年 6 月 28 日，学校举行 2020 届学生毕业典礼

2020 年 7 月 3 日，学校召开加强基础学科建设推进大会

2020 年 7 月 18 日，西北工业大学常务副校长黄维院士一行来校访问交流

2020 年 7 月 27 日，重庆大学与万州区政府全面深化战略合作签约座谈会暨重庆大学附属三峡医院揭牌仪式在万州举行

2020 年 8 月 21 日，四川省人民政府与重庆大学签署省校战略合作协议

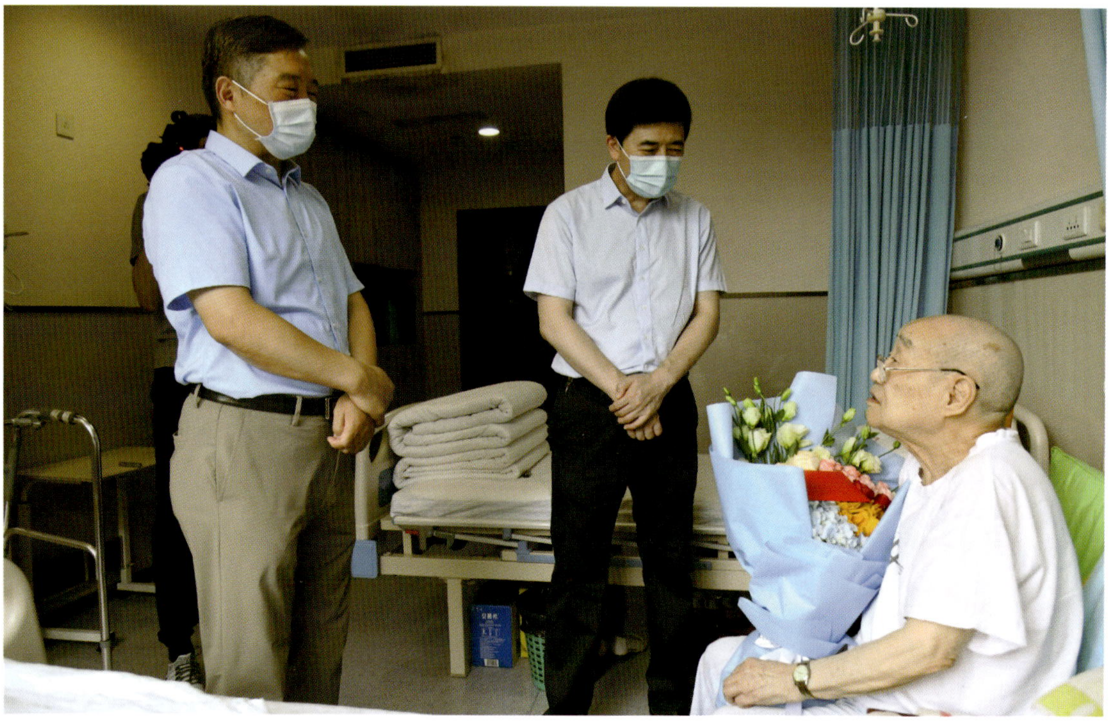

2020 年 8 月 31 日，学校领导慰问抗战老兵

2020 年 9 月 4 日，学校举行 2020 级研究生新生开学典礼

2020 年 9 月 10 日，学校举行 2020 级本科生开学典礼暨军训动员大会

2020 年 9 月 21 日，创新“思政课”红岩革命故事展演活动在重庆大学启动

2020 年 10 月 21 日，学校与华为签约共建“智能基座”产教融合协同育人基地

2020 年 10 月 29 日，学校开展 2020 年新进教职工入职培训系列活动

2020 年 10 月 30 日—11 月 1 日，第十三届全国大学生创新创业年会在学校举行

2020 年 11 月 3 日，周绪红院士荣获“2020 年度何梁何利基金科学与技术进步奖”

2020 年 11 月 18 日，重庆市第六届大学生艺术展演活动开幕式暨舞蹈专场展演在学校举行

2020 年 11 月 26 日，学校师生在歌乐山烈士墓红岩广场举行“11·27”烈士殉难纪念系列活动

2020 年 12 月 7 日，国务院医改领导小组秘书处来校调研座谈

2020 年 12 月 23 日，央视《焦点访谈》栏目点赞学校扶贫特色举措

2020 年 12 月 24—25 日，学校举办 2021 年新年晚会

Contents | 目 录

学校概况

校情概览

重庆大学是教育部直属的全国重点大学，国家“211 工程”和“985 工程”重点建设的高水平研究型综合性大学，国家“世界一流大学建设高校（A 类）”。

学校创办于 1929 年，在 20 世纪 40 年代就发展为拥有文、理、工、商、法、医 6 个学院的国立综合性大学。经过 1952 年全国院系调整，成为国家高教部（高教部 1958 年并入教育部）直属的、以工科为主的多科性大学。1960 年被确定为全国重点大学。改革开放以来，学校大力发展人文社科类学科专业，促进了多学科协调发展，逐步发展为综合性研究型大学。1998 年，学校成为国家“211 工程”重点建设高校。2000 年 5 月，原重庆大学、重庆建筑大学、重庆建筑高等专科学校三校合并组建成新的重庆大学。2001 年，学校成为“985 工程”重点建设高校。2004 年，学校被确定为中管高校。2017 年 9 月，学校入选国家“世界一流大学建设高校（A 类）”。

学校学科门类齐全，涵盖理、工、经、管、法、文、史、哲、医、教育、艺术 11 个学科门类。设 7 个学部 35 个学院，以及附属肿瘤医院、附属三峡医院、附属涪陵医院、附属中心医院。教职工5 300余人，在校学生49 000余人，其中研究生22 000余人，本科生26 000余人，来华留学生1 700余人。校园占地面积5 300余亩，分为 A 校区、B 校区、C 校区和虎溪校区。

学校坚持以习近平新时代中国特色社会主义思想为指导，深入贯彻习近平总书记关于教育的重要论述，全面贯彻党的教育方针，不忘立德树人初心，牢记为党育人、为国育才使命，持续深化综合改革，推动内涵发展、特色发展、高质量发展，各项事业保持快速向上向好发展势头，综合办学实力、学术声誉和影响力显著提升。

人才培养

以造就“行业精英、国家栋梁”为己任，为国家和地方经济社会发展培养输送了 40 余万名高素质人才，培养了一大批杰出的科学家、教育家、企业家和工程技术人员，40 余人当选为两院院士。近年来，认真落实全国高校思想政治工作会议、全国教育大会精神，构建十大育人体系，建设六大育人阵地，入选全国首批 10 所“三全育人”综合改革试点高校、20 所“高校思想政治工作创新发展中心”承建高校。大力实施“本科教育 2029 行动计划”，打造一流本科教育。成立本科生院，全面实施大类招生、大类培养，加强通识教育。43 个专业入选国家级一流本科专业，30 门课程入选首批国家级一流本科课程；数学、物理专业进入“强基计划”。持续深化培养体制机制改革，打造卓越研究生教育。获批学位授权自主审核高校，有一级学科博士学位授权点 35 个,一级学科硕士学位授权点 53 个,专业学位授权点 25 个;全面推行博士生“申请—考核”制招生,博士生招生规模增至 1 000 余人。深化“产教融合、跨界培养”,积极推进创新创业教育,五年来在全国各类大学生竞赛中获奖 4 400 余项,其中获全国特等奖和一等奖 260 余项。

学科建设

坚持以学科内涵发展为核心,按照“强化工科、夯实理科、振兴文科、繁荣社科、拓展医科、提升信科”的思路,建立健全适应科技高速变革的学科优化布局机制以及适宜产生未来引领学科的体制机制,着力构建一流学科生态。持续加大“先进制造”“智慧能源”“新型城镇化”三大学科群建设,按照新一轮“双一流”建设规划,推动机械、电气、土木等特色优势学科率先达到世界一流。先后成立医学院、医学部,高起点推进医学学科加快发展。启动实施《基础文科振兴行动计划》《基础理科卓越行动计划》,加快提升基础学科整体发展水平。工程学、材料科学先后进入 ESI 世界前 1‰学科,12 个学科进入 ESI 世界前 1%;冶金、仪器、矿业、机械、土木、交通运输等 6 个学科进入“软科”世界一流学科排名前 50 名。

人才队伍

大力实施人才强校战略,系统构建起“3+7”人事人才制度体系和四层次七类别人才引育“金字塔”,积极营造“近者悦、远者来”的人才发展氛围,以先进体制机制激发高层次人才持续汇聚的内生动力。现有专任教师 3 100余人,其中院士等国家级人才 200 余人,博士生导师 1 000 余人,副高级以上专业技术人员 2 000 余人。

科学研究

深化科研管理服务改革,构建起“1+5”新型科研创新体系,以新的体制机制促进高质量成果产出。加强创新体系内涵建设,全面实施基础研究珠峰计划、重大项目成果人才培育计划、重点研究基地构筑计划、军民融合发展行动计划。加强科研前瞻布局,全面融入西部(重庆)科学城建设,推动建设重庆大学科学中心,培育建设“超瞬态实验”大科学装置,推动成立人工智能研究院、智慧城市研究院等跨学科交叉研究平台,谋划建设合成生物学、未来芯片、量子物质科学等高水平原始创新平台。“十三五”以来,新增国家和省部级科研平台 23 个,获批国家级科研项目 2 400 余项(其中牵头千万元级以上重大项目 40 余项),荣获国家奖和省部级科技奖励一等奖 60 余项,国家科技进步一等奖、大科学装置建设、国家自然科学基金重大项目、*Nature*、*Science* 正刊论文等均取得历史性突破,科研总经费屡创新高(2020 年达到 22.85 亿元),发表高水平论文数量和获权发明专利数量显著增长。实施人文社科繁荣计划,获得国家重点研发计划项目,荣获鲁迅文学奖,持续推进“中国工程科技发展战略重庆研究院”“地方政府治理协同创新中心”“城市化与区域创新极发展研究中心”“重庆人才发展研究院”等新型高端智库平台建设,服务科学决策。学校主办的 7 种期刊入选权威、核心期刊。

国际合作

大力推进国际化发展战略，积极融入“一带一路”、西部陆海新通道发展，加强与世界一流大学和研究机构的实质性合作，已与32个国家和地区的186所高校、研究机构建立了稳定良好的合作关系，拥有国家级学科创新引智基地、教育部国际联合实验室等各类国际合作平台近20个。重庆大学—辛辛那提联合学院合作办学成效显著。鼓励支持师生出国（境）访学交流，年均学生出国（境）访学人数达到3 700余人。致力于中华文化推广，设有泰国勿洞孔子学院、意大利比萨孔子学院、澳大利亚乐卓博大学孔子学院。入选教育部首批“来华留学示范基地”，积极打造“留学重大”品牌，建成全英文授课硕博项目45个、全英文授课课程300余门。

社会服务

始终坚持“研究学术、造就人才、佑启乡邦、振导社会”的办学宗旨，积极发挥社会服务职能。深化拓展校地合作，南京研究院等一批科技创新平台和新型高端研发机构落地生根。牵头研制的月面微型生态圈在月球上种植出第一片绿叶，完成人类首次月面生物生长培育实验。成立了原国家教委批准的全国第一家高校董事会，大学科技园获认定为全国首批22个国家大学科技园之一。积极推进对口支援高校工作，创造性地开展定点扶贫和服务乡村振兴工作，助力云南绿春县和重庆开州区关面乡顺利实现脱贫摘帽。发挥附属医院优势，在疫情防控、医疗救治等领域向社会提供优质服务。

学校以“扎根巴渝大地、服务重庆发展”为己任，抢抓成渝地区双城经济圈建设、西部陆海新通道建设等国家战略机遇，主动发挥智力优势、人才优势，深度融入区域经济社会创新发展。与重庆市政府共同启动筹建重庆实验室、共建长江生态环境学院；与万州区政府签署全面深化战略合作协议；与高新区携手推动“重庆大学科学中心”建设，培育建设“超瞬态实验”大科学装置；与沙坪坝区共建环重庆大学创新生态圈，共建国际联合研究院；与沙坪坝区、高新区、华为公司共建超算中心；与两江新区共建明月湖新工科教育创新平台；与璧山区共建璧山先进技术研究院；在武隆区建设气球平台微波垂直传能试验验证平台等。牵头成立“成渝地区双城经济圈高校联盟”，着力打造成渝科教创新共同体。

校园文化

坚持以社会主义核心价值观为引领，凝练弘扬“复兴民族，誓作前锋”的重大精神，以一流的大学文化推进一流大学建设，获评第二批“全国文明校园”称号。大力选树先进典型，近百名教师荣获“全国优秀共产党员”“全国抗击新冠肺炎疫情先进个人”“最美奋斗者”和“最美高校辅导员”等荣誉称号。潜心打造校史馆及“立德树人”专题展览馆，深入挖掘爱国奉献精神内涵，弘扬科学精神和崇高品德。创作《重庆家书》《重庆往事·红色恋人》《光华》《初心·1929》《寅初亭》等原创话剧作品，讲好“重大故事”，展示人文素养和家国情怀。传承和打造以川剧为代表的特色中华优秀传统文化成果，获批中华优秀传统文化（川剧）传承基地。

建立师生、校友人物特色档案资源库，打造“重大文库”，传播重大精神。实施建筑文化景观完善工程，学校近现代建筑群和早期建筑群分别入选第二批中国 20 世纪建筑遗产和第八批全国重点文物保护单。

面向未来，重庆大学将立足新发展阶段、贯彻新发展理念、服务构建新发展格局，秉承“研究学术、造就人才、佑启乡邦、振导社会”的办学宗旨和“复兴民族，誓作前锋”的重大精神，坚持以发展为要义、以卓越为灵魂、以人民为中心，不忘初心、牢记使命，坚定走中国特色世界一流的大学之路，努力以更高质量的办学成就和更高水平的育人能力，更好担负起为党育人、为国育才的历史重任，不负党和人民的重托与厚望。

特　载

(一)领导讲话

在全校教师干部大会上的讲话

舒立春

(2020年1月7日)

尊敬的王维平局长、郑富芝副部长、胡文容部长,尊敬的各位领导,各位老师、各位同志:

大家好!

刚才,中组部王维平局长宣布了中央决定,任命我为重庆大学党委书记。我坚决拥护和服从中央的决定!衷心感谢中组部、教育部、重庆市委市政府对我的信任和厚爱!衷心感谢重庆大学六万余名师生员工对我的支持和帮助!

重庆大学是教育部直属、国家211工程、985工程重点建设大学,是国家“世界一流大学A类建设高校”。90年前,受“五四”爱国运动的影响,一批著名学者,怀抱科学救国、教育救国的理想,创办了重庆大学。90年来,重庆大学始终秉持“研究学术、造就人才、佑启乡邦、振导社会”的办学宗旨,始终坚持建设“完备弘深之大学”的办学目标,始终弘扬“耐劳苦、尚俭朴、勤学业、爱国家”的重大精神,始终倡导“求知、求精、求实、求新”的优良学风,“复兴民族,誓作先锋”,在科学救国中崛起,在国家建设中奉献,在高校融合中跨越,在争创一流中奋进,先后培养了40余万名高素质专门人才,为国家富强、民族振兴、人民幸福作出了重要贡献。

重庆大学之所以取得今天的成就,是学校历届领导班子和一代又一代重大人艰苦创业、不懈奋斗的结果。其中倾注了周旬书记的心血和汗水。周旬书记政治坚定,经验丰富,视野开阔,严于律己,在担任重庆大学党委书记四年多的时间里,深入学习贯彻习近平新时代中国特色社会主义思想,全面贯彻党的教育方针,坚持社会主义办学方向,把牢意识形态工作领导权,落实立德树人根本任务,加快推进“双一流”建设,为学校发展不遗余力,作出了突出贡献。

张宗益校长认真贯彻落实党委领导下的校长负责制,政治站位高、工作能力强,阅历丰富、思路清晰、具有国际视野、熟悉教育规律、勇于担当作为。能和张宗益校长一起工作,我深感荣幸,也充满干劲。

当前,重庆大学正处于全面深化综合改革、加快推进“双一流”建设的关键时期。中央任命我担任重庆大学党委书记,我深感使命光荣、责任重大。我将按照王维平局长、郑富芝副部长、胡文容部长的讲话要求,接稳跑好周旬书记的接力棒,与张宗益校长和班子各位同志一道,团结和带领全校师生员工,深入学习贯彻习近平新时代中国特色社会主义思想和习近平总书记关于教育的重要论述,增强“四个意识”、坚定“四个自信”、做到“两个维护”。

一要坚持“党要管党、从严治党”的主责主业，全面加强党的建设。加强党的领导是办好高等教育的根本保证。我将认真履行党建工作第一责任人的责任，树立“抓好党建是本职、不抓党建是失职、抓不好党建是不称职”的理念，把党建工作作为主业，把抓好党建作为最大的政绩。坚持马克思主义指导地位，全面贯彻党的教育方针，坚持社会主义办学方向，认真贯彻落实党委领导下的校长负责制，支持校长依法独立负责地行使职权。加强党对学校工作的全面领导，切实履行党委“管党治党、办学治校”的主体责任和“把方向、管大局、做决策、抓班子、带队伍、保落实”的领导职责。坚守清正廉洁的政治本色，全力营造风清气正、干事创业的良好氛围，使学校始终成为坚持党的领导、培养社会主义事业建设者和接班人的坚强阵地。

二要坚守“为党育人、为国育才”的政治立场，落实立德树人根本任务。要紧密围绕培养什么人、怎样培养人、为谁培养人这一根本问题，把培养德智体美劳全面发展的社会主义建设者和接班人作为根本任务，把立德树人的成效作为检验学校工作的根本标准，把师德师风作为评价教师队伍素质的第一标准，牢牢抓住全面提高人才培养能力这个核心点，坚持以人民为中心，全心全意依靠师生、服务师生，始终围绕聚人才、育人才、出人才开展工作，不断深化“三全育人”综合改革，切实提高育人质量，扎实做好“四个服务”。

三要坚定“中国特色、世界一流”的目标路径，加快推进“双一流”建设。把重庆大学建设成为中国特色、世界一流大学是历代重大人的梦想，更是党和国家赋予我们光荣而神圣的使命。习近平总书记强调，“世界一流大学都是在服务自己国家发展中成长起来的”，我们要扎根中国大地办大学，坚持“对标一流、追求卓越、服务发展、引领未来”，把“扎根巴渝大地、服务重庆发展”作为“双一流”建设的重大战略。自觉按照习近平总书记对重庆提出的“两点”定位、“两地”“两高”目标、发挥“三个作用”和营造良好政治生态的重要指示要求，结合学校实际，围绕学科发展前沿和国家重大战略需求，凝聚人心、汇聚力量、营造环境、争取支持，奋力写好新时代“教育奋进之笔”，推进“双一流”加快建设、特色建设、高质量建设。

同志们，重大是我的母校。1981 年，我考进重庆大学，在这里，先后完成了本科和研究生阶段的学习，后又留校任教工作，至今已有近 40 年。其间虽有两次离开，现在，又回到母校工作。我熟悉这里的一草一木、热爱这里的一砖一瓦。我的内心深处镌刻着“耐劳苦、尚俭朴、勤学业、爱国家”的重大精神。我将始终怀着一颗感恩的赤子之心，铭记党对我的培养！铭记学校对我的教育！铭记师生对我的信任！不忘初心、牢记使命，只争朝夕，不负韶华！与全校师生一道，用汗水浇灌收获，以实干笃定前行，为把重庆大学建设成为中国特色、世界一流大学而竭尽全力、不懈奋斗！

谢谢大家！

在重庆大学“不忘初心、牢记使命”主题教育总结大会上的讲话

舒立春

（2020 年 1 月 14 日）

尊敬的瑞生组长、江南副组长，中央第二指导组的各位领导，同志们：

在全党开展“不忘初心、牢记使命”主题教育，是党的十九大作出的重大决策，是习近平总书记亲自设计、亲自部署、亲自领导的党的集中教育。近日，党中央和重庆市先后召开了“不忘初心、牢记使命”主题教育总结大会，习近平总书记发表重要讲话，深刻总结了主题教育的成功经验，对巩固拓展主题教育成果，不断深化党的自我革命，持续推动全党不忘初心、牢记使命做出了全面部署，提出了明确要求，具有很强的政治性、思想性、理论性、指导性，对于全党奋力夺取新时代中国特色社会主义伟大胜利具有重大的指导意义。今天，我们在这里召开学校主题教育的总结大会，主要任务是学习贯彻党中央和重庆市主题教育总结大会精神，对学校主题教育情况进行全面回顾和总结，并对今后一段时期巩固拓展主题教育成果进行部署安排。希望能以此次会议为新的起点，进一步凝聚思想认识、汇聚发展合力，引领和带动全校党员干部更好地贯彻落实党中央决策部署，持续深化党的自我革命，践行初心，担当使命，以更加奋进的姿态、更加扎实的作风、更加有力的举措，推动学校事业更好更快发展。

自 2019 年 9 月学校启动主题教育以来，学校原党委书记周旬同志切实履行第一责任人责任，带领学校党委班子领导学校各级党组织和全体党员干部，扎实推进各项任务，努力实现了理论学习有收获、思想政治受洗礼、干事创业敢担当、为民服务解难题、清正廉洁作表率的“五方面”目标，取得了良好成效。下面，我代表学校党委和学校主题教育领导小组，全面总结回顾学校主题教育开展情况，并对持续巩固和深化主题教育成果提出具体要求。对此，我讲三方面内容。

一、学校主题教育的整体情况

学校党委切实增强开展“不忘初心、牢记使命”主题教育的政治自觉、思想自觉和行动自觉，提高站位、精心安排，周密组织实施，在中央第二指导组的有力指导下，带领全校党员师生紧紧围绕“不忘初心、牢记使命”这一主题，牢牢抓住深入学习贯彻习近平新时代中国特色社会主义思想这条主线，全面把握“守初心、担使命、找差距、抓落实”的“十二字”总要求，认真落实各项任务，一体推进四项重点措施，取得了扎扎实实的成效。

中央第二指导组对我校主题教育非常重视，高标准、严要求进行了全程指导。耐心细致地审查了学校所有工作方案，严格把关、指导实施。瑞生组长、江南副组长和指导组的各位同志，先后12次莅临学校，指导主题教育有序开展、扎实推进。不仅逐一与校领导班子成员交流谈话，参加了学校动员大会、校领导班子集中学习、调研成果交流会、对照找差距会、专题民主生活会以及书记校长的专题党课、学校十九届四中全会专题宣讲报告会、二级党组织书记调研座谈会等一系列重要工作，还下沉到10余个二级单位、重点实验室和虎溪校区学生宿舍，通过列席专题研讨、随机抽查调研、与师生面对面交流等方式，具体指导各项任务在基层单位走深走实。指导组严的标准、实的举措、好的作风，给我校师生留下了深刻的印象，也为学校主题教育开展作出了榜样示范。

学校各级党组织和广大党员、干部牢牢把握总体要求，周密安排、积极投入，不打折扣、不做选择、不搞变通，将学习教育、调查研究、检视问题、整改落实四项重点措施贯通起来、贯穿始终，入脑入心学习研讨，紧盯问题调查研究，深查细照检视反思，动真碰硬整改落实，切实将主题教育同全面贯彻落实党的教育方针、落实立德树人根本任务相结合，同加强党对学校的全面领导、推动全面从严治党向纵深发展相结合，同加快“双一流”建设、推动内涵发展相结合，同践行群众路线、解决师生关心的急、难、愁、盼问题相结合，不断强化各级党组织和党员干部守初心、担使命的思想自觉和行动自觉，提振了干事创业、担当作为的精气神，有力推动了学校事业发展不断取得新成效。学校44个二级党组织，78个二级单位，670余个党支部，370余名处级以上领导干部，14 000余名党员参加本次主题教育。

二、学校开展主题教育的主要做法和成效

学校党委立足新起点，肩负新使命，深入学习贯彻习近平总书记在“不忘初心、牢记使命”主题教育工作会议上的重要讲话精神，聚焦主题，紧扣主线，认真履行主体责任、强化组织领导，一体推进四项重点措施，尽心尽力办实事解难题，全心全意求实效促发展，各方面成效得到了师生普遍认可。总体而言，主要做好了三方面工作。

（一）准确把握总体要求，压实责任加强组织领导

学校党委在主题教育中积极履行主体责任，突出“严”“实”“深”三个字，确保各项任务推进有力有序。

一是突出“严”字，抓组织实施。通过开展校领导暑期读书班，校领导班子成员“先学一步、学深一层”，主动提高站位，精心谋划推进任务落实。9月12日学校召开动员大会后，党委常委会议专题研究主题教育相关事宜20余次，先后印发总体实施方案和9个具体工作方案，召开工作推进会、专项整治会、情况通报会、调研座谈会等重要会议20余场，及时开展自查，发现和解决问题，有效地保证了主题教育各项工作的扎实推进。

二是突出“实”字，抓责任落实。建立完善“书记抓、抓书记”长效工作机制，将主题教育成效纳入二级党组织书记和党支部书记述职评议考核的重要内容，强化各级党组织书记落实第一责任人责任，形成“校—院—系”三级联动，一级抓一级、层层抓落实。校长和其他校领导班子成员积极履行“一岗双责”，对分管部

门和领域提出工作要求、加强过程跟踪、指导任务落实、检验成果成效，抓好了领导干部这个“关键少数”，并督促各二级党组织按照校党委的要求，以党支部为单位，扎实组织好普通党员的学习教育和问题检视，推动中央各项决策部署落地见效。

三是突出“深”字，抓督导指导。学校及时成立主题教育领导小组，内设 3 个工作组和 7 个联络指导组，结合实际细化各组职责，找准工作着力点，通过列席重要会议、指导专项工作、走访师生群众等方式，对 78 个二级单位和 670 余个党支部工作开展进行全过程全方面的指导、督导，保证各项任务在学校基层单位深入推进落实。学校主题教育领导小组办公室通过专题网站发布了 30 余篇工作信息和新闻稿件，及时总结宣传学校主题教育成效，形成辐射带动作用。学校二级党组织、二级单位也主动形成了一批信息材料，及时公开主题教育进展，坚持敞开大门、接受师生群众监督、评价，营造了良好的氛围。

（二）准确把握工作要点，环环相扣推进重点措施

学校党委认真贯彻落实党中央关于深入开展主题教育的部署要求，始终一体推进四项重点措施，确保主题教育走深走实、取得成效。

一是坚持学深悟透，入心入脑抓好学习教育。围绕学习贯彻习近平新时代中国特色社会主义思想特别是习近平总书记关于教育的重要论述，校院两级领导班子和领导干部带头学，制订集体学习和个人自学方案，集中 5 天开展专题学习研讨，44 个二级党组织开展集中学习 800 余场，发放学习资料 2.5 万余册。通过党委理论学习中心组学习、支部学习等方式，及时跟进学习习近平总书记最新重要讲话精神和党的十九届四中全会精神。将主题教育与庆祝中华人民共和国成立 70 周年、建校 90 周年相结合，书记、校长带头，校院两级领导班子成员带头深入课堂，为学生讲“形势与政策”课，邀请中央党校刘宝东教授为师生作党史、新中国史专题报告，开展“青春告白祖国”“重温九秩薪火”“让烈士回家”等爱国、爱校宣传教育活动，引领师生筑牢初心勇担使命，厚植爱国情怀。

二是坚持问题导向，结合实际抓好调查研究。不断强化在一线找问题、查原因、想办法、练本领的思想认识，围绕深化“三全育人”综合改革、加快推进“双一流”建设等内容，全校确定 360 余个调研专题，开展调查研究。坚持深入基层一线调研，校领导班子成员结合工作分工，精选 8 个方面选题，组织开展调研座谈 50 余场、发现问题 40 余个，提出整改举措 40 余项，制订《加强和改进领导干部深入基层联系学生工作方案》，加强领导干部和学生常态化联系交流。坚持开阔眼界调研，组织二级单位主要负责同志赴重庆数字经济发展展示中心、重庆仙桃国际大数据谷等地现场学习调研，了解经济社会发展前沿动态。坚持深化调研成果，通过召开调研成果交流会、在分管联系领域讲专题党课，领导干部和支部书记纷纷上讲台、讲感悟，用心用情诠释初心使命，进一步拓展了学习的深度和广度。

三是坚持刀刃向内，对标对表抓好问题检视。按照“四个对照”“四个找一找”要求，坚持对照党章党规，逐一回答“18 个是否”，全面认真查摆，着力从思想深处挖根源、从党性修养找原因。自觉增强纪律规矩意识，全面梳理学校贯彻落实中央八项规定精神的政策文件，修订学校相关制度，切实扎紧制度笼子。制订

《一线规则实施方案》，通过座谈会、实地走访等方式广泛征求师生意见，归纳出思想、政治、作风、发展和民生等 5 个方面 12 类问题，召开校党委常委会专门分析研判，下功夫抓好整改落实。认真组织召开专题民主生活会、专题组织生活会和民主评议党员工作，着力增强组织生活的政治性、原则性、战斗性、时代性，做到主题教育每深入一步，思想认识就深入一层。

四是突出长效实效，标本兼治深化整改落实。聚焦中央部署，围绕 9 方面专项整治和 5 方面着力整改的重点，制订专项整治工作方案，列出任务清单，实行项目化推进、挂单式整改，扎实推进思想政治队伍建设、育人阵地建设以及职称评聘、绩效考核等方面改革。

在专项整治方面，对 1 个单位违反中央八项规定精神的当事人给予严重警告处分，形成高压震慑。整治形式主义、官僚主义等方面，取消了保密工作、师德师风等“一票否决”事项。整治落实习近平新时代中国特色社会主义思想和中央决策部署不到位方面，根据主题教育期间中央最新文件精神，及时修订完善了党委常委会会议、校长办公会议议事规则，切实推动学校党委管党治党、办学治校主体责任落实；针对思政课教师和辅导员、心理教师队伍总量不足的问题，推进实施“四个一批”工作举措，分阶段分类别强化队伍建设。整治干部不担当、不作为方面，建立完善干部选任办法、激励干部担当作为的意见和窗口单位作风建设等制度，形成长效机制。整治漠视群众利益方面，围绕贫困大学生补助资助、学校及附属单位食品安全主体责任落实、招生录取等方面自查自纠，积极补齐短板。整治基层党组织软弱涣散方面，推动实施教师党支部“双带头人”全覆盖，积极发挥“头雁作用”；全面实施第四轮校内政治巡察，推进基层党组织落实主体责任。整治黑恶势力方面，持续收回违规占用公房，强化平安校园建设。

在整改落实方面，积极回应师生员工关切，就教职工子女入学、财务“报销繁”、校内违章搭建等问题进行集中整治，努力做到件件有结果、事事有回应。针对校领导班子作风建设相关意见，继续推进落实校领导带头开展调查研究、带头联系专家学者、带头联系学生班级、带头讲思想政治理论课、带头参加党团组织生活的“五带头”工作制度，不断加强领导干部和基层一线的紧密联系。针对希望解决教职工子女就学问题等民生相关意见，学校积极与沙区政府沟通，兴办附中附小，取得了实质性进展和成效。加快推进食堂就餐条件改善，维护老旧电梯，优化网络环境，加强教学设施基础建设，深化文化育人和文明校园建设，用看得见的变化回应师生的期盼。

（三）准确把握工作关键，“四个聚焦”突出实际成效

学校党委始终对照上级要求、群众期待，找差距、温初心，着眼实际，攻坚克难，推动主题教育与学校事业发展深度融合，将主题教育的成果转化为加强党的全面领导、落实立德树人根本任务、加快推进“双一流”建设的强大动力。

一是聚焦基层党组织建设，加强党的全面领导。学校党委坚持将主题教育与推进实施“对标争先建设计划”相结合，全面提升基层党组织建设质量。始终把加强党的政治建设摆在首位，认真落实党委领导下的校长负责制，及时修订党委常委会议、校长办公会议议事规则，建立《重庆大学深化落实全面从严治党责任

清单》，不断完善“校—院—系”三级党组织管理体系，全面提升基层党组织组织能力，大力推进基层党组织标准化、规范化建设。推动学校纪委实行“三转”，履行监督职能，加强对重点领域的监督检查，持续深化中央巡视整改成果综合运用，推进学校全面从严治党向纵深发展、向基层延伸，为学校事业发展提供坚强组织保证和纪律保障。

二是聚焦落实立德树人根本任务，提高人才培养质量。围绕为党育人、为国育才，学校党委坚持把提高育人质量作为检验主题教育成效的重要内容。积极推进部属高校党的建设和思想政治工作座谈会精神落实，做好党建和思政工作改革创新，全面深化教育综合改革，深入实施“本科教育2029行动计划”，推进一流研究生教育。作为全国首批“三全育人”综合改革试点高校，坚持以新时代新思政观、新教育观深化改革，加强各领域、各环节、各方面育人资源和育人力量的统筹协调，把全校各单位、各部门、全体教职工组织动员起来，构建一体化育人体系和育人阵地。深化思想政治理论课改革创新，推动习近平新时代中国特色社会主义思想进教材进课堂进学生头脑，坚持不懈用党的理论创新成果铸魂育人，引导学生“扣好人生第一粒扣子”。积极促进思政课程与课程思政有机融合，充分发挥教师主导作用和课堂教学主渠道作用，从政策、制度、文化层面，加大立德树人工作力度。

三是聚焦加快“双一流”建设，办人民满意的教育。校院两级党组织自觉将主题教育与推进中心工作开展、加快“双一流”建设结合起来，在主题教育中提升自我发展能力，从党的历史使命、中华民族伟大复兴的高度，狠抓事业发展。学校深入贯彻习近平总书记视察重庆时重要讲话精神，积极践行“四个服务”，深度融入重庆产业发展和经济建设。聚焦人才需求，引育高素质人才；聚焦智能产业，打造协同创新平台；聚焦开放格局，建立高层次国际交流机制；聚焦绿色生态，助力绿色发展和城乡融合。坚持在深入对接重庆市“3+8”行动计划和重庆市委、市政府对重庆大学支持的11个重大事项过程中，助推重庆市高质量发展。根据1月9日ESI全球基本科学指标数据库最新数据，我校物理学科重回ESI世界排名前1%，学校进入ESI全球排名前1%学科数首次达到10个。1月10日上午中共中央、国务院举行国家科学技术奖励大会，我校周绪红院士牵头“高层钢-混凝土混合结构的理论、技术与工程应用”项目获国家科技进步一等奖，实现了学校在该奖项零的突破。

四是聚焦学习贯彻党的十九届四中全会精神，努力提高办学治校的能力和水平。党的十九届四中全会，是我们党站在“两个一百年”奋斗目标历史交汇点上、在中华人民共和国成立70周年之际、在中华民族伟大复兴关键时期，召开的一次具有开创性、里程碑意义的会议。主题教育期间，学校党委以高度的政治自觉推进贯彻落实四中全会精神。研究制订了《关于进一步加强“双一流”建设的意见》，把主题教育中激发的干事创业激情转化为投身一流大学建设的实际行动。相继印发了《一线规则实施方案》《激励干部担当作为的实施意见》《师德失范行为负面清单及处理办法》《绩效考核办法》《学生社团管理办法》《思想政治理论课改革创新任务分工方案》等10余个政策性文件，构建完善了意识形态领域“三级审批制度”、基层党组织建设“四位一体”工作机制等，把制度制定和制度执行统筹起来，把建章立制和解决问题统一起来，进一步增强了各级党组织贯彻落实上级党组织决策部署的自觉性和坚定性，提高了党员干部运用党的创新理论指导实践、推动工作的本领和能力。

总的来看，通过开展这次主题教育，学校各级党组织和党员领导干部坚持在学习教育、检视问题中悟初心、守初心，在整改落实、解决问题中担使命、有作为，把学、做结合起来，把查、改贯通起来，自觉锤炼忠诚干净担当的政治品格，努力实现了“五方面”具体目标。

一是理论学习有收获，把党的创新理论内化为了坚定的理想信念，打开了工作思路，敞亮了思想境界，用理论学习成果促进了工作能力的提升。二是思想政治受洗礼，在增强“四个意识”、坚定“四个自信”、做到“两个维护”上有了新认识、新觉悟，思想信念更加坚定，前行奋进更有动力。三是干事创业敢担当，对为谁培养人、培养什么样的人、怎样培养人这个根本问题方向更明确，对坚持立德树人、加快“双一流”建设的思路更清晰，焕发出了奋进向上的精气神。四是为民服务解难题，切实把师生所需、所盼、所急的事情放在了重要位置，把解决师生最关心最现实的利益问题落到了实际行动上，不断增强了广大师生的获得感、幸福感。五是清正廉洁作表率，强化了党员干部自我净化、自我完善、自我革新、自我提高的政治自觉和纪律自觉，始终保持清醒头脑，知敬畏、存戒惧、守底线。

在充分肯定成绩的同时，我们也要清醒地看到，对标上级要求、先进典型和群众期待，仍存在一些不足需进一步改进，比如个别党组织和党员干部对主题教育内涵理解还不够深刻，在学做联系上还不够紧密，思想观念还不够解放，一些深层次的矛盾和问题还没有得到根本解决，调查研究、检视问题、整改落实等具体工作，还存在力度不足、衔接不紧、融合促进不够等问题。这就需要我们深化守初心、担使命永远在路上的思想认识，以正视问题的勇气和刀刃向内的自觉，持续解决好违背初心使命的各种问题，用新的发展理念引领学校事业不断实现新突破、战胜新挑战、取得新成效。

三、持续巩固和深化主题教育成果的措施

同志们，习近平总书记在中央的主题教育总结大会上指出，群众最担心的是教育一阵风、雨过地皮湿，最盼望的是保持常态化、形成长效机制。我们党是一个有着近百年历史，9 000 多万名党员、460 多万个基层党组织的长期执政党，要始终得到人民拥护和支持，书写好中华民族的千秋伟业，党的自身建设历来关系重大、决定全局。对此，习近平总书记在主题教育总结大会的重要讲话中提出了“六个必须”，要求全党持续推动不忘初心、牢记使命。学校各级党组织要把学习贯彻习近平总书记重要讲话精神作为当前的一项重要政治任务抓紧抓好，按照中央主题教育领导小组近期印发的通知要求，认真组织好全体党员干部开展专题学习，切实把思想和行动统一到习近平总书记重要讲话精神上来，增强“四个意识”、坚定“四个自信”、做到“两个维护”。

待会，瑞生组长还将代表中央第二指导组就我校如何巩固扩大主题教育成果作指导讲话，下面我先代表学校党委，就认真学习贯彻习近平总书记在主题教育总结大会上的重要讲话精神，深入践行初心、使命，讲几点要求：

一是要抓紧抓实永恒课题、终身课题，以党的创新理论滋养初心、使命。中国共产党人的初心和使命，就是为人民谋幸福，为中华民族谋复兴。习近平总书记强调，不忘初心、牢记使命，不是一阵子的事，而是一辈子的事。这就要求我们坚持思想建党、理论强党，深入学习党的创新理论、党史、新中国史，引导党员干部经常进行思想政治体检，同中央要求"对标"，拿党章党规"扫描"，用群众期待"透视"，同先进典型"对照"，从党的非凡历史中找寻初心、激励使命，在严肃党内政治生活中锤炼初心、感悟使命，始终保持共产党人的政治本色和前进动力。

二是要持续强化理论武装，以科学理论引领初心、使命。习近平新时代中国特色社会主义思想，以坚定的理想信念、深邃的历史洞察、强烈的责任担当揭示了强党之路、强国之路、复兴之路。我们要坚持好集中学习教育中形成的好经验、好做法，静下心、坐下来，读原著、学原文、悟原理，通过党委理论学习中心组学习、政治理论学习和"三会一课"等途径，创新学习方式，活用学习载体，在"学懂"上深化，在"弄通"上消化，在"做实"上转化，推动学习贯彻习近平新时代中国特色社会主义思想往深里走、往实里走。

三是要更加注重干事创业，以担当作为践行初心、使命。大道至简、实干为要，初心和使命既是理想信念，更是实际行动。当前，正值学校改革发展的关键时期，"双一流"建设即将迎来验收考核。全国首批"党建示范高校"和"三全育人"建设试点今年也都将结束建设周期，迎来"大考"。不忘初心方能行稳致远，牢记使命才能开辟未来。这些任务的完成和目标的实现，需要我们以巩固拓展此次主题教育成果为重要契机，将党的建设与推进学校中心工作结合起来，与完成各方面、各领域的重点任务结合起来，与应对各种风险挑战结合起来，坚持"干"字当头、"实"字托底，在加快推进"双一流"建设、落实立德树人根本任务中知行合一，以担当作为践行初心使命。

四是要切实履行管党治党责任，以从严从实的作风彰显初心、使命。习近平总书记强调，敢于直面问题、勇于修正错误，是我们党的显著特点和优势，强大的政党是在自我革命中锻造出来的。这就需要我们切实加强党对学校的全面领导，认真履行管党治党主体责任，模范发挥校党委领导核心作用，二级党组织政治核心作用和党支部战斗堡垒作用。落实立德树人根本任务，加强和改进思想政治工作，驰而不息正风肃纪，着力打造忠诚干净担当的高素质专业化干部队伍。贯彻落实新时代党的建设总要求，深入实施高校党组织"对标争先"建设计划，始终把党的政治建设摆在首位，扛起主责、抓好主业，抓基层打基础，督促指导学院党组织普遍做到"五个到位"，基层党支部普遍做到"七个有力"，不断推动各级党组织全面进步、全面过硬，推动全面从严治党纵深发展、向基层延伸。

五是要大力加强制度建设，以制度机制固化初心、使命。制度优势是一个政党、一个国家的最大优势。党的十九届四中全会明确提出，要建立不忘初心、牢记使命的制度。党中央近期将印发建立不忘初心、牢记使命制度的意见，学校各级党组织要贯彻落实好党中央决策部署，坚持完善和发展党内制度，形成长效机制。要重点围绕深入学习贯彻习近平新时代中国特色社会主义思想，加强理想信念教育和对党忠诚教育、检视整改违背初心使命问题、为群众办实事解难题、激励干部担当作为等方面，总结提炼主题教育好的经验做法。

用制度的形式固化下来，形成长效机制。尤其是针对一些在主题教育期间已经解决，但需要建章立制、长期抓好巩固提高的突出问题，要坚决打破“松口气”“缓一缓”的懈怠思想，转变作风、砥砺前行，坚持完善制度机制，强化制度执行，使制度优势真正转化为治理效能。

六是各级领导班子和领导干部要冲在前、干在先，用真抓实干守护初心、使命。温室里长不出参天大树，懈怠者干不成宏图伟业。习近平总书记指出，在上面要求人、在后面推动人，都不如在前面带动人管用。领导班子和领导干部做表率、打头阵，是我们应对重大挑战、抵御重大风险、克服重大阻力、解决重大矛盾的关键核心。校院两级领导班子和领导干部要深刻认识自身的责任，时刻保持警醒，经常对照检查、检视剖析、反躬自省，带头发扬斗争精神、带头抓好工作落实、带头严格要求自己，以实干实绩开创学校事业发展新局面。要针对有的干部“不想为”“不会为”“不敢为”等问题，系统谋划、综合施策，持续抓好学习教育，开展以需求为导向的培训计划，提升干部专业素养、专业能力、专业精神，涵养勇于担当、奋发作为的底气和勇气。

同志们，2020 年是“十三五”建设收官之年，也是学校改革发展非常重要的攻坚之年。让我们更加紧密地团结在以习近平同志为核心的党中央周围，深学笃用习近平新时代中国特色社会主义思想，不忘初心、牢记使命，开拓创新、锐意进取，团结和带领全校师生继续保持昂扬向上、砥砺奋进的精神状态，永葆初心情怀、强化使命担当，以知重负重、攻坚克难的实际行动，奋力谱写新时代学校事业发展的新篇章。

我的总结到此结束。谢谢大家。

在2020年重庆大学全面从严治党工作会上的讲话

舒立春

（2020年4月16日）

同志们：

经学校党委常委会研究决定，今天召开2020年学校全面从严治党工作会议。下面，我想讲两个方面的意见。

一、2019年学校全面从严治党工作回顾

2019年，学校党委在上级党组织的领导下，以习近平新时代中国特色社会主义思想为指导，切实履行全面从严治党责任，推动学校全面从严治党取得了新的成绩，为学校事业发展提供了坚强有力的政治保证。盘点一年来的工作，有五个方面值得总结、值得肯定。

（一）坚持把政治建设摆在首位

学校党委深入学习贯彻习近平新时代中国特色社会主义思想，树牢“四个意识”，坚定“四个自信”，做到“两个维护”。坚持正确办学方向，把讲政治落实到办学治校各项工作中。认真执行党委领导下的校长负责制，进一步健全完善校院两级协调运行的决策规则和工作机制。不断加强教师队伍政治引领，持续深化“三全育人”综合改革。认真落实意识形态工作责任制，筑牢安全稳定工作机制。严肃党内政治生活，持续净化政治生态，育人环境不断改善。

（二）切实加强日常领导和监督

学校党委坚持把全面从严治党抓在经常、严在日常。出台《加强和改进领导干部深入基层联系学生工作方案》，切实解决师生实际问题。制订实施《重庆大学党务公开实施细则》，强化党内监督。制订完善《重庆大学中层领导人员选拔任用工作办法》等制度，确保二级党组织换届暨党政领导班子调整补充工作平稳有序开展。通过检查督促、提醒谈话、问责处理等方式加强对党员干部的日常教育管理监督。高度重视重点领域、关键环节存在的问题，通过制度建设、规范流程、信息化建设等措施，不断增强工作的规范性公正性。

（三）持之以恒推进正风肃纪

认真落实中央八项规定精神，深入开展作风建设和纪律建设。注重在关键时间节点通过发送廉洁短信、约谈单位负责人和随机检查等方式进行提醒和监督，全年发送廉洁提示短信2 300余条。对违反八项规

定精神的和存在官僚主义形式主义问题的干部和单位进行严肃处理。深化运用“四种形态”，把纪律和规矩挺在前面。结合有关案例，组织开展各层次警示教育 72 场，受教育师生 4 400 人次。学校纪委依规依纪处置问题线索，给予 3 人党纪处分，给予诫勉谈话、责令检查、批评教育 11 人次，发出纪律检查、监察建议书 10 份。

（四）不断深化政治巡察

学校党委通过深化政治巡察内涵、加强综合指导、强化各方协调配合，不断提升巡察质效；通过健全领导机制、工作机制、保障机制，不断规范巡察工作；通过强化对领导干部、对被巡单位整改、对共性问题整改的监督，着力做好巡察的“后半篇文章”。2019 年学校开展了第三和第四轮巡察，共巡察 10 个二级党组织，不断压实整改责任，第三轮巡察整改问题完成率达到 95%。

（五）努力压实全面从严治党责任

学校党委切实担负起全面从严治党的主体责任，认真落实对二级党组织全面从严治党的工作要求，制订出台了《重庆大学深化落实全面从严治党责任清单》，形成明责、督责、考责、问责的工作体系。学校纪委切实履行全面从严治党监督责任，认真落实中管高校纪检体制改革工作要求，进一步深化“三转”，聚焦主责主业，加强政治监督，做实做细日常监督，不断改进执纪方式方法，严肃执纪问责。各二级党组织和纪检组织落实全面从严治党的主体责任和监督责任的意识进一步强化，工作要求不断提高，工作中也积累了一些好的经验和做法。

同志们，2019 年，学校全面从严治党工作在大家的共同努力下扎实推进，总体看，党对学校工作的全面领导得到加强，校园政治生态向上向好、风清气正，全面从严治党实效性进一步提高。但在肯定工作成绩的同时，我们也要清醒地看到，对标对表中央要求，学校全面从严治党有的工作还有差距，有的深层次问题还需要花更大力气加以解决。

一是政治建设还要加强。有的党员领导干部“四个意识”还不强。有的单位阵地意识还有待进一步增强。个别干部教师“为党育人、为国育才”的使命感不强。个别二级党组织政治核心作用发挥还不够充分。有的党支部组织生活制度执行不严格等。

二是监督体系不够健全。政治监督还缺乏有力抓手，监督的针对性不强。一些重点领域、关键环节还存在制度机制不健全、组织管理不到位等问题。有的主责部门履行监督意识不强，认为监督都是纪委的事。部门监督协同机制不健全，监督合力有效发挥不够。

三是违纪违规问题仍有发生。违反中央八项规定精神问题禁而未绝。形式主义官僚主义问题仍不同程度存在。损害师生利益的问题还时有发生。部分党组织和领导干部对“四种形态”的重大政治意义和深刻内涵理解不到位，主动监督、自觉监督的意识还不够强。廉洁教育需要常抓不懈，生动性有效性还需增强。

四是巡察质效有待进一步提高。政治巡察内涵还需进一步深化，观测点还需进一步细化完善；整改工作还需进一步夯实，监督检查评价机制不健全，整改成果运用还需要加强等。

五是全面从严治党责任落实不充分。推动全面从严治党责任向基层延伸的有效制度还不够健全。主体责任和监督责任统筹谋划、协调推进还不够。

面对这些问题，对照全面从严治党新要求，我们必须在今后的工作中切实加以解决，不折不扣落实中央关于全面从严治党的各项要求。

二、2020年学校全面从严治党工作安排

2020年是开启全面建设社会主义现代化国家新征程的重要一年，学校全面从严治党工作要以习近平新时代中国特色社会主义思想为指导，深入贯彻党的十九大和十九届二中、三中、四中全会精神，认真落实十九届中央纪委四次全会、重庆市纪委五届四次全会工作部署，一以贯之、坚定不移全面从严治党，推进学校治理体系和治理能力现代化，为实现学校办学目标提供坚强的政治保证和纪律保障。

（一）不断加强政治建设，着力营造学校良好政治生态

坚持把党的政治建设摆在首位，以实际行动，坚决做到“两个维护”，注重防范政治风险，全面净化党内政治生态。

第一，加强党的政治领导。要将“两个维护”体现在管党治校各方面。不断完善学校加强党的全面领导的组织体系、制度体系和工作机制。持续推进习近平新时代中国特色社会主义思想进教材进课堂进头脑。把严格的制度规定和日常教育督导结合起来，突出师德师风养成。继续深化“三全育人”综合改革，培养德智体美劳全面发展的社会主义建设者和接班人。

第二，坚决防范政治风险。要在大是大非面前旗帜鲜明、善于斗争，在具体人具体事上态度坚决、处理果断。深入推进校领导意识形态工作联络点机制建设，制订意识形态工作责任制实施细则，整合意识形态工作网络管理平台，加大网络舆情、哲社类讲座、师德师风线上审核等阵地网络管理力度。坚决抵御校园非法宗教活动、各类渗透活动，严防“三股势力”。

第三，持续净化政治生态。要持续严肃党内政治生活，提高党内政治生活质量。始终严明党的政治纪律和政治规矩，严防“七个有之”。要突出政治标准选人用人，营造良好选人用人风气。要发展积极健康的党内政治文化，防止好人主义、圈子文化，避免码头文化、袍哥文化的影响。要不断加强校风教风学风和学术道德建设，全力抓好新时代师德师风建设。

（二）健全完善学校监督体系，切实规范制约权力运行

四中全会对坚持和完善党和国家监督体系作出重大制度安排。学校要进一步完善监督体系，使之契合党的领导体制，融入学校治理体系。

第一，健全日常监督机制。制订实施学校加强政治监督的办法，健全配套的协调机制和工作机制。聚焦“关键少数”，严格落实干部谈话、党风廉政意见回复等制度，健全完善纪委干部列席二级单位民主生活会制度，加强中层领导干部廉政档案建设。聚焦重点领域，完善廉政风险防控体系，堵塞制度漏洞。充分运用大数据等信息化手段提高监督质效。推动党务、校务和其他办事流程进一步公开，以公开促公正，以透明保廉洁。

第二，完善监督协同机制。要健全以党内监督为主导，行政监督、民主监督、审计监督、财会监督、师生监督等有机贯通、相互协调的监督体系。组织部、人事处、审计处、教师工作部等部门，奖惩委员会、师德师风建设委员会、学术道德专门委员会等组织要充分发挥职能监督作用，依据有关规定行使监督、管理职权，形成监督工作合力，推动监督检查考核结果互认互用。

第三，切实规范权力运行。始终坚持民主集中制，加强对校院两级决策性会议执行议事规则的检查，严格执行领导干部插手干预重大事项记录制度，完善任职回避、定期轮岗、离任审计等制度。完善对各级主要领导干部监督制度和领导班子内部监督制度，着力破解对"一把手"监督和同级监督难题，确保公正依法廉洁用权。同时，要做到"三个区分开来"，完善容错纠错机制，为担当者担当，为干事者撑腰。

（三）不敢不能不想一体推进，持之以恒正风肃纪

习近平总书记在四次全会上强调，一体推进不敢腐不能腐不想腐，不仅是反腐败斗争的基本方针，也是新时代全面从严治党的重要方略，我们要自觉加以实践运用。

第一，持续保持高压态势。要坚决贯彻中央八项规定精神。防止老问题复燃、新问题萌发、小问题坐大，加大查处力度。深化治理贯彻党中央决策部署只表态不落实、维护师生利益不担当不作为、困扰基层的形式主义官僚主义等问题，对发文开会情况进行动态监测，确保只减不增。加强对打赢疫情防控阻击战各项工作的检查，严肃查处失职失责问题。紧盯特殊类型招生、研究生招生、奖助学金发放等关键环节，着力解决群众和师生最关心最直接的利益问题。紧盯基本建设、设备采购、选人用人等重点领域，防范廉洁风险，净化政治生态。

第二，精准运用"四种形态"。"四种形态"作为"三不"一体推进的重要载体，已形成环环相扣、严密完整的逻辑体系，囊括批评和自我批评、教育警醒、惩戒挽救和惩治震慑功能。用好"四种形态"，对我们落实管党治党政治责任提出更高要求。第一种形态介乎处分和教育之间，不仅是靠纪检系统做，更主要的是靠各级党组织带头做、经常做，及时发现问题，将可能违纪的行为消除在萌芽状态，真正管住绝大多数。对已经违犯纪律的党员干部，纪检部门要依纪依规查处，对极少数涉嫌职务违法和职务犯罪的问题要及时移送地方纪检监察机关。

第三，大力开展廉洁教育。不断加强思想道德和党纪国法教育，培养党员、干部现代文明人格。开展好"以案四说"警示教育。各单位要深入挖掘廉洁文化元素，多渠道多平台开展好廉洁学习教育活动，让廉洁意识融入干部师生血脉。结合学校"三全育人"综合改革，通过融入式、体验式、参与式廉洁教育实践，提升廉洁实践育人效能，引导学生扣好人生第一粒扣子。

（四）发挥利剑作用，高质量推进校内巡察

中纪委四次全会对推动新时代巡视巡察工作高质量发展作出明确部署。学校将不断加强校内巡察工作，进一步提升巡察规范性协同性高效性。

第一，准确把握内涵。不断深化政治巡察内涵，动态梳理校内政治巡察观测点，把"两个维护"作为根本

任务，确保党的教育方针、中央决策部署和“立德树人”根本任务、中央巡视整改任务等在我校不折不扣地落实。坚守政治巡察定位，着力发现和推动纠正政治偏差。紧扣被巡单位职能职责开展巡察监督，推进政治监督具体化、常态化。

第二，加强统筹协同。加强统筹谋划，确保完成一届任期内巡察全覆盖任务。推进巡察与其他监督有效贯通，建立健全巡察与纪检监察、组织、审计、信访等协作配合机制，充分会商、及时交办、综合施策。加强巡察干部队伍和人才库建设，把巡察岗位作为发现、培养、锻炼干部的重要平台。

第三，夯实巡察整改。着力做好“后半篇文章”，强化被巡单位分管或联系校领导对整改工作的督促和指导，健全监督检查评价、整改公开机制，落实整改情况定期报告制度，推进巡察同步整改，适时开展巡察“回头看”。综合运用好巡察成果，精准处置移交问题线索，举一反三推动体制机制改革。

（五）完善上下联动工作格局，进一步压实全面从严治党责任

近日，中共中央办公厅印发了《党委（党组）落实全面从严治党主体责任规定》，我们要认真加以学习贯彻。

第一，压实主体责任。全面从严治党主体责任在各级党组织，要害在“一把手”。书记要当好第一责任人，要把责任传导给所有班子成员，确保管党治党不留空白。党委领导班子其他成员必须严格落实“一岗双责”，领导、检查、督促所辖领域全面从严治党工作。学校党委要加强对二级党组织、职能部门负责守责尽责的督促，把落实责任情况作为班子和干部综合考核的重要内容。

第二，压实监督责任。纪委是党内的专责监督机关，学校纪委要认真履行监督执纪问责职责，不断创新监督体制机制，改善执纪方式方法，敢于问责善于问责。要积极协助党委推进全面从严治党，通过探索协调推进机制，推动“两个责任”贯通协同、一体落实，学校纪委要指导并督促二级纪检组织协助本级党组织落实主体责任，抓好本单位政治生态监督和日常监督检查工作。

第三，持续深化纪检体制改革。支持学校纪委不断深化“三转”，进一步聚焦主责主业。制订实施学校纪委退出有关议事协调机构后衔接性监督办法，构建科学系统的监督体系。贯彻落实教育部党组《关于规范直属高等学校纪委机构设置和人员配备的若干意见》，规范学校纪委内部机构设置和人员配备。建设一支高素质专业化、敢于斗争善于斗争的纪检干部队伍。

同志们，全面从严治党永远在路上。我们要紧密团结在以习近平同志为核心的党中央周围，不忘初心、牢记使命，奋力书写全面从严治党、党风廉政建设和反腐败斗争新篇章，为学校落实立德树人根本任务、加快“双一流”建设提供坚强政治保障！

在新学期干部大会上的讲话

舒立春

（2020 年 4 月 16 日）

同志们：

大家上午好！受新冠肺炎疫情影响，今年的开学干部大会比往年要迟一些。春天可能会迟到，但春天绝不会缺席。干部大会虽然推迟了，但今年的工作，我们要迎头赶上。新学期的干部大会，我们以视频会的形式召开，各二级党组织、二级单位的主要负责同志参加现场会议，其他中层干部通过视频形式参加会议。刚才，张宗益校长对 2019 年学校的各项工作作了回顾和总结，深入分析了当前国际国内发展形势，重点阐述了新冠肺炎疫情的影响，成渝地区双城经济圈建设所带来的机遇和挑战，结合学校改革发展稳定中存在的问题和不足，对今年的各项工作进行了全面部署，希望各二级党组织、二级单位认真学习领会校长所做的报告精神，凝聚共识、明确责任、做好部署，确保各项工作落实落细。为了抓好工作落实，我再强调几点意见。

一、要切实加强党的组织建设

党的力量来自组织。一个单位、一个国家的力量也来自组织。当前，全球抗击新冠肺炎疫情的形势异常严峻，我们中国为什么能够取得抗击疫情的阶段性重大胜利？原因是多方面的，其中，最根本的原因，是我们有党中央的坚强领导，形成了包括党的中央组织、地方组织、基层组织在内的严密组织体系，我们有强大的组织能力、动员能力和协调能力。党中央一声令下，全国人民众志成城，共战疫情，14 亿人宅在家里，阻断病毒传播，全国上下“一方有难，八方支援”，多管齐下、互相协作，从大批医院及大量奋不顾身奔赴前线的医护人员，到无数辛勤工作的基层工作者、志愿者，从电力、电信、粮油、航空运输等领域的大型央企，到华为、阿里、腾讯、京东等大型民企瞬间投入战斗。没有组织的力量，没有强大的组织能力、动员能力和协调能力，是绝对做不到的，这在西方国家，也是不可想象的。

我们建设中国特色、世界一流大学，也需要严密的组织体系、过硬的基层组织。我们要以提升组织力为重点，更加注重党的组织体系建设，不断增强党的政治领导力、思想引领力、群众组织力、社会号召力，通过各级党组织，把党员组织起来，把人才凝聚起来，把师生动员起来，为实现中国特色、世界一流大学的宏伟目标而团结奋斗。

具体来讲，要重点抓好以下几方面的工作：一要抓理论武装，把学习贯彻习近平新时代中国特色社会主义思想以及中央重要会议和文件精神作为“必修课”，在学以致用、学做结合上下功夫，筑牢思想信念根基；二要抓“两个维护”，始终把维护习近平总书记核心地位作为第一位的政治要求，坚持将工作的出发点和落脚点聚焦在为党育人、为国育才上，不断强化政治领导；三要抓组织体系，深入实施“对标争先”建设计划，巩固拓展“不忘初心、牢记使命”主题教育成果，加强干部队伍建设，做好党员培养教育管理工作，不断提高政治能力；四要抓标本兼治，认真贯彻落实《党委（党组）落实全面从严治党主体责任规定》，抓好廉政风险防控，推进作风建设，锲而不舍落实中央八项规定精神，严防“四风”反弹回潮，持续营造风清气正的良好政治生态。

二、干部要担当作为

干部干部，要干字当头，这既是职责，也是本分。习近平总书记提出了 20 字好干部标准：“信念坚定、为民服务、勤政务实、敢于担当、清正廉洁”。总书记还提出了精简版的好干部标准，三个词、六个字：“忠诚、干净、担当”，忠诚是为政之魂，干净是立身之本，担当是成事之要。忠诚和干净，强调的是不能做什么：不能做政治上的两面人；不能只把忠诚挂在嘴上、写在纸上；不能贪污、不能腐败。而担当，强调的是要努力干。只有干，才有担当，才能出成绩，学校才能发展。一个干部，有没有担当，是很容易看出来的。在困难面前、在责任面前、在矛盾面前，你是在卸担子、推责任、不担当、不作为，还是在挑重担、想办法、主动担当作为，一眼就看得出来。如果你是在卸担子、推责任、不担当、不作为，那么，你在我心中的印象，就会一落千丈，在师生心中的印象，就会一落千丈；如果你是在挑重担、想办法、主动担当作为，那么，你在我心中的印象，会异常高大，在师生心中的印象，也会异常高大。

比如，在抗击新冠肺炎疫情的战斗中，广大党员、干部冲锋在前、英勇奋战，主动投身疫情防控斗争，这才有了今天积极向好的态势，学校才没有发生一起疫情病例。关键时刻、困难面前，党员干部必须“站得出来、顶得起来、豁得出去”，这是担当作为的重要体现。

如何体现担当，习近平总书记讲，领导干部必须有强烈的担当精神，一要有担当的宽肩膀，二要有成事的真本领。我们在座各位，走到今天的领导岗位，真本领都是有的，关键就是要担当，要有担当的宽肩膀，树立正确政绩观，牢记为人民服务、为师生服务的宗旨，始终做到为民办实事、办好事，真正做到“功成不必在我，功成必定有我”。“只要路走对了，就不怕遥远”，只要我们向着正确的方向前进，就要勇于直面矛盾、敢于动真碰硬，善始善终、善作善成。

三、坚决打赢脱贫攻坚战

脱贫攻坚，党中央高度重视，习近平总书记高度重视。去年 4 月 15 至 17 日，习近平总书记视察重庆，15 日中午，总书记一下飞机，就转乘火车、又乘坐汽车，前往石柱县，辗转 3 个多小时抵达大山深处的石柱县中益乡华溪村，实地了解脱贫攻坚工作情况；16 日下午回到主城，主持召开解决“两不愁三保障”突出问题座谈会。到今天，正好是总书记视察重庆一周年。总书记讲，他最关注的工作之一就是脱贫攻坚。我们可以梳理一下总书记关注脱贫攻坚的情况，五年时间，总书记主持召开了七次座谈会：

第一次，2015 年 2 月 13 日，总书记在陕西延安，主持召开陕甘宁革命老区脱贫致富座谈会。主题是：革命老区脱贫致富。

第二次，2015 年 6 月 18 日，在贵州贵阳，主持召开武陵山、乌蒙山、滇桂黔集中连片特困地区扶贫攻坚座谈会。主题是：集中连片特困地区扶贫攻坚。

第三次，2016 年 7 月 20 日，在宁夏银川，主持召开东西部扶贫协作座谈会。主题是：东西部扶贫协作。

第四次，2017 年 6 月 23 日，在山西太原，主持召开深度贫困地区脱贫攻坚座谈会。主题是：深度贫困地区脱贫。

第五次，2018 年 2 月 12 日，在四川成都，主持召开打好精准脱贫攻坚战座谈会。主题是：精准脱贫。

第六次，2019 年 4 月 16 日，在重庆，主持召开解决“两不愁三保障”突出问题座谈会。主题是：“两不愁三保障”。

第七次，2020 年 3 月 6 日，在北京，主持召开决战决胜脱贫攻坚座谈会。主题是：决战决胜脱贫攻坚。

七次座谈会，一次一个主题，一次一个主攻方向，一步一个脚印，一层一层推进。总书记抓脱贫攻坚，真正体现了什么是钉钉子精神、什么叫咬定青山不放松、什么叫不获全胜决不收兵。总书记为什么这么重视脱贫攻坚？总书记讲，坚决打赢脱贫攻坚战，消除贫困、改善民生、逐步实现共同富裕，是社会主义的本质要求，是我们党的重要使命，是实现第一个百年奋斗目标的关键，是中国特色社会主义优越性的根本体现。可以说，脱贫攻坚不仅关系到全面建成小康社会的成败，更是检验我们“四个意识”强不强、“两个维护”到不到位的试金石，我们要以强烈的政治责任感和历史使命感，以更大决心、更强力度推进脱贫攻坚，确保取得最后胜利。

上周，教育部召开了专题视频会，再次对定点扶贫工作提出了明确要求。4 月 7 日，学校召开了定点扶贫工作布置视频会，对今年定点扶贫工作进行了工作部署。4 月 12 到 14 日，我和廖校长带队，到我校定点扶贫的云南绿春县，落实脱贫攻坚工作。下一步，学校将和各相关单位签订责任书，压实工作责任，确保各项任务必须不折不扣圆满完成。下面，我再强调三点：

一要强化组织领导。各二级党组织、各相关单位要充分认识脱贫攻坚工作的极端重要性，进一步提高政治站位，坚决贯彻落实党中央关于脱贫攻坚的决策部署，把责任书作为军令状，主要负责同志亲自抓、抓总责、带头做，进一步凝聚全校师生员工、校友和社会各界人士力量，群策群力、广泛宣传，共同推进定点扶贫工作，确保各项工作落实落地。

二要狠抓工作落实。各二级党组织、各相关单位要始终坚持把定点扶贫作为一项重大政治任务，对标对表部署，全面梳理涉及本单位各项目标任务，确保在今年 6 月 12 日前，各项工作举措全部落实到位。6 月 12 日，是教育部定的时间，只有不到两个月了，时间紧、任务重，真的不是一句套话，我们必须按时完成。从现在开始，学校每周要对定点扶贫工作调度一次，常委会每两周要研究一次脱贫攻坚工作。各单位也要务必抓紧落实。

三要持续巩固成果。要持续发挥我校教育、人才、科技优势，立足精准，狠抓教育、文化、科技帮扶，探索创新智力帮扶，形成特色帮扶项目，不断增强定点扶贫单位的造血功能，激发内生动力，持续巩固提升脱贫攻坚成果。

四、抢抓成渝地区双城经济圈机遇

今年1月，习近平总书记在中央财经委员会第六次会议上发表重要讲话，专题部署成渝地区双城经济圈建设，将其上升为国家战略。建设成渝地区双城经济圈，是要发挥好成都市和重庆主城都市区的优势带动作用，唱好“双城记”，推动形成有实力、有特色的“经济圈”，建设具有全国影响力的重要经济中心、科技创新中心、改革开放新高地、高品质生活宜居地。这是以习近平同志为核心的党中央着眼全局和长远发展谋划的重大战略，是党中央赋予重庆的重大使命，更是学校必须主动出击、抢先而上的重大机遇。

世界一流大学都是在服务自己国家发展中成长起来的。党中央有部署，重庆有行动，学校就要有响应。机不可失失不再来，错失机遇就好比打仗延误战机，必须乘势而上。

一要打好主动仗。全校上下要提高对推进成渝地区双城经济圈建设重大战略部署的重大意义、目标定位和重点任务的思想认识，切实提高政治站位、战略定位，坚持“从全局谋划一域　以一域服务全局”，自觉把思想和行动统一到党中央决策部署上来。要以积极参与成渝地区建设、融入双城经济圈发展为出发点和落脚点，凝聚思想共识、抢抓历史机遇。各二级党组织、二级单位要结合办学特色、工作职责，加强统筹谋划、顶层设计，打好主动仗、下好先手棋，主动加强与相关部门合作协作，对接发展需求，充分发挥学校学科、人才、科技等优势，主动在推动成渝地区双城经济圈建设中抓机遇、谋发展、作贡献，真正激发全校教职员工干事创业的巨大活力。

二要建好大平台。要紧紧融入重庆“两中心两地”建设大局，瞄准“两中心两地”建设需求和学科前沿发展方向，着力提高关键领域原始创新、自主创新能力和社会影响力，努力在加快建设“科技创新中心”过程中抢抓机遇、勇作贡献。要统筹推进学科建设、科学研究和队伍建设，改革科研发展模式，加快科研平台基地布局，积极融入中国西部（重庆）科学城建设，全力抓好国家重点实验室整改重组，结合校区功能定位，抓紧论证国家重点实验室、国家工程中心、国家协同创新中心的规划建设，加快推进大科学装置建设，积极推动与地方政府、重点企业、科研院所等合作建设联合实验室、研究院等大平台，做大做优公共资源平台，积极推动科研成果转移转化，着力提升科技协同创新能力，大力推进中外合作办学，深入拓展海外办学空间，全面推动智库服务能力建设，努力在重庆经济社会发展中彰显“重”的地位、“大”的作为。

三要做好人才引育。坚持党管人才，把人才资源作为第一资源，把人才工作作为第一要务，进一步转变人才工作理念，进一步完善制度体系建设，深化落实“3+7”人事制度要求。各二级党组织、各学院要压实工作责任，围绕学校学科发展和重庆产业发展布局，不断优化引才工作机制，提升引才工作力度，明确任务指标、签订责任书、强化督促落实，千方百计引进高层次人才，吸引学科领军人才、优秀青年人才和创新团队，千方百计培育优秀人才，千方百计用好人才，努力形成党政齐抓、全员参与的工作格局，为成渝地区双城经济圈建设和学校事业发展提供高质量人才储备和智力保障。

五、坚决打赢疫情防控阻击战

新冠肺炎疫情的暴发，给国家经济社会发展带来了巨大的影响。经过全国上下和广大人民群众艰苦努力，疫情防控取得了阶段性重大胜利，经济社会秩序加快恢复。我们也期盼学校早日开学。但现在还不是鸣金收兵的时候，复学才是真正考验的开始。我们要坚持底线思维，统筹推进疫情防控和教育教学工作，确保学校各项事业健康有序平稳发展。

一要持续做好疫情防控工作。要密切关注国际国内疫情形势变化，全面落实外防输入、内防反弹，及时采取更有针对性和实效性的防控措施，继续抓紧抓实各项防控工作。现在形势有所好转，但是不能掉以轻心、麻痹大意。各二级党组织、各二级单位主要负责人要牢记疫情防控“第一责任人”职责，各位领导干部要切实做到“守土有责、守土负责、守土尽责”，继续贯彻落实好中央决策部署和上级部门工作安排，优化管控措施，筑牢防控安全屏障，加强安全保卫，加大重点场所、关键领域等隐患排查，强化教职员工安全管理，切实关爱困难师生，确保师生身心健康和校园安全稳定。

二要统筹做好教育教学工作。为了最大限度降低疫情对教育教学影响，学校充分发挥“互联网+教育”优势，已经积极开展在线教学。从 3 月 9 日起，学校中层领导干部已返岗上班，各二级单位按照要求合理安排员工正常上班。目前，教育教学秩序正常。下一步，各二级单位要按照学校年度工作计划和各项工作安排，继续统筹做好教育教学工作，线上教学工作要持续推进，努力做到教学内容不减、教学标准不降；加强线上辅导和咨询，想方设法做好学生就业和毕业工作；充分发挥辅导员、任课教师、研究生导师等育人作用，加强学生思想引导、心理疏导和学习生活指导，坚定学生战胜疫情的信心和决心；引导教师做好教学和科研相关工作。

三要积极做好开学准备工作。随着疫情形势的逐步好转，要进一步加快开学后各项工作的准备进度。教务部门、科研部门、学工部门、后勤部门等相关部门要加强工作统筹，提前做好师生返校后课程安排、科研实训、教育管理、服务保障等工作预案，制订工作计划，明确任务举措，落实工作要求，细化工作责任。各二级党组织、二级单位疫情期间在推动日常工作的同时，要主动谋划和安排好疫情之后各项工作，积极为师生提供便利条件，开学后铆足干劲、扬鞭奋蹄，撸起袖子加油干，以钉钉子精神逐步逐项抓好工作落实，将疫情耽误的时间抢回来，确保全年各项工作再上新的台阶。

同志们，今年是全面建成小康社会、实现第一个百年奋斗目标的决胜之年，是立足“九秩重大”建设“百年重大”的启步之年。我们要坚持以习近平新时代中国特色社会主义思想为指导，增强“四个意识”，坚定“四个自信”，做到“两个维护”，全面贯彻党的教育方针，落实立德树人根本任务，只争朝夕、不负韶华，对标一流、追求卓越、服务发展、引领未来，着力提升学校整体办学实力和育人水平，为将重庆大学建设成为中国特色、世界一流大学而不懈奋斗！

在开学复课工作部署会上的讲话

舒立春

（2020 年 5 月 8 日）

同志们：

根据重庆市关于高校春季学期开学工作和疫情防控有关精神，经学校集体研究并报教育部、重庆市教委备案，学校昨天正式发布了 2020 年春季学期开学复课的通知。5 月 12 日开始，学生将分批次返校复课。此前，1 400 多名湖北籍学生已经提前返校并接受健康管理，相关工作平稳有序，这是全校各单位、各部门共同努力的结果。但是，这只是一次热身，我们即将迎来学校疫情防控工作真正的大考。今天开这个会，就是要给大家作考前培训、考前动员，务必以极端负责态度交出满分答卷。刚才，校长进行了系统全面的工作布置。这里我再强调两点。

第一，要从严从实从细落实好防控措施。

这里谈的“严”就是要进一步提高思想认识。当前全国疫情防控阻击战取得重大战略成果，但境外疫情暴发增长态势仍在持续，我国外防输入压力持续加大，国内防止疫情反弹的复杂性也在增加。疫情防控这根弦必须时刻绷紧，决不能前功尽弃。我们必须倍加珍惜来之不易的防控成绩，巩固防控战果，绷紧疫情防控这根弦。首先对“常态化防控”要认识到位、理解到位。只有这样，才能措施到位。“常态化”意味着我国疫情防控进入新阶段，要做好较长时间应对外部环境变化的思想准备和工作准备。抓紧抓实抓细常态化疫情防控，思想上不能麻痹大意，也不能有厌战的情绪，坚决遏制疫情反弹、扩散。其次要牢固树立责任感。开学复课是当前疫情防控的重点工作，工作涉及面广、社会关注度高，必须要有万全之策，做到万无一失。中小学全面复课，高校学生来自全国各地，流动性大，风险是中小学不能比拟的。一定要认真落实党中央、国务院决策部署，根据教育部、重庆市工作安排，牢牢把握“外防输入、内防反弹”防控策略，坚决把维护师生生命安全和身体健康放在第一位，严阵以待、严防死守，严格管控，牢牢守住学校和学生安全底线。

这里谈到的“实”就是要高度警惕、大力整治形式主义、官僚主义。在这次抗疫斗争中，广大党员干部坚定站在疫情防控最前沿，广泛动员群众、组织群众、凝聚群众。但是也存在“不深入疫情防控第一线，疫情防控基本情况一问三不知”的反面典型，这是从全国来看。上个月，大家也看到了黑龙江对疫情防控不力 18 名党员干部和公职人员追责问责。对此，我们一定要引以为戒。对“贯彻落实习近平总书记关于疫情防控工作的重要指示批示精神不用心不用力”“落实疫情防控措施不投入不深入不扎实”“不服从疫情防控统一指挥调度”和“弄虚作假”等问题绝对不允许在重庆大学出现。学校纪委要切实加强监督，为统筹做好疫情防控和学校改革发展稳定工作提供作风保证。

这里说的“细”就是要把工作落实落细落小落具体。学校的开学复课方案明确了工作措施和责任单位，这是管总的要求，还要精确细化，不能有任何疏漏和丝毫马虎。疫情防控无小事，再细致再认真都不为过，各职能部门、各学院要对照学校开学方案，制订具体工作预案，要明确细化任务和进度安排，全面深入细致查摆工作中存在的问题短板和漏洞，把具体工作中的各方面各环节都要考虑得更加仔细（特别是要抓紧学生大规模回来这个短暂的时间，这个时间很短了，下周二就全部回来了），利用开学前时间窗口抓紧整改到位，全力做好应急准备，确保各项防控工作落实落细、落地见效。

具体来讲，要做好三防、四控的工作：

一要防突发事故，各单位务必摸清底数，排查隐患，做好预案，加强演练，既要有效防止突发事故，又要做好应对突发事故的准备。在突发事故面前，做到沉着应对，调度有序。

二要防次生灾害，要特别防止舆情炒作，发生突发情况，要及时上报，不得擅自对外发布有关信息。前几天，就是因为信息管理不当，重庆一所高校有关信息在网上引发疫情炒作，给工作带来极大被动。为此，市教委专门印发通知，明确再次要求除法定部门依法发布外（具体来讲，就是市卫健委），任何单位和个人不得泄露新冠肺炎确诊病例、疑似病例、无症状感染者、密切接触者以及涉及个人隐私的有关信息、资料。。同时不得利用短信、微信等方式传递。这是《中华人民共和国传染病防治法》《突发公共卫生事件应急条例》的要求，违反相关规定了，要依法处理。请大家务必高度重视，不要因为类似情况，干扰疫情防控工作。

三要防懈怠情绪。疫情暴发以来，在学校的统一领导和防控办的直接协调下，全校上下共同努力，特别是保卫、医疗、后勤、学生等各系统的同志们，已连续奋战 100 余天，防控成效十分显著，学校没有发生一起确诊或疑似病例。但开学复课，才是大考的开始。我们一定要克服懈怠情绪、厌战情绪，要慎终如始，全力以赴，落实好各项防控举措，确保师生安全，确保疫情防控取得完胜。

四要控，一要控聚集，各单位要减少不必要的聚集，多采用线上会议、网络会议等形式，严格控制活动规模，近期不组织大型群体性活动。

二要控流动，开学后，要按照上级部门的要求，继续实行严格的校园封闭式管理，当然，要考虑师生的合理要求，保障师生正常的生产生活需要。

三要控质量，特别要重视 2 月 17 日开展的线上教学与即将开展的线下教学的衔接，高度重视毕业生就业工作，特别是各学院的书记、院长，要亲自抓，广泛发动，多方努力，确保毕业生顺利毕业、顺利就业。信息调研中发现，毕业班的学生对学业的担忧不亚于对毕业的要求，书记院长要多多关心。

四要控安全。在重大疫情面前，在严格的防控举措面前，师生难免有焦躁情绪，情绪波动大，各单位一定要高度重视师生心理健康，做好师生思想引导。同时，要特别重视学生活动安全管理，近日，全国连续发生多起学生安全事故。重庆天气又热，学生很久不运动，回到学校变化很大，生理、心理状态都不太好，各类教育教学一定要循序渐进，确保师生安全。

第二，压紧压实疫情防控责任。

我在开学干部大会上强调过，干部要有真本事，还特别要有要有担当的“宽肩膀”。当前的疫情防控工作就是学校各级干部践行初心使命、体现责任担当的试金石和磨刀石。一定要把“四个意识”“四个自信”“两个维护”落实到行动上，全力提升政治站位，切实担起政治责任，以对党和国家、对社会、对师生高度负责的态度履职尽责。特别是学生返校后，各学院一定要承担起疫情防控的主体责任，增强必胜之心、责任之心、仁爱之心、谨慎之心，勇当先锋，敢打头阵，真正下沉到一线中去发挥模范带头作用，主动担当、狠抓落实。我和校长一定带头坚守岗位、靠前指挥，各级干部、广大党员也要第一时间冲锋在前，在疫情防控中守土有责、守土负责、守土尽责。二级党组织要充分发挥在疫情防控中的战斗堡垒作用，做好群众“主心骨”，组织、宣传、凝聚、服务群众，真正将防控工作落实到细节中去。

当前，疫情防控工作面临多重风险叠加的压力和挑战，学校安全稳定工作面临的形势复杂而严峻。安全稳定是一切工作的基础和前提。要坚持底线思维、树牢风险意识，加强分析研判，把维护安全稳定工作与疫情防控和改革发展工作同安排、同部署、同落实，切实守护师生健康和校园稳定。要深学笃用习近平总书记关于安全生产和社会稳定的重要论述，紧盯重点时段、关键节点，有的放矢、精准发力，努力把风险隐患化解在未发之时，把矛盾问题解决在萌芽状态。多渠道掌握师生思想动态，牢牢把握意识形态工作主导权，高度重视宣传引导和舆情导控。持续深入开展实验室、消防、食品、网络、施工安全，校园周边综合治理，自然灾害防御等方面的排查整治，补短板、堵漏洞、扫死角，坚决防范和遏制安全事故。

同志们，2020 年已经过去了 1/3，在慎终如始抓紧抓实抓细常态化疫情防控的同时，我们要拿出只争朝夕的热情，付诸踏踏实实的努力，用加速度跑出高效率，把失去的时间抢回来，把疫情对学校改革发展的影响降到最低。国家恢复经济社会发展的政策机遇、成渝地区双城经济圈建设的战略机遇都摆在我们面前，我们一定要乘势而上，加快推进学校改革发展各项工作，开创学校发展新局面，夺取疫情防控和学校发展的“双胜利”。

在2020年"两会"精神传达报告会上的讲话

舒立春

（2020年6月4日）

老师们、同志们：

今天，我们在这里举行全国"两会"精神传达报告会，传达学习全国"两会"精神，对学校贯彻落实全国"两会"精神进行部署。首先，我向大家介绍出席今天报告会，并在主席台就座的全国人大代表和政协委员。他们是：

全国人大代表，中国工程院院士，九三学社中央委员，重庆市科学技术协会主席，重庆大学国家镁合金材料工程技术研究中心主任潘复生教授；

全国政协委员，民进中央委员、民进重庆市委副主委，重庆大学航空航天学院副院长刘占芳教授。

在主会场参加会议的还有，宗益校长和在家校领导班子成员，院士，校党委常委、校长助理，离任未退休校级领导，各单位主要负责同志和正处级现职领导干部，驻校重庆市、沙坪坝区人大代表、政协委员，民主党派基层组织负责人，离退休教职工代表。同时，各单位副职和副处级现职领导干部，机关各单位副科级以上干部，校工会、教代会委员会委员，各学院辅导员，思想政治理论课教师通过视频会议的形式参加今天的报告会。

今年"两会"期间，习近平总书记四下团组，参加了十三届全国人大三次会议内蒙古代表团、湖北代表团、解放军和武警部队代表团审议，参加了全国政协十三届三次会议经济界委员的联组会，发表了一系列重要讲话，刚才，宗益校长传达了习近平总书记在全国"两会"期间发表的一系列重要讲话精神。总书记的系列重要讲话思想深刻、内涵丰富、情深意切、催人奋进，是对习近平新时代中国特色社会主义思想的丰富和发展，对全局工作有着重大指导意义。潘复生院士和刘占芳教授分别传达了十三届全国人大三次会议和全国政协十三届三次会议精神。他们分别介绍了"两会"期间参加讨论、提出议案建议的情况，帮助我们更加全面、深入、细致地了解了今年的全国"两会"。同时通过他们的报告，也让我们了解到我校"两会"的代表委员积极建言献策、共商国是的履职尽责情况。

今年的全国"两会"是在全国疫情防控阻击战取得重大战略成果、全面建成小康社会进入决战决胜阶段召开的一次重要会议。全校上下要增强"四个意识"、坚定"四个自信"、做到"两个维护"，把学习贯彻习近平总书记重要讲话和全国"两会"精神作为当前的一项重大政治任务，与学习贯彻总书记对教育的重要论述结合起来，更好地把总书记殷殷嘱托全面落实在当前学校各项事业中，努力为推动学校事业发展和进步贡献更大的力量！

下面，我提几点意见。

一要以学生为中心，抓好常态化疫情防控和复学复课。

国内疫情防控形势持续向好，国外疫情形势持续蔓延。经此一“疫”，“中国之治”和“西方之乱”形成了鲜明对照，进一步彰显了中国特色社会主义制度以人民为中心的价值优势，把人民群众生命安全和身体健康放在第一位。总书记在参加内蒙古代表团审议时，讲到“人民至上、生命至上，保护人民生命安全和身体健康可以不惜一切代价。”在湖北代表团审议时，讲到“要时刻绷紧疫情防控这根弦，慎终如始、再接再厉，持续抓好外防输入、内防反弹工作，决不能让来之不易的疫情防控成果前功尽弃”。

我们要牢固树立为民服务宗旨，坚持以学生为中心，坚持底线思维、精准防控，特别是针对学生返校后相对聚集等疫情防控潜在风险，要将广大师生生命安全和身体健康放在首位。针尖大的窟窿能漏过斗大的风，在疫情常态化防控形势下，任何时候我们不能放松警惕、麻痹大意，所有的工作都要严格按照上级指示精神层层抓好落实，工作要落细落小落到位。在全校师生的共同努力下，全校绝大部分学生都已正常返校复学复课，真正的挑战、大考才刚刚开始。我们要打起十二分精神，切实关心和关爱学生，教育引导学生思想不麻痹、防疫不懈怠、防护不放松，真正构筑起安全防线。

人才培养是高校的核心使命，就业是最大的民生。“稳就业、保民生”贯穿了今年的政府工作报告，“就业”出现 39 次、“民生”出现 21 次。受疫情影响，今年的就业工作面临极大的挑战，全国高校毕业生达 874 万人，我校毕业生有 1 万多人，因为各种原因仍然有部分学生未完成就业，压力很大、形势严峻。此前学校已经做了工作部署，下发转发了相关通知文件，下一步还要继续在做好毕业生就业工作、提高就业质量上下功夫。各学院、相关部门要提高政治站位，强化使命担当，压实工作责任，充分调动各方资源，千方百计为毕业生提供充足的岗位资源，积极做好指导和宣传，优化就业指导，同时对湖北籍毕业生、贫困学生等重点群体做到精准帮扶，以更大决心、更强信心、更有力措施推进毕业生更高质量和更充分就业。考虑到全球疫情和国际形势不确定性，要未雨绸缪，主动谋划、提前布局明年的就业工作。

学生返校复课已经有一周多时间了，围绕学生的各项工作都要结合防疫的工作要求全面展开，课堂教学、实验课程要按照计划稳步推进，线上线下课程整体推进、并轨实施，同时要在深入细致了解掌握学生思想动态基础上进一步做好学业帮扶和心理帮扶工作，真正将工作做到学生学习、生活一线，多关心学生学习、生活和思想状况，积极引导学生从中国战“疫”故事中汲取信心和力量，抓好学习和科研。学校相关部门、各学院要统筹做好学生补考、授位等工作。学校各部门，包括学工、教学、科研、管理、后勤，所有的工作都必须细之又细，真正以学生为中心，在开展教育管理的同时进一步强化服务工作，满足学生正常生活、学习和工作需要，努力营造一个良好的环境，帮助他们成长成才。

二要围绕全年工作目标，统筹推动学校各项工作发展。

贯彻落实“两会”精神，要主动结合学校工作实际，围绕全年工作目标，对照学校工作要点以及各专项工作计划安排，明确工作重点、抓住关键任务、狠抓工作落实，把落实国家对2020年的工作部署和推动学校改革发展结合起来。现在已经进入6月，意味着2020年马上就要过半，我们要回过头去看全年工作要点、工作计划，盘点工作进展和实施情况，要用倒逼的方式去抓好工作，用倒计时的方式统筹计划安排和工作推进，该启动的马上启动，该加速的赶紧加速，争分夺秒、快马加鞭，努力克服疫情不利影响，把之前的损失要通过后面的有力举措抢回来，确保完成全年工作目标。

今年的全国“两会”对高等教育的要求在“推进一流大学和一流学科建设”基础上，还要求“坚持立德树人”“推动高等教育内涵式发展，支持中西部高校发展”“扩大高校面向农村和贫困地区招生规模”。我们贯彻落实“两会”精神，首先要认清和抢抓高等教育发展的新形势、新机遇和新使命，学会“真正过紧日子”，一定要保持定力、勇于担当，加快推进“双一流”建设，以改革的思路、方法推动重点领域、关键环节的改革，动真碰硬、攻坚克难、破局开路。

要加快推进落实立德树人根本任务。2018年学校成为全国首批“三全育人”综合改革试点高校，今年下半年就要迎来评估验收。我们要在持续推进“十大育人”工作体系和“六大育人阵地”建设基础上，梳理和完善各岗位育人元素和育人职责，强化全员育人责任，真正培养党和国家需要的人才。

要加快推进学科建设发展。进一步瞄准学术前沿和国家重大布局，创新发展理念，推动学科群、水平提升、跨学科合作、新兴学科培育、学科公共服务平台五类重点项目建设。优化调整学科布局，大力加强理科、基础文科、医科建设，推进“人工智能”学科建设。

要加快推进师资队伍建设。上周，学校召开了重庆大学合校发展20周年座谈会，很多老领导、老同志都提出希望学校进一步加强人才队伍建设。我们要吸取老领导提出的宝贵建议，进一步转变人才工作理念，树立正确选人用人导向，优化人才工作措施，积极培育高层次人才，营造良好发展环境，大兴识才爱才敬才用才之风，聚天下英才而用之。

要加快推进科学研究工作。今年的政府工作报告在科技创新方面提出“稳定支持基础研究和应用基础研究”“加快建设国家实验室，重组国家重点实验室体系”。我们要继续创新科研体制机制建设，加快国家重点实验室整改，努力在基础科技领域有大的创新、在关键核心技术领域有大的突破。

要加快推进服务国家战略需求。今年初，建设成渝地区双城经济圈的国家战略出台，这是继京津冀协同发展、粤港澳大湾区建设、长三角一体化发展之后又一重大区域发展战略。学校也在抢抓机遇、积极响应、系统谋划、主动对接，之前与四川大学牵头发起成立了“成渝地区双城经济圈高校联盟”，也在与川渝地区一些区县密切开展交流合作，下一步我们要继续主动发挥学校人才、科技和智力优势，加快完善校区功能定位，以实际行动主动参与、深度融入西部科学城、科技创新中心建设，在服务重庆发展中服务国家战略。

上个月，学校定点扶贫的绿春县已批准退出贫困县。但退出之后，摘帽不摘责任、摘帽不摘政策、摘帽不摘帮扶、摘帽不摘监管。上周，学校邀请了市扶贫办刘贵忠主任给大家作了脱贫攻坚报告。我们要持续深化思想认识，落实防止松劲懈怠消极厌战、防止问题整改不求实效等“六个防止”要求，进一步做好云南省绿春县、开州区关面乡、沙坪坝区青木关镇扶贫工作，在高质量完成任务的同时形成我们的特色和品牌。

三要强化责任使命担当，以更实的作风狠抓工作落实。

习近平总书记讲过，“为政之要，莫先乎人；成事之要，关键在人。”事业成败，关键在党，关键在人，关键在各级领导班子和领导干部。贯彻落实好“两会”精神，需要各级党组织、各二级单位，各级领导班子和领导干部，以及广大教职员工，强化责任使命担当，在真抓实干中抓落实，推动学校改革发展稳定各项工作取得实实在在的成效。

今年的政府工作报告直指当前“形式主义、官僚主义仍较突出”“少数干部不担当、不作为、不会为、乱作为”等问题。之前，中办印发了《关于持续解决困扰基层的形式主义问题为决胜全面建成小康社会提供坚强作风保证的通知》，要求深化拓展基层减负工作，坚持标准不降、力度不减，加强源头治理和制度建设，持续筑牢克服形式主义官僚主义的思想政治根基，完善干部担当作为的激励机制，坚持以上率下狠抓工作落实。学校下一步也将进一步营造真抓实干、狠抓落实的氛围，让干部群众把时间和精力用在干事创业上，让专业的人做专业的事，正如李克强总理在政府工作报告中所说的“谁能干就让谁干”“为担当者担当，让履职者尽责”。

习近平总书记在参加内蒙古代表团审议时，讲到“党员、干部特别是领导干部要清醒认识到，自己手中的权力、所处的岗位，是党和人民赋予的，是为党和人民做事用的，只能用来为民谋利。各级领导干部要树立正确的权力观、政绩观、事业观，不慕虚荣，不务虚功，不图虚名，切实做到为官一任、造福一方。”之前，我也讲过，干部干部，要干字当头，这既是职责，也是本分，要做到忠诚、干净、担当。真正的担当在于一要有担当的宽肩膀，二要有成事的真本领，把人民的利益放在第一位，聚焦学校改革发展稳定以及涉及师生切身利益的问题，临难不避、转变作风，深入教学、科研一线开展调查研究，掌握一手资料，了解一手情况，做好分析论证，找准发力点和需要解决的重点问题，虚心向基层学习，虚心向师生学习，热心为基层服务，热心为师生服务。广大教师也要切实强化教书育人责任，落细落实新时代教师职业行为十项准则，努力做有理想信念、有道德情操、有扎实学识、有仁爱之心的“四有”好老师，要“传道、授业、解惑”，也要敢于“揭榜挂帅”搞研究，以更实的作风狠抓工作落实。

各级党组织要加强自身组织建设，深入实施“对标争先”建设计划，巩固拓展“不忘初心、牢记使命”主题教育成果。当前，疫情暴露出和衍生出的风险逐步显现，国际形势复杂多变。我们要坚持底线思维，绷紧思想之弦，加强提前分析研判，做好重点领域、关键环节、重要场所等安全工作，筑牢学校“立体安全网”，积极营造安全稳定和谐的校园氛围。

同志们，形势严峻，责任重大！让我们把思想和行动统一到习近平总书记重要讲话精神上来，切实把“两会”精神转化为推动学校落实立德树人根本任务、“双一流”建设的强大动力，努力在危机中育新机、于变局中开新局，为办好人民满意的中国特色、世界一流大学而努力奋斗！

今天的会议到此结束。谢谢大家！

在重庆大学国际化发展推进大会上的讲话

舒立春

（2020年6月24日）

同志们、老师们：

下午好！今天我们在这里举行国际化发展推进大会，刚才张宗益校长作了工作报告，全面回顾了学校国际化发展历程特别是近年来主要成绩，结合新形势、新机遇和新要求，阐述了下一步学校国际化发展理念、思路及阶段目标，提出要全面推进学校国际化进程，提高学校全球竞争力。六个学院也分别就学院国际化工作的实践与成效进行了分享交流。

张校长的报告，对于加快和扩大新时代教育对外开放、全面推进学校国际化工作具有重要的指导意义。我非常赞成这个报告。同时，校长在报告里也列举了学校在国际化发展中所面临的问题和短板，特别是与世界一流大学、国内部分兄弟高校还存在较大的差距，我们要正视这些差距和不足，坚持问题导向、目标导向、责任导向，强化使命担当、提高思想认识，多措并举、多管齐下，充分发挥国际化在“双一流”建设中的引擎作用，确保各项工作任务落实到位、落地见效。下面，我主要谈三个方面的意见。

一、转变理念思路，深刻把握国际化战略机遇

一要顺应世界发展大势。当前，世界面临百年未有之大变局，国内外形势正发生着深刻复杂的变化。习近平总书记明确指出，“我国发展仍处于并将长期处于重要战略机遇期”。新一轮科技革命和产业变革中，人工智能、大数据、量子科技、生物技术等加速催生新产业、新业态、新模式，给全球发展和经济社会带来翻天覆地的变化。世界各国纷纷加大科技创新投入和创新人才培养，国际人才竞争和科技竞争更加白热化。同时，全球范围新冠肺炎疫情的蔓延，使得国际形势将会更加错综复杂、变幻莫测。总书记还讲过，“危和机总是同生并存的，克服了危即是机。”越是危急时刻，越是困难重重，我们越要迎难而上，提高思想认识，提升战略定位，努力在危机中育新机，于变局中开新局。

二要把握教育发展大局。随着我国对外开放深化和世界经济全球化加速，高等教育国际化发展已经成为提高国家高等教育质量、国家创新能力和文化国际影响力的重要途径，国际交流合作已上升为现代大学的重要使命，是助推世界一流大学建设的强大动力。加快和扩大新时代教育对外开放，是教育发展的需要，更是新时代国家建设的需要。党的十八大以来，习近平总书记对教育国际化作出了一系列重要指示批示，

并在“一带一路”国际合作高峰论坛、中国国际进口博览会、博鳌亚洲论坛等重大场合多次向世界宣示中国将继续扩大教育开放。这为包括重庆大学在内的中国大学带来了难得的发展机遇和重要平台。

三要抢抓重庆发展机遇。中央高度重视重庆的建设和发展。今年，成渝地区双城经济圈建设的重大国家战略出台，为重庆对外开放和高质量发展带来了历史性机遇，也为我校国际化发展和教育事业进步带来了新的契机。学校近期也在做一系列部署，主动参与、深度融入中国西部（重庆）科学城建设，完善校区功能定位，推进大科学装置和重大科学基础设施建设，提升基础学科发展水平，加快提升自身办学实力、夯实对外合作基础，同时加大对外开放，借助利用国外高水平大学的优质资源，汇聚更多的创新资源，吸纳更多的海外高端人才，培养更多的创新型人才，为助力推动成渝地区建设成为全国影响力的科技创新中心、改革开放新高地等提供强有力的人才、科技和智力支撑，推动重庆高质量发展。

所以，我们要进一步加强对学校国际化发展的认识，坚持国际化工作在学校发展中的战略地位，以服务学校中心任务为出发点和落脚点，进一步转变国际化理念和思路，紧密结合学校人才培养目标、高水平科学研究、高质量队伍建设，逐步构建更全方位、更宽领域、更多层次、更加主动，与学校发展相适应的对外开放新格局，以只争朝夕、时不我待的精神状态，深入实施国际化战略，提升“双一流”建设水平。

二、围绕中心工作，提升学校国际化水平

刚才，张校长已经在报告里做了工作部署。在具体实施时，我们要围绕中心工作，牢牢把握“加快”和“扩大”的工作主基调，把握“提质”和“增效”的工作总要求，把握“稳步”和“有序”的原则，重点做好以下四项工作，以点带面提升国际化水平。

一要着力培养具有全球竞争力的人才。人才培养是大学的根本任务和核心使命。我们要坚持立德树人根本任务，以拓宽国际化人才培养路径为导向，大力提升国际化育人水平和办学水平。重点是加快培养具有全球视野的高层次国际化人才，要引导学生厚植爱国情怀、树立远大理想，提升全球视野、丰富知识内涵，提升外语应用能力，让学生有信心有能力走出去，既要提升交流学习比例和深造率，又要让更多的学生能够学成归国、服务国家建设。要加强与世界一流大学和学术机构开展高水平人才联合培养，将国外优质教育资源融入人才培养全过程，加快推进全英文课程和专业建设，既要开设全方位的课程，给学生提供更大的学习空间与灵活性，同时要开设一些专业领域内符合国际趋势的国际化课程，让学生能够了解到专业领域最新的最前沿的知识，逐步形成理念先进、形式多样、覆盖全面的国际化课程体系和教育体系。要持续加强与高水平教育科研机构的实质性合作，不断拓宽学生参与各层次国际交流的渠道，加大力度、持续培养推送更多的优秀学生到国际组织实习任职，真正培养出德智体美劳全面发展且具有全球竞争力的创新型人才。

二要建设高水平的国际化师资队伍。办学的关键在教师，能否建设一支结构优化、形成梯队、素质优良的师资队伍无疑是关系到教育事业发展的关键。推动学校国际化发展，更需要我们去建设一支高水平的国际化师资队伍。新加坡南洋理工大学是一个比较好的例子，这所学校创办于 1955 年，2015 年之前在 QS 世界大学排名中一直在 40 名上下徘徊，2015 年之后排名就跃升到了第 13 名，最近几年一直在第 11 名上下，

其中国际教员(International Faculty)这一项指标分是满分100分,截至2016年,全校6 580名教研人员中有65%来自新加坡以外的73个国家,学历背景主要来自全球570所高等学校。这个就给了我们很好的启示,我们学校的外籍教师比例有多少,我们学校引进教师中有多少有海外求学背景,我们现有教师中有多少在国外进修深造过,这些都是我们需要着重考虑并在下一步工作中大力推进的。我们要进一步优化工作环境和氛围,加大聘用高端外籍教师力度,着力引进具有海外著名高校学习背景和长期海外工作经历的一流大师、学科领军人才和优秀青年人才,鼓励更多的教师到海外教学进修、进行合作研究、开展学术交流。同时,我们要同步推动管理人员开展海外交流学习,提升管理队伍国际素养,切实提高学校整体国际化管理和服务水平。

三要打造高质量的国际化合作平台。科学研究是大学的重要功能之一,与高水平大学和科研机构开展国际学术合作,既能够提高学校科研水平、扩大社会影响力,也能够帮助教师、科研人员了解研究领域最新的最前沿的知识并传授给学生。同样以南洋理工大学为例,他们与全球300多所一流大学和科研机构建立了教育研究合作关系,包括麻省理工学院、斯坦福大学、北京大学、剑桥大学等一批世界名校。这些年,我们也与全球近200所知名高校、研究机构建立了良好的合作关系,但是还远远不够,合作高校、机构的质量和水平上,在合作深度和实质性上都需要进一步加强。我们要在教育对外开放中深入贯彻全面深化改革的要求,坚持以全球视野谋划和推动科技创新,胆子再大一些,步子再大一些,着力破除体制机制方面的障碍,主动走出去、找机会、谈合作,与世界一流大学建立长期、稳定的战略合作伙伴关系,在合作办学、联合培养、科学研究等方面推进务实合作、深度合作,主动参与国际大科学工程。在现有的国际合作联合实验室和“111”计划引智基地的基础上,建立更多的高端国际联合科研合作平台,培育具有重大影响的国际联合研究成果,推动国际产学研协同创新,不断提升国际学术影响力。

四要做好对外教育服务和文化传播。来华留学工作一直是我校国际化工作的重要组成部分。我校来华留学生人数逐年上升,不管是学历生还是短期培训生,招收范围也在逐步扩大。下一步我们还要继续打造“留学重大”品牌,完善国际学生招生、培养体系,加强国际生源基地建设,丰富来华留学项目,扩大留学生规模,着重加大学历生比例,努力建设具有国际影响力和世界优秀青年向往的留学目的地。在做好留学生教育管理与服务工作的同时,要加强专业建设、课程建设、教材建设、师资建设和配套资源建设,帮助留学生更好地认识中国、了解中国、喜爱中国,提高来华留学教育质量,提高学校国际声誉。在这里,我要强调一下,我们要重视留学生校友,做好留学生校友工作,这将为我们更好地实施国际化发展奠定良好的工作基础和人脉资源,有了校友的支持,很多的合作和交流将会更加顺利、也更容易持续。

同时,我们还要继续办好三所孔子学院,积极开展全方位、宽领域、多层次的中外人文交流与合作,主动服务“一带一路”建设,加强与“一带一路”沿线国家在文化、科技、教育方面的合作,不断提升中华文化影响力和国家影响力。

三、紧扣目标任务，推动国际化进程走深走实

同志们，“山再高，往上攀，总能登顶；路再长，走下去，定能到达”。各二级党组织、各单位，全校广大师生员工都要广泛参与到国际化发展推进工作中来，始终保持奋进姿态，突出责任担当，认真贯彻《教育部等八部门关于加快和扩大新时代教育对外开放的意见》，深入落实《重庆大学国际化发展规划》（以下简称《规划》）要求，加快国际化进程。

一要加强组织领导。坚持以习近平新时代中国特色社会主义思想为指导，深入贯彻落实习近平总书记关于教育的重要论述，特别是关于教育对外开放重要指示批示精神，坚持党对学校国际化工作的全面领导，发挥党的领导核心作用，既要实行科学、民主的决策，又要保证党的理论路线方针政策全面落实，把党的领导落实到国际化发展全过程。

二要完善体制机制。深入推进制度改革创新，积极做好配套制度设计和完善，形成党组织统一领导、党政齐抓共管、部门各负其责协调运转的领导体制和工作机制。进一步完善国际化发展的管理体制、责任体系、沟通机制和绩效考核机制。各学院要明确主体责任，加强工作领导；各部处、学部、师生要进一步明确责任意识，积极调动主动性和创造性。

三要狠抓工作落实。一是针对当前学校国际化工作面临的问题，对标对表国内外一流大学，明确目标和差距；二是围绕《规划》要求，对照《规划》指标，列出问题清单、任务清单、责任清单和时间表，逐项分析，逐项分解，逐项落实，确保补齐短板。同时突出重点，把工作做深做细做实，在补齐短板的基础上，努力提升效益和层次，形成特色亮点。

四要加强监督检查。定期对《规划》实施过程、进度和效果进行监测评估和跟踪分析，及时掌握工作进展情况。各学院、部处要切实提高执行能力，加强对国际化工作的组织、协调和实施。学校还要完善考评机制，多层级、多渠道鼓励各学院、科研团队、师生员工对外开展国际合作交流与研究。

同志们，国际交流合作是大学的重要使命，推进国际化发展是加快“双一流”建设的战略选择。让我们更加紧密地团结在以习近平同志为核心的党中央周围，全面贯彻落实党的教育方针，不忘初心、牢记使命，坚持内外统筹、提质增效、主动引领、有序开放，深入实施国际化战略，以高水平开放引领高质量发展，执“奋进”之笔，奋力谱写重庆大学“双一流”建设和事业发展的新篇章！

谢谢大家！

在学习党的十九届五中全会精神时的发言

舒立春

（2020 年 11 月 4 日）

各位领导、各位同志：

刚才，我们一起全文学习了习近平总书记在党的十九届五中全会上的报告和讲话，原原本本学、原汁原味学。下一步，我们还要在中心组、常委会上进行系统学习，要做到反反复复学，这样才能真正读懂全会精神实质和内涵价值。刚才同志们也发了言，谈了自己的想法，我觉得说得都很好，都结合了工作实际，很深刻、很到位。我也认真学习了总书记讲话和报告原文，也看了一些全会精神解读，谈几点想法。

一要学习领会。这次全会意义重大，是在我国将进入新发展阶段、实现中华民族伟大复兴正处在关键时期召开的一次具有全局性、历史性意义的重要会议。下一个五年正处于第一个百年即将完成，正向第二个百年奋斗目标进军的时期。

我们要学习领会全会精神，要把握“不变”与“变”。从 1995 年党的十四届五中全会开始，之后每次五中全会，都要审议关于制定国民经济和社会发展“五年规划”的建议，这次全会也不例外，审议通过了“十四五”规划，这是“不变”。“变”的是除了“十四五”规划，这次全会还审议通过了二〇三五年远景目标，还在大会闭幕后的第二天召开了首次中共中央新闻发布会，这是议程上的变化。就规划《建议》稿本身，总书记先后主持召开 2 次中央政治局会议、3 次中央政治局常委会会议和 2 次起草组会议，多次到地方和基层调研，先后主持了 7 场座谈会听取意见建议，还有历史上首次在网上征求规划编制意见，征求范围之大、参与人数之多、形式之多样，是前所未有的。除此之外，还有国外环境的“变”，虽然我国发展仍然处于重要战略机遇期，但面临的国内外环境正在发生深刻复杂变化。尤其是国际上，世界百年未有之大变局进入加速演变期，新冠肺炎疫情大流行影响广泛深远，经济全球化遭遇逆流，国际经济、科技、文化、安全、政治等格局都在深刻调整，中国发展的外部环境日趋错综复杂。这是我们学习全会精神时需要高度关注的，要领会其要义。

二要科学把握。这次全会影响深远，审议通过的“十四五”规划和二〇三五年远景目标内容很丰富，是以习近平同志为核心的党中央，着眼于我们党为中华民族谋复兴、为中国人民谋幸福的初心使命，坚持以人民为中心的发展思想，对“十四五”我国经济社会发展作出了系统谋划和战略部署。

我们要科学把握全会精神，要抓住三个“新”：新发展阶段，是全面建设社会主义现代化国家、向第二个百年奋斗目标进军的阶段；新发展理念，是党的十八届五中全会提出的创新、协调、绿色、开放、共享的发展理念;新发展格局,是构建以国内大循环为主题、国内国外双循环相互促进的格局。

还有14个关键词。刚才有的同志也讲到了,关键词分别是:办好自己的事、科技自立自强、实体经济、新发展格局、有效市场和有为政府、新型工农城乡关系、以人为核心的新型城镇化、国家文化软实力、人与自然和谐共生的现代化、更高水平开放型经济新体制、共建共治共享的社会治理制度、更高水平的平安中国、建军百年奋斗目标、坚持党的全面领导。其中,跟我们高校密切相关的是科技自立自强,要坚持创新在我国现代化建设全局中的核心地位,把科技自立自强作为国家发展的战略支撑,面向世界科技前沿、面向经济主战场、面向国家重大需求、面向人民生命健康,这也是总书记在科学家座谈会谈到的,我们的科技工作要以此为遵循。

发展改革稳定缺一不可,我们还要统筹发展和安全。10月27日,美国著名咨询公司盖洛普发布了2020年度《全球治安》报告,中国大陆的治安指数从2017年的88,上升至2018年的91,到2019年进一步升至94,位于全球第二,其中90%的受访人认为夜晚独自步行感到安全,位于全球第五。我们可以预想一下,随着新冠肺炎疫情的进一步发展,到昨天为止国外已经累计确诊超过4 700万,可能我们的指数会进一步提高,我们是全世界最安全的国家之一,但我们还要努力建设更高水平的平安中国,关键就需要我们加强党中央集中统一领导,集中力量办大事,增强"四个意识"、坚定"四个自信"、做到"两个维护",确保党中央决策部署有效落实。

三要精准落实。学习宣传贯彻全会精神是当今乃至今后一段时期学校一项极其重要的政治任务,关键是要在全校掀起学习的热潮,通过各种形式很好地消化吸收这些精神,将全会精神精准落实在我们日常工作中,落实在重大校园里。

我们要精准落实全会精神,关键是做好三件事情:

一是按照中央以及重庆市、教育部有关文件精神,迅速在全校范围内,通过中心组、常委会、党政联席会、党团活动以及学习强国线上学习等形式全面系统开展全会精神的学习传达,同时在党员、领导干部等教育培训活动中安排专题学习,做到全面系统学、及时跟进学、联系实际学,确保我们大家能够做到用心学进去、用情讲出来、用力做起来。

二是按照"十四五"规划和二〇三五年远景目标编制的方法,对标做好学校"十四五"规划的编制。我们的规划还在编制过程中,要学习好的做法和经验,站在国家新发展阶段的历史方位上,立于国家新发展格局里,用新发展理念来做好学校"十四五"规划的编制,要明确重大百年基业的发展目标、路径和举措,可以适时召开各层级座谈会或者通过网络多听听专家教授、普通老师、退休老同志等代表的意见,真正编制好我们的规划,以科学规划来推动我们未来的发展。

三是按照全会部署推动学校事业发展。全会内容很丰富,涉及政治、经济、社会、文化等很多方面。学校的工作也包罗万象,每项事业都能从中找到遵循和方法,对标对表全会提出的目标要求,将工作摆进去、把责任摆进去,对号入座、主动担当,结合学校发展实际、中心工作一一抓好落实。关键是落实,前提是精准,明确施工图,下好先手棋、打好主动仗,锲而不舍抓好落实,确保全会精神落实落地落细。

以上是我的一些想法,谢谢大家!

在重庆大学—绿春县定点扶贫乡村振兴工作推进会上的讲话

舒立春

（2020 年 11 月 9 日）

尊敬的李涛县长，绿春县的各位领导，同志们：

大家上午好！这段时间，重庆阴天比较多，今天阳光普照，感觉是李涛县长一行将绿春四季如春的好天气带来了，也将绿春人民取得脱贫攻坚战胜利的喜悦带来了。在此，我谨代表学校向远道而来的绿春县各位领导、各位同志表示最诚挚的欢迎！

党的十八大以来，以习近平同志为核心的党中央高度重视脱贫攻坚工作，总书记亲自作动员，带头抓落实，从 2015 到 2020 年，先后主持召开了 7 次座谈会，走遍全国 14 个集中连片特困地区，先后深入 24 个贫困村考察调研，推动脱贫攻坚战如火如荼地开展，可以说是一步一个脚印，一层一层推进，为我们开展定点扶贫工作做了非常好的示范。从 2012 年起，重庆大学开始定点帮扶绿春，这是党和国家赋予我们的一项光荣而艰巨的政治任务，责任重大、意义深远。我也去过两次绿春，第一次是 2013 年 6 月底，第二次就是今年 4 月中旬，两次去前后比较能够真切感受到绿春县的巨大变化。刚才，李涛县长、廖瑞金副校长都讲到了重大这几年发挥人才、科技和智力优势所做的一些工作，也取得了一些成绩，这些成绩其实是全校教职员工、绿春广大人民以及我们扶贫干部共同努力的结果。但是对比中央要求，包括我们学校制订的优秀目标还有不小差距，未来我们还有更多的工作要做。

特别是今年第七个国家扶贫日前夕，习近平总书记又作出重要指示，他强调“现在脱贫攻坚到了最后阶段，各地区各部门要总结脱贫攻坚经验，发挥脱贫攻坚体制机制作用，接续推进巩固拓展攻坚成果同乡村振兴有效衔接，保持脱贫攻坚政策总体稳定，多措并举巩固脱贫成果。”教育部陈宝生部长在调研定点扶贫工作时也指出，要深化落实教育扶贫全面助力乡村振兴。下一步，我们要深入贯彻落实好习近平总书记重要讲话指示精神，结合学习贯彻落实党的十九届五中全会精神，与绿春人民一道努力做好脱贫攻坚工作，推动乡村振兴，为决胜全面建成小康社会贡献力量。

一是提高思想认识，压紧压实脱贫攻坚责任。坚持把定点扶贫作为一项重要政治任务，不折不扣落实好帮扶承诺，整体指标要力争做到优秀。进一步发挥党建在脱贫攻坚中的引领作用，选好培养好扶贫干部和支教团学生，引导更多的干部群众关注扶贫、参与扶贫，在脱贫攻坚和服务基层中锻炼成长。在脱贫攻坚的最后阶段，强化任务落实，要有成果意识、时效意识、责任意识，咬紧牙关、鼓足干劲，以更大的力度推进清零扫尾，以更高的标准抓好整改落实，以更严的要求迎接考核验收，确保工作落实无死角、政策落实无遗漏，各项工作真正经得起历史和实践检验。

二是认真梳理总结，用心用情讲好脱贫故事。我们既要埋头拉车，也要抬头看路，加快梳理我校扶贫工作实践中形成的特色亮点和先进模式，以及涌现出的典型人物、先进事迹等，全力讲好重庆大学扶贫故事，对总结出的成功经验做法、工作成效和典型人物事迹，要进行全方位宣传报道，并积极向上级部门推介。同时，在加大传统媒体的宣传力度上，充分运用微信公众号、网络短视频平台等新型宣传载体，多渠道、多角度、多形式地展开广泛宣传，系统地反映我校近年来的扶贫工作经验成果。同时，要固化扶贫工作经验，保持与时俱进、丰富拓展，形成重大模式。

三是把握形势任务，抓实抓细乡村振兴工作。脱贫攻坚不是终点，而是新生活、新奋斗的起点。我们要坚决落实“四个不摘”要求：摘帽不摘责任、不摘政策、不摘帮扶、不摘监管，已经做的事继续做下去，还未做的事抓紧做起来，想做的事做好规划，做到目标接轨、政策接续、队伍接力。根据新形势、新任务、新要求，发挥我校的特色和优势，持续谋划和推动做好乡村振兴工作：继续推进文化帮扶，打造绿春整体文化形象；强化教育帮扶措施，特别是制订基础教育帮扶方案；进一步加强乡村治理，丰富精神文明建设和法制教育内涵；加大产业扶贫和科技扶贫力度，推动定点扶贫地区加快经济社会发展，增强内生动力，实现长效帮扶。

行百里者半九十，做事越接近成功越要认真对待。越是脱贫攻坚胜利在望，我们越要坚持底线思维，保持清醒认识，在此，我们重大人非常愿意与绿春人携手并进，始终牢记习近平总书记的谆谆教诲，继续发扬顽强拼搏、真抓实干的作风，扎实完成收官阶段各项任务，共同迈向乡村振兴和高质量发展新征程。我也非常期待，明年有合适机会能够再去绿春走一走、看一看！

最后，祝李涛县长及各位领导在渝期间身体健康、工作顺利！

谢谢大家！

在第五轮学科评估工作启动会上的讲话

舒立春

（2020 年 11 月 25 日）

同志们：

刚才，张宗益校长对第五轮学科评估工作做了动员部署。我想，通过今天的会议，我们首先要达成两点共识：

第一，学科评估是对大学一个阶段学科建设成效的集中展现。学科是大学建设的核心内容和投入的基本单元，学科水平体现了大学的办学水平和综合实力，其水平高低是直接判断大学水平高低的重要标准。开展第五轮学科评估，就是重点考察和评估第四轮学科评估之后，学校各项学科建设和发展的情况，对相关学科在这个阶段建设成效进行集中展现，其中有 9 大门类、45 个学科是要参加评估的。总体来讲，近几年，学校学科整体取得了长足的发展，从最新上海软科学科排名来看，土木工程、机械工程、电气工程、工商管理、城乡规划学、软件工程、仪器科学与技术 7 个学科进入中国最好学科排名前 10%，这是对近几年学校学科建设成效的充分肯定，希望通过这轮学科评估展成绩、提士气。

第二，学科评估是对学科一次“全面体检”和“健康诊断”。一流学科是建设一流大学的基础，一流学科发展是一流大学建设的生命线，一流大学就应该具备一流学科。说实话，我们作为国家“双一流”建设 A 类高校，其实内心是有点惭愧的，在上一轮学科评估中成绩不理想，只有 3 个学科进入了 A 类学科且均为 A-学科，而且在原 39 所“985”高校中，只有我们的双一流学科是自行确定的，有人调侃“重庆大学是双一流大学，却没有双一流学科”，甚至这段时间网上有帖子说我们要直接降到一流学科建设高校。我觉得，这一次学科评估是一个很好的契机，通过学科评估来做一次“全面体检”和“健康诊断”，来看一下我们学科问题和症结究竟在哪里，希望通过评估能够查问题、明差距，在不足中找好路子，为进一步提升学科竞争力奠定更坚实的基础。

刚才，校长已经做了很好的部署动员，接下来，就需要各单位按照工作部署，不折不扣抓好工作落实，扎扎实实推进各项工作，全身心参与到这一次学科期末大考中。下面，我谈几点想法：

一要有信心完成好本轮学科评估工作。这一轮学科评估意义重大，前段时间，中共中央、国务院印发了《深化新时代教育评价改革总体方案》，对新时代教育发展方向有着指挥棒的引领作用。这次评估是在这个纲领性文件出台之后，教育领域第一次开展专项评价，全社会都很关注，尤其是这次评估还跟下个周期“双一流”建设密切相关，动态监测、周期总结，最后是动态调整。

所以，请各学院要高度重视，各学院院长、书记是各参评学科的第一负责人，你们首先要有信心做好本次评估工作，要团结凝聚学术带头人、教授专家以及普通教职员工力量，切实牵好头、负好责，组建专门工作团队，明确责任、落实任务、准确理解指标体系相关内涵，实事求是、严谨细致，摸清楚各学科的家底，并进一步凝练学科特色优势，推动学科建设更上新台阶。各职能部门特别是双一流办、研究生院、教务处、科发院等部门，也要深刻理解指标体系，与各学院一一对接，密切联系、通力合作，统筹协调相关学科资源，按照时间表确保评估工作任务的圆满完成。

二要有责任心来做好学科评估各项工作。学科评估事关学校未来一段时期的发展大计，各学院和相关职能部门负责同志一定要强化责任担当，做好所在学科评估各项具体工作，特别是有些指标可以通过努力能够变好的，比如学生就业与职业发展质量等，要像扎钉子一样把工作做实，同时要以适当的方式了解其他高校一些情况。最关键的是，要增强大局意识，培养统筹兼顾、放眼学校发展的大局观，既精心于做好自己的事，又要做好协助的事，有时候需要大家舍小家、顾大家，真正为学校事业主动担当，全力配合学校全盘谋划、整体安排，进一步增强政治担当、历史担当和使命担当，继续以对学校事业高度负责的态度抓好落实，答好第五轮学科评估这份考卷，交出一份令全校师生满意的成绩。

三要有决心以评促改推动学科内涵发展。学科评估是教育评价的重要方面，是把握学科前进路线的“方向盘”，是研判学科状态的“听诊器”，是反馈学科质量的“风向标”，更为重要的是改进学科工作的“加速器”，是促进学科内涵建设的重要手段。各学院和职能部门一定要以这次学科评估为契机，充分发挥学科评估对全校学科建设的促进和引导作用，吃透抓牢各项具体指标，在找准具体问题和原因症结的基础上，有针对性地进行统筹规划，深入谋划“十四五”学科规划工作，结合实际情况，明确各学科下一步的发展思路、路径和举措，真正推动以评促改，推进学科内涵式发展，为“双一流”建设再上新台阶奠定坚实的学科基础。

最后就拜托大家一起努力，争取取得好的成绩。谢谢大家！

在重庆大学2020年度经济责任审计工作启动会上的讲话

张宗益

（2020年5月6日）

同志们：

审计是一项政策性和专业性很强的工作。新形势下，审计工作的重要性和地位也越发凸显。近年来，学校的审计工作开展总体不错，思路清晰、重点突出、效果明显。印象比较深刻的有以下几个方面：**一是制度建设**，2018年以来，审计处先后完成了15项主要制度的修订，为适应新时期审计工作需要奠定了基础。**二是内部控制**，在完成学校内部控制“基础性评价”和“内控体系建设”的基础上，将“内部控制评审”工作常态化。至今，已开展对“工程管理”“设备采购”“校办企业”“预算管理”等业务模块的内控评审。**三是绩效审计**，陆续开展了“队伍建设经费”“2011计划”“双一流建设经费”“校内津贴及绩效奖励”等一系列重点、热点领域专项资金的绩效审计，逐步建立和完善了“学校—学院—项目”三套评价指标体系。**四是大型基建项目全过程跟踪审计**，从工程项目立项评审到最终结算，实施了全面监督和造价管理。同时，特别值得一提的是，在2018年和2019年，由我校审计处作为主审，承担了教育部对西南交通大学和中国海洋大学主要负责人的经济责任审计工作，并获得了教育部的好评。当然，我们也清晰认识到，学校审计工作仍然存在着一些不足：一是审计在发现和揭示问题方面还不够深入，对深层次规律性的问题研究不足；二是个别单位和领导干部对审计的理解和重视不够，对审计工作的支持不到位；三是审计成果的运用还有待加强。

今天，我们召开专门会议，对学校2020年度经济责任审计工作进行动员部署。刚才，审计处负责同志详细介绍了本年度经济责任审计工作计划安排以及审计的主要内容、审计程序和有关注意事项；学校经济责任审计工作小组成员单位负责同志、部分被审计单位负责人和被审计领导干部代表分别作了很好的发言。下面，我代表学校再讲三点意见。

一、提高认识站位

审计工作，是监管单位和干部的有效手段。近年来，国家对审计越来越重视，要求也越来越高。**2018年3月**，中国共产党中央审计委员会成立。这是我国审计事业“里程碑”式的重大事件，标志着国家审计顶层设计的全面优化，昭示着中国特色社会主义审计管理体制已进入新的历史时期。**2018年5月**，习近平总书记在中央审计委员会第一次会议上讲话提出：要努力构建“集中统一、全面覆盖、权威高效”的审计监督体系；做到“应审尽审、凡审必严、严肃问责”。2018年9月，审计署胡泽君审计长在全国内部审计工作会议上讲到“审计事业正处于历史上最好的发展机遇期。内部审计要取得新发展、实现新作为、开创新局面。”同期，《关于完善审计制度若干重大问题的框架意见》《关于审计全覆盖的实施意见》《审计署关于内部审计的工作规定》《教育系统内部审计工作规定》等一系列重要审计法规相继出台。最近，教育部也反复强调，高校的审计工作必须由单位主要负责人主管，并加大了对部分直属高校主要领导干部经济责任审计情况的通报力度。

开展经济责任审计，有利于客观地评价领导干部的经济责任，有利于领导干部全面树立和落实科学发展观和正确政绩观，规范领导干部经济行为，最大限度地减少领导干部在经济工作中的失误，促进领导干部廉洁从政、健康成长。经济责任审计是我校长期开展的一项审计工作，近三年共完成了对41个单位共计62位中层干部的经济责任审计工作，审计金额达83亿元，为学校加强财经管理、规范权力运行、促进勤政廉政等发挥了重要作用。本年度的经济责任审计，是学校第一次依据2019年7月新颁布的《党政主要领导干部和国有企事业单位主要领导人员经济责任审计规定》而开展的审计工作。按照这个新规定，审计关注的重点主要包括贯彻执行党和国家经济方针政策和决策部署情况；单位重要发展规划和政策措施的制定和执行效果；重大经济事项的决策、执行和效果情况；财政财务管理、经济风险防范及资金使用效益情况；落实党风廉政建设责任和遵守廉洁从政规定情况等方面。

做好新形势下的审计工作，我们首先要加强政策学习，提高认识站位，坚持以习近平新时代中国特色社会主义思想和总书记关于审计的重要论述统领学校审计工作，增强“四个意识”、坚定“四个自信”、做到“两个维护”，始终把坚持党的领导落实到审计工作各方面各环节，切实做到以经济责任审计监督的实际行动维护党中央权威和集中统一领导，推动党的教育方针、重大政策在学校全面贯彻落实，确保经济责任审计工作在促进学校领导干部主动担当作为、积极履职尽责等方面有力度、见成效。

二、严把审计质量

严把审计质量关是实现审计最终效果的核心基础。为此，各审计组、审计人员（包括审计事务所的人员）、被审计单位和个人要各司其职，以高度的责任感、使命感共同完成好此次审计工作。**一要严格程序。**审计组要认真执行审计的各项程序，实事求是、客观公正地开展工作，做到职权法定、程序正当、评价科学，确保审计结果经得起历史检验。要以对组织负责，对领导干部个人负责的态度，认真进行审计，做到全面准确地了解情况，实事求是地反映问题，客观公正地进行评价。**二要突出重点。**审计应聚焦中心工作，坚持“学校中心工作推进到哪里、经济责任审计工作就跟进到哪里，重点资金投向哪里、审计就延伸到哪里”。着力揭示重大违纪违法、重大决策失误、重大损失浪费等问题，紧盯重点事项、重点领域、关键环节。**三要加强协同。**各单位要安排专人做好审计工作的对接，特别是被审计单位要认真配合审计组做好各项工作，在资料报送、审计调查、问题确认与整改等环节要做到严肃、认真、负责任。特别强调一定要按时报送审计资料，并确保审计资料的真实性和完整性。对审计发现的问题要认真调查核实，对存在异议的问题要反复沟通协商,确保按时保质保量完成审计任务。**四要严守纪律。**审计组和审计人员要严格执行审计纪律和“十不准”要求,做到依法审计、文明审计、廉洁审计,并随时接受被审计单位的监督。同时,被审计单位也要严格遵守有关工作纪律和保密纪律。**此外,**此次审计将正式启用“重庆大学内部审计管理信息系统”,通过系统提交资料、完成审计流程,这是审计方式的一次创新,有助于提高审计的精准度和时效性。对这套新的信息系统,也请各单位及时学习和掌握。

三、加强审计成果运用

加强审计成果运用,是实现审计目标的关键环节。各单位要以这次审计为契机,全面梳理和检查单位各项工作的开展,及时查找问题、纠正偏差、规范管理。学校经济责任审计领导小组和成员单位要进一步提高领导力、协同力、战斗力,共同推动完善审计工作机制,深化审计改革创新,加强审计成果运用,切实发挥好审计监督作用。**一要强化“审计整改机制”,**建立审计发现问题台账清单,落实审计整改责任制;明确主要负责人为整改第一责任人,限期完成整改任务。要认真分析审计结果,查找原因,研究对策,总结经验,不断完善和规范权力运行机制。要落实好审计结果公告制度,按规定公布审计结果及整改落实情况,提高审计结果的透明度。**二要强化“审计问责机制”,**将审计整改情况纳入学校政务督查内容,完善整改联动机制,加强与纪检监察、组织人事、财务资产等部门的协作,建立信息共享、结果共用等机制,把审计结果切实运用在经费管理、干部管理和资产管理中。对未按要求整改的,要作为减分项目进行考核。**三要强化“审计长效机制”,**紧紧抓住学校改革重要领域和关键环节,坚持问题导向,推动完善制度和加强内部管理。着力分析和揭示制约阻碍改革推进、活力激发、转型升级等深层次问题,从体制机制层面剖析根本原因,加快建立健全内部审计查出问题整改长效机制,推进学校治理体系完善和治理能力提升。**总之,**最重要的就是要举一反三,避免后续犯错。**核心有三条:**一是要看制度是否完备,要通过审计建立起完善的制度保障;二是要看决策是否科学,决策的程序是不是合规,决策的依据是不是充分,要通过审计建立起科学的决策机制;三是要看领导干部个人决策能力的提升,这要求大家切实加强审计知识的学习,包括教育部的审计制度规定,以及学校的审计制度规定。这也是我们开展审计工作的主要目的。

我就简单讲这些,谢谢大家!

在成渝地区双城经济圈高校联盟成立大会上的致辞

张宗益

（2020 年 5 月 12 日）

尊敬的言荣校长，各位书记、校长：

大家下午好！晴日暖风生麦气，绿荫幽草胜花时。很高兴与大家欢聚锦绣蓉城，共庆“成渝地区双城经济圈高校联盟”成立。首先，我代表重庆大学、代表立春书记对此次会议的顺利召开表示热烈的祝贺！代表重庆 8 所高校对四川大学筹办本次会议表示衷心的感谢！

推动成渝地区双城经济圈建设，是以习近平同志为核心的党中央着眼全局和长远发展作出的重大战略部署，是新形势下优化区域经济布局，打造内陆开放战略高地的重要决策。当前，中国区域经济格局正在发生深刻变化，促进区域经济一体化，充分发挥优势地区的引领、集聚和辐射带动作用，增强中心城市和城市群的承载能力成为关键时期助推区域经济发展的题中要义。重庆与成都，这两座根脉相连的西部双子城，作为地处“一带一路”和长江经济带联结点的两大中心城市，承担着牵引长江上游城市群，打造西部高质量发展强劲引擎，实现由西部腹地撑起中国经济版图的重大责任和重要使命。这是“百年一遇之大变局”下的时代挑战，更是推进城市、区域、国家社会经济加速高质量发展的历史机遇。

成渝地区高等教育一体化发展是成渝地区双城经济圈建设的重要内容和内在需求。“大学因城市而兴，城市因大学而盛”。大学是人才培养的“蓄水池”，也是创新孕育的“发源地”，高等教育与社会经济发展存在深刻的内在联系与紧密的互动关系。要推进成渝地区社会经济高质量发展，必须提高高等教育的品质和水平。而成渝地区双城经济圈高校联盟的建立正是为了整合优质资源，进一步释放高校创新效益，提升区域高等教育竞争力和影响力，充分发挥高等教育集群“1+1 大于 2”的集聚效应，进而服务成渝地区双城经济圈更好更快发展。京津冀、长三角和粤港澳大湾区的高质量发展无不是借助了高等教育一体化之力。因此，成立成渝地区双城经济圈高校联盟，推进成渝地区高等教育一体化发展势在必行。

“关起巫山峡，巴蜀是一家”，成渝地区双城经济圈高校联盟的成立据于天然的地理优势以及深厚的历史渊源。成都与重庆地理同域、文化同源、经济同体。自秦统一巴蜀之地，后来两地虽因行政划分相区隔，但千年间政治经济文化的一体化发展，镌刻了无法分割的历史传承印记。在高等教育发展进程中，两地也有着交织共融的密切联系。重庆大学之初创,创校先贤便主要是任教于当时的成都大学(今四川大学)的几名川东籍教授。20 世纪 50 年代,中华人民共和国成立,百业待兴亟须专业技术人才,国内高校历经了大规模的院系调整。其中,重庆大学理学院、文学院整体并入四川大学;工学院地质系迁至成都,参与组建成都地质学院(今成都理工大学);工学院中的化学化工系并入成都工学院(后改名为成都科技大学,继而与四川大学合并成立新的四川大学);商学院迁至成都,以其为主建立了西南财经学院(即现在的西南财经大学);医学院并入四川医学院(即后来的华西医科大学,现并入四川大学)。四川外国语大学、四川美术学院名为四川,实在重庆。成渝高校本就一家亲,也正是基于曾为一体的学科专业特色规划,如今览观成渝高校分布,可以明显发现两地在高等教育布局上高度的交融互补性,这为成渝地区双城经济圈高校联盟的成立提供了得天独厚的条件。

成渝地区整体高等教育资源位居中西部地区前列,创新资源优势突出。但由于行政体制壁垒等因素,近年来两地高等教育合作处于分散、自发的状态,创新活力未得到充分激发。推动成立成渝地区双城经济圈高校联盟,主要目的便是破解行政壁垒和区域化分割,建立成渝高校间长期、稳定的互惠互利合作关系。无论是国际的常春藤联盟,还是国内 C9、E9 联盟,各类高校联盟的成功经验皆证明了以交流促进合作,以共建促进共享,以互补实现共赢的重要意义。

联盟将本着自愿、平等、合作、发展的原则,搭建高校间交流互鉴、协作共赢的平台。充分发挥和利用联盟成员学校的特色和优质办学资源,在制度建设、人才培养、科学研究、社会服务、文化传承创新、国际交流合作等方面开展深入合作。通过人才等要素的充分流动和科教资源共建共享,形成区域高等教育加速发展的内生动力,以服务成渝地区双城经济圈“两中心两地”的战略定位为己任,主动对接国家重大发展战略,打造高等教育发展战略支撑点和增长极,全面提升成员学校的办学实力和育人水平。

“同身共命,同气连枝”,面向未来,相信在大家的共同努力下,成渝地区双城经济圈高校联盟将主动作为,勇担使命,在推动成渝地区双城经济圈建设、“一带一路”建设、长江经济带发展、新时代西部大开发形成新格局,实现中华民族伟大复兴中国梦的进程中作出积极贡献,谱写高等教育强国新篇章!

最后,预祝成渝地区双城经济圈高校联盟发展蒸蒸日上、硕果累累!谢谢大家!

在重庆大学合校发展20周年座谈会上的讲话

张宗益

（2020 年 5 月 31 日）

各位老领导、老同志：

大家上午好！很高兴今天我们欢聚在此，共同庆祝重庆大学合校发展 20 周年。正如刚才舒书记所讲，20 年前的今天，对重庆大学来讲是一个具有里程碑意义的日子，三校合并为学校建设高水平大学奠定了坚实基础。其后 20 年，在历届领导班子和全体重大人的共同努力下，学校加快改革步伐，深化融合发展，从 2001 年入选国家“985 工程”重点建设高校，到 2004 年成为中央直管高校，再到 2017 年入选世界一流大学建设 A 类高校，成功抓住每次战略机遇，不断取得一个又一个新突破，迈上一个又一个新台阶，实现一个又一个新跨越，综合办学实力和影响力显著提升。

20 年来，学校党的建设不断加强。

加强党对高校工作的领导，加强和改进高校党的建设，是办好中国特色社会主义大学的根本保证。20 年来，学校党委始终高举中国特色社会主义伟大旗帜，认真贯彻执行党委领导下的校长负责制，不断加强党对学校工作的全面领导，发挥党委领导核心作用，切实履行好管党治党、办学治校主体责任，为学校改革发展提供坚强的政治领导和组织保障。

学校党委分别于 2004、2009、2016 年，先后成功召开了第 11 次、12 次、13 次党员代表大会。按照中央部署，先后组织开展深入学习实践科学发展观活动、创先争优活动、党的群众路线教育实践活动、“三严三实”专题教育、“两学一做”学习教育、“不忘初心、牢记使命”主题教育；接受了中央巡视（2017 年）；建立了校内巡察制度。

学校党委现有二级党组织 44 个（含党工委 1 个）；党支部 702 个，其中在职教工支部 280 个（含专任教师支部 117 个），离退休支部 39 个，研究生支部 271 个，本科生支部 112 个；党员 14 963 名，其中在职教工党员 4 292 名，离退休党员 1 700 名，本科生党员 2 089 名，研究生党员 6 882 名。

学校党委先后获得多项荣誉，2001 年、2009 年分别被重庆市委授予“重庆市先进基层党组织”称号；2011 年，被中共中央授予“全国先进基层党组织”称号；2012 年，被重庆市委授予“重庆市创先争优先进基层党组织”称号。2018 年以来，学校党委入选全国党建工作“示范高校”创建培育单位，另有机械学院、电气学院、资安学院、环境学院、马克思主义学院的6个党组织分别入选全国党建工作“标杆学院”“样板支部”或“双带头人”工作室。此外，有20余个学院级党组织先后获得重庆市教育系统“先进基层党组织”称号，120余名党员或党务干部获得重庆市教育系统“优秀个人”称号。

20年来，学校治理体系不断完善。

提升大学治理能力，解决影响大学高质量发展的制度性、结构性问题，是大学落实立德树人根本任务、产出创新性科研成果、更好服务社会发展的坚实保障。20年来，学校认真贯彻执行党委领导下的校长负责制，以承担国家教育体制改革试点项目“推进大学内部治理结构改革”和“现代大学制度建设”为契机，不断健全以大学章程为统领、科学规范的现代大学制度体系。2014年，制定《重庆大学章程》并获得教育部核准，成为学校依法自主办学、实施管理和履行公共职能的基本准则和依据。2016年，制订《重庆大学坚持和完善党委领导下的校长负责制的实施办法》。2009年以来，先后5次修订完善党委常委会和校长办公会会议制度及议事规则。

不断深化校院两级管理体制改革，完善学校宏观决策、部门协调服务、学院实体运行的管理模式，激发和释放办学活力。2014年，结合学校综合改革推进，对内部治理结构作了优化完善，行政机构由20个调整为19个，直属单位由18个调整为13个。2017年，建立健全师德建设长效机制，成立了党委教师工作部。2018年，建立了每月一次的院长工作例会制度。

不断健全以学术委员会为核心的学术管理体系与组织架构，充分发挥学术委员会在学科建设、学术评价、学术发展和学风建设等事项上的作用。探索建立了学部制，推进学术事务分类管理。2011年，成立文理学部、工程学部、建筑学部、信息学部，形成“四部两院”基本格局。2014年，撤销文理学部，成立理学部、社科学部、人文学部。2019年，成立医学部。

不断完善民主管理和监督机制，注重发挥各民主党派、教代会、学生会、校董会等在学校治理和管理中的作用。

接下来，学校结合学习贯彻党的十九届四中全会精神，将聚焦“双一流”建设，坚持育人本位，突出学术导向，进一步深化内部治理结构改革，创新治理理念、方法，加快建立中国特色现代大学制度，实现大学治理体系与治理能力现代化，以先进制度和高水平治理保障办学实力和育人水平快速提升。

20年来，学校学科结构不断优化。

2000年，三校合并组建成新的重庆大学，使得一直以机电、能源、材料、信息、生物、经管等学科优势而著称的重庆大学，在建筑、土木、环保等学科方面也处于全国较高水平，并确立了研究型综合性大学的办学目标。20年来，在推动三校学科资源整合优化基础上，先后于2002年恢复成立法学院；2008年成立农学及生命科学研究院；2011年成立人文社会科学高等研究院；2015年成立药学院；2016年成立马克思主义学院；2017年与重庆市肿瘤医院、重庆市急救医疗中心签订非直属附属医院协议，恢复医学学科建设，并在2018年成立医学院，2019年先后成功推动重庆市肿瘤医院、重庆三峡中心医院成为学校直属附属医院；2019年，推进管理科学与工程、环境科学与工程、生态学、土木工程等一级学科的优化调整，资源及环境科学学院更名为资源与安全学院，城市建设与环境工程学院更名为环境与生态学院，建设管理与房地产学院更名为管理科学与房地产学院。

学校现拥有人文学部、社会科学学部、理学部、工程学部、建筑学部、信息学部、医学部等七个学部，共36个学院，覆盖理、工、经、管、法、文、史、哲、教育、艺术、医学等11个学科门类，已经逐步发展成为一所高水平的研究型综合性大学。

从学科实力看，工程学、材料科学、化学、物理学、计算机科学、生物学与生物化学、环境科学与生态学、数学、临床医学、植物学与动物学10个学科进入ESI世界前1%，其中工程学进入前1‰，材料科学即将进入前1‰；土木、机械、电气进入“软科中国最好学科”前5%。

目前，学校正在大力推进数、理、化、生等基础理科和文、史、哲等基础文科建设，进一步夯实世界一流大学建设的学科基础。同时，结合重庆智能产业、数字经济发展，还将下大力气办好办强信息学科。

20年来，学校育人水平不断提升。

大学的根本任务是立德树人。20年来，学校始终坚守为党育人、为国育才的初心使命，不断深化教育教学改革，创新人才培养模式，提升人才培养质量，为国家和地方培养了一大批高级专门人才。学校先后成功入选全国高校实践育人创新创业基地、全国首批深化创新创业教育改革示范高校、国家级教师教学发展示范中心、全国首批“三全育人”综合改革试点高校。

本科生培养方面：积极推进“产教融合、跨界培养”，实施校企合作的“订单式”协同培养，开设各类创新试验班，形成了以产学研合作为鲜明特色的人才培养模式。2010年成立弘深学院，全面开展拔尖创新人才培养试点工作。2012年成立博雅学院，开展高等教育大众化时代下贯通古今中西的中国精英培养探索。不断更新教育教学理念，坚持人才培养本位，逐步树立起学校人才培养的“价值观、质量观、人才观、教学观”。

2018年，召开全校本科教育工作会议，深入贯彻“新时代高教40条”，落实新时代全国高等学校本科教育会议精神，实施《重庆大学本科教育2029行动计划》，深化教育理念、专业设置、课程内容、教学方法等改革，着力打造中国特色重大风格的一流本科教育。适应国家和地方战略需求，布局建设数据科学与大数据技术、人工智能、机器人工程、智能医学与工程等新工科专业。目前，学校正在进一步深化大类招生、大类培养（将整合为8个大类），加快推进成立本科生院，建立学生创新中心。

研究生培养方面：2000年经教育部批准学校筹办研究生院，2004正式获批；2019年成功获批学位授权自主审核单位，新闻传播学成为学校第一个自主审核的一级学科博士点。近年来，学校不断深化研究生培养体制机制改革，着力提升研究生创新意识和能力。全面推行博士生申请—考核制招生。扩大工程博士招生规模，并与国家重大工程项目、“卡脖子”技术攻关紧密挂钩。目前，学校正加快研究生分类培养改革，完善科教融合、产教融合培养机制，扎实推进卓越研究生教育。

学校一级学科博士学位授权点从2000年的9个增加至目前的34个。2020年，在校研究生总人数为

21 671人，较2000年的3 441人，增长5.3倍。其中，博士研究生3 240人（学术学位2 968人、专业学位272人），较2000年的576人（全部学术学位），增长4.6倍；硕士研究生18 431人（学术学位12 046人、专业学位6 385人），较2000年的2 865人（学术学位1 655人、专业学位1 210人），增长5.4倍。

20年来，学校科研实力不断增强。

创新是高水平研究型大学恒久的追求，一流大学最重要的标志是拥有一流的创新成果。重庆大学在建校之初就确立了建设"完备弘深之大学"的宏伟办学目标，四句话的办学宗旨第一句就是"研究学术"。20年来，学校始终坚持学术第一、创新为要，适应国家创新驱动发展重大需求，满足研究型人才培养要求，不断深化科研管理服务改革，完善科研创新体系架构，逐步探索形成"1+5"科技创新体系，科研创新能力不断提升。

2007年，新增输配电装备及系统安全与新技术国家重点实验室、国家镁合金材料工程技术研究中心、微纳系统及新材料技术国际联合研究中心。2008年，新增国家生物产业基地公共实验中心。2009年，新增复杂煤气层瓦斯抽采国家地方联合工程实验室。2011年，新增煤矿灾害动力学与控制国家重点实验室。2012年，新增低碳绿色建筑科技部国际联合研究中心。2014年，牵头组建的重庆自主品牌汽车协同创新中心通过国家认定，成为重庆市第一个国家级的"2011协同创新中心"。2015年，新增无线电能传输技术国际联合研究中心、血管植入物开发国家地方联合工程实验室、化工过程强化与反应国家地方联合工程实验室。2017年，新增库区环境地质灾害防治国家地方联合工程研究中心（重庆）。2018年，牵头设计的"月面微型生态圈"科普载荷，随"嫦娥四号"登月进行人类首次月面生物试验，实现人类首次在月球背面开展生物生长实验。

2019年，全校新立项各级各类竞争性项目2 768项，较2000年885项，增长2.1倍；科研总经费达到18.77亿，较2000年3.23亿，增长4.8倍；SCIE通讯作者检索论文3 571篇，较2000年的23篇，增长150余倍。20年来，共牵头获国家科技进步一等奖1项（周绪红院士牵头2019年获得，实现历史突破）、国家科技进步二等奖13项、国家技术发明二等奖3项。文科领域，2018年发表CSSCI来源核心期刊论文总数455篇，较2000年63篇，增长6.2倍；2018年首次获得鲁迅文学奖；2019年首次获得国家重点研发计划项目（2项）。

目前，学校抢抓成渝地区双城经济圈建设、中国西部（重庆）科学城建设等重大机遇，瞄准世界学术前沿，围绕国家、地方重大需求和"卡脖子"问题，正在加快推进国家重点实验室优化重组和超瞬态物质科学大科学装置培育建设，积极谋划建设国家实验室，推动高水平公共开放共享平台建设（用全新体制机制），下大力气做好"筑巢引凤"工作，汇聚更多高水平科研人才、科研资源等科研要素。

20年来，学校人才队伍不断壮大。

人才是立校之基，兴校之源，强校之本。创校时期的《重庆大学宣言》就指出，"人类之文野，国家之理乱，悉以人才为其主要之因。必人才日出，然后事业日新；必事业日新，然后生机永畅。世界所以进化无疆，国家所以长存不敝，胥赖于此。"20年来，学校始终把人才作为最核心的资源，把人才工作作为最重要的工作，坚持实施人才强校战略，不断深化人事人才体制机制改革，积极营造“近者悦、远者来”的人才氛围和环境。

通过薪酬激励措施不断激发全体教职工的内生动力。合校以来，学校共开展了6轮设岗聘任工作。2019年，根据国家相关要求，顺利推动实施绩效工资改革。在每一次设岗聘任和新的绩效工资改革中，学校都始终坚持以事业发展为牵引，通过绩效导向，实行优绩优酬，充分发挥学院分配自主权，激励、引导全体教职工各展所长，追求卓越，释放办学活力。

不断优化人才引进政策延揽海内外优秀人才。2004年学校成立人才引进办公室，统筹人才引进工作，同时以专业技术职务晋升等为抓手不断加大人才培育力度。20年来，学校认真贯彻落实国家和地方最新人才政策，不断创新、调整、优化人才引育政策，持续加大人才引育力度。最近几年，学校花了比较多的精力，先后研究出台了十大(3+7)人事人才制度文件，比较系统地构建起“四层次七类别”具有竞争力、前瞻性的人才引进和培育政策体系，让每一位想到重庆大学工作的人才，都能找到自己对应的、合适的、最佳的岗位，通过“吸引—留下—发展”的机制，聚天下英才而用之。

20年来，学校教师队伍结构不断优化，整体质量显著提升。专任教师总数从2000年的2 628人，增长至目前的2 930人；省部级以上高层次人才从34人次，增至目前的514人次(国家级人才94人)，其中中国工程院院士从3人增加至7人；高级职称占比从42%，提高到目前的71.09%；拥有博士学位教师占比从13%，提高到目前的73.38%；本校毕业博士教师占比从66%，降低至目前的31.67%。

20年来，学校开放办学不断深化。

开放办学是建设中国特色世界一流大学的重要途径，也是现代大学建设的重要动力。20年来，学校大力实施国际化发展战略，积极融入“一带一路”、西部陆海新通道发展，加强与世界一流大学和研究机构的实质性合作，目前已与世界200强75所高校建立了稳定而良好的合作关系。

充分利用“学科创新引智计划”“国际化示范学院推进计划”，吸引集聚海外优质教育和高端智力资源，拓展优质国际合作办学项目。先后获批生物力学和组织修复工程学科创新引智基地(2006年)、输变电设备与系统安全创新引智基地(2008年)、低碳绿色建筑人居环境质量保障创新引智基地(2012年)、先进结构材料基因组表征与调控学科创新引智基地(2016年)、高性能风电设施及其高效运行学科创新引智基地(2018年)等“111计划”引智基地。2013年，与美国帕克研究中心联合共建帕克联合创新研究院；2014年，与美国辛辛那提大学共建Co-op联合学院，办学成效显著，连续两届毕业生升学率都达80%以上，其中海外升学率达50%以上；2016年，与两江新区管委会、新加坡南洋理工大学合作共建中新(重庆)国际联合研究院；2017年，与意大利圣安娜大学及重庆市人民政府合作共建中意创新产业园，在习近平总书记亲自见证下签署协议。

人员出国(境)交流快速发展。2010年获批外事自主审批权，2011年获准“自行审批因公临时出国事项”。学校因公临时出国(境)审批量从2000年的109人次增至1 278人次，增长近11倍。每年赴国(境)外访学交流学生从 2000 年的 8 人次，增加至目前的 3 300 余人次。来华留学教育规模和质量稳步提升，2013 年入选全国首批来华留学示范基地，2017 年通过教育部“来华留学质量认证”。留学生从 2000 年的 40 人增至 1 900 余人。

20 年来，学校国内合作不断拓展。

“佑启乡邦、振导社会”是学校的办学宗旨。20 年来，学校始终坚持以服务求发展、以贡献求支持，积极拓展校地、校企、校校合作，与重庆 30 多个区县和多家市属国企、校董会董事单位的合作持续深化，与校友的交流联系不断加深，为学校发展创造了有利的外部条件。

持续深化部市共建，积极争取重庆市对学校建设的支持。2010 年，重庆市政府专门出台了《关于支持重庆大学建设国际知名高水平研究型大学的意见》（渝府发〔2010〕119 号），积极支持学校“985 工程”建设和国家教育体制改革试点。2014 年，重庆市政府召开专题工作会议支持学校建设发展，落实学校“2011 计划”培育项目专项经费和“985 工程”配套经费。2009—2015 年市财政资金支持共计 3.2 亿元。

近年来，学校认真贯彻落实习近平总书记关于重庆立足“两点”定位，实现“两地”“两高”目标，发挥好“三个作用”的重要指示要求，按照市委市政府的总体部署，全方位对接和服务重庆“三大攻坚战”和“八项行动计划”等重点工作，深度融入重庆产业发展和经济建设。在此过程中，也得到市委市政府的更大支持。2018 年，重庆市人民政府出台《关于支持重庆大学、西南大学“双一流”建设的意见》，明确给予学校“双一流”建设 1∶1 的现金配套。2019 年，市政府又出台专门文件，明确 2019—2021 年安排经费 3 亿元，专项用于支持学校弘深青年教师引进和培养。2020 年，市政府成立专门领导小组（唐良智市长担任组长），大力支持“超瞬态物质科学实验装置”大科学装置建设，明确提供首期预研经费 3.5 亿元，预留整体用地 500 亩（首期 150 亩）。当前，学校正举全校之力，全面参与重庆科学城建设，支持共建长江生态环境学院。

2008 年，经重庆市教委批准，在重庆市民政局登记注册，成立了重庆大学教育基金会。2013 年，经教育部批准，在国家民政部登记注册，成立了重庆大学教育发展基金会。2008—2019 年，学校基金会全口径筹资收入共计 11.51 亿元，其中筹集捐赠到账收入 4.56 亿元，获批国家捐赠配比资金 3.49 亿元，政府性财政支持 3.30 亿元。

2010 年，与同济大学等共 9 所高校发起成立卓越大学联盟（E9），以卓越人才培养为核心，开展全方位深层次交流与合作。2011 年，发起成立重庆市大学联盟，带动提高重庆市高等教育整体水平。2013 年，发起成立东西部高校课程共享联盟。2020 年，与四川大学牵头发起成立成渝地区双城经济圈高校联盟，共同携手推动国家的战略布局和成渝两地经济的高质量发展。

20 年来，学校办学条件不断改善。

办学条件现代化是教育现代化的基础，必备的物质条件是高校从事教学科研活动的基本保障。20 年来，学校总收入从 2000 年的 6.3 亿元增至 2019 年的 49.3 亿元，增长 6.8 倍。在学校财力不断提升的情况下，持续优化经费支出结构，稳步提高教职工收入水平、福利待遇。

2005 年，虎溪新校区以神奇般的速度屹立在重庆西部新城。得益于此，学校校园占地面积从 2000 年的 2 662 亩增至 5 200 余亩，增长 95%。校舍建筑面积从 2000 年的 107 万平方米增至 206 万平方米，增长 92.5%。

最近几年，学校积极争取沙坪坝区和市级各部门支持，推动解决了学校住房、土地以及附中附小办学等历史遗留问题。加大违法搭建整治力度，取缔“住改商”餐饮经营行为；收回 118 套被违法占用公房；完成全校 280 栋共计 152 万平方米公房办证，减少有关支出 1 亿元以上；教职工虎溪花园经济适用住房获得完全产权，减免有关费用共计 2 亿元以上；开展 D 级危房避险搬迁，稳步推进“重大花园”二期项目建设；推动重大附中与重庆市第七中学、重大附小与沙坪坝育英小学合作办学。

目前，学校正在加快推进虎溪校区体育中心、信息技术科研楼、立新楼、博士生公寓，A 校区机械立体停车库、AB 通道，B 校区风洞、结构、桥梁实验室建筑群，C 校区医学院改造和医学院大楼规划建设。

与此同时，为更好支撑中国西部（重庆）科学城建设，学校正在积极研究推进校区功能规划调整，拟集聚现有三大国家重点实验室以及国家镁合金材料国家工程技术研究中心、重庆自主品牌汽车协同创新中心等创新平台，在虎溪校区集中建设重庆大学科学中心。

……

回首过去，我们心潮澎湃！20 年来，三校深度融合，在党的建设、治理体系、人才培养、学科发展、队伍建设、科学研究、开放办学、国内合作、条件保障等各方面均实现了历史性突破，并保持着快速向上向好的发展势头。这些工作的推进和成绩的取得，无不得益于各位老领导、老同志过去打下的坚实基础，无不得益于大家一直以来对学校工作的关心、指导和支持。借此机会，我代表学校，向大家表示崇高的敬意和衷心的感谢！当然，在总结成绩、登高望远的同时，我们也清楚地认识到学校发展仍然存在着高素质创新型人才培养不足、高峰学科缺乏、高层次人才和优秀青年人才偏少、国际化办学水平不高等短板和不足等问题，我们将继续深化改革，快速推动解决。同时也希望各位老领导、老同志发挥经验优势、政治优势和威望优势，继续关心与支持学校的建设发展，多为我们的工作提出宝贵意见建议。

展望未来，我们激情满怀！今天，重庆大学又站在了新的历史起点，面临着新时代西部大开发、成渝地区双城经济圈建设、中国西部（重庆）科学城建设等新的重大机遇。我们将始终坚持以习近平新时代中国特色社会主义思想为指导，增强“四个意识”，坚定“四个自信”，做到“两个维护”，不忘初心、牢记使命，敢于担当、积极作为，发扬优良传统，抢抓历史机遇，对标一流、追求卓越，服务发展、引领未来，沿着各位老领导、老同志的奋斗足迹，朝着中国特色世界一流大学的奋斗目标，奋力续写重庆大学未来发展的新辉煌！

最后，再次感谢各位老领导、老同志，衷心祝愿大家身体健康，阖家幸福！

在重庆大学“十四五”规划编制工作动员布置会上的讲话

张宗益

（2020年6月18日）

同志们：

今年既是“十三五”收官、也是“十四五”谋划之年。目前，各领域各层面已开启“十四五”规划工作。刚才，王校长已简要介绍了重庆市、教育部的有关工作安排。战略规划的重要性不言而喻，办好一所大学，同样需要科学的战略规划，科学的大学发展战略规划对推动学校改革发展、提高学校教育质量、增强学校竞争力有着重要意义。今天，我们在这里召开学校“十四五”规划编制工作动员布置会，事关全局，影响深远。为高水平编制“十四五”规划，高质量推进“双一流”建设，我首先代表学校简要讲几点意见，概括起来主要是做到五个“科学”。

一、科学总结学校过去发展取得的成绩和经验

客观、科学、全面总结学校过去发展尤其是“十三五”发展所取得的成绩和经验，是高水平编制“十四五”规划的重要基础，也是做好工作衔接、搞好文化传承、增强发展信心的必要动作。

“十三五”时期，学校党委坚强领导，党政班子团结协作，全校干部师生齐心奋斗，增强“四个意识”、坚定“四个自信”、做到“两个维护”，扎实开展“两学一做”、“不忘初心、牢记使命”主题教育，切实抓好巡视整改，深入推进“三全育人”综合改革试点，积极开展全国党建工作示范高校创建工作，管党治党、办学治校能力显著提升。其间，学校先后召开了第十三次党代会、接受了中央巡视、开展了本科教学评估、入选了世界一流大学建设A类高校行列、恢复了医学学科建设、启动了“2029本科教育行动计划”、建立了“四层次七类别”人才引育金字塔、实施了绩效工资改革、获得了学位授权自主审核资格、举办了建校90周年纪念活动，一步一个脚印、一年一个台阶，在人才培养、学科发展、队伍建设、科学研究、国际合作、服务社会等各个方面都取得了长足进步，基本完成了“十三五”规划中提出的目标和任务。

最新数据显示：截至2020年5月，我校ESI机构排名上升至全球第599位，比2016年1月提升522位；ESI前1%学科数增加至10个，比2016年1月增加7个；工程学已经于2017年进入前1‰，材料科学也即将进入前1‰行列。8个学科进入2019软科中国最好学科排名前10%（前10%对应的是第四轮的A类学科）；

其中,机械工程、电气工程、土木工程进入前5%。在2019年U.S.News全球学科排名中,机械工程列第23位、电气和电子工程列第65位、土木工程列第69位、材料科学、工程学、化学、计算机科学、物理、环境/生态学等均榜上有名;U.S.News学校整体排名从2016年的647名上升至目前的627名。ARWU排名从2016年的584名上升至2020年的389名。QS排名2016年未上榜,2020年上升至750~800名。

"十三五"时期各项工作的推进和成绩的取得,是党中央正确领导的结果,是全校干部师生共同奋斗的结果,是海内外社会各界大力支持的结果。对于这些成绩的取得,我们必须给予充分肯定,对于其中一些好的探索、做法和经验,我们要认真总结、大胆坚持、持续巩固,使其成效在"十四五"时期更加显著。

二、科学分析学校当前发展存在的问题和短板

坚持问题导向,科学分析和准确把握学校发展存在的问题和短板,是高水平编制"十四五"规划的根本前提,也有助于我们保持战略清醒。这将为我们谋划未来五年及更长远发展提供方向指引,朝着问题去,找准着力点。

直观地看,主要有五个方面的突出问题或短板。**第一**,学校人才培养能力与落实立德树人根本要求,培养能够适应和引领未来的高素质创新型人才,造就"行业精英、国家栋梁"的人才培养目标还有较大差距。**第二**,学科建设布局较为完整,虽然工科具有相对优势,但理科、人文社科、医科基础相对薄弱,高峰和优势学科少,学科发展不平衡、不充分的矛盾仍然较为突出,总体建设水平不高。**第三**,教职员工队伍建设水平距离一流大学的目标要求有较大差距,师资队伍的结构、层次和竞争力有待大幅度提高,管理干部队伍的结构、管理水平和执行力存在明显短板,支撑保障队伍的匹配度和支撑力不相协调,人才发展氛围还有待进一步营造。**第四**,科研创新能力总体水平不高,优势特色不突出,与国家重大战略需求和学科发展前沿衔接不够紧密;国家和省部级科研平台布局不够合理,重点科研基地的竞争力不强,支撑学科发展的高水平创新平台有待进一步构建。**第五**,国际交流合作与新形势、新发展和新要求还存在不适应、不充分、不协调等突出问题,对国际化发展认识,国际化思路和理念有待转变,国际化的布局与结构不够合理,对外合作短期项目多、低水平合作多的现象还比较突出,国际化工作体系有待完善等。

从更深层次看,问题或短板的背后是办学理念、办学思路的问题,还需进一步凝练、更新;还有治理体系和治理能力的问题,有些重点工作推进不力、落实效果差,反映出我们主动作为不够、开拓创新不够、竞争意识不强、奋斗精神不足。当然,要研究的问题还有很多,需要我们根据学校改革发展的实际,开展一批共性重大问题和重点课题专题调研,加强动员部署,编制行动方案,这样才能谋划好解决问题的办法和措施。

三、科学研判学校未来发展面临的形势和机遇

不谋全局者,不足以谋一隅,不谋大势者,不足以谋一时。做大事者、成大业者必须具有战略眼光,善于登高望远。我们所制定的规划,是否真正具有前瞻性、战略性、引领性,关键看能否科学研判、准确把握学校未来发展面临的形势和机遇。为此,我们必须要有历史思维、国际视野、未来眼光,注重从以下几个层面,科学研判、准确把握重庆大学未来发展的大势。

一要科学研判、准确把握国际竞争大势。 当今世界,正经历百年未有之大变局,保护主义、单边主义不断抬头,贸易和投资争端加剧,全球产业格局和金融稳定受到冲击,加之国际疫情持续蔓延,国际形势更加复杂多变,不稳定不确定因素显著增多,面临的风险挑战之严峻前所未有。与此同时,新一轮科技革命和产业变革的浪潮奔腾而至,物理、数字、生物世界的跨界融合,人工智能、机器人等一系列新兴技术突破涌现,正加快重塑世界格局。全球化进入新阶段,新的秩序酝酿形成,世界政治正在进入新的历史周期,世界各大国纷纷加快国家战略调整,科技、教育、人才的重要性、竞争性更加凸显。

二要科学研判、准确把握中国发展大势。 "十四五"时期是"两个一百年"奋斗目标的历史交汇期,是我国由全面建成小康社会向基本实现社会主义现代化迈进的关键时期,也是积极应对国内社会主要矛盾转变和国际政治经济格局深刻变化、跨越中等收入陷阱、实现中华民族伟大复兴的重要战略机遇期。当前,我国经济已由高速增长阶段转向高质量发展阶段,以新产业、新业态、新模式为主要内容的新动能正在快速集聚,经济活力得到有效释放,新动能持续发展壮大,成为支撑我国经济迈向高质量发展的重要力量。同时,创新正成为推动中国经济高质量发展的新引擎,尤其在世界科技竞争日益激烈,美国等西方国家持续打压的大背景下,国家牢牢抓住科技创新这个推动国家发展全局的牛鼻子,正全面重塑科技创新体系,加快创新型国家建设。

三要科学研判、准确把握重庆发展大势。 近年来,重庆在国家全局发展中的战略地位日益凸显。习近平总书记对重庆提出"两点"定位、"两地""两高"目标、发挥"三个作用"和营造良好政治生态的重要指示要求,对重庆发展给予重大期望。今年1月,中央着眼国家战略安全和长远发展,把推动成渝地区双城经济圈建设上升为国家战略,给重庆发展提供了更优的政策条件,赋予了更强劲的内生动力。当前,全市上下正深入贯彻习近平总书记重要指示要求和中央战略部署,着眼于高水平打造西部(重庆)科学城,建设具有全国影响力的中国(西部)科技创新中心。同时,重庆还面临着新时代西部大开发、"一带一路"建设、西部陆海新通道建设等重大战略机遇。重庆大学身在其中,必须自觉主动,全面参与、积极推动、深度融入,坚持以贡献求支持,以服务求发展。

四要科学研判、准确把握教育改革大势。 进入新时代,我国高等教育已经站在新的起点,正在从高等教育大国向高等教育强国昂首迈进,呈现出很多新的变化。一是从对国家经济社会发展的基础支撑作用向支撑引领转变,而且引领的分量不断加大。二是即将迈向普及化,成为每个人职业生涯的"基础教育"。三是从以规模扩张和空间拓展为特征的外延式发展向以提高质量和优化结构为核心的内涵式发展转变。四是在国际舞台上已经开始参与竞争与治理。与此同时,高等教育综合改革也已进入攻坚期,以评价制度改革为核心的更深层次改革正全面推进,特别是此次疫情进一步加速了人工智能、大数据、区块链等新一代信息技术在教育领域的发展与应用,正在不断重塑高等教育新形态。

以上这些大势,是我们谋划今后工作的大逻辑、大背景、大格局。世界一流大学总是在参与世界竞争、服务国家发展中,合理定位、办出特色,逐步成长起来的。我们必须放眼世界、面向全国、立足重庆、心系教育,善于从这些大势中发现机遇、谋划未来,紧跟时代发展步伐,主动融入全球竞争,积极对接战略需求,勇担历史使命,认真思考重庆大学未来应该做出什么贡献,能够做出哪些贡献,怎样做出更多贡献,确保更好做到因势而谋、应势而动、顺势而为。

四、科学设定学校“十四五”发展的目标愿景

目标愿景具有引领性作用,目标愿景就是努力的方向。德国哲学家康德曾说:“没有目标而生活,恰如没有罗盘而航行。”科学设定学校发展的目标愿景,是高水平编制“十四五”规划的总抓手。目标愿景的科学设定,既是明确我们未来一段时间更高的目标追求,更是全校上下统一思想、凝心聚力的治理过程,使大家能够“为了共同的革命目标,走到一起来”。

科学设定目标愿景,要深入分析学校所处的历史方位。可以从以下几个主要方面考虑:

一是面向2035的教育强国建设。中共中央、国务院印发的《中国教育现代化2035》,提出到2035年,总体实现教育现代化,迈入教育强国行列,推动我国成为学习大国、人力资源强国和人才强国,高等教育竞争力明显提升。对此,我们要思考在新时代高等教育的历史方位和发展走向中,重庆大学在提升国家高等教育竞争力,推动教育强国、学习大国、人力资源强国和人才强国的历史进程中应该发挥什么作用,在高等教育体系中居于什么方位。

二是面向“百年重大”建设。去年我们隆重庆祝了学校建校90周年,经过90年奋斗、90年积淀,学校站在了立足“九秩重大”建设“百年重大”的新发展阶段,这是思考谋划目标愿景的“物质基础”。从国家高等教育体系看,我们已成功进入国家世界一流大学建设A类高校,居于高等教育第一方阵,这是我们坚持对标一流、追求卓越发展思路的基本依据。虽然,我们现在处于学科布局调整期、规模向质量转型期、开放水平提升期、深化改革攻坚期等“四期叠加”,属于“发展中高校”,面临诸多发展性任务,但在目标定位上必须瞄准世界一流大学建设目标,推进“双一流”加快建设、特色建设、高质量建设。

三是面向服务地方经济社会发展。服务社会,是高等教育的基本职能之一,重大办学之初就提出“振导社会、佑启乡邦”的崇高理想。从学校发展环境看,当前重庆市委市政府对高等教育的重视前所未有,对重庆大学的热切期待前所未有,对重庆大学的支持力度前所未有。我们必须为重庆实现“两点”定位、“两地”“两高”目标和发挥“三个作用”提供坚强有力、不可替代的人才、科技和智力支撑,以重庆大学的水平和品质彰显重庆市的高度和品位。

四是面向新时代学校内涵发展的内生动力。新时代把学校改革发展推向前进的根本动力是内生动力而非外来压力,内生动力的形成从根本上依赖于完善的治理体系和现代化的治理能力。科学设定目标愿景,既要盯住外在的显性指标,更要盯紧内在的隐性指标,要扭住推进学校治理体系和治理能力现代化这个学校综合改革的总目标,努力构建系统完备、科学规范、运行有效的制度体系,通过更加成熟定型的制度谋长远、夯基础、塑文化。

五、科学把握学校“十四五”发展的战略重点

编制学校“十四五”规划是一项系统工作，涉及事业发展各方面各领域，必须聚焦学校整体办学目标，结合学校目前发展实际，突出战略重点，抓住关键问题，注重精准施策，通过战略规划的实施，推动学校综合办学实力和育人水平迈上新台阶。

一要突出抓好一流人才培养。立德树人是大学的根本任务。特别是在百年未有之大变局背景下，高校必须从培养合格建设者和可靠接班人的战略高度，努力构建德智体美劳全面培养的教育体系。我们必须按照全国教育大会的部署要求，认真落实好新时代全国高等学校本科教育会议精神和即将召开的全国研究生教育会议精神，着力打造中国特色重大风格的一流本科教育和卓越研究生教育，全面提升人才培养质量。

二要突出抓好学科生态优化。一流的学科生态是建设一流大学的必要条件。从国内外一流大学发展经验看，其学科结构都相对较为均衡，注重多学科协调发展、融合发展，注重相互支撑、协同发展的学科生态构建。我们必须在进一步强化巩固工科优势、加快拓展发展医科的基础上，下决心加强数、理、化、生等基础理科和文、史、哲等基础文科建设，切实夯实、筑牢世界一流大学建设的学科基础。同时，还要结合重庆智能产业、数字经济发展，下大力气办好办强信息学科。

三要突出抓好师资队伍建设。人才是立校之基，兴校之源，强校之本，教师始终是学校发展最核心的资源。我们必须持续深入实施人才强校战略，把教师队伍建设作为战略关键，以培育和引进优秀学术大师、高水平学术团队为重点，不断提升教师队伍能级，打造一流教师队伍。同时深入推进学校人事人才管理制度改革，优化引才工作机制，改革人才评价体系，不断激发全体教师创新活力。

四要突出抓好科研平台布局。高水平科研平台是产出高质量创新成果的基础条件。成渝地区双城经济圈、重庆科学城、西部科创中心、西部医学中心等建设为学校提供了前所未有的机遇。我们必须紧紧抓住这些战略机遇，加快超瞬态物质科学实验装置培育建设，加快国家重点实验室优化重组，加快高水平公共开放共享平台布局，加快重庆大学科技中心建设，切实做好“筑巢引凤”工作，汇聚更多高水平科研人才、科研资源等科研要素。

五要突出抓好国际合作交流。国际化是学校未来发展最重要的增长点，空间和潜力巨大。我们必须持续深入实施国际化发展战略，建立高层次国际交流机制，着力营造有利于国际化发展的良好生态，积极拓展全球合作伙伴，大力推动与世界一流大学和科研机构开展实质性合作，加快提升国际竞争力和影响力，努力在国际高等教育和科技创新舞台上以及“一带一路”建设、人类命运共同体构建等国家开放战略中担当重大使命。

六要突出抓好治理能力提升。提升大学治理能力，是从根本上解决有关制度性、结构性问题，更好发挥大学各项职能的坚实保障。我们必须持续深入贯彻落实党的十九届四中全会精神，聚焦“双一流”建设，坚持育人本位，突出学术导向，传承大学精神，进一步深化内部治理结构改革，创新治理理念、方法，加快建立中国特色现代大学制度，实现学校治理体系与治理能力现代化，以先进制度和高水平治理保障办学实力和

育人水平快速提升。

同志们，未来已来，谋定而后动。一个好的规划可以鼓舞人心、激励斗志，需要全校总动员，以科学的精神做好科学的谋划，用高水平的规划引领高质量的发展，确保不动摇、不懈怠、不折腾，共同为早日建成中国特色世界一流大学而努力奋斗。

我就讲这些，谢谢大家！

在重庆大学2020届学生毕业典礼上的讲话

张宗益

（2020年6月28日）

亲爱的同学们：

三四年时光弹指一挥间，我们在仲夏时节如约相聚。这是我作为校长在重庆大学经历的第3个毕业典礼，不变的风雨操场，相似的典礼流程，与之相伴的却是一个极其不同的毕业季。今年年初突如其来的疫情，改变了同学们最后的校园时光。难以回校完成毕业设计的望眼欲穿，揣测答辩形式的忐忑不安，校园封闭生活带来的诸多不习惯，毕业典礼是否举行更是牵动着大家的心弦。“磴道盘且峻，巉岩凌穹苍”，虽经历不易，但在同学们的努力下，大家都迎来了一场人生阶段性战役的胜利，我由衷为你们感到骄傲和自豪，祝贺你们顺利毕业！

同学们，当今世界正经历百年未有之大变局，风起云涌，变化难断。而蔓延全球的新冠肺炎疫情更进一步加剧了变局中的不稳定性不确定性。从宏观形势看，一方面，世界经济下行风险加剧，原有国际秩序受到严重冲击，全球竞争、大国角力日益激烈；另一方面，新一轮科技革命和产业变革进程加快，5G等新技术和数字经济蓬勃发展。从个体体验看，生活因疫情搬上云端，云课堂、云就业、云面试、云签约……这些大家近几个月的生活和经历，似乎都是无奈的选择和被迫的改变，换个角度看，却处处充满生机，孕育着新的发展。

正所谓“‘危’中育‘机’”，大到国家发展，小到个人际遇，如何在危局中求变局，在变局中寻新机都是一场重要考验。今年互联网上非常流行这样一句话：“时代的一粒灰，落在个人头上就是一座山”。我不赞赏这句话中透露的无力和悲观，大家是新时代的新希望，更应该保持拥抱时代变化的态度和勇气。今天，在这时代与人生改变交会的特殊时间节点，我想和同学们聊一聊如何更好地拥抱改变。

要敢于正视改变，做“处变不惊、临事不惧”的勇者。

“变者，法之至也”。世间万物，无论是有形的客观物质，还是无形的思想理念，皆遵循着变化永恒的发展法则。敢于正视改变是更好拥抱改变的逻辑起点，懂得正视改变，才可能与时代并进，真正掌握未来。

正视改变必须领悟改变永恒的真谛。世界有着日新月异的瞬息万变，也有着斗转星移的沧海桑田；有经济运行的周期规律，也有新冠疫情的突如其来。珠穆朗玛峰经过20亿年的时间，从汪洋大海到世界最高峰；科技产品在摩尔定律中以月为单位迅速迭代；人体的细胞每过七年就会全部更新一次；小小的病毒也在传播中不断发生出人意料的改变。面对亘古不变的变化，先哲们有过“人不能两次踏进同一条河流”的哲思，有过“花不常好，月不常圆”的感慨，也有过“沉舟侧畔千帆过，病树前头万木春”的欣喜。正视改变，首当领悟改变永恒。

正视改变必须具备接受改变的胆识。变化恒有，敢于接受改变者却不常有。刻舟求剑的人吝惜变化的眼光，因而遗落了宝剑；守株待兔的人不愿跟随变化的脚步，固执地空耗着日日夜夜。前者无视改变，后者畏惧改变，因为改变的确让人陌生而不安。然而“一切都在变化，唯有变化不变”，抱残守缺，故步自封，墨守成规，无视、畏惧、拒绝改变，注定难以跟上滚滚向前的时代车轮，注定将与所有新的机遇失之交臂。罗曼·罗兰说“世界上只有一种英雄主义，那就是在认清生活的真相之后，依然热爱生活”，在领悟改变永恒的真谛后，克服恐变心理，敢于与改变同舞，正是这样的英雄主义。

要积极应对改变，做“终日乾乾、与时偕行”的智者。

“察势者智，顺势者赢，驭势者独步天下。”领悟改变永恒、勇于正视改变之后，便当积极应对改变，因势而谋、应势而动、顺势而为，于危机中育新机，于变局中开新局。

应对改变要有善于把握机遇的本领。变化发展的本质是新事物的产生和旧事物的灭亡，破则有立，机遇便蕴含其中。但风口并不天生属于每一个人，风险也不会自然转为良机，实力才是机遇。著名励志演讲家莱斯·布朗成名前因家境贫寒和缺乏资历，只能在本地电台做杂工，但怀揣成为主持人和演讲家的梦想，他通过电话演说、模拟电台等方式日夜苦练口才和思维，左耳甚至被听筒磨出了厚茧。终于，在一次电台节目事故中，作为临时替补上场，抓住机遇证明了自己，成功开启演讲之路。机遇从来只青睐有准备的人，增长才干就是增加机会。同学们不论是步入社会，或继续深潜学海，都应抓紧时间增强实力，努力为未来做好准备，而不让自己陷入“如果人生可以重来，我愿把曾经虚度的光阴拿去积蓄实力”的懊悔之中。

应对改变要有看清变化规律的智慧。苏轼曾在畅游赤壁、把酒抒怀时探讨过变与不变的辩证法：“逝者如斯，而未尝往也；盈虚者如彼，而卒莫消长也”。纷纷攘攘、繁杂多端的变化之中，一定蕴藏着不变的客观规律。懂得把握事物变化发展的内在规律，领悟变化中的不变，才能以不变应万变，在湍急的时代激流中游刃有余，在变化中看清趋势，在风险中捕捉机遇。

要努力创造改变，做“以梦为马、不负韶华”的强者。

拥抱改变除了敢于正视改变、积极应对改变，更要努力创造改变。唯有不断跳出舒适区，努力创造改变，才能化被动为主动，从适应改变到引领改变，通过改变自己、改变他人，从而改变世界。

创造改变需要志存高远的“原动力”。梦想是人生的灯塔，照亮着每一个前进的步伐。当今世界复杂多变，不同的价值观念从各种渠道纷至沓来，无时无刻不在冲击与考验着我们的内心。没有高远的梦想导航，很容易随波逐流、亦步亦趋，在盲目的改变中失去自我，陷于碌碌无为的境地。“有志者立长志，无志者常立志”，长远而坚定的志向是创造改变的“原动力”。创造改变的过程其实就是坚守初心、实现梦想的过程，希望同学们胸怀家国、逐梦世界，通过一个一个具体的改变，一步一步接近心中最高远的目标。

创造改变需要脚踏实地的“行动力”。我们常说，种一棵树最好的时间是在十年前，其次是现在。行动是创造改变的根本力量。中国在抗击疫情的过程中向世界展现了非同寻常的行动力，全国总动员，争分夺秒，10 天建成“火神山”，一个月遏制疫情蔓延势头，三个月取得武汉保卫战、湖北保卫战的决定性胜利，以“中国速度”为世界防疫争取了宝贵时间。同学们，幸运往往降临给那些下定决心而行动的人。生活的真相，从来都是泥沙俱下，鲜花与荆棘并存，想要获得鲜花，全赖付诸行动。

创造改变需要聚沙成塔的“持续力”。“河冰结合，非一日之寒；积土成山，非斯须之作”，一切改变都历经由量变到质变的过程，无法一蹴而就。创造改变从来离不开一点一滴、日积月累的沉淀。几天前，随着最后一颗北斗三号组网卫星由长征三号乙运载火箭成功送入预定轨道，我国提前半年全面完成北斗三号全球卫星导航系统星座部署。北斗系统的研发从无到有、由点成网，历时整整二十六年。正是代代北斗人聚沙成塔的不懈坚守与奋斗，才有今日闪耀苍穹的“中国智慧”。希望同学们弘扬“北斗精神”，努力创造对于国家和时代真正有价值、有意义的改变。

同学们，老舍曾说：“生活是种律动，须有光有影，有左有右，有晴有雨，滋味就含在这变而不猛的曲折里。”敢于正视改变，积极应对改变，努力创造改变，才能真正品味生活的滋味。弱者，总是习惯否认与逃避；强者，从不畏惧挑战与改变。

亲爱的同学们，未来已来，将至已至。世界政治多极化和经济全球化正在曲折中发展，中华民族伟大复兴正步入关键阶段。惟其艰难，方显勇毅；惟其磨砺，始得玉成。作为“后浪”的你们，有机会成为国家崛起最后阶段的建设者和同路人。希望大家带着“风物长宜放眼量”的从容，秉持“今日长缨在手，何时缚住苍龙”的豪迈，铭记重大人“复兴民族，誓作前锋”的信念，拥抱改变，创造未来，在民族复兴的道路上，让世界因你而改变。

同学们，再见！

在重庆大学与万州区全面深化战略合作协议签署仪式上的讲话

张宗益

(2020 年 7 月 27 日)

尊敬的莫书记、聂区长,各位领导:

今天很高兴到万州考察学习,推进校地全面深化战略合作。上午参观了附属三峡医院,亲身感受医院的文化底蕴、综合实力和发展变化,让我们对医院未来的发展更加充满信心。借此机会,我也代表全校师生员工对万州区委区政府长期以来给予重庆大学的关心支持表示由衷的感谢!

根据会议安排,下面我简要介绍一下学校的有关情况。

嘉陵与长江相汇而生重庆,人文与科学相济而衍重大。重庆大学创办于 1929 年,有着悠久的办学历史和深厚的文化底蕴,在建校之初就确立了"建设完备弘深之大学"这一宏大而富有远见的办学目标,提出了"研究学术、造就人才、佑启乡邦、振导社会"的办学宗旨。1935 年,成为四川省立大学。1942 年,成为当时中国学科门类最为齐全、综合实力最为雄厚的国立大学之一,拥有文、理、工、商、法、医六大学院,之后就一直处于中国高等教育第一方阵。1952 年,为支持国家高等教育发展,学校文、理、商、法、医五个学院及工学院中的土建系、化工系、无线电系等调出,创建和支援了国内十多所兄弟院校。1960 年,学校被确定为全国重点大学,成为国家布局西部、有重要影响的,以机械、电气、动力、采矿、冶金等工科为主的多科性大学。1998 年,入选"211 工程"重点建设高校。2000 年,原重庆大学、重庆建筑大学、重庆建筑高等专科学校三校合并组建为新的重庆大学,奠定了高水平大学建设的坚实基础。2001 年,入选国家"985 工程"重点建设高校。2004 年,成为中央直管高校。2017 年,入选"世界一流大学建设 A 类高校",学校发展迈入新的历史时期。

重庆大学校园占地面积 5 200 余亩,共有四个校区。现设有人文学部、社会科学学部、理学部、工程学部、建筑学部、信息学部、医学部七个学部,共 36 个学院,覆盖理、工、经、管、法、文、史、哲、教育、艺术、医学等 11 个学科门类,已逐渐发展成为一所高水平的研究型综合性大学。去年获批成为学位授权自主审核高校,现有一级学科博士学位授权点 33 个,博士后流动站 29 个,拥有包括机械传动、输配电装备及系统安全与新技术、煤矿灾害动力学与控制等三个国家重点实验室在内的国家级研究基地 14 个。在职教职工 5 000 余人，其中专任教师 2 800 余人；现有各类国家级人才 112 人次，其中中国工程院院士 7 人。在校学生 4.8 万余人，其中研究生 2.1 万余人，本科生 2.5 万余人，留学生 1 800 余人，学生规模在 42 所“双一流”大学中排第 13 位。

近年来，重庆大学认真学习贯彻习近平新时代中国特色社会主义思想和党的十九大精神，增强“四个意识”，坚定“四个自信”，做到“两个维护”，在党中央的坚强领导下，在教育部和重庆市委市政府的指导支持下，按照“对标一流、追求卓越、服务发展、引领未来”的要求，聚焦落实立德树人根本任务，加快“双一流”建设，推动内涵式发展，各项事业均取得了显著进步，在一些关键领域实现了历史性突破，整体呈现出快速向上向好的发展势头，综合办学实力、学术声誉和影响力不断提升。最新数据显示，在 ESI 整体机构排名中，学校从 2016 年初 1 121 名提升至目前的 580 名。在软科世界大学学术排名中，2019 年学校首次进入前 400 名，连续三年实现跨档前行。在 QS 世界大学 2020 年排名中，位列第 751～800 名。在 USNEWS 世界大学 2019 年排名中，位列第 567 名，较 2018 年提升 60 个名次。

人才培养方面，认真贯彻落实全国教育大会、全国高校思想政治工作会议、新时代全国高等学校本科教育工作会议精神，全面对接落实“六卓越一拔尖”计划 2.0，实施“本科教育 2029 行动计划”，着力打造一流本科教育。布局建设数据科学与大数据技术、人工智能、机器人工程、智能医学与工程、智能感知工程、智能建造等新工科专业。2018 年起，每年划拨 2 000 万元用于学生出国交换、交流学习。大力开展实践育人工作，2019 年在第五届“互联网+”创新创业大赛中，收获 2 金 4 银 2 铜，实现历史突破；在第十六届“挑战杯”竞赛中，斩获一等奖 1 项、二等奖 2 项、三等奖 3 项和“累进创新奖”银奖，时隔十年再次捧得“优胜杯”。今年 6 月 28 日，学校与两江新区、松山湖机器人产业基地签约，共同推进明月湖国际智能产业科创基地、明月湖智能产业中央研究院、明月湖—重庆大学新工科教育科创平台等科创生态体系项目。两江新区将投入 1 亿元，共同建设学生交叉创新中心，开设明月科创教育实验班，重塑新工科人才培养体系和学生实践创新体系。目前，学校正在加快筹备建立本科生院，进一步深化大类招生大类培养，打造优质通识教育课程体系，提供高质量“全人”教育，夯实学生成长成才和长远发展根基。积极推进卓越研究生教育，提升创新意识和能力。全面推行博士生申请—考核制招生。扩大工程博士招生规模，并与国家重大工程项目、“卡脖子”技术攻关紧密挂钩。2019 年学校成功获批学位授权自主审核单位，新闻传播学成为学校第一个自主审核的一级学科博士点，今年拟增设外国语言文学、药学两个一级学科博士点。

学科发展方面，凝练并重点建设“智慧能源”“先进制造”“新型城镇化”三大学科群，推动电气、机械、土木三个优势学科率先迈向一流。重组环境与生态学院、资源与安全学院、管理科学与房地产学院，理顺学科与学院关系。加强信息学科发展，成立大数据与软件学院、微电子与通信工程学院，支撑服务重庆大数据与智能产业发展。高起点布局建设医学学科，成立医学院和医学部，推动重庆市肿瘤医院、三峡中心医院成为学校直属附属医院，促进医工融合。实施跨学科合作支持计划，启动组建了“神经智能研究中心”“植物功能基因组学研究中心”“跨尺度多孔材料研究中心”“复合半导体研究中心”等跨学科平台。通过近半年的筹备，今年7月3日我们召开了加强基础学科建设推进大会，发布了《重庆大学基础理科卓越行动计划》和《重庆大学基础文科振兴行动计划》，大力支持数、理、化、生等基础理科和文、史、哲等基础文科建设，加快补齐基础学科短板，进一步夯实世界一流大学建设的学科基础。学校ESI前1%学科从2016年的3个增加至目前的10个，工程学进入前1‰且稳步提升，材料即将进入前1‰。今年6月29日，软科正式发布2020“软科世界一流学科排名”，重庆大学共有21个学科上榜，13个学科排名较上年提升。6个学科（冶金工程、仪器科学、矿业工程、机械工程、土木工程、交通运输工程）进入全球前50（按照上一次“双一流”学科评估原则，这六个学科可以进入世界一流学科），较去年增加3个，居内地高校第18名，较去年提升9个名次。此外，另有9个学科进入全球前100。之前，8个学科进入2019软科中国最好学科排名前10%（前10%对应第四轮A类学科）。

队伍建设方面，深入推进人才强校战略，实施“英才汇聚计划”，努力汇聚打造一流教师队伍。坚持质量标准，突出绩效导向，制订出台“3+7”人才队伍建设制度文件，系统构建起“四层次七类别”具有竞争力、前瞻性的人才引进和培育政策体系，打造“近者悦、远者来”的制度、环境和文化，释放各类人才创新活力。全面对接重庆“筑巢引凤”工程，设置“海外引才工作站（美国）”，举办“海内外优秀青年学者论坛”，积极引进高水平国际化人才。实施“学科领军人才培育计划”“后备拔尖人才引育计划”，重点培养引进一批高层次人才。加大新进优秀青年教师支持力度，促进青年教师快速成长发展，增强队伍可持续发展能力。国家级人才从2016年的53人增加至目前的94人，其中中国工程院院士从5人增加至7人。今年的长江学者评审中，我校共10人（大长江5进3、青年长江10进7）获评通过，与上交、人大并列第8位，另有1位讲座教授。这是学校历史上目前最好成绩，尤其是人文社科大获丰收，管理4人（2大、2青年）上会全部通过，外语1人（青年）。

科研创新方面，抢抓创新驱动发展重大机遇，深化科研管理服务改革，完善科研创新体系架构，构建起“1+5”新型科研创新体系，促进高水平科研成果产出。修订学术评价体系，破除“五唯”，引导科研人员潜心研究、追求卓越，大胆开展“从0到1”的原创性探索。对接教育部“珠峰计划”，凝练引领学校未来发展的20个关键科学问题。加强科研前瞻布局，加快超瞬态实验装置、国家（重点）实验室以及高水平公共科研平台等重大科研基础设施建设。这两天，国家发改委正在评审大科学装置，在市委市政府的大力支持下，我校牵头的超瞬态实验装置进入评审，这是学校历史上首次参与此类竞争，期待能够实现突破。推进“华为—重大创新研究中心”建设，今年7月9日正式揭牌运行。大力支持建设各类跨学科研究平台，已先后成立了人工智能研究院、智慧城市研究院，促进交叉融合和学术创新。推动军民融合发展，成为国家军民融合重点支持高校。科研经费持续创新高，从2016年的8.81亿元，增长到2019年的18.85亿元。以通讯单位，先后在*Nature*、*Science*正刊发表论文，ESI高被引论文从2016年初102篇增加至目前358篇。2019年，牵头获得国家科技进步一等奖，取得重大突破。文科科研实力进步明显，2018年首次获得鲁迅文学奖；2019年国家社会基金立项数位居全国19名，在“双一流”建设A类高校中位居13名；文科领域首次获得国家重点研发计划项目(2项)。目前,学校正抢抓成渝地区双城经济圈建设重大机遇,结合国家重点实验室优化调整,整合现有国家级创新平台,在虎溪校区(500亩预留地,预计投入30亿元)谋划建设重庆大学科创中心,同时在生命医学、物理、信息等领域超前谋划和前瞻布局高水平创新平台(预计投入12亿元),汇聚高端创新资源,增强原始创新能力,主动融入、深度参与、全力支撑西部(重庆)科学城建设。

国际合作与交流方面,大力实施国际化发展战略,积极融入"一带一路"、西部陆海新通道发展,加强与世界一流大学和研究机构的实质性合作,目前已与世界200强75所高校建立了稳定而良好的合作关系。充分利用"学科创新引智计划""国际化示范学院推进计划",吸引集聚海外优质教育和高端智力资源,拓展优质国际合作办学项目。辛辛那提联合学院办学成效显著,连续两届毕业生升学率都达80%以上,其中海外升学率达50%以上。强化政策与经费支持,鼓励师生出国(境)访学交流,加强"留学重大"品牌建设,每年赴国(境)外访学交流学生近3 000人次。今年6月24日,学校专门召开国际化发展推进大会,发布《重庆大学国际化发展规划(2020—2029年)》,出台《关于加快推进学院国际合作交流的指导意见》,推动以高水平开放引领高质量发展。

万州地处三峡库区腹心,是渝东北的中心城市,区位突出、交通便捷,社会经济发展持续向好。特别是万州区委、区政府提出"一心六型"两化路径决策部署以来,全区上下抓住机遇、奋力拼搏,各项事业进入发展的快车道,正在积极打造西部医学中心万州副中心、三峡国际健康城。今年7月2至3日,陈敏尔书记到万州调研时强调,万州要担当更大使命责任,大力提升区域中心城市发展能级,不断增强影响力、竞争力和综合实力。面向未来,万州的发展责任重大,前景广阔。重庆大学长期坚持走产学研合作办学的道路,始终秉承"以服务求支持、以贡献求发展"的理念,扎根巴渝大地办学,努力在发展好自己的同时,积极服务地方经济社会发展。双方今天的签约,既是落实市委市政府决策部署的具体行动,也是校地未来发展的内在需求,面临大好机遇,必将大有可为。重庆大学将以此次签约为契机,认真细化落实双方合作协议内容,切实发挥自身学科、人才、科技等资源优势,全面深化与万州各领域合作,广泛参与万州经济社会建设,积极助力万州产业转型和高质量发展,共同为推动成渝地区双城经济圈建设,支撑重庆立足"两点"定位、实现"两高"目标和发挥好"三个作用"做出应有的贡献。

我就简单汇报这些。最后,预祝本次签约取得圆满成功!期待双方的合作硕果累累,实现校地共赢发展!

谢谢大家!

在重庆大学2020级研究生开学典礼上的讲话

张宗益

（2020年9月4日）

亲爱的同学们：

大家好！金秋时节，秋雨送爽，你们即将在这里开启一段探索、求真、修身的新旅程。未来的日子，重庆大学将与你们一道共同书写彼此铭刻的精彩诗篇。在此，我代表全体师生员工向你们的到来表示热烈的欢迎！

2020年是非比寻常的一年。年初，突然爆发的新冠肺炎疫情，消弭了新春佳节的喜悦，改变了千家万户的生活甚至命运。对你们而言，初试成绩的姗姗来迟，居家复习的惴惴不安，复试方式的拳拳在念，开学时间的悬悬而望，自始至终牵动着大家的心弦，以往习以为常的“理所当然”，被突如其来的“始料未及”所替代。但我深感欣慰的是，即便是疫情肆虐、正常的学习生活被按下“暂停键”，你们依然以足够的勇气积极应变，以足够的才智主动求变，以足够的信心拥抱改变，在挑战中抓住了机遇。正是大家的坚持与努力，使我们今天在重大的相遇弥足珍贵。在即将揭开序幕的研究生生涯，我希望你们继续让坚持成为一种品质，让努力成为一种习惯。

重庆大学是我国较早开展研究生教育的大学之一。1948年，时任校长张洪沅、工学院院长冯简、数学系教授柯召招收11名研究生，拉开了研究生教育的序幕。改革开放后，重大是我国首批博士和硕士学位授予单位，并在2000年获批成立研究生院，研究生院今年正好就像你们热追的电视剧——“二十不惑”。二十年来，学校研究生教育跨越式发展，先后成为首批教育部专业学位研究生教育综合改革试点单位，荣获全国工程硕士教育创新院校称号，成为全国首批“工程博士”授权试点单位，获批全国学位授权自主审核单位。目前，学校研究生教育在质量、规模、结构上实现了协调快速发展，为同学们潜心研究、深耕学术提供了优良条件。

研究生，顾名思义就是做“研究”的学生。研究什么？当然研究学术。“研”是治学的基础，体现的是持之以恒的专注心态；“究”是求真的过程，展现的是质疑与推求的辩证统一。做研究的目的是创新，所以研究生教育就是要培养创新型人才。同学们，历史经验和眼前的现实告诉我们，科技水平影响民族兴衰，创新能力关乎国家命运！当前，以人工智能、量子信息、移动通信、物联网、区块链为代表的新一代信息技术加速突破应用；以合成生物学、基因编辑、脑科学、再生医学等为代表的生命科学领域孕育新的变革；融合机器人、数字化、新材料的先进制造技术正在加速推进制造业向智能化、服务化、绿色化转型，等等。机遇总是青睐有准备的人，同学们风华正茂，是否已做好准备？对你们而言，从知识的接受者转变为问题的提出者、研究者、解决者，最终成为规律的发现者，是非常有挑战性的跨越，要实现这一跨越，需要聚焦学术研究的核心，在创新、刻苦、心智、志向四个维度上下功夫，作好“新”“勤”“艺”“势”四篇文章。

一要“志于新”，在学术创新中奋斗闪光。

习近平总书记说，“广大青年一定要创新创造。创新是民族进步的灵魂，是一个国家兴旺发达的不竭源泉，也是中华民族最深沉的民族禀赋，正所谓‘苟日新，日日新，又日新’”。通俗地讲，走别人从未走过的路，做别人没有做过的事，就是创新。作为研究生，创新是大家梦寐以求的目标，也是亟须提升的能力。做研究要提得出问题。问题意识是创新精神的基石。李政道说，“能正确地提出问题就是迈开了创新的第一步”。提出问题本身就是一件充满魅力的事情，无论是对前人的质疑或是突发奇想，都将思维指向了新的角度、新的领域。当然，提出一个好问题，也需要以扎实的理论功底和一定的跨界学习能力为前提。做研究要找得对方法。问题的答案并不是创新的关键，如何运用思维方法去解决问题才是最重要的。很少有人会手把手地教你解决问题，因此，你们要独立养成多角度、多层次、多方式看问题的思维习惯，在批判继承和不断挑战中，积极拓展研究的广度与深度，形成自己的独到见解、系统见解。

二要“据于勤”，在刻苦磨砺中探索前行。

“博观而约取，厚积而薄发”。学术研究是一个反复探寻的漫长历程，不是走马观花、浅尝辄止就能够得到的。无论是车胤的囊萤夜读，还是李密的牛角挂书，抑或是达尔文编纂《物种起源》、陈望道翻译《共产党宣言》，所有的成就都在告诉我们一个道理：勤奋刻苦是取得成功的不二法门。做研究要沉得下心境。求学之旅是充实而又艰苦的，无论才华撑不撑得起你的理想，过去不可当作缓行的借口，舒适不能成为刻苦的阻碍，你需要做的就是耐住寂寞，潜心科研。希望你们“发愤忘食，乐以忘忧”，为手中的课题集中精力专注于每一篇文献、每一次调研，认真对待每一次试验、每一步推演，从现在做起，从一件件具体的事情做起，力求有所发现、有所创造。做研究要经得起挫折。科研之路就如同山城的道路，笔直平坦不是常态，“遇水逢山”“爬坡上坎”才司空见惯。在艰难探索中遭遇失败，其本身就是科学研究的组成部分。土木工程学院 2017 级博士研究生赵梦珍，在无数次的试验之后，终于从地沟油中研究出新型胶粉改性沥青技术，在学术上迎来了“雨过天晴”。硕博连读期间，她三次获得国家奖学金，公开一项专利，参与两项国家级科研项目，仅过去两年便发表了七篇高水平论文。“泥泞的路上才能留下脚印”，希望你们像赵梦珍一样无所畏惧，勇敢地成长为求真求知的斗士。

三要“游于艺”，在细照笃行中完善自我。

经常听到有同学问“什么样的人适合做科研”？这实际是关于科研素养的问题。古往今来，但凡学术研究有所成就者，除了创新和刻苦之外，往往还具备健全的人格、成熟的心智、有趣的灵魂和充沛的精力等共同点。这些看似与学术无关的因素,恰恰在某些方面成为创造力的"催化剂",这种"催化剂"就是智慧。做研究要跳得出舒适。对科研工作者而言,做研究就是逼迫自己跳出"舒适圈"、挑战自我的过程。我希望大家能"吾日三省吾身",审视并锻炼自己坚强的自控力、坚韧的抗压力、良好的协作力和清晰的表达力。自控助你消除"噪音"、匡正目标,抗压助你打破"玻璃心"、增强求胜欲,协作助你融入团队、增进对话,表达则助你展示自我并获得良好沟通,这四方面互相依存,构成了一个科研人的基本内在。做研究要留得住爱好。科研与爱好不是势同水火、非此即彼的"对手",而是相辅相成、相得益彰的"伙伴"。一些科学家甚至让爱好成为他们职业身份的一部分。达·芬奇既是艺术巨匠,也是现代生理解剖学、光学等众多学科先驱;爱因斯坦精通小提琴和钢琴,对文学也非常痴迷;霍金在患病之前,曾是牛津大学赛艇队的一员;计算机科学之父、人工智能之父图灵同时是一名世界级长跑健将……只要做好时间统筹与管理,在科研和爱好之间找准平衡,爱好本身也可以成为一种具有创造力和创新思想、充满活力的生活方式,甚至是灵感和顿悟的重要来源。同学们,开启爱好与科研的融合,是你们面对未来的"上上策"。以对爱好的激情投入研究,会使你更加专注;以做科研的严谨反哺兴趣,会让你更加自律。只要你们在重大的舞台上全心投入、尽情展示,就一定能将自己的学术画卷谱写得妙趣横生、异彩纷呈。

四要"依于势",在时代大潮中接受淬炼。

个体只有自觉融入时代进步的洪流中,才能实现更大的人生价值。在洞悉学术精微的同时,通晓时代之变,坚守学术理想,正是我对你们的期望。做研究要立得稳志向。同学们身处中华民族复兴的盛世,是同新时代共同前进的一代。你们的人生黄金期,同"两个一百年"奋斗目标的实现完全吻合。作为高层次人才,面向科学前沿开展原始创新,是伟大时代所赋予你们的光荣使命。希望你们忠于祖国、忠于人民,坚定科研志向,恪守学术道德,坚持学术诚信,不负韶华,锐意进取,求真学问、练真本领。做研究要守得住定力。我们也应当看到,当今世界面临百年未有之大变局,在新冠肺炎疫情的巨大冲击下,世界面临的不稳定性不确定性更加突出,各国之间围绕科技实力的较量从未像当前这样迅猛而又激烈。我国在一些关键领域创新能力短板明显,部分关键核心技术依然面临卡脖子的困境。在这样一种态势下,我们更要排除外部因素的干扰,克服战术上的压力,保持战略上的定力,坚守既定的科研方向和目标,"咬定青山不放松",在正视差距的同时,脚踏实地去追赶,一步一个脚印地推动创新由量变走向质变。

同学们!时节如流,击鼓催征。回望历史,一代代的重大人在近百年的上下求索中,书写着"研究学术、造就人才、佑启乡邦、振导社会"的辉煌卷帙。面向未来,希望你们胸怀一往无前的勇气,长存披荆斩棘的锐气,永葆激情澎湃的朝气,于奋进中激荡青春,在挑战中放飞梦想,笃学敏思,矢志创新,勇作学术研究的前锋!

谢谢大家!

在重庆大学2020级本科生开学典礼上的讲话

张宗益

（2020年9月10日）

亲爱的同学们：

大家上午好！满载校园秋色，潋滟缙云湖光。很高兴在银杏烁金的美好时节与大家相会山城，祝贺大家克服疫情影响，最终交出令人骄傲的答卷。同时，在教师节这个特殊的日子里，希望你们和我一起向给予你们支持的老师道声感谢，感谢他们的悉心教导，引领你们攀登人生的高峰。在此，我也代表学校向无私奉献的老师们致以诚挚的问候和美好的祝愿！

2020年将是铭刻历史的一年，突如其来的新冠肺炎疫情给人类社会带来了巨大冲击和挑战。人们熟悉的生活节奏被打乱，“云生活”“宅经济”成为日常主旋律；全球经济下行明显，大国角力日益激烈，国际秩序演变加速，世界面临的不稳定性不确定性更加突出。但在全球大考与人生大考交会的关键时刻，你们都经受住了考验，用实际行动证明了新时代青年的坚韧与无畏，成功拉开人生新阶段的帷幕。你们中有来自武汉，在疫情一线经历种种不易、对学习未有丝毫懈怠的舒博文同学；有来自重庆，从不向生活妥协、立志做“斜杠青年”的古佳鑫同学；有来自新疆，多才多艺、擅长弹奏冬不拉的哈萨克族姑娘穆丽得尔·巴合提同学；有来自海南，一直携手相伴、共同成长的双胞胎兄弟王富龙、王富虎同学。在新生报到现场，同学们的青春活力和蓬勃朝气让我深受感动。而有点遗憾的是，因疫情防控要求，你们需要在校门挥别父母，独自拿着行李迎接全新的大学生活，虽然充满了不舍，但也是成长的必经之路。相信未来在重庆大学这个温暖的大家庭里，你们一定会茁壮成长，用独立和坚强让父母安心。

同学们，你们是勇敢挺过时代难关的一代，也是将见证实现中华民族伟大复兴中国梦的一代。面对世界百年未有之大变局，更需要你们彰显出新时代青年应有的责任与担当，与时代同行，在将个人奋斗融入时代洪流的过程中实现人生价值。对大家而言，接下来的大学生涯尤为关键，能否在特殊的时代境遇中筑路精彩人生，取决于你们如何有效利用宝贵的大学时光解答好“志”“学”“勤”“友”四道题。为此，我有几点建议与大家分享。

一、功崇惟志，筑牢理想信念的根基

“志不立，天下无可成之事。”志向，不仅是我们“性之所近”的追求，更是领航我们奋斗方向、决定我们人生高度的灯塔。面对当今世界的多元变局和未来社会的不可预测,同学们首先应当立大志,在不确定中朝着确定的方向前进。20世纪初的中国,内忧外患,战乱频发,巴渝大地的爱国志士迎难而上,为唤醒民众,造福桑梓,高呼"文化学术之兴衰,关系国家民族之兴亡",毅然创办了重庆大学。九十一年来,重庆大学立"完备弘深"之大志,秉"研究学术、造就人才、佑启乡邦、振导社会"之宏愿,行稳致远,始终走在中国高等教育的前列,培养造就了大批德才兼备、执着坚韧的优秀人才,在不同历史时期奉献出自己的心智和才华,书写了气势磅礴的壮美诗篇。

习近平总书记曾勉励广大青年,"立志是一切开始的前提,青年要立志做大事"。正如在历史长河中不断奋进的重庆大学,作为新一代的重大人,希望同学们牢记重庆大学"复兴民族,誓作前锋"的铮铮誓言,立志报效祖国,在中国特色社会主义伟大事业中把握人生航向,自觉把个人前途同国家崛起、民族复兴紧紧联系在一起,在积极进取、工于谋势的主动作为中,切实担当起伟大时代赋予青年人的责任,为祖国的繁荣昌盛和人类的文明进步贡献自己的力量。

二、思彻惟学,弘扬格物致知的精神

应对纷繁复杂的形势,必须具有洞穿表象把握本质的透彻思想。而深刻的思想根植于深厚的学习积累,大学正是心无旁骛潜心学习积累的关键时期,学习始终是你们的第一要务,大家不仅要学,更要懂得如何学。不同于中学按部就班的学习方式,大学是探索者的乐园,积极自主的学习才会收获累累硕果。自主学习意味着化被动为主动,由求知欲驱动,坚持问题导向,注重独立思考,以批判思维抵御盲从,以创新思维另辟蹊径,发挥主观能动性潜入知识内部,实现认知的深化。你们的学姐,2016级经管学院的李昂同学,听说她刚入学时也曾一度囿于高中的学习方法,在经济学、编程等课程上力不从心,但她积极调整学习方式,主动和老师沟通交流,经常请教优秀的同学,朝乾夕惕,将学习牢牢掌握在自己手里,最终在毕业时收到了剑桥大学等6所世界名校的offer。

与此同时,大学还应注重多元学习。古代著名教育家颜之推曾言,"夫学者,贵博闻",如果仅着眼单一学科,难免会一叶障目,使思维变得狭隘。这就要求同学们在牢固掌握本专业知识的同时,还要广猎其他领域知识,做到博闻强识。我最近给大家拟定了一份书单,将通过图书馆分享给大家。这份书单包括15本涵盖心理学、文学、美学、科技、社科、哲学等不同领域的图书,希望能启发同学们广泛阅读所谓"无用之书",从中寻找"无用之用",摒弃浮躁的功利观,不拘一格地读书学习,进而贯通科学、人文、艺术与社会之间的经络。学校正着力推行的大类培养和通识教育,也是希望通过丰富多样的"金课"破除传统的学科专业壁垒,帮助同学们构建通专融合的知识谱系,贯通中西,融会古今,使务实者博雅,促务虚者弘深。

三、业广惟勤,保持奋楫笃行的姿态

学向勤中得,萤窗万卷书。学习是一场没有终点的漫长旅行,唯有勤奋用功才能领略沿途美景。你们的学长,2016级新闻学院廖元植同学连续三年保持专业总绩点第一,获得了许多奖励与荣誉。看似"开挂"的大学生涯,实则离不开他惜时如金的勤奋努力。廖元植有一个很明显的特点,就是能够充分利用所有碎片化的时间来学习。上课前、睡觉前、坐校车，甚至在食堂排队打饭时，他都会用来学习，阅读一些篇幅较短的学术论文。周末和假期这样较为充分的整段时间，他则用来看整本专著。正是凭借着这股勤奋而坚韧的劲头，最终成功保送国内顶尖大学攻读研究生。

事实上，大学生活也并不会像高中老师说的那样“轻松”，因为除了书本知识的学习外，还需要大家在各类社会实践、创新创业、科技竞赛以及访学交流中接受淬炼，丰富见识，增长才智。一直以来，重庆大学始终把同学们的健康成长、全面发展作为首要追求，支持组建了多样化的课外科技兴趣团队和文体类社团；每年为同学们提供 3 000 多个海外访学名额，鼓励大家走向世界感受多样文明，了解学术前沿，开拓视野眼界；最近学校还联合两江新区和松山湖机器人产业基地建立了新工科教育科创平台，开设了明月科创实验班，将用最先进的理念与模式培养同学们的创新精神和创业能力。希望大家充分利用学校提供的优质资源，在与“学霸”和“大咖”的切磋中不断提升自我。同学们正值青春年华，有着饱满充沛的生命力，只要不畏困难、勇猛精进、奋楫笃行，就一定能到达成功的彼岸，收获奋斗带来的快乐和幸福。

四、境利惟友，培养厚德包容的品格

对于同学们而言，上大学意味着进入到一个全新的环境。当家人的关怀被距离约束，你会发现，朋友是人生旅程最长足的陪伴。人生总有顺境与逆境，而他人的鼓励与帮助能让你在各种境遇中无往而不利。得道多助，相处之“道”，首先要学会包容。步入大学，面对来自五湖四海的新鲜面孔，天南地北的口音以及迥异的个性爱好和生活习惯，只有学会包容，才能更好地建立朋友圈、融入新环境。酸甜苦辣咸调和为佳肴，宫商角徵羽配合成美曲，不同色彩成就万事万物的和谐之美，摒弃狭隘观念，善于换位思考，勇于接纳差异，珍惜在重大相聚的难得缘分，便能收获真正的同窗友情。学会包容，是大学的必修课，也是未来大家更好走向社会、适应社会、引领社会的尊贵品格。

相处之“道”，还要懂得互相成就。正所谓“各美其美，美人之美，美美与共，天下大同”。逆境时和衷共济，顺境时成人之美，人生的不同境遇，总能在互相成就中叩开成功的大门。前不久，在我校承办的第十三届全国大学生节能减排大赛社会实践与科技竞赛中，能动学院的苏勇剑团队凭借科技作品“一树风光”斩获了特等奖。据说项目伊始，团队中每个人都各擅所长，想法也不尽相同，但经过积极的沟通磨合，成员们坚持作品至上，精诚团结、各尽其才、互助协作，一遍一遍完善作品，才最终取得优异成绩。“君子和而不同”，短视者拘泥固执，互相牵掣，共陷泥潭；而长远者虚怀若谷，彼此成就，共赢人生。

亲爱的同学们，“红日初升，其道大光；河出伏流，一泻汪洋”，大学生涯的画卷已拉开篇首，等待着你们以高远志向铺底，以深厚学识描形，以勤勉笃行绘色，以厚德包容署名。希望大家牢记“耐劳苦，尚俭朴，勤学业，爱国家”十二字校训，传承和发扬重大精神，怀揣勇气与梦想，奋发图强，砥砺前行，努力在实现民族复兴中国梦的进程中绘制壮丽的青春图景！

谢谢大家！

在重庆大学第十四届工会会员代表暨第九届教职工代表大会第四次会议上的工作报告

张宗益

（2020 年 11 月 5 日）

各位代表：

现在，我代表学校，向大会报告学校 2019 年和今年以来的工作，请予审议。

一、2019 年和今年以来主要工作回顾

2019 年是中华人民共和国成立 70 周年，也是学校建校 90 周年。2020 年是全面建成小康社会、实现第一个百年奋斗目标的决胜之年，也是学校从“九秩重大”建设“百年重大”的起步之年。学校领导班子高举中国特色社会主义伟大旗帜，以习近平新时代中国特色社会主义思想为指导，深入学习贯彻十九大及十九届二中、三中、四中全会精神和习近平总书记关于教育的重要论述以及全国教育大会、学校思想政治理论课教师座谈会精神，按照“五位一体”总体布局和“四个全面”战略布局，增强“四个意识”，坚定“四个自信”，做到“两个维护”，坚持稳中求进工作总基调，全面贯彻党的教育方针，认真贯彻落实习近平总书记对重庆提出的“两点”定位、“两地”“两高”目标、发挥“三个作用”和营造良好政治生态重要指示精神，落实立德树人根本任务，深入实施教育“奋进之笔”，奋力推进“双一流”加快建设、特色建设、高质量建设，各项事业发展取得了新进展、新成效，一些关键数据实现了历史性突破，整体继续呈现出高质量加速发展的良好势头。

（一）系统推进党的建设，党对学校工作的全面领导得到进一步加强

学校坚持把政治建设摆在首位，加强党对学校工作的全面领导。深入学习贯彻习近平新时代中国特色社会主义思想和习近平总书记关于教育的重要论述，深化对中央精神和政策的理解，持续加强思想理论武装，保证学校改革发展稳定事业沿着正确方向前进。扎实开展“不忘初心、牢记使命”主题教育，把主题教育同全面贯彻落实党的教育方针、落实立德树人根本任务相结合，同庆祝中华人民共和国成立 70 周年、纪念建校 90 周年相结合，同加快“双一流”建设、推动改革发展稳定相结合，将主题教育成效切实转化成为指导实践、推动工作的精神力量和重要举措，让师生员工切实感受到主题教育带来的新变化和新成效。制订实施学校意识形态领域风险防控工作方案，牢牢把握住意识形态工作的主动权、话语权和领导权。

加强党的组织建设和干部队伍建设，以创建“全国党建工作示范高校”为抓手，夯实党建工作基础，遴选

培育3个校级党建标杆学院、10个样板支部和3个“双带头人”工作室。完成二级党组织换届工作，制订《重庆大学二级党组织工作细则》《重庆大学中层领导人员选拔任用工作办法》。机械工程学院团委获评“全国五四红旗团委”。

压实“两个责任”，深入推进全面从严治党。持续深化“三转”，常态化推进巡视整改“回头看”和校内政治巡察，成立党委巡察工作办公室，印发《中共重庆大学委员会巡察工作办法》，修订学校深化落实全面从严治党责任清单。已完成对22个二级党组织的巡察。

（二）落实立德树人根本任务，高素质创新人才培养能力不断提高

学校始终牢记为党育人、为国育才使命，不断健全立德树人落实机制，构建“十大育人”体系，建设“六大育人阵地”，打造虎溪校区示范区，全面推进“三全育人”综合改革试点，着力提高育人能力和育人水平。1名博士生获评“第十四届中国大学生年度人物”，1名硕士生获评“全国向上向善好青年”。

全面实施《重庆大学本科教育2029行动计划》，着力构建中国特色重大风格的一流本科教育体系。全面落实教育部“双万计划”，增设数据科学与大数据技术、人工智能、机器人工程、智能医学与工程、智能感知工程、智能建造和储能科学与工程7个新工科专业；新增27个国家级一流本科专业（列全国第8位）；工程管理、给排水科学与工程和安全工程3个专业通过专业认证；制订《本科课程建设工作实施意见》，大力推进一流课程建设。深入推进大类招生大类培养，99个专业首次整合为23个大类和17个专业招生；数学、物理两个专业进入“强基计划”，获批招生90人，制订实施强基计划“3+1+X”本硕博贯通培养方案。推动弘深学院实施“一制三化”（导师制、小班化、个性化、国际化）改革。建设学生交叉创新中心，开设明月科创教育实验班。

持续深化研究生培养体制机制改革，着力构建中国特色重大风格的卓越研究生教育体系。成功获批学位授权自主审核高校，新增新闻传播学、外国语言文学、药学3个一级学科博士点，总数达到35个。全面推行博士生申请—考核制招生，博士生招生规模逐年扩大，2019年招收834人，2020年招收961人。2019年召开首届博导大会，推动研究生教育观念更新，重塑导学关系，强化导师育人责任。完善学术学位研究生课程体系建设，深化学专分离、硕博贯通研究生培养改革，完成36个博士、硕士专业学位培养方案制订工作。在全国首家全面推行自命题电子化阅卷。完成校学位委员会换届工作。

积极推进创新创业教育，深化“产教融合、跨界培养”。学生先后在第十届“挑战杯”全国大学生课外学术科技作品竞赛中捧得“优胜杯”；在全国大学生电子设计竞赛中获得5项全国一等奖，创历史最好成绩；在2019 Innovate FPGA全球创新设计大赛中获全球总冠军；在第十三届全国大学生节能减排社会实践与科技竞赛中获特等奖；学校获评“2019年度全国创新创业典型经验高校50强”。扎实做好“六稳”“六保”工作，截至10月31日，2020届毕业生已就业9 853人，就业率达到90.69%，与去年同期基本持平；本科生升学率达42.26%，比2019届年底提升2个百分点。491名毕业生加入选调生队伍，比2019年增长73%；3名研究生入选“国际组织复合型后备人才”（全国共30名）。

（三）大力推进一流学科建设，全球学术影响力持续提升

按照“强化工科、夯实理科、振兴文科、繁荣社科、拓展医科、提升信科”的思路，不断优化学科布局，深化内涵建设，着力构建相互支撑、协同发展的一流学科生态。重组建立环境与生态学院、资源与安全学院、管理科学与房地产学院，进一步理顺了学科学院关系。大力实施五大类“双一流”学科重点建设项目，启动先进制造学科群极端环境高端装备研发与试验平台、智慧能源学科群多能源信息物理系统试验与研发平台、新型城镇化学科群多功能大气边界层风洞试验系统等建设，持续加大“先进制造”“智慧能源”“新型城镇化”三大学科群建设，推动机械、电气、土木等特色优势学科率先达到世界一流。

召开加强基础学科建设推进大会，制订实施《基础文科振兴行动计划》和《基础理科卓越行动计划》，下决心补齐基础学科发展短板。大力支持跨学科、多学科研究机构建设，做实做强“植物功能基因组学研究中心”“跨尺度多孔材料研究中心”“超瞬态物质前沿科学中心”“量子材料与器件研究中心”，培育新的学科增长点。实施公共平台建设计划，积极推进大物理、大生命、泛信息等领域公共平台建设。坚持高起点、研究型、入主流、有特色，加快医学学科布局建设，重庆市肿瘤医院、重庆三峡中心医院先后正式划转成为学校直属附属医院。

通过“双一流”首轮建设，学校的全球学术影响力持续提升。环境与生态学、生物学与生物化学、物理学新进或重回 ESI 前 1%学科，总数增加至 10 个，工程学稳居 ESI 前 1‰，材料科学首次进入 ESI 前 1‰行列；机构整体排名由 2019 年 1 月的第 772 位前进至第 572 位。在 U.S.News 世界大学排名中，学校名次从第 627 位上升至第 499 位。在 ARWU（软科）排名中，学校首次进入前 400 位（第 324 位），连续三年实现跨档前行；冶金、仪器、矿业、机械、土木、交通运输 6 个学科进入软科世界一流学科前 50 名（列全国第 18 位）；土木工程、机械工程、电气工程、工商管理等 7 个学科进入中国最好学科排名前 10%。在 THE（泰晤士高等教育）世界大学排名中，学校从 801～1 000 区间（第 884 位）上升到 600～800 区间（第 695 位）。

（四）全面融入西部（重庆）科学城建设，科研创新能力和服务水平显著增强

持续深化科研管理服务体制机制改革，完善“1+5”新型科研创新体系，以新的体制机制促进高质量成果产出。加强科研前瞻布局，全面融入西部（重庆）科学城建设，推动建设重庆大学科学中心，培育建设超瞬态实验大科学装置，成立人工智能研究院、智慧城市研究院等跨学科交叉研究平台。2019 年召开学校文科工作会，进一步厘清人文社会科学发展目标思路，汇聚发展合力。

科研体量快速增长、质量稳步提升。2019 年全校科研经费总量为 18.85 亿元，较 2018 年增长 26.15%，其中研发投入 13.2 亿元，实到科研项目经费 8.75 亿元，增加 1.37 亿元，增长 18.56%。2020 年获得国家自然科学基金 277 项，实现历史突破，其中“多相反应流传递与转化调控”团队获得国家自然科学基金创新研究群体项目资助。截至 2020 年 8 月 25 日，全校实到科研经费 4.25 亿元，其中纵向经费 3.07 亿元，较去年同期增长 15.8%。已发表 SCI 论文 3 421 篇（2019 年 3 166 篇），同比增长 8.1%。论文结构进一步优化，其中 1 区论文 2 068 篇（2019 年 1 811 篇），同比增长 14.2%。

标志性成果不断涌现。2019 年首次牵头荣获国家科技进步一等奖，首次产生年度科研经费超亿元学院（材料学院），首次突破千万级国防科研项目，首次一次性获得重庆市科技一等奖超过 10 项，首次以联合通讯作者在 *Science* 正刊发表论文，牵头承担国家重点研发计划项目首次达到 10 项。成功研制世界首台超快自旋极化像差校正低能电子显微镜，实现电子显微镜和超快激光的耦合，开启并建立了原位超快高分辨表面物理化学领域新方向。文科领域首次在 *Nature* 子刊发表论文，首次牵头承担科技部重点研发计划项目（2 项），单项经费超 2 000 万元；新增民政部政策理论研究基地；打造“地方政府治理协同创新中心”等新型高端智库，资政能力进一步提高。

成果孵化与转化体系更加完善。制订和修订专利工作管理办法和促进科技成果转化管理办法，获批“教育部高等学校科技成果转化和技术转移基地”。申报建设“国家知识产权试点示范高校”，目前已通过答辩。2019 年以来，转让专利成果 196 项，转让经费 1 亿余元，科技成果转化成效显著。积极组织参与首届和第二届中国国际智能博览会，社会反响良好。

（五）健全人才制度体系，高水平师资队伍建设成效显著

大力实施人才强校战略，深入推进人事制度改革，系统构建起“3+7”人事人才制度和“四层次七类别”人才引育体系，教师队伍成长环境明显改善，办学活力得到极大释放。出台实施自然科学和人文社科科学研究分类分级体系。修订完善教职工奖励办法、引进人才科研启动费管理办法、思想政治理论课教师任职资格标准与选聘办法等人事人才制度文件。成功争取到重庆市财政 3 年 3 亿元资金特别资助，支持学校青年教师队伍建设。

不断优化引才机制，选聘了 12 位海外引才专员；启用人才招聘系统，实现人才引进全流程管理；组织国内“双一流高校”线上招聘会、云视频海外专场宣讲招聘会和海内外学者春季云论坛。2019 年以来，共引进教师 279 人，其中国家级人才 10 人，“弘深青年学者”等 24 人，青年教师 84 人（占 30.1%），弘深青年教师 119 人（占 42.65%）。加大人才培育力度，国家级人才逐年快速增加，2018 年增加 11 人，2019 年增加 18 人，今年有望突破 25～30 人。不断加强管理教辅队伍建设，采用“文员制”和事业编制招聘了一批高素质青年后备管理人才。

坚持“德才兼备、以德为先”原则，持续加强师德师风建设，将培育和践行社会主义核心价值观融入教书育人全过程。鲜学福院士获评全国“最美奋斗者”，周绪红院士获重庆市科技突出贡献奖，王时龙教授获“富民兴渝”贡献奖，袁利同志获评全国“最美高校辅导员”。

（六）积极推进国际国内合作与交流，办学空间和资源不断拓展

大力实施国际化发展战略，组织召开国际化发展推进大会，印发《重庆大学国际化发展规划（2020—2029 年）》，制订出台《关于加快推进学院国际合作交流的指导意见》等制度文件，以推动建立中外合作办学机构、加强与国际高水平大学的实质性合作、打造“留学重大”品牌、创新国际化管理服务体系等为重要抓手，切实加快国际化发展步伐，提升国际竞争力和影响力。2019 年，学校与 15 个国家和地区 36 所高校及机

构新签、续签校际协议,其中与世界前 100 强高校新签 3 个;学生出国(境)访学人数达到 3 700 余人;来华留学生增加到 2 048 人,其中学历生增加到 845 人。加强中国港澳台地区的合作交流,促成卓越大学联盟与台湾优久大学联盟合作签约。

深化拓展校地合作。与四川省政府签署省校战略合作协议,与眉山市签署合作框架协议。与重庆市政府共建“长江生态环境学院”,与万州区政府签署全面深化战略合作协议,与沙坪坝区共建“环重庆大学创新生态圈”,与两江新区共建明月湖新工科教育创新平台,与璧山区共建璧山先进技术研究院,与武隆区共建微波输能与空天太阳能电站试验基地、地外受控生态系统实验基地。认真做好云南绿春县、重庆开州关面乡定点扶贫工作,绿春县和关面乡已经退出贫困县(乡)序列,顺利实现脱贫摘帽,获第五届直属高校精准扶贫精准脱贫十大典型项目,获评教育部农校对接精准扶贫采购十佳单位通报表扬。

务实推进校企合作。“华为—重大共建创新研究中心”暨大学罗马广场重庆站正式开业。加强与中国电建、中核集团、兵器装备(红宇精工、虎溪电机)、中国船舶集团(前卫科技)、兵器工业(铁马工业)、中航工业(商发)等大型龙头企业对接交流,在科研合作、共建实体研究机构等方面达成共识,增强学校服务经济建设的能力。

深度推进校校合作。与四川大学牵头发起成立“成渝地区双城经济圈高校联盟”,发起成立“成渝地区双城经济圈高校法治教育联盟”“成渝地区双城经济圈高校就业创业联盟”“重庆市大数据产业人才联盟”等。担任卓越大学联盟 2019 年轮值主席,成功主办联盟第十次校长联席会。推动重庆市大学联盟建设发展。

(七)强化办学保障支撑,办学条件和环境提档升级

以 90 周年校庆为契机,积极争取各方支持,广泛汇聚办学资源。2019 年筹集捐赠签约资金 2.0 亿元,实际到账 8 099 万元,获批国家捐赠配比经费 3 384 万元;学校经费总收入达 49.35 亿,再创历史新高,同比增长 13.7%。2020 年,受新冠肺炎疫情影响,学校全面落实中央“过紧日子”的政策要求,及时调整了预算安排,保证人才培养、教职工收入等重点支出。

加强校园基本条件建设。2019 年以来,已完成中央大礼堂、校史馆、寅初亭、宣言墙、思群广场等周边改造,完成部分校门、人行主干道、食堂、B 校区游泳池、C 校区第二教学楼及医学院科研楼等维修改造,建成虎溪校区博士生公寓、A 校区立体停车库。2020 年争取到中央预算内投资 9 473 万元,正加快推进有关重点新建项目和维修改造项目实施。加强前瞻谋划,完成“十四五”基本建设规划。

协调市区两级政府帮助支持,推动有关历史遗留问题得到有效解决。完成 280 栋共计 152 万平方米公房产权证办理,减少有关支出 1 亿元以上;教职工虎溪花园经济适用住房获得完全产权,减免有关用费共计 2 亿元以上。完成虎溪校园 69 座坟墓全部迁移或就地深埋。开展违规占用公有住房专项整治行动,收回 118 套被占公房。组织取缔“住改商”餐饮经营行为,加大违法搭建整治力度,拆除校园各类违建 3 000 余平方米。

推进附中附小与沙区中小学联合办学等民生工程和民心工程。2020 年与沙区政府共建附中附小正式

签约，附中与重庆市第七中学联合办学，附小与育英小学联合办学。建设平安宜居和谐校园，修订社会治安综合治理考核办法、消防安全管理办法。深化隐患排查整改工作体系建设，加强实验室危化品和生物安全管理。

（八）坚持以庆促建，成功举办90周年校庆

2019年是重庆大学建校90周年“校庆年”。学校紧紧围绕“复兴民族、誓作前锋”校庆主题，遵循“以庆促建”指导思想，贯彻“铭初心、聚众力、塑文化、建一流”主旨，按照“学术校庆”“文化校庆”“校友校庆”这条主线，成功举办了包括90周年校庆纪念大会、纪念晚会、校长论坛、高端学术讲坛、大型学术会议、系列话剧创作展演、国际文化节、社团嘉年华、校旗全球传递、全球校友会校庆专题年会等在内的系列纪念活动。

通过举办90周年校庆，全面回顾了办学历程，系统总结了办学经验，充分展示了一个有底蕴、有使命、有力量、有温度、有梦想的重庆大学，极大提升了学校的知名度和影响力，极大增强了重大人的自豪感、认同感和荣誉感，得到了广大师生校友和社会各界的一致认可与广泛好评，让全体师生校友在收获自豪与感动、共享荣耀与梦想的同时，迸发出更为强烈的爱校荣校兴校情怀，为学校“双一流”建设凝聚了强大发展动力。

（九）严格抓好学校疫情防控，实现校园零感染

新冠肺炎疫情发生以来，学校认真贯彻习近平总书记系列重要讲话和指示批示精神，全面落实党中央、国务院决策部署，始终把师生员工生命安全和身体健康放在第一位，坚定“守好责任田，护好一校人”信念，坚决打赢疫情防控阻击战，科学谋划，精准施策，实现了校园零感染，确保了停课不停学、停课不停教、停课不停研。

积极开展抗疫科技攻关。利用中央高校基本业务费在全国高校率先启动了应急科研项目14项；积极组织申报国家和地方有关部委科技项目共计23项，有效发挥了科技对打赢疫情防控阻击战的支撑作用，获得了教育部、科技部及重庆市相关部门的高度评价。

学校三所附属医院在此次抗击新冠肺炎疫情中发挥了重大作用。附属三峡医院累计收治新冠肺炎确诊患者248例，创造了全市抗击疫情“六个第一”。附属肿瘤医院、附属中心医院分别派出20名和53名医疗队员前往湖北支援。附属中心医院老年病科护士长张晞，附属三峡医院重症医学病区副主任、副主任医师黄霞获得全国抗击新冠肺炎疫情先进个人和全国优秀共产党员称号。

各位代表！回顾一年多的发展，学校在“双一流”建设的多项关键指标上均取得了新的进展和突破，为建设世界一流大学奠定了更加坚实的基础。这些工作的推进和成绩的取得，是党中央坚强领导和全校师生员工共同努力的结果，是大家用汗水浇灌出来的收获，是大家实干巧干、笃定前行取得的成绩！也是学校老领导、老同志多年打基础、建平台、引人才、作奉献的结果。在此过程中，工会、教代会通过推进民主监督管理、联系群众、服务教职工等，发挥了重要的桥梁纽带作用，对学校2019年以来各项工作的完成、各项成绩的取得，作出了积极贡献。在此，我代表学校向老领导、老同志，向全校师生员工，向工会、教代会全体代表表示崇高的敬意和衷心的感谢！

在肯定成绩的同时，我们也清醒地认识到，对标中央要求，对比重庆需要，对照师生期待，学校发展仍面临一些问题和挑战。**主要是**：学科专业仍较传统，更新改造速度还需加快；人才培养质量不高，教育教学改革还需深化；创新服务能力不强，科研实力还需持续提升；高端人才数量较少，引进培育力度还需加大；开放办学水平较低，国际化发展步伐亟须加快；干事创业劲头不足，文化软实力亟待加强。面对这些问题和不足，我们有信心有决心，通过加快“双一流”内涵建设、特色建设、高质量建设，推动学校综合办学实力和育人水平不断迈上新台阶。

二、下一阶段重点工作部署

经过长期的积淀和“双一流”首轮建设，学校发展已经进入新的历史阶段。共建“一带一路”、长江经济带发展、新时代西部大开发等国家战略交汇叠加，进一步拓展了重庆的发展空间。成渝地区双城经济圈建设赋予重庆新的重大使命，西部（重庆）科学城正以高标准高起点打造具有全国影响力的科技创新中心。今年9月9日，敏尔书记到学校调研时指示，重庆大学既要有“重”的地位，更要有“大”的作为。近日，敏尔书记、良智市长又分别在学校上报的“双一流”建设成效报告上作出批示。他们勉励学校再接再厉，持续抓好“双一流”建设各项工作，努力实现更高水平的发展，成为西部（重庆）科学城建设的重要力量，在推进成渝地区双城经济圈建设和“一区两群”协调发展中展现新作为、实现新突破。党中央对重庆的新定位，市委、市政府对重大的新期待，正是学校改革发展和“双一流”建设新的重大机遇。

各位代表！当前，学校在全面总结“双一流”首轮建设工作基础上，正积极准备第五轮学科评估工作，全力推进完善校区功能定位，启动建设重庆大学科学中心，深度融入西部（重庆）科学城建设，并结合这些工作，聚焦仍然存在的问题和短板，立足下一个百年发展，认真谋划“十四五”发展。站上新方位，进入新阶段，面对时代的机遇和党中央及重庆市的殷切期盼，我们必须进一步提高定位站位，勇担历史使命，坚持面上工作与重点工作齐抓、目标管理与过程管理并重，狠抓教学、学科、人才、科研、国际化等各项重点工作落实，深化内涵发展，全面提升质量，继续高质量推进中国特色世界一流大学建设。

（一）科学编制“十四五”发展规划

认真贯彻落实十九届五中全会精神，按照教育部关于做好直属高校“十四五”规划编制工作要求，把握发展大势，抓住历史机遇，精心谋篇布局，深入调查研究，高水平编制学校“十四五”发展规划。在具体操作上，要将此项工作与“双一流”建设首轮总结评估、第五轮学科评估、服务西部（重庆）科学城建设等充分结合起来；要立足于学校下一个一百年的发展，处理好远期与近期、整体与局部、高度与落地、战略与战术、目标与约束等关系；要协调好教师、学生、校友、政府、企业、家长、社区等各利益相关者的关系，增强获得感，推动互动和相互促进，保障学校协调可持续发展；要全校总动员，让全体师生都广泛参与进来，使编制“十四五”规划的过程成为全校上下统一思想、凝心聚力的治理过程；要严格把握时间节点，确保规划在2021年4月底前报教育部审核，在2021年8月底前审定通过并向社会公布。

（二）深度融入西部（重庆）科学城建设

积极抢抓西部（重庆）科学城和科技创新中心建设重大机遇，按照市委、市政府工作部署，立足学校实际，着眼未来发展，积极发挥人才、科技和智力等综合优势，谋划推进多项重大举措，努力成为科学城建设的战略部队。**加快建设超瞬态实验大科学装置**，力争纳入“十四五”国家重大科技基础设施重点建设项目，在前沿研究领域和经济主战场核心技术实现突破，提升科学城在国际上的科技竞争力。**高质量打造重庆大学科学中心**，将 3 个国家重点实验室和 6 个国家级科研平台在科学城集中建设、改造升级，聚集人才、平台、技术等创新要素，建设科学城的核心阵地。**加强基础研究和公共平台建设**，突出“从 0 到 1”的原创性基础研究，加快推进“大物理”“大生命”“泛信息”等高水平公共平台建设，为科学城基础研究和前瞻性探索提供通用性共享平台。**继续深化与华为、中铝、中科院等大型企业、科研院所合作**，共建国家技术创新中心等实体研究机构，助力科学城创新资源汇聚。

（三）全面落实立德树人根本任务

不断加强人才培养综合能力建设，着力培养德智体美劳全面发展的社会主义建设者和接班人。**继续深入实施《重庆大学本科教育 2029 行动计划》，着力打造一流本科教育**。创新本科人才培养管理和服务体系，加快成立本科生院并试点运行。持续推进大类招生及大类培养改革，除少量特殊专业外，将现有招生培养大类再进一步整合为土建类、工程类、中外合作培养类、电气信息类、理学类、管理与经济类、人文社科类、建筑学类（五年制）等八个大类。建设优质课程资源，打造优秀课程团队，着力构建高水平通识教育体系。稳步推进并落实“强基计划”，坚持国际化、个性化、小班制，加强多学院协同培养，力争化学、生物、人文等更多基础学科专业进入强基计划。面向基础学科前沿、国家重大工程、未来技术创新等方面人才需求，持续深化弘深学院试点改革。**深入学习贯彻全国研究生教育会议精神，着力打造卓越研究生教育**。筹备召开全校研究生教育会议，加强改革创新，推动内涵发展，全面提升研究生教育质量。研究制订学位授权点动态调整管理办法，修订研究生招生资格及指标分配办法，优化研究生培养结构。制订研究生导师岗位管理办法，实施直博生专项计划、工程博士项目制招收培养计划及本硕博贯通培养试点，加强专业学位实践基地和联合培养基地建设，加大研究生国际化培养力度，深化研究生培养改革。修订学位授予标准，制订研究生分流淘汰管理办法和研究生创新奖管理办法，加强学位评定分委员会建设，开展专业学位水平评估，强化研究生质量保障。

（四）加快构建一流学科发展生态

对照教育部《第五轮学科评估工作方案》，加强工作统筹与分类指导，认真做好学校各学科迎评工作。坚持以评促建、以评促升，注重通过参加学科评估，客观总结阶段性进展，查找结构性短板，呈现优势与不足，助力学科内部治理能力提升。按照“强化工科、夯实理科、振兴文科、繁荣社科、拓展医科、提升信科”的总体发展思路，加快构建相互支撑、协同发展的一流学科生态。不断创新学科发展机制，持续加大传统工科的现代化更新改造力度。加大人才引进力度，加快基础医学、临床医学本科专业和博士点建设，继续高起点推进医学学科加快发展。全面实施《基础文科振兴行动计划》《基础理科卓越行动计划》，充分发挥人文学院学术咨询委员会作用，积极支持理学部开展综合改革试点，推动基础文科、基础理科水平快速提升。全面融入重庆数字经济发展，加快筹建智能制造研究院、智慧能源研究院、智能肿瘤学国际研究院等更多跨学科交叉研究平台，培育新的学科增长点。

（五）持续增强科研创新实力与服务能力

深入学习贯彻习近平总书记在科学家座谈会上的重要讲话精神，坚持“四个面向”，积极推动科研“走出去”，主动深化与国家相关部委、地方政府、国防及大型企业的合作交流，聚焦国家地方重大战略需求、科学前沿问题和“卡脖子”核心技术等，加强谋划、全面参与、组织攻关，着力**建设大平台、承担大项目、培育大团队、产出大成果**，不断提升科研创新实力和影响力。组织实施空间太阳能无线输能、碳基芯片和“感存算能”一体化芯片、镁基储能材料、极端装备制造等先导性科学研究计划，聚焦未来科技发展变革，开展颠覆性技术创新。启动实施重庆大学“20 个关键科学问题”和“20 个卡脖子关键技术攻关”行动计划，增强前瞻性和原创性研究，提升服务国家发展战略能力。新建若干国家级重大创新基地和高端智库，聚焦长江生态保护和长江经济带绿色发展，组织策划三峡库区生态环境与安全重庆实验室，构建空、天、地、水全天候大科学研究平台；面向新型城镇化发展和智慧城市建设重大需求，申报新建“山地城镇建设与智能化国家重点实验室”；与中国科协、重庆市政府共建“新型智慧城市发展与治理研究中心”。

（六）奋力打造高素质教师队伍

继续深入实施人才强校战略，努力汇聚打造高素质教师队伍。全面贯彻落实《深化新时代教育评价改革总体方案》和《关于深化高等学校教师职称制度改革的指导意见》等最新政策文件精神，持续优化完善学校“3+7”人事人才制度体系，坚决破除“五唯”倾向，加快营造“近者悦、远者来”的人才发展环境和氛围。用足用活用好国家西部人才倾斜政策、重庆英才计划、重庆市博士后专项支持计划等政策资源，充分发挥学院、专家的引才育才主体作用和积极性，持续加大各类优秀人才尤其是青年人才的引进和培育力度，不断增强学校**未来发展潜力和可持续发展能力**。继续推动实施高层次人才和高水平团队递增计划，加快扩大国家级人才队伍规模。面向学校未来发展需要，积极探索以岗位引才育才新机制，逐步建立个性化的人才支持和服务新体系，不断提高引才的精准性和育才的成功率。

（七）着力提升国际国内合作与交流成效

坚持开门办学，不断深化对内对外开放，以高水平开放引领高质量发展。**贯彻落实学校国际化发展推进大会精神，全面实施《重庆大学国际化发展战略规划（2020—2029 年）》，加快补齐国际化发展短板**。积极争取和创造条件，着力推动建立中外合作办学机构（独立法人）。继续加强与国际高水平大学的实质性合作，实施“一院一平台、一流双平台”支持政策，加强联合培养、联合科研。加大国外留学青年教师引进和全职外籍教师聘用力度，支持师生出国（境）访学交流。打造“留学重大”品牌，加强全英文课程以及各学院、学科英文网站建设，扩大来华留学生（学历生）规模。**发挥学校综合优势，深化国内全方位合作**。主动加强与地方政府和企事业单位的合作，共建科研创新平台和机构，拓展办学空间，集聚办学资源。做细做实广大校友日常联络与服务工作。积极推动卓越大学联盟（E9）、成渝地区双城经济圈高校联盟、重庆市大学联盟等创新发展。持续做好云南绿春县、重庆开州区关面乡的定点帮扶工作和石河子大学、中南民族大学的对口支援工作。

（八）不断强化办学资源与条件保障

推进办学条件不断改善。坚持质量至上，打造百年工程，加快虎溪校区信息科研大楼、体育中心、立新北楼以及B校区风洞实验室、AB校区地下通道改造、C校区医学院改造等重点基建维修项目建设。多渠道筹措办学经费，强化预算执行与绩效评价，增强财经保障能力。加强公房管理，提高公房使用效益。加快"重大花园"二期建设。深化后勤管理服务体制改革，增强后勤保障能力。建好建强新附中新附小。继续做好文献、档案和期刊等工作。加快智慧校园建设，提升管理服务效率和水平。**切实维护校园和谐稳定**。统筹做好意识形态以及交通、食品、实验室等各项安全工作。扎实做好保密工作，严防失泄密事件发生。推动信访问题及时解决，保护师生合法权益。加大困难师生帮扶力度。不断改进离退休教职工服务工作。

（九）坚持和加强党对学校工作的全面领导

加强党的领导是做好学校各项工作的根本保证。全面加强学校党的建设，健全完善党委统一领导、党政分工合作、校院两级协调运行的决策规则和工作机制，不断提升管党治党、办学治校能力和水平。深入学习贯彻习近平新时代中国特色社会主义思想和十九届五中全会精神，组织开展好校院两级党委中心组学习和全校教职工政治理论学习，加强政治引领和价值引领，不断增进师生对党的创新理论的政治认同、思想认同、情感认同，增强"四个意识"、坚定"四个自信"、做到"两个维护"。扎实推进学校思想政治工作创新发展。继续深化"三全育人"综合改革。严格落实意识形态工作责任制，牢牢把握意识形态工作领导权。以"全国党建工作示范高校"创建和验收为契机，继续推进学校党的组织建设和本领建设，提升基层组织战斗力，增强干部队伍活力。深入实施依法治校，完善中国特色现代大学制度。抓好纪检监察和巡察工作，完成对二级党委的第一轮巡察，落实落细学校党风廉政建设各项要求。

各位代表！工会、教代会是现代大学制度建设的重要组成部分，在学校治理体系中有着重要的地位，发挥着关键的作用。学校将进一步加强工会、教代会建设，支持工会、教代会开展工作，切实为教职工办实事、解难事。

各位代表！新时代是奋斗者的时代。让我们更加紧密地团结在以习近平同志为核心的党中央周围，永葆立德树人初心，牢记为党育人、为国育才使命，主动担当作为，以更卓越的追求、更开放的视野、更实干的精神，同心同德，顽强奋斗，努力做好本职工作，共同把学校建设好、发展好，以更加优异的成绩在新的历史时期铸就"百年重大"新辉煌，向中国共产党成立100周年献礼！

谢谢大家！

在第五轮学科评估工作启动会上的讲话

张宗益

（2020 年 11 月 25 日）

各位老师，同志们：

近日，教育部学位与研究生教育发展中心（以下简称“学位中心”）公布了《第五轮学科评估工作方案》（以下简称《工作方案》），并向全国高校发出了《第五轮学科评估的邀请函》（以下简称《邀请函》），标志着全国第五轮学科评估工作正式启动。关于第五轮学科评估工作，今年以来实际上我们已在开学干部大会、院长工作例会等多个场合作过相应部署，提出过明确要求。今天，我们在这里专门召开工作启动会，对做好本轮学科评估工作进行再动员再部署，目的是进一步统一思想，明确目标，落实责任，力争取得最好的成绩。下面，我主要讲三点意见。

一、充分认识开展学科评估的重要意义

学科是大学最基本的组成单元，是大学发挥人才培养、科学研究、社会服务、文化传承与创新等各项职能的支撑平台和载体，学科水平直接反映大学综合实力和办学水平的高低。学科评估是对高校学科建设发展状况的综合评价，对学科发展具有导向作用。开展学科评估的重要意义，我们可以着重从以下两方面加以认识。

一是其重要的诊断功能。《工作方案》明确评估体系和信息服务突出诊断功能，坚持以评促建、以评促升。通过学科发展纵向分析和横向比较，总结阶段性进展，查找结构性短板，呈现优势与不足，助力学科内部治理能力提升，这是学位中心组织开展学科评估的初心使命，也是各高校积极参与学科评估的动力所在。回顾总结前四轮学科评估，从 2002 年第一轮学科评估参评 229 个单位、1 366 个学科，到 2016 年第四轮学科评估参评单位增加到 513 个、7 449 个学科，全国 94%的博士学位授予权学科参评，每轮参评学科增长率达 73.4%～78.8%，通过评估为各高校及其学科的建设“问诊把脉”，极大推动了近 20 年来我国高等教育的快速发展，较好发挥了以评促建、以评促升的功能作用。事实证明，开展学科评估，全面检验学科建设水平，系统诊断学科发展问题，客观衡量人才培养质量，有助于推动学科稳健发展，不断提升综合办学水平和人才培养质量，促进学校加快实现内涵式高质量发展。

二是其广泛的社会影响。学位中心组织开展的学科评估，经过前面四轮的实施、完善和积淀，作用不断

彰显,影响日益扩大,对促进高校学科建设起到了重要的推动作用,已逐步发展成为国内首屈一指的第三方学科评价品牌,赢得了政府、社会、高校的大力支持与高度认可。从过去的实施情况看,学科评估结果不仅深刻影响着高校自身建设的目标取向、策略举措与资源配置,也为政府推动教育改革发展,优化教育资源配置,甚至一流大学和一流学科的遴选,提供了重要的决策支撑。评估过程社会积极参与、评估结果向大众公布,不但让评估更加科学、客观和公正,同时也成为社会了解和认识高校重要窗口,直接影响高校的优质生源吸引、人才引进以及科研与教育资源的开拓。近日,中共中央、国务院印发了《深化新时代教育评价改革总体方案》(以下简称《总体方案》),对学科评估提出了明确要求,第一次将学科评估工作纳入党中央和国务院关注视野,充分体现了党和国家对学科评估工作的高度重视,同时也确立了学科评估工作在新时代高等教育体系中的重要地位和作用,学科评估及评估结果的影响和作用也将更加凸显、更加深远。尤其是学位中心此次发布的《工作方案》经教育部第三十三次部党组会议审议通过,从某种意义上看,学科评估的组织主体,从学位中心上升至教育部,足见本轮学科评估的重要性、权威性和影响力都将达到空前的高度。加之,随国家和区域高质量发展对高等教育的需求日益迫切和强烈,第五轮学科评估无疑将受到各级政府乃至全社会更为广泛的关注。

为此,我们要进一步统一认识,积极参评,并全力争取好的成绩。要充分发挥学科评估的功能作用,通过评估,展示成绩、增强信心,检视不足、改进工作,深化改革、创新发展,持续推动学科优化调整,加快打造一流学科发展生态,更好支撑中国特色世界一流大学建设。

二、准确把握本轮学科评估的改革导向

党的十八大以来,以习近平同志为核心的党中央高度重视教育评价工作。习近平总书记在全国教育大会上强调,“要健全立德树人落实机制,扭转不科学的教育评价导向,坚决克服唯分数、唯升学、唯文凭、唯论文、唯帽子的顽瘴痼疾,从根本上解决教育评价指挥棒问题”;在教育文化卫生体育领域专家代表座谈会上发表重要讲话指出,“要抓好深化新时代教育评价改革总体方案出台和落实落地,构建符合中国实际、具有世界水平的评价体系”。中共中央、国务院日前印发的《总体方案》,既是指导深化新时代教育评价改革的纲领性文件,也是新中国第一个关于教育评价系统性改革的文件,具有重大的时代意义、理论意义、实践意义和历史意义。《总体方案》明确强调,要改进学科评估,强化人才培养中心地位,淡化论文收录数、引用率、奖项数等数量指标,突出学科特色、质量和贡献,纠正片面以学术头衔评价学术水平的做法,教师成果严格按署名单位认定、不随人走。

第五轮学科评估以习近平新时代中国特色社会主义思想为指导,全面贯彻《总体方案》精神,积极响应新时代特征,结合我国高等教育实际,坚持继承创新、与时俱进,按照“改革结果评价、强化过程评价、探索增值评价、健全综合评价”要求,在深入总结前面四轮学科评估经验基础上,作了很多改革和完善。学位中心负责人以答记者问的形式就相关情况作了全面介绍,有关专家学者也对学位中心印发的《工作方案》作了深度解读。梳理概括起来,主要体现在以下十个方面:**一是**进一步落实立德树人根本任务;**二是**进一步破除

“五唯”顽瘴痼疾；**三是**进一步强化师德与师能相统一；**四是**进一步突出质量、贡献和特色；**五是**进一步强化分类评价；**六是**进一步完善中国特色哲学社会科学学科评价体系；**七是**进一步提升评估信息可靠性；**八是**进一步提高专家评议质量和评价科学性；**九是**进一步完善结果发布方式；**十是**进一步强化评估诊断功能。

在评估指标体系设计上，坚持以“立德树人成效”为根本标准，贯穿于评价全方位、全过程。对“人才培养质量”评估，注重从“思想政治教育成效”“培养过程质量”“在校生质量”“毕业生质量”四个维度，强化“五性”评价。**一是方向性**。把思想政治教育放在人才培养首位，把德智体美劳全面发展贯穿于评价在校生和毕业生始终。**二是系统性**。将人才培养过程与培养成效相结合、在学质量与毕业质量相结合、总体情况与代表性成果相结合，系统评价育人效果和人才培养质量。**三是过程性**。加强人才培养过程评价，重点考察教材体系、课程体系、教学体系及国际交流学习等方面情况，突出科学研究等对人才培养的支撑作用。**四是成长性**。考察学生在学期间思想水平、政治觉悟、道德品质、文化素养等方面的成长度，以及科研训练对学生学术道德和科研能力的提升度。**五是多元性**。探索多元评价方法，在同行专家评价基础上，对学生和用人单位开展大规模问卷调查，推进人才培养质量评价的“供给侧”与“需求侧”有机结合。

对“师资队伍与资源”评估，强化教师教书育人首要职责评价导向，增加了师德师风建设成效指标，加强对师德师风和教书育人的考核，将教授为本科生上课和指导研究生情况作为重要观测点，并关注骨干教师在本单位工作年限和授课情况，引导教师潜心教学、全心育人，扭转“重科研轻教学”等忽视人才培养的不良倾向。不设置人才“帽子”指标，不唯学历和职称。不设置专任教师规模指标，强调师资队伍建设质量和结构优化，特别是将青年教师的成长作为重要的观测点，突出师资队伍建设成效。

对“科学研究水平”评估，强化对科研成效进行多维度评价，不唯论文和奖项，不设置发表论文数、出版专著数、申请专利数等指标，淡化论文收录数和引用率，不将SCI、ESI相关指标作为直接判断依据，突出标志性学术成果的创新质量和学术贡献，着力扭转“SCI至上”风气。设置“代表性学术著作”“专利转化”“新药研发”等指标，突出科研成果转化应用导向，强化学科对国家、区域重大战略需求和经济社会发展的实际贡献，哲学社会科学学科更加强调发挥文化传承创新与智库作用，自然科学学科更加强调科技成果转化应用与解决关键核心技术问题。

对“社会服务与学科声誉”评估，加大了社会服务“案例”权重，由4个案例增加为6个案例，并根据学科分类丰富了“案例”内涵。加强了同行评价和国际评价，首次在教育学、心理学、考古学、工商管理、音乐与舞蹈学、设计学等哲学社会科学学科设置学科“国际声誉”指标，邀请境外专家开展学科声誉调查。

与此同时，本轮评估更加注重分类评价，既考虑共性标准，也兼顾自然科学、哲学社会科学不同学科门类特点，在统一的指标体系框架下，按一级学科分别设置了99套指标体系，充分展现各高校办学定位、学科优势和特色，引导并推动高校更加关注学科特色和内涵建设，避免出现和加剧“千校一面”的情况。

可以看出，第五轮学科评估相较于前四轮评估，呈现出许多新变化、新特点、新要求。我们要在工作推进过程中，加强对《工作方案》和指标体系的培训阐释、学习研讨，准确把握此轮评估的改革导向，深刻理解每个指标的实质内涵，按要求认真做好各项参评准备工作，确保评估作用发挥得更好。

三、全力做好本轮学科评估的参评工作

做好本轮学科评估的参评工作，事关学校办学声誉和未来发展，影响广泛，意义深远，责任重大。学校多次组织召开专题研讨会就有关问题进行专题研究，并根据学位中心公布的《总体方案》和发出的《邀请函》，制订了《全国第五轮学科评估重庆大学参评工作实施方案》（以下简称《实施方案》），全校上下要立即行动，按照《实施方案》狠抓落实，做好参评各项准备工作。借此机会，我着重就以下几个方面的问题再作一下说明和强调。

一是关于参评范围。学位中心《邀请函》中明确提出，第五轮学科评估对满足参评条件的学科采取"取足参评条件的学科的规则，要求同一学科门类须同时参评；理学、工学门类须同时参评；可授予多个门类学位的学科，所涉及门类须同时参评。这样的规则主要是汲取过去经验，避免一些学校对参评学科进行临时的整合。根据该规则要求，并结合学校实际，决定经济学、法学、教育学、文学、理学、工学、医学、管理学等 9 个门类的 45 个一级学科参加本轮学科评估，具体名单详见学校的《实施方案》附件一。

二是关于目标任务。第四轮学科评估以来，学校学科建设取得了显著成效，工程学、材料科学先后进入 ESI 世界前 1‰学科（从 0 个增至 2 个），进入 ESI 世界前 1%的学科从 3 个增至 11 个（昨天 ESI 更新的最新数据显示，我校社会科学总论首次进入 ESI 世界前 1%行列）；冶金、仪器、矿业、机械、土木、交通运输等 6 个学科进入软科世界一流学科排名前 50 名（列全国第 18 位）。本轮学科评估，我们要在全面客观真实反映近年来学科建设成效基础上，力争更多的学科获得优秀学科（A-及以上）评估等级，确保实现有 A 或 A+学科的突破。学校将以此轮学科评估为契机，加快建立完善相应激励机制和政策，对在此轮评估中获得 A-及以上的学科及其相关支持学科进行奖励，鼓励各参评学科主动争优创优，积极支持学科生态优化和交叉融合。

三是关于工作重点。正如我在第二部分所讲，第五轮学科评估立足新时代，作了很多改革和完善。在此轮评估准备中，我们的工作重点就是要聚焦在这些改革和完善的地方，针对每一学科的评估指标体系，加快总结典型性、代表性和特色性的成果与素材，凝练学科特色，挖掘学科优势，全面展示学科实力，尽最大努力完善和提高评估材料质量。同时，务必充分汲取上一轮学科评估结果呈现出来的"在校学生、毕业生和用人单位满意度调查指标得分均低于同类高校、同类学科和本地区高校平均值，甚至低于学科自身整体水平"这一深刻教训，认真做好"校内学生调查"和"毕业学生及用人单位调查"相关工作。此项工作学校早已部署，但从目前反馈的各学院工作情况看，此项工作的推进情况仍然十分不理想，个别学院并未真正重视，分管校领导和相关职能部门要深入各学院加强工作指导与督查检查，切实压实学院责任，共同抓好此项工作。

四是关于进度安排。学位中心发出的《邀请函》对此轮学科评估有关材料报送时间作了明确规定，要求各参评单位必须在 2021 年 1 月 15 日前登录评估系统完成评估材料、问卷调查对象信息和境外同行专家信息的报送工作。学校的《实施方案》根据这一时间节点，倒排工期，明确任务和程序，对评估材料的编制工作

作了详细安排，各参评学科必须严格按照有关时限要求，一轮一轮扎实做好评估材料编制，确保最终提交材料的质量。

五是关于责任落实。为做好此次评估工作，学校的《实施方案》对学科评估领导小组、学科评估工作小组、学科评估工作办公室三级组织体系的成员和职责进行了明确，要切实发挥好各组织机构的职能作用，形成工作合力，认真抓实抓细参评各项准备工作。**各位校领导**要结合分管工作，带头全面参与。整个评估工作由王时龙副校长分管，研究生院牵头，发规处（双一流办）协助配合具体组织实施，务必集中精力，全力以赴。**各职能部门**要加强服务，全力配合，主动支持。**各学院**是学科建设与人才培养的主体，评估工作的最终成效很大程度上取决于各学院的工作情况，学院院长、书记要切实承担起第一责任人的责任，必须亲自组织亲自协调，加强工作研究，组建工作专班，明确任务要求，按照学校统一部署，认真做好参评学科评估材料编制工作。**全体教师、学生**既是评估对象，也是评估工作重要的参与者，要增强主人翁意识，自觉以强烈的集体荣誉感、责任感积极参与评估工作。总之，学科评估内容涵盖人才培养、科学研究、社会服务、文化传承、国际交流等学校办学的方方面面，是对学校综合实力和育人水平的全面评价，同时涉及全校师生、广大校友和用人单位。只有全校上下牢固树立“一盘棋”的思想，各尽其责，广泛参与，通力协作，才能保证工作稳妥有序推进，才会确保取得最好成绩。

老师们、同志们：

第四轮学科评估以来，在教育部和重庆市委、市政府的指导支持下，在全校干部师生的共同努力下，经过“双一流”首轮建设，我们的学科发展、人才培养、队伍建设、科学研究、国际合作与交流等各项事业均取得了显著进步，为建设世界一流大学奠定了更加坚实的基础，学校发展已经进入新的历史阶段。开展学科评估既是对过去五年学校学科建设总体水平和阶段性进展的全面检视，也是下一步更好推进学校“双一流”内涵建设、特色建设、高质量建设的重要抓手。我们务必充分认识做好学科评估工作对学校事业发展的极端重要性，切实将思想和行动统一到学校对本轮学科评估工作的总体部署上来，坚持以评促改、以评促建、以评促升，凝心聚力、团结协作，扎实做好参评各项准备工作，全面展示学科建设成绩，力争取得评估最好效果，推动学校学科建设整体水平和办学综合实力不断提升，努力为建设高等教育强国，实现中华民族伟大复兴中国梦作出“重大”贡献。

谢谢大家！

（二）年度工作要点与总结

中共重庆大学委员会　重庆大学2020年工作要点

学校工作总体要求：高举中国特色社会主义伟大旗帜，以习近平新时代中国特色社会主义思想为指导，深入贯彻党的十九大和十九届二中、三中和四中全会精神，深入学习贯彻习近平总书记关于教育的重要论述和全国教育大会、学校思想政治理论课教师座谈会精神，按照“五位一体”总体布局和“四个全面”战略布局，增强“四个意识”，坚定“四个自信”，做到“两个维护”，坚持稳中求进工作总基调，坚持高质量发展，坚持和完善党对学校工作的全面领导，深入推进世界一流大学内涵建设，落实立德树人根本任务，提高高质量人才培养能力，加强治理体系现代化建设，深入实施“奋进之笔”，办好人民满意的大学，为决胜全面建成小康社会、实现“两个一百年”奋斗目标作出应有贡献。

一、坚持和完善党对学校工作的全面领导

1.持续深入学习贯彻习近平新时代中国特色社会主义思想及党的十九届四中全会精神

问题描述：学以致用、学用结合还不够，在学懂弄通做实方面有待进一步加强，效果有待进一步深化。

目标任务：进一步学懂弄通做实习近平新时代中国特色社会主义思想，引导广大师生树牢“四个意识”，坚定“四个自信”，坚决做到“两个维护”。

工作措施：持续抓好校院两级党委理论学习中心组学习，将习近平新时代中国特色社会主义思想作为重点学习内容，在学深悟透上下狠功夫，在真学真懂上求实效。完善学习教育、研究阐释、理论普及等方面制度机制，建设和用好“学习强国”学习平台，推出一批高质量、有深度、有分量的理论研究成果，着力强化理论武装、教育师生、指导实践，为学校内涵式发展提供坚强思想保证和强大精神动力。

责任单位：党办、宣传部。

2.全面贯彻落实党委领导下的校长负责制

问题描述：党委统一领导、党政分工合作、协调运行的工作机制有待进一步完善，对议决事项的督查、评估和反馈机制还不够健全。

目标任务：充分发挥学校党委领导核心作用，把方向、管大局、作决策、抓班子、带队伍、保落实，切实履行管党治党、办学治校主体责任 。

工作措施：学校党委切实履行管党治党、办学治校主体责任，坚决落实中央决策部署，持续完善学校领导体制和运行体制，推动管党治党和办学治校紧密融合。认真落实意识形态工作责任制。健全和完善学校党委以及各二级党组织在工作中总揽全局、协调各方的工作机制。加强对党委常委会会议、校长办公会议议决事项的执行、监督、问责追责及执行情况报告。加强学校领导班子自身建设，加强党建带团建，充分发

挥党外代表人士、教职工代表大会及工会等组织作用。

责任单位:党办、校办。

3.不折不扣落实立德树人根本任务

问题描述:立德树人、教书育人的意识需进一步增强。

目标任务:全面推进“三全育人”综合改革。

工作措施:深入贯彻落实《新时代爱国主义教育实施纲要》,加强思政工作队伍建设,持续推进习近平新时代中国特色社会主义思想进教材进课堂进头脑。深化“三全育人”综合改革,全面构建“十大育人”工作体系,积极推进“六大育人阵地”建设和虎溪校区示范区建设,积极做好综合改革试点验收工作。完善师德师风建设长效机制。持续推动“高校思想政治工作创新中心”建设。加强学生体育、美育和劳动教育,充分发挥学生社团育人功能。以第二批全国文明校园创建工作为牵引广泛开展文明校园创建工作。

责任单位:党办、校办、宣传部、“十大育人”工作体系建设牵头单位、“六大育人阵地”建设牵头单位、虎溪党工委、虎溪管委会。

4.持续加强党的组织建设和干部队伍建设

问题描述:“不忘初心、牢记使命”制度化建设有待进一步加强,干部队伍适应新时代、实现新目标、落实新部署的能力有待进一步提升。

目标任务:建立“不忘初心、牢记使命”主题教育制度,推动党建工作规范化、制度化,提高干部队伍建设质量。

工作措施:深入实施“对标争先”建设计划,做好全国党建工作“示范高校”“标杆学院”“样板支部”的创建验收工作,抓好智慧党建云平台建设,完善“双带头人”培育和作用发挥机制。建立和完善“不忘初心、牢记使命”主题教育制度。贯彻落实激励广大干部新时代新担当新作为的实施意见,加强中层领导班子和干部队伍建设,完善干部担当作为激励机制,持续推进优秀年轻干部工作,全面落实党员干部教育培训规划,增强干部队伍活力,建设高素质专业化干部队伍。

责任单位:组织部。

5.积极推进学校全面从严治党向纵深发展

问题描述:“两个责任”压实不够,“四风”问题禁而未绝,巡视整改仍需深化,校内巡察推进力度需要加大。

目标任务:推动“两个责任”贯通协同、形成合力、一体落实,促进全面从严治党向纵深发展、向基层延伸,持续正风肃纪,建设良好政治生态。

工作措施:严格执行《重庆大学深化落实全面从严治党责任清单》,进一步压实“两个责任”。加强政治监督,建立完善配套的政治监督工作机制。紧盯“关键少数”和“重点领域”做实日常监督,抓好廉政风险防控,切实规范制约权力运行。巩固拓展作风建设成效,锲而不舍落实中央八项规定及其实施细则精神,持续发力纠治师生身边作风和微腐败问题。持续深化巡视整改落实工作，开展巡视整改“回头看”。加大校内巡察力度，压实工作责任，推进巡察同步整改。

责任单位：党办、纪委办、巡察办。

二、加强世界一流大学顶层设计

1.总结“十三五”启动“十四五”规划编制

问题描述：“十三五”规划实施情况需要系统总结，“十四五”规划编制工作需要及时启动。

目标任务：结合“十三五”总结，启动学校“十四五”规划编制工作，推动落实把学校相关发展项目纳入重庆市“十四五”规划。

工作措施：在“双一流”建设中期自评及整改的基础上，做好“十三五”总结评估工作。加强规划研究，分析研判高等教育事业发展的阶段性特征、面临的机遇和挑战，开展重大问题咨询论证，启动“十四五”规划编制工作。坚持统筹协调，加强与国家、区域、行业规划的对接，积极推进相应的体制机制改革，积极推动把学校相关发展项目纳入重庆市“十四五”规划，大力促进“双一流”建设和全面发展。

责任单位：发规处、双一流办。

2.稳步推进“双一流”内涵建设

问题描述：学科有高原、缺高峰，缺乏支撑培养引领未来和具备国际竞争力的学科。

目标任务：五类重点项目（学科群、水平提升、跨学科合作、新兴学科培育、学科公共服务平台）建设取得预期进展，有效发挥示范带动作用。全力推动校级学科公共平台谋划建设。

工作措施：持续推进“双一流”重点建设项目实施，做好“双一流”建设监测指标体系填报工作，做好“双一流”建设方案与学校发展规划的衔接。加快谋划大物理、大生命、大土木、泛信息、泛智造等领域校级公共平台构建，为学科和教师的发展提供强有力支撑。

责任单位：发规处、双一流办。

3.继续推进学科布局调整

问题描述：理科、基础文科、医科等基础相对薄弱，学科发展不平衡、不充分的矛盾突出。学科学院小、散的状况没明显改变，支撑国家急需、产业转型升级、区域发展的新兴学科和交叉学科较为缺乏。

目标任务：坚持“对标一流、追求卓越、服务发展、引领未来”的发展理念，着力建设相互支撑、交叉融合、协同发展的一流学科体系。

工作措施：深入研判学科发展新趋势和未来国家重大布局，前瞻性把握学科专业“卡脖子”与“不可替代”的战略关系，整合强化一流学科高地，大力加强理科、基础文科、医科建设，推进“人工智能”学科建设，优化调整学科布局。做好学科参评规划，迎接全国第五轮学科评估。

责任单位：发规处、双一流办、研究生院。

三、提高高质量人才培养能力

1.进一步深化本科教育教学改革

问题描述:本科人才培养模式需要从专业教育逐步向通专融合过渡,以学生成长与发展为中心的理念应贯穿于人才培养的全过程。

目标任务:稳步构建中国特色、重大风格的一流本科教育体系。

工作措施:举办全校在线教学经验交流会,推进线上线下混合式教学、研究性教学改革。持续开展和全面推进课程思政。开展图书馆和档案文化服务于本科教育教学的改革。扎实做好基础学科招生改革试点(强基计划)工作,与基础学科拔尖人才培养有机衔接。成立本科生院,进一步深入推进本科大类招生及大类培养模式改革。加强校地、校企合作,筹备成立学生创新中心(X-CENTER)。实施《重庆大学关于加强本科生体育工作的实施办法》。落实《重庆大学切实加强新时代学校美育工作实施方案(试行)》。积极构建体现时代特征的本科学生劳动教育体系。

责任单位:教务处、图书馆、档案馆、体育学院、校团委。

2.加强本科教育教学内涵建设

问题描述:课程建设、专业建设和师资队伍建设的水平尚不能满足一流本科人才培养的需要。

目标任务:实施专业评估及动态调整,深入推进一流课程建设,建好建强一流专业,持续提升人才培养质量。

工作措施:制订本科专业设置及动态调整管理办法,建立校内的专业评估及动态调整机制。做好 2020 年国家级一流本科专业建设点的申报工作。以专业核心课程群、学科交叉课程、通识课程、荣誉课程和经典传承课堂五大类课程建设为抓手,全面推进国家级一流本科专业建设点的建设工作。鼓励教改成果和科研成果融入教材和教案,不断修订和完善教材,积极做好申报新一轮国家级规划教材的准备。

责任单位:教务处。

3.优化学位授权点与人才培养结构

问题描述:学位授权点与研究生人才培养结构尚不能完全适应经济社会发展需求和学校“双一流”建设要求。

目标任务:动态调整优化学位授权点,自主增列国家急需学科、新兴交叉学科(含二级)学位授权点,建立健全与经济社会发展相适应的学位授权点动态调整机制。

工作措施:自主增列 2 个博士学位授权点、3~5 个新兴交叉学科硕士学位授权点,动态调整 2~4 个硕士学位授权点,不断优化学位授权点结构。坚持质量和需求导向,制定学位授权点动态调整管理办法。修订博士、硕士研究生招生指标分配办法,进一步优化研究生人才培养类型和层次结构。

责任单位:研究生院。

4.深化研究生培养体制机制改革

问题描述：培养体系传统，开放不足。培养模式单一，交叉不够。学术型和专业型研究生培养区分度不够，研究生国际化经历占比不高。培养质量保证体系与新时代研究生教育形势不相适应。

目标任务：构建优质高效开放的研究生教育体系，加强研究生知识创新能力和实践创新能力培养。统筹研究生教育外部质量监督评价和内部质量管理体系建设，提升研究生培养质量。

工作措施：筹备召开学校研究生教育大会。创新研究生招生宣传机制和优质生源吸引政策。完善科教融合、产教融合育人机制，持续开展专业学位研究生培养模式改革。开展本—博课程贯通培养试点。加大研究生国际化培养力度。组织开展专业学位水平评估。加强研究生培养质量监控，制订博士研究生分流管理办法，设立“重庆大学研究生创新奖”。完善学位论文质量评价制度，修订学位授予标准和实施细则。

责任单位：研究生院。

5.全力推进毕业生就业工作

问题描述：受全球新冠肺炎疫情等因素叠加影响，2020届毕业生就业形势严峻，就业工作面临巨大压力。

目标任务：稳定就业率，优化就业结构，实现更高质量更充分就业。

工作措施：积极应对疫情对就业工作的冲击，确保“招聘工作不打烊、指导咨询不掉线、管理服务不断线”。成立学校就业工作领导小组，压实学院主体责任。学院及多部门联动主动对接国家战略需求，拓宽就业渠道，努力为毕业生提供更多的优质岗位。设立科研助理或辅助人员岗位支持毕业生短期就业，组织好“选调生”“三支一扶”“西部计划”等基层项目招聘及征兵工作。逐步健全就业质量反馈，完善招生—培养—就业联动机制。

责任单位：职就中心、学工部、研工部、校团委、教务处、研究生院、科发院。

四、提升关键领域科研创新能力

1.做好科技创新系统谋划

问题描述：新时代高校科技发展面临新形势和新要求，学科科技工作抓住新的发展机遇、换思路换打法、谋划新作为的意识和能力有待进一步增强。

目标任务：准确研判高校科技创新工作的发展态势，分析学校面临的形势和挑战，明确学校未来科技发展路线和路径。

工作措施：编制学校“十四五”科技发展规划，提出科技工作总体发展目标与思路、发展任务、发展路径等。召开学校科技工作大会，深入研讨，厘清下一步工作思路和工作部署。

责任单位：科发院、社科处、前沿院、产研院、国防院、科技园办。

2.着力提升原始创新能力

问题描述：学科发展不平衡，学院发展不充分。基础研究薄弱，学科交叉融合不够。研究标志性成果少，尤其缺少“从 0 到 1”的基础研究。

目标任务：推进学校科技创新体系内涵建设，强化基础前沿原始创新，鼓励“从 0 到 1”基础研究，力争在“无人区”“最前沿”培育重大原创成果。

工作措施：继续深化科研体制和评价改革，激发学院和科研人员积极性，完善制度体系，优化政策措施。全面推动“1+5”科技创新体系内涵建设。继续实施“基础研究珠峰计划”，促进学科交叉，推动理工结合、医工融合和文理渗透。优化创新氛围，继续实施科技后备拔尖人才、创新团队、高水平成果、重大项目等培育。布局 1~2 个新的前沿交叉研究中心，加快超瞬态物质科学实验装置培育建设，力争进入国家“十四五”规划。完善重点实验室管理体制和运行机制，推进国家重点实验室良性运行，做好新增教育部重点实验室培育申报。

责任单位：科发院、前沿院。

3.加强校地校企科技合作

问题描述：科学研究服务地方经济建设的成效还不够显著，服务范围有待拓宽，服务力度有待加强。联合企业开展科技攻关、实现关键技术突破的能力需要提升。

目标任务：围绕国家和地方战略发展规划，优化校地、校企科研合作模式，协调组织优势科研力量，创建各类综合及专项新型科研机构，深入开展科技创新合作。

工作措施：抓住“西部陆海新通道”“成渝地区双城经济圈”等重大战略发展需求，深化与高新区、沙坪坝区、璧山区等合作，重点推进产业技术研究院、国际联合研究院、璧山先进技术研究院、超算中心、人工智能研究院等联合研究平台建设。完善联合共建体制机制，借力地方和企业资源，拓展科研发展空间，提升解决关键技术的能力，为经济社会发展提供新动能和智力支持。

责任单位：科发院、前沿院、国防院。

4.大力提升人文社科创新能力

问题描述：科研平台建设水平不高，咨政服务能力不足，重大项目竞争力不够，原创标志性成果缺乏，基础研究薄弱。

目标任务：坚持“卓越研究、社会引领、国际影响”核心追求，加强科研核心竞争力建设，支撑人文社科高质量发展。

工作措施：推动“一院一平台”建设，形成平台、学科、人才“三位一体”发展格局。推动文科与理工科交叉融合，培育学术竞争力新增长点。加强国家级项目培育和组织申报。强化智库建设统筹，持续培育高端智库，提升咨政服务能力。推动标志性成果培育，抓好新一届重庆市社科奖申报组织。加强对习近平新时代中国特色社会主义思想原创性学理化学科化研究阐释，提升基础文科研究能力。推动高水平学术队伍建设。

责任单位：社科处、发规处、双一流办、人事处、计财处、房管处。

5.优化人文社科科研组织管理

问题描述:高水平、有组织的科研和管理服务能力有待进一步加强,良好的学术生态尚未形成。

目标任务:全面提升科研谋划和组织服务能力,建设良好学术生态,推动人文社科高质量发展。

工作措施:进一步优化完善科研评价。加强科研管理队伍建设,提升科研管理过程组织和知识服务能力水平。完善科研管理组织架构,增强科研管理资源配置。鼓励潜心学术,提倡团队合作,促进科研育人,推动文化传承创新,形成良好学术生态。

责任单位:社科处、人事处、相关学部。

6.推进一流学术期刊培育和建设

问题描述:学术期刊总体规模偏小,办刊质量有待进一步提升。国际化专业学术期刊偏少,具有国内国际影响力的期刊偏少。

目标任务:以打造一流学术期刊为目标,加强高起点英文期刊培育和高水平中文期刊建设,打造具有国际影响力、业界公认的重要期刊和品牌期刊,提高学术期刊的国内国际话语权。

工作措施:推动实施高水平学术期刊培育资助计划。推动校内中外文期刊在科研评价中同质等效。支持和鼓励校内学术团队创办更多能代表国际学术前沿、填补国内空白的高水平中英文新刊。探索期刊规模化、集约化发展路径,推动期刊质量稳步提高、办刊规模适度增长。加强办刊队伍建设,拓展学术服务功能。

责任单位:社科处、期刊社、人事处、科发院、计财处。

五、抓好人才队伍建设

1.优化引才工作机制

问题描述:高层次人才偏少,青年人才储备不足。缺乏快速响应的全面引才机制,引才效率仍有待提高。

目标任务:大幅提升高层次人才比例,特别是争取青千申报数和入选数有重大突破。加强青年人才储备,稳步实现人才倍增。

工作措施:探索建立包含人才“发现、响应、跟踪、评价、监督”等人才引进全过程的工作机制,形成完整的引才工作链条。充分发挥学院和专家引才主体作用,实施学校主要负责人与学院主要负责人人才引进谈话机制。实施引进按过程奖励机制,激发人才引进的积极性。采取线上线下相结合的方式,积极组织开展各种形式的人才招聘,确保每月一场招聘会。继续办好海内外优秀青年学者论坛。

责任单位:人事处。

2.改革人才评价机制

问题描述:国家近期先后出台一系列关于人才评价的改革文件,学校的相关人才评价文件需要调整。

目标任务:建立体现国家最新文件精神的人才评价制度,健全分类评价体系,完善人才长效发展机制。

工作措施:健全分类评价体系、同行评价制度、代表作制度,建立评审专家评价信誉制度,优化三级学术评价机制。围绕“长江学者”等国家和重庆市重点人才计划,开展重点人才的培育、申报以及后续评审支持工作,根据不同人才计划的特点,提前谋划,力争2020年人才工作取得更好实效。启动“弘深青年学者计划”校内遴选工作,形成人才蓄水池。

责任单位:人事处、教务处、研究生院、科发院、社科处。

3.完善绩效工资体系

问题描述:国家近期先后出台系列文件对资源分配提出新要求,绩效工资中的资源分配和考核评价机制有待进一步完善。

目标任务:优化资源分配体系,完善考核评价机制。

工作措施:修订《重庆大学绩效工资实施办法》的任务指标体系。推进落实《重庆大学年薪制教师管理办法》,推动年薪制体系与绩效工资体系的有机融合,强化学院的用人主体责任,规范年薪制教师聘期工作任务和绩效奖励,优化“百人计划”年薪制教师管理。

责任单位:人事处、教务处、研究生院、科发院、社科处。

六、深化拓展国际国内交流与合作

1.着力推动国际化内涵发展

问题描述:国际化战略意识需提升,发展方向与路径需明确和创新,中长期学生交流项目需增加,国际化工作机制与体系有待进一步完善,师生和管理队伍的国际交流能力需要大力提升。

目标任务:完善国际合作交流工作机制,激发学院的主体作用,主动拓展对外开放空间,增强管理队伍的国际化素质和能力。

工作措施:召开国际化工作会议,出台国际化发展规划(2020—2025年)(暂定)和加快推进学院国际合作交流的指导意见。强化以我为主、全面开放,拓展交流合作的国家和地区。强化国际合作与一流学科发展的紧密结合。推进与美国辛辛那提大学、乌克兰国立航空大学等合作办学项目。健全国际合作交流工作体制机制,明确工作职责。加强学生外语能力与跨文化交流能力培养,持续推进学生海外访学与深造。加强管理队伍海外培训。筹备设立外事服务中心,加强国际交流信息化建设。

责任单位:国际处、组织部、教务处、研究生院、科发院、社科处、职就中心、外语学院。

2.积极稳妥做好中国港澳台地区工作

问题描述:因多种因素影响,与中国港澳台地区的校际合作、师生交流和学术交流均受到较大程度的影响。高层次、实质性合作交流项目和品牌项目需进一步扩大和深化。

目标任务:在国家政策的指导下尽快恢复师生交流,积极开展实质性合作与交流,打造新的品牌项目。

工作措施:密切关注中国港澳台地区的局势与动态,准确把握国家政策,积极做好涉中国港澳台地区师生相关工作。积极深化与中国港澳台地区高校、台湾优久大学联盟的交流和实质性合作。

责任单位:港澳台办、教务处、研究生院、人事处。

3.高质量推进来华留学工作

问题描述:学位生规模需要扩大,生源结构有待优化。奖学金类别有待拓展。留学生教育管理与服务有待规范与提升。

目标任务:拓宽招生宣传渠道和生源地,加大对欧美发达国家和东欧国家的招生宣传力度。完善奖学金资助制度。理顺留学生教育管理体制机制。

工作措施:创新招生机制,加大与学院协同力度。加强全英文课程与专业的建设,开展校企合作培养模式。强化留学生归口管理职能,推动留学生趋同化管理,改善留学生生活条件,提升服务质量。

责任单位:国际学院、教务处、研究生院、后勤处、国合办、校友办。

4.加强定点扶贫和校地校企校友工作

问题描述:定点扶贫、对口支援工作特色还需凝练,校地校企合作需要突出重点,校友工作需创新深化。

目标任务:高质量完成定点扶贫和对口支援工作任务。在与地方政府合作上力争实现重点突破,创新校友联络与服务工作方法,有效拓展办学空间。

工作措施:创新教育科技扶贫帮扶模式,多措并举,形成教育科技帮扶特色,决战决胜脱贫攻坚。有计划、有重点地推进校地合作以及与国有大型重点企业、科研院所精准对接,力争实现校地合作重点突破。坚持以服务求发展,积极融入成渝地区双城经济圈建设,落实学校服务重庆市“3+8”行动方案,助推重庆经济社会高质量发展。建立健全校院两级校友工作体系,充分发挥校友力量全方位服务学校发展,逐步建立服务校友的信息系统。

责任单位:国合办、校友办、基金会秘书处、继教学院、网络学院。

七、增强财经保障和内控建设

1.实施预算绩效管理改革

问题描述:理财意识、成本意识、绩效意识有待加强,资金使用效益有待提高。关于预算绩效管理的要求落实不到位。

目标任务:学校预算收支全面纳入绩效管理,实现学校及各单位整体预算绩效和重要资金项目的绩效管理。

工作措施:构建事前、事中、事后全过程预算绩效管理体系。建立健全绩效评价指标体系和评价标准。优化预算体制机制、强化预算评估论证,提高项目资金预算的科学性。加强预算绩效监控,保证资金执行合法合规以及国拨专项资金的执行进度。开展基于业财融合的预算绩效综合分析评价、建立激励约束机制,落实绩效评价结果的应用。

责任单位:计财处、发规处、双一流办。

2.加大内部审计监督力度

问题描述:依法依规开展经济活动的意识和能力需进一步提高,审计发现问题整改机制尚需加强。

目标任务:深入推进审计全覆盖,积极拓展审计监督广度和深度;促进完善内部控制,加强风险防控;继续大力推进审计结果运用,全面履行审计监督职责。

工作措施:围绕学校"双一流"建设等重点领域和重点资金,组织实施专项资金绩效审计。针对内部控制薄弱环节,开展专项内部控制审计。加强工程建设全过程跟踪审计,推进建设工程投资评审工作的开展。加强审计与纪检、巡查、组织人事等部门的沟通协作,建立结果共用机制。

责任单位:审计处。

3.基本完成校办企业体制改革

问题描述:根据教育部财政部有关文件规定,校办企业体制改革工作应于 2021 年 6 月 30 日前基本完成。

目标任务:2020 年 12 月 31 日前,完成 15 家企业(含分支机构)的清理关闭和 1 家企业的脱钩剥离,持续推进其他难度较大的企业体制改革。

工作措施:制订《重庆大学所属企业体制改革方案》,明确改革方式、路径、时间节点、保障措施等,报教育部、财政部审批后实施。

责任单位:资产公司。

八、加强校园建设管理与条件保障

1.加强校园基本条件建设

问题描述:基建项目较多,专业管理人员不足。规划调整及电力增容工作需要地方支持配合。基建信息化管理手段薄弱。

目标任务:做好 2021 年改善基本办学条件基建项目申报工作。采取多种方式引进专业管理人员。建设基建信息化管理平台。

工作措施:启动编制"十四五"基本建设规划。争取教育部对改善基本办学条件项目的更大支持。争取重庆市财政支持,积极跟进国重实验室建设项目。推进信息技术科研楼、体育中心、AB 校区地下通道等 32 个基建项目建设管理。从学院、设计院、监理公司等单位引进工作负责、技术能力强的专业人员。积极与地方政府联系协调,争取得到更大支持。推进基建信息化管理平台的建设,在信息技术科研楼、体育中心项目建设智慧工地。

责任单位:基建处、发规处、双一流办、计财处、审计处、后勤处、房管处。

2.提高后勤服务保障能力

问题描述:后勤服务质量和水平与学校"双一流"建设不相适应,内部管理和流程需要进一步完善和优化。

目标任务:继续推进学校后勤管理体制改革。完成附中、附小办学调整工作。

工作措施:优化后勤工作流程,制定服务标准,提高保障服务效率。完善后勤保障激励机制,提高后勤保障的有效性。加强与沙区相关职能部门及西大附中协调沟通，做好附中、附小办学调整工作。

责任单位：后勤处、党办、校办、校工会。

3.加强学校房地产管理

问题描述："重大花园"一期 C、D 栋及危房避险搬迁工作需要加快推进。公有房屋房地产权证办理存在诸多困难。

目标任务：根据"重大花园"一期 C、D 栋住户安置及申购选房方案，完成 181 套住房的住户搬迁安置工作。完成 235 栋学校公有房屋联合审批及其土地、房屋测绘工作，确保 2020 年取得绝大部分公有房屋产权证。

工作措施：加快落实《"重大花园"二期工程所涉部分公有住房住户安置及申购选房方案》，补充完善《柏树林 54 号、69 号及六栋 D 级危房中福利分配房住户调整安置方案》，研究制订柏树林 54 号、69 号及六栋 D 级危房中的午休房住户调整安置方案和部分公有住房住户搬离工作方案。推进公有房屋房地产权证办理落实到位。

责任单位：房管处、资产公司、基建处、保卫部（处）、后勤处、社区办、国资办、虎溪管委会、校办、离退休处、校工会。

4.建设平安宜居和谐校园

问题描述：学校安全稳定工作存在薄弱环节，安全意识和安全责任落实还不完全到位。实验室技术安全体系建设及水平有待进一步提升。部分老旧住宅消防设施不完善。离退休服务管理工作效率有待提高。

目标任务：继续深化校园安全稳定综合防控体系建设。持续完善和落实实验室技术安全责任体系，顺利通过教育部 2020 年实验室安全检查与评估。推进住宅区的消防设施改造及完善。推动离退休服务管理精准化。

工作措施：加强校园综合治理及周边治安秩序治理，深化立体化安全稳定综合防控体系建设。完善实验室危险化学品与安全管理及应急物资配备，完善实验室安全管理制度建设。推进校园内社区消防设施改造及完善。继续推进老旧住宅增设电梯工作。建成离退休工作信息系统，提高服务管理工作效率。

责任单位：保卫部（处）、实设处、社区办、虎溪管委会、离退休处。

5.推进"智慧校园""智慧图书馆"和档案文化建设

问题描述："信息孤岛"现象依然存在。智慧图书馆主动服务一流学科建设意识还不够。档案文化建设还需要进一步加强。

目标任务：落实教育信息化 2.0 行动计划，推进"智慧校园"建设。完善和拓展智慧图书馆的功能。加强档案文化建设，展示学校深厚文化底蕴。

工作措施：推进教育大数据建设，进一步加强网上服务大厅的应用，加强移动 OA 功能开发和完善。持续推进业务信息化建设，促进信息化与教育教学、管理服务深度融合。完善"图书馆运行大数据中心"建设与服务，完善“+馆藏”系统，完善“双一流”学科文献资源，构建动态学术情报监控系统。形成线上线下相辅相成的档案文化宣传教育平台。

责任单位：信息化办、图书馆、档案馆。

6.打赢新冠肺炎疫情防控阻击战

问题描述：新冠肺炎疫情防控工作任务艰巨。

目标任务：做好新冠肺炎疫情防控工作，打赢防控阻击战。提高医疗与公共卫生服务能力。

工作措施：按照中央、教育部、重庆市关于统筹推进新冠肺炎疫情防控和经济社会发展工作部署，做好学生开学返校工作，建立完善常态化疫情防控机制，落实疫情防控指南各项要求，结合学校实际制定防护措施和应急预案，提升校园疫情防控和应对能力。继续规范化开展社区卫生服务工作，持续推进医疗服务质量与水平提高。

责任单位：疫情防控工作领导小组各工作组、校医院。

7.推进治理体系和治理能力建设

问题描述：综合统筹协调机制不够完善，有关综合事务的管理有待进一步规范。重要事项办理有时不能得到及时有效落实。校内信访工作责任不明晰。全员保密意识有待进一步提升。

目标任务：健全学校综合统筹协调机制。进一步完善有关综合事务管理的制度和办事流程。理顺信访工作机制。确保不发生失泄密事件。

工作措施：进一步强化党委办公室、校长办公室统筹协调和牵头抓总作用。加强督查督办力量，提高执行力和落实力，保证政令畅通。强化督查督办结果在二级单位考核和干部选拔中的应用。研究制定信访工作责任制实施细则。持续推进规章制度“废改立”。加强日常保密教育和监督检查，加快推进学校保密工作体系建设。

责任单位：党办、校办（信访办、法制办）、保密办。

中共重庆大学委员会　重庆大学2020年工作总结

2020年是极不平凡的一年。这一年，世纪疫情和百年变局交织，重庆大学坚持以习近平新时代中国特色社会主义思想为指导，深入贯彻党的十九大和十九届二中、三中、四中、五中全会精神，认真落实习近平总书记关于教育的重要论述和全国教育大会精神，坚持和完善党对学校工作的全面领导，统筹疫情防控和学校事业发展，落实立德树人根本任务，深入推进"双一流"建设，加强治理体系现代化建设，学校事业发展呈现良好新局面。

一、持续加强党的建设，党的全面领导贯穿办学治校、教书育人全过程

(一)持之以恒加强党的政治建设

坚持把政治建设摆在首位，推动《关于加强高校党的政治建设的若干措施》任务分解、责任落实。在疫情防控、脱贫攻坚、"六稳六保"等重大任务前，靠前指挥、统筹协调，进一步增强"四个意识"，坚定"四个自信"，做到"两个维护"。统筹发展和稳定，坚持总体国家安全观，全面落实意识形态工作责任制，筑牢保密工作防线。坚决落实党委领导下的校长负责制，严格贯彻民主集中制，修订完善学校"三重一大"决策实施办法，严格执行议事规则。加强统战、群团工作，发挥桥梁纽带作用，加强教职工思想政治引领，切实履行参政议政、民主管理、监督保障职责，凝聚人心、汇聚力量。校领导班子成员主动加强思想淬炼、政治历练和实践锻炼，精诚团结、配合密切，不断提高解决实际问题能力。

(二)扎实推进思想政治工作

把学习贯彻习近平新时代中国特色社会主义思想作为首要议题，持续抓好校院两级党委理论学习中心组学习，"学习强国"平台学习覆盖率达99%。扎实开展十九届五中精神学习教育，校领导带头宣讲，宣讲团深入师生全覆盖宣讲，切实加强爱国主义、"四史"、抗疫精神教育，精心组织校院两级开学典礼和毕业典礼。加快构建思想政治工作体系，持续推进"三全育人"综合改革，积极打造具有学校特色的教室、实验室、图书馆、宿舍、食堂、场馆六大育人阵地和综合改革示范区(虎溪校区)，持续推动教育部"高校思想政治工作创新中心"建设，成功创建"全国文明校园"。按照1∶350比例落实了思政课教师编制，加强辅导员和班导师队伍建设。加强师德师风建设，健全教书育人荣誉表彰体系，举行师德楷模报告会等，强化教师法治和纪律教育。

(三)贯彻党的组织建设要求

深入实施"对标争先"建设计划，学校党委通过首批全国"党建工作示范高校"培育创建验收，10个党组织入选重庆市党建工作"双创"培育创建名单。推动学院完善"三重一大"决策制度、党委会会议和党政联席

会议议事规则，抓好“三会一课”、主题党日等基本组织生活制度执行与落实，抓好二级党组织书记抓基层党建述职评议考核。分类开展党员干部教育培训，建成党建信息化平台。加强干部队伍建设，优化“选育用管”全链条，抓好干部监督管理。深化群团改革和社团规范管理。

（四）进一步压实“两个责任”

严格贯彻落实《党委（党组）落实全面从严治党主体责任规定》，完善全面从严治党责任清单。完成纪委机构改革，加强政治监督，做实日常监督。主动对标巡视工作新要求，常态化推进巡视整改“回头看”。修订制订巡察工作办法、巡察成果运用办法，印发共性问题清单，全年分 3 轮对 16 个二级党组织开展巡察，完成 2 轮集中整改工作。校领导班子身体力行、以上率下，带头执行中央八项规定精神，持续发力纠治“四风”问题，密切联系群众，着力解决师生最关心最直接最现实的利益问题，推动各项政策和决策在重庆大学落地生根。

二、坚决扛起政治责任，抓好疫情防控、脱贫攻坚和服务成渝地区双城经济圈建设

（一）贯彻落实疫情防控要求

始终把师生员工生命安全和身体健康放在首位，牢牢守住校园疫情防控“安全线”。第一时间成立防控工作领导小组，第一时间向全校上下发出“动员令”，第一时间统筹各方力量、统一协调疫情防控工作，圆满完成了“战疫”大考，持续抓好常态化防控。疫情最严重时，坚持“停课不停学、停课不停教”；形势持续向好后，最大程度恢复教育教学秩序，96%本科生和 92%全日制研究生在 5 月份安全返校复课；同时，坚持育心与育德相促进，引导学生尽快调整好重大疫情环境下的生活方式，帮助解决实际问题。在抗疫斗争中，学校及附属医院多个党组织和个人获党中央、国务院和重庆市委、市政府表彰。

（二）认真落实精准扶贫任务

贯彻落实教育部党组对定点扶贫工作的部署要求，每两周专题研讨定点扶贫工作，每周召开定点扶贫工作调度会。班子成员多次带队走访调研定点扶贫地区，落实结对帮扶工作，定点扶贫责任六项指标任务平均完成率超 400%，助力云南绿春县实现脱贫摘帽。同时，做好重庆开州关面乡、沙坪坝区青木关镇帮扶工作，接续推进巩固拓展脱贫攻坚成果同乡村振兴有效衔接。中央电视台《焦点访谈》专题报道学校对口帮扶举措，这是该栏目首次报道高校定点扶贫工作。“五帮五促”案例获评教育部十大典型项目，学校获评教育部农校对接精准扶贫采购十佳单位。

（三）深度融入成渝地区双城经济圈建设

凝聚思想共识，加强顶层设计，瞄准“两中心两地”建设需求和学科前沿，立足学校百年基业，谋划完善校区功能定位，推进重庆市政府通过地方债筹措资金 26 亿元，专项支持“重庆大学科学中心”等建设；超瞬态实验装置取得实质性进展，重庆市正式批复预研可行性立项，批复经费 3.48 亿元，建设用地 150 亩，预研建设有序推进，力争纳入国家重大科技基础设施中长期规划重点项目。与四川成都、眉山、遂宁、广安开展合作，牵头成立“成渝地区双城经济圈高校联盟”，着力提高关键领域原始创新、自主创新能力和社会影响力。

三、加强一流大学顶层设计，“双一流”内涵建设稳步推进

（一）科学编制“十四五”规划

认真贯彻落实中共中央关于制定“十四五”规划和二〇三五年远景目标的建议，认真总结“十三五”规划实施和建设情况，分析研判“十四五”阶段性特征、面临的机遇和挑战，有序推进“十四五”规划编制，目前已形成“1+10+X+Y”系列规划初稿。积极推动重庆市委、市政府将学校发展纳入全市“十四五”规划。

（二）推进“双一流”内涵建设

深入实施一流大学建设方案，重点建设项目实施滚动推进，学科群建设计划、学科水平提升计划、公共平台建设计划有序推进；多功能风洞实验室、交通基础设施振动与防灾实验系统、神经智能研究中心等学科重点建设项目立项实施。完成“双一流”建设周期总结和动态监测，经校外专家咨询评议，学校“双一流”建设全面达成预期目标和成效。同时，在大物理、大生命、泛信息等领域超前谋划和前瞻布局高水平创新平台，已纳入科学城建设项目。

（三）继续推进学科布局调整

深入研判学科发展趋势和未来国家重大布局，着力优化学科生态，制订实施《基础文科振兴行动计划》和《基础理科卓越行动计划》，补齐基础学科发展短板。高起点推进医学学科发展，三峡中心医院正式划转为直属附属医院。大力支持学科交叉，成立人工智能研究院、智慧城市研究院，推进筹建智能制造研究院、智慧能源研究院、智能肿瘤学国际研究院等。组织开展第五轮学科评估，45 个一级学科参评。学科整体实力进一步提升，ESI 前 1%学科数达到 12 个，前 1‰学科数达到 2 个，学校排名第 552 位，较前一年同期提升 115 位。

四、落实立德树人根本任务，人才培养能力进一步提高

（一）深化本科教育教学改革

推进“以学生为中心”的研究性学习教学探索，成立本科生院，深化大类招生及大类培养。成立学生交叉创新中心、明月湖—重庆大学科创中心，积极探索新工科人才培养新模式。扎实做好基础学科招生改革试点，数学与应用数学、物理学专业获批招生 90 人。2020 级本科新生录取 6 471 名，生源质量稳中有升，平均录取分理科高出一本线 113 分、文科高出一本线 80 分。扎实推进线上线下混合式教学改革，推动课程思政改革，强化课程育人，获批市级课程思政专项教改项目 8 项，立项校级“三进”专题建设项目 54 项。强化科教融合，推进创新创业教育，入选国务院办公厅颁发的全国大众创业万众创新示范基地，获准立项教育部产教协同育人项目等各类教改项目 145 项，获省级以上奖项共计 1 081 项，其中国际一等奖以上奖项 12 项、国家级一等奖以上奖项 52 项。

（二）强化本科教育教学内涵建设

积极推动专业建设、课程建设和师资队伍建设，新增新工科专业 3 个、基础学科专业 1 个（化学）、第二学士学位专业 4 个，撤销专业 10 个。完成工程造价、建筑学、计算机科学与技术、软件工程、机械制造设计及

其自动化5个专业的专业评估或工程教育专业认证。申报成功教育部第二批新工科项目5个。30门课程入选首批国家级一流本科课程，立项建设在线课程136门，立项专业核心课程群、学科交叉课程、通识课程、荣誉课程、经典传承课堂五大类课程53项和线上线下混合式课程建设项目50项。学校教师担任第一主编的10种教材被重庆市推荐参评国家优秀教材。开展在线教学培训辅导，教育部网站进行了宣传报道。

（三）推进学位授权点动态调整

开展学位授权自主审核，增列药学、外国语言文学博士学位授权一级学科，设置应急管理博士学位授权二级学科，撤销1个博士学位授权二级学科、2个硕士学位授权一级学科。金融、应用统计等16个专业学位类别（领域）参加专业学位水平评估。2020年录取研究生6 408人，其中博士研究生961人（学术型761人、工程200人）、硕士研究生5 447人（全日制学硕2 420人、全日制专硕1 977人、非全日制1 050人），硕士推免生同比增长21.1%。

（四）深化研究生培养体制机制改革

贯彻落实全国研究生教育会议精神，制订新版专业学位研究生培养方案，新增课程286门，2门课程入选国家级优质案例库。修订学术学位研究生培养方案54个，制订硕博贯通培养方案35个。启动重点课程和全英文精品课程建设，建成33个国际研究生全英文授课专业。博士学位授予数连续第四年超过500人。加强创新实践能力培养，新增联合培养基地17个，奖励资助创新实践项目397项、科研创新项目150项，获学科竞赛省部级以上奖励203项。健全质量管理机制，加大学位论文抽检力度，完善研究生教育质量保障体系。

（五）全力推进毕业生就业

全面落实党中央、国务院“稳就业”“保就业”决策部署，持续面向国防军工、大型央企等重要领域开拓就业市场，组织开展“选调生”“三支一扶”“西部计划”等基层项目招聘及征兵工作。学校首次入选中央部委选调生推荐高校，选调生人数同比增长近80%。设立科研助理或辅助人员岗位支持毕业生短期就业。3人通过留基委考核赴国际组织实习。开展暖心精准帮扶，残疾人毕业生全部实现就业，经济困难、湖北籍、非全日制非定向研究生就业率高于全校平均水平。2020届应届毕业生就业率94.73%，较2019届提高1.6个百分点。

五、不断完善科研治理体系，关键领域科研创新能力显著提升

（一）深化科研评价机制改革

落实科研领域“放管服”改革，克服“五唯”倾向，优化完善成果分类分级体系，积极调动科研人员积极性和创造性。制订修订专利工作管理办法、促进科技成果转化管理办法等规章制度，构建全流程、专业化、社会化的知识产权服务和成果转移转化体系。建立一体化科研诚信管理体系，积极营造弘扬科学家精神和优良校风学风的浓厚氛围。

（二）加强创新体系内涵建设

坚持科技自立自强，着力构建以“基础研究、技术创新、工程实践、成果转化、产业培育”创新全链条为纵轴，以基地平台、科研项目、人才团队等科研核心要素为横轴的矩阵式科技创新组织管理模式。全面实施基础研究珠峰计划、重大项目成果人才培育计划、重点研究基地构筑计划、军民融合发展行动计划，加强先导性布局和培育。科技工作取得多项新突破，首次获批国家野外科学观测研究站；首次建设大科学装置；首次获得国家自然科学基金重大项目资助；时隔7年，再次获得国家自然科学基金创新研究群体资助；时隔9年，再次荣获何梁何利科技奖；成功获批“高等学校科技成果转化和技术转移基地”和“国家知识产权示范高校”，成果转化合同金额7 632.67万元。

全校科研经费达到23亿元，自然科学类科研项目经费首次突破10亿元（达到10.53亿元），较2019年增长32.3%，其中牵头获批千万元以上重大项目11项。获批国家自然科学基金282项（其中重大项目1项、重点项目11项），较2019年增长17%，获批项目数和经费数均创历史新高。发表高水平论文5 340篇，以通讯单位在*Nature*正刊上发表论文。获权发明专利1 038件，较2019年增长25.2%。获国家科学技术奖2项、高等学校科学研究优秀成果奖3项。获第二届全国创新争先奖，获批1个科技部重点领域创新团队。新增深空探测省部共建协同创新中心等平台，三峡库区生态环境教育部重点实验室和工业CT无损检测教育部工程研究中心顺利通过评估。推动大型仪器设备校、院两级共享平台建设，在科技部共享评价考核中排名较2019年上升15名。

（三）培育和支持高水准人文社科研究

坚持“卓越研究、社会引领、国际影响”发展方针，大力提升人文社科创新发展能力，“社会科学总论”首次进入ESI世界前1%，取得历史性突破。加快高端智库建设，与中国科协、重庆市政府、四川大学共建“城市化与区域创新极发展研究中心”，与重庆市委人才领导小组共建“重庆人才发展研究院”，成功举办“2020智博会·第二届中国地方政府治理高层论坛”。持续支持人文社科科研平台建设，重点支持基础原创性理论研究和后期资助项目研究，资助金额1 100万元。

人文社科全年新增国家级项目52项，到校科研经费首次突破1亿元（达到1.1亿元），同比增长35.8%；国家社科基金各类项目连续3年保持在30项以上，其中年度项目数量位列“双一流”高校第17名、全国第23名，首次获得国家社科基金重大研究专项和冷门绝学研究专项。全年发表高质量A刊论文95篇（同比增长61%），SSCI/A & HCI论文137篇（同比增长14.2%）。获教育部第八届高等学校科学研究优秀成果奖（人文社科）二等奖2项、三等奖1项，取得历届最好成绩；获省部级社科类优秀成果奖25项。

（四）实施期刊培育资助计划

积极培育打造一流学术期刊，《镁合金学报（英文）》影响因子上升至全球同类期刊第2位，入选首批“中国科技期刊卓越行动计划”领军期刊（仅22种）；《纳米材料科学（英文）》入选DOAJ、INSPEC等国际数据库。《重庆大学学报社会科学版》影响因子位居全国637种综合性人文社科期刊第8位。《重庆大学学报》

《土木与环境工程学报(中英文)》获评"2020 年度中国高校百佳科技期刊",《纳米材料科学(英文)》《西部人居环境学刊》获评"2020 年度中国高校优秀科技期刊"。

六、扎实抓好师资队伍建设，人才引育工作成效显著

(一)优化人才引育工作机制

深入实施人才强校战略,探索建立"发现、响应、跟踪、评价、监督"全过程引才工作机制,选聘 12 位海外引才专员,持续扩大引才宣传。大力推进"云端招聘",2020 年共引进教师 236 人,其中"弘深杰出学者"3 人、"弘深优秀学者"2 人、"弘深青年学者"12 人,正高 5 人、副教授 32 人、青年教师 38 人,弘深青年教师 142 人。各类国家级人才逐年快速增加,2020 年增加 29 人(2018 年增加 11 人、2019 年增加 18 人),青年人才储备稳步倍增(国家级青年人才增加 22 人)。获批重庆市"英才计划"创新创业示范团队 2 个、重庆市高校哲学社会科学协同创新团队 5 个。

(二)改革完善人才评价机制

贯彻落实《深化新时代教育评价改革总体方案》,优化三级学术评价机制,完善人才长效发展机制。清理在人才评价、绩效工资等工作中与论文简单直接挂钩的规定,并在职称评聘中进行评价改革试点。进一步完善人事工作制度体系,制订修订专业技术岗位分级聘用、教职工在职攻读(申请)博士学位、外籍教职工聘任和管理、教职工奖励等制度文件。招聘到岗 21 名事业编制管理人员。29 个博士后流动站参加了人社部组织的综合评估,取得了 3 个"优秀"、17 个"良好"的成绩。

七、深化拓展对外交流合作，学校声誉和影响力日益提升

(一)制定实施国际化十年规划

召开国际化发展推进大会,发布《重庆大学国际化发展规划(2020—2029 年)》和《关于加快推进学院国际合作交流指导意见》,稳步推进合作交流。线上线下结合推进与国(境)外高校实质性合作,与英国华威大学等 17 个国(境)外高校或联盟新签 25 份合作协议,积极与美国辛辛那提大学对接机构申报,开拓英国伦敦国王学院等新合作伙伴。新增无人系统智能控制与自主协同引智基地,输变电设备与系统安全创新引智基地入选"111 计划"2.0。推动人才培养,为强基计划专业定制剑桥大学数学专业和牛津大学物理专业网络课程,近 1 400 人次通过出国(境)学习深造遴选。主办承办 4 场国际会议。

(二)推进来华留学高质量发展

全年新招收长期留学生 362 人,其中学历生 185 人。获批中国政府奖学金招生名额 39 个,获批教育部专项奖学金招生名额 245 个。近 200 名境外留学生参加了 166 门线上课程学习。加强全英文课程与专业建设和中英文通识课程建设,获批教育部国际中文教育研究青年课题 1 项。9 名留学生在第四届来华留学生征文暨短视频大赛中获奖,3 名留学生获评教育部"优秀来华留学生"。稳步推进孔子学院转隶工作。

(三)加强校地校企校友工作

拓展校地合作,与南京市共建"南京研究院",与溧阳市共建"智慧城市研究院(溧阳)",与中科院所属

院所开展紧密合作。主动服务重庆发展，与市政府共建“长江生态环境学院”，与万州开展全面战略合作，与沙坪坝共建“环重庆大学创新生态圈”、国际联合研究院，与沙坪坝、高新区、华为公司共建超算中心，与璧山区共建璧山先进技术研究院，建设国际首个无线输能大型综合实验基地；在武隆区建设气球平台微波垂直传能试验验证平台等。大力实施“头部企业工程”，与中核集团、中国航天等大型龙头企业共建科技创新平台或新型高端研发机构。多渠道开展社会筹资捐赠工作，2020年全口径筹资再次超过1亿元。实施“互联网+校友工作”计划，在疫情最严重时，校友捐赠口罩、防护服等物资，为学校疫情防控发挥了积极作用。作为卓越大学联盟轮值主席高校，深化盟校合作。

八、全面加强办学条件建设，办学资源需求得到支撑保障

（一）加强财经管理和内控建设

在中央财政拨款数次压减、收入大幅下降的情况下，全年经费总收入达46.55亿元，优先保障教职工工资福利支出和“双一流”等重点建设经费，有力保障了学校建设发展。树立过“紧日子”思想，机关部处日常运行经费统一压减20%。智能财务系统建成运行。加大审计监督力度，促进审计结果利用，试点开展学院绩效评价。全年开展审计项目380项，审计总金额94.50亿元，获评“全国内部审计先进集体”。有序推进校办企业体制改革、规范企业发展，校办企业资产总额达20.58亿元，同比增加9.20%；实现营业收入5.35亿元，同比增加1.90%。

（二）提升校园建设与管理水平

谋划调整完善校区功能布局，推进西部（重庆）科学城重大科学基础设施虎溪项目建设。获得教育部年度基建经费拨款9 473万元、教育部改善基本办学条件专项经费1.002 6亿元。A校区立体停车库、虎溪校区博士生公寓2个项目竣工验收投入使用；完成B校区游泳池、C校区医学科研楼等6个项目的维修改造；开工建设虎溪校区信息技术科研楼、虎溪校区体育馆等7个项目；有序推进A校区九教、B校区材料楼等项目建设。修订《重庆大学基本建设管理办法》等，实现附中与重庆七中、附小与育英小学联合办学，完成1万余平方米公房调配，全面完成虎溪校区房地产权证办理工作，办理老校区住宅产权证746套，有序推进重大花园一期工程C、D栋项目建设。

（三）建设“平安校园”“智慧校园”“和谐校园”

牢固树立总体国家安全观，制订安全管理规定，修订消防安全管理办法，健全立体化安全稳定综合防控体系，确保校园总体安全。持续完善实验室技术安全责任体系。拆除违法建筑2 300平方米，松林坡92号等7个单元陆续启动电梯增设工程。修订《在职教职工大病资助基金管理办法》，加大资助力度。高度重视离退休工作，充分发挥老同志作用，加大困难老同志帮扶力度，落实走访慰问制度，发放健康疗养费，全年慰问离退休人员8 500余人次。落实教育信息化2.0行动计划，基本实现5G信号校园全覆盖，网上服务大厅新上线合同审核、档案投递等46个应用服务，电子印章全面上线使用。大力加强一流学科文献资源保障，持续推动“立德树人”展览馆建设，打造“德行的力量”档案文化品牌，发挥档案文化宣传教育作用。

（四）推进治理体系和治理能力建设

推进教授治学，完成校学术委员会及分委员会换届工作。实施民主管理，进一步完善党委常委会和校长办公会前置程序，确保决策科学民主；加强党务公开和信息公开，强化重要事项督办落实，保证政令畅通。完善内部治理结构，加强规范化管理和培训，提高机关管理服务水平。推进依法治校，结合《中华人民共和国民法典》颁布实施，开展法治宣传教育；完善师生申诉制度，实现学生零申诉。完成第七次全国人口普查工作。

2021 年是中国共产党成立 100 周年，也是“十四五”开局之年。站在“两个一百年”的历史交会点上，重庆大学将继续坚持以习近平新时代中国特色社会主义思想为指导，落实立德树人根本任务，加快“双一流”内涵建设、特色建设、高质量建设，着力提升整体办学水平，奋力为实现科技自立自强、推动高质量发展、构建新发展格局做出新的更大贡献，以更加优异的成绩向建党 100 周年献礼。

机构设置及负责人

学校党政领导及有关负责人

党委书记	舒立春
校　　长	张宗益
党委副书记、纪委书记	陶举虎
党委副书记	张宗益　王　旭
副 校 长	孟卫东　明　炬　刘汉龙　王时龙　廖瑞金
党委常委	舒立春　张宗益　孟卫东　明　炬　陶举虎　王　旭 刘汉龙　王时龙　廖瑞金　李学静　冯业栋　胡学斌
校长助理	夏之宁
副总会计师	孟卫东

管理服务机构

党委办公室	主　　任	冯业栋
	副 主 任	陈　林　关　慧
（保密委员会办公室）	专职副主任	张建平
校长办公室	主　　任	饶劲松
	副 主 任	蒋华林　崔志强　杨国梁　肖俊夫（三月任）
（信访工作办公室）	主　　任	崔志强（兼）
（法律与制度管理办公室）	主　　任	陶孟欢（副处级）
党委组织部	部　　长	李学静
	副 部 长	胡显芝　王宇红（兼）
（党委党校）	校　　长	张宗益
	副 校 长	李学静（兼）　彭守建
	校党委副处级组织员	魏群义

党委宣传部	部　　长	胡学斌
	副 部 长	周　辉　李阳模(三月免)　郑恒毅
		徐方正(三月任)
(党委教师工作部)	部　　长	胡学斌(兼)
	副 部 长	彭述娟
(校史办)	主　　任	王　琰
党委统战部	部　　长	李学静
	常务副部长	高扬元
	副 部 长	黄　萍
纪　委	副 书 记	夏玉峰　何　栎(十二月任)
纪委办(监察处)	主任(处长)	夏玉峰
	正处级纪检监察员	何　栎(十二月免)
	副主任(副处长)	奉　飞　李　利
(党委巡察办)	主　任	何　栎
党委学生工作部(学生处、武装部)		
	部长(处长)	陈　科
	副部长(副处长)	蒋研川　胡小华　吴　昊　韦迎春
(心理健康教育与咨询中心)		
	主　　任	吕　敏(副处级)
党委研究生工作部	部　　长	陈　东
	副 部 长	陈大勇(三月免)　林鉴军(三月任)
党委保卫部(处)	部长(处长)	尹国华
	副部长(副处长)	姚渝春　崔晓奎　王　伟
(政治稳定办公室)	主　　任	贺　兵(副处级)
机关党委	书　　记	郭兴明
	副 书 记	何　栎(兼)
	纪委书记	何　栎(兼)
虎溪校区党工委	书　　记	吴丙山
	副 书 记	韦迎春
	纪工委书记	韦迎春
工会	主　　席	张宗益(兼)

	常务副主席	黄世荣(十二月免)　张　军(十二月任)
	副 主 席	陈跃英　于新党
团委	书　　记	李成祥
	副 书 记	姚　璐　陈　洁
发展规划处	处　　长	蔡珍红
	副 处 长	谭　进
(“双一流”建设办公室)	主　　任	蔡珍红(兼)
	副 主 任	郭劲松
人事处	处　　长	邓绍江
	副 处 长	胡雪松　廖　冰　阳　春　田　辉
(人才引进办公室)	主　　任	阳　春(兼,副处级)
教务处	处　　长	李正良
	副 处 长	李　楠　袁云松　张永祥　罗远新
(招生办公室)	主　　任	张永祥(兼)
(教师教学发展中心)	主　　任	李正良(兼)
	副 主 任	付红桥　黄　璐
科学技术发展研究院	院　　长	明　炬(兼,十一月免)　朱才朝(十一月任)
	常务副院长	朱才朝(十一月免)
	副 院 长	王开成　许　果　杨永齐　谢卫东
科协秘书处	秘 书 长	刘敢新(副处级)
前沿交叉学科研究院	院　　长	明　炬(兼,十一月免)　朱才朝(十一月任)
	行政副院长	康治平
(超瞬态物质科学实验装置项目建设办公室)		
	副 主 任	唐红琴(副处级)
国防科学技术研究院	院　　长	谢更新
	副 院 长	熊　辉　杨小俊
教育部深空探测联合研究中心重庆大学工作办公室		
	主　　任	谢更新
	副 主 任	熊　辉　杨小俊
社会科学研究处	处　　长	袁文全
	副 处 长	张　蕾

期刊社	社　　长	袁文全(兼)
	副 社 长	游　滨　曾　忠
研究生院	院　　长	李英民
	副 院 长	陈　东　刘京诚　谢昭明
(招生办公室)	主　　任	何德忠(副处级)
(学位办公室)	主　　任	谢昭明(兼,六月免)
(培养办公室)	主　　任	刘京诚(兼,六月免)
(研究生工作办公室)	主　　任	陈大勇(兼,三月免)
国际合作与交流处	处　　长	许　骏
	副 处 长	叶　蕾　高　翔
计划财务处	处　　长	冉茂盛
	副 处 长	陈　茸　杨　涛　辛清泉
(国有资产管理办公室)	主　　任	冉茂盛(兼)
	副 主 任	陈　茸(兼)　王立新
(政府采购与招标管理中心)		
	主　　任	王立新(兼,副处级)
审计处	处　　长	冉茂盛(十一月任)
	副 处 长	何海涛　黄　英
后勤管理处	党委书记	明兴建
	党委副书记	伍百洲(六月免)　李　纾(六月任)
	纪委书记	伍百洲(六月免)　李　纾(六月任)
	处　　长	谢心灵
	副 处 长	陈泽晖　廖　琪　徐宋兵　林　勇(六月任)
(节能办)	主　　任	陈泽晖(兼)
房地产管理处	处　　长	杨正书
	副 处 长	周德里　黄　杰　杨海华
(教职工住房流转服务中心)	主　　任	杨海华(兼)
实验室及设备管理处	处　　长	张云怀
	副 处 长	何　敏　袁昌武
基建规划处	处　　长	赵　彬
	副 处 长	王俊才　聂会元　彭华明　杨　柳

离退休工作处	党委书记	王宇红
	党委副书记	何　杨
	处　　长	李永海
	副 处 长	李　纾(六月免)　贾　源　刘志成(六月任)
虎溪校区管理委员会	主　　任	夏之宁
	办公室主任	姜　林(副处级)
	学生工作办公室主任	韦迎春(副处级)
	后勤与资产管理办公室主任	陈　欣(副处级)
	网络信息中心主任	方蔚涛(副处级)
国内合作办公室、校友工作办公室		
	主　　任	胡友强
	副 主 任	任　明　雷　达　姜雪峰
工程科教战略研究中心	主　　任	李　华
	副 主 任	林　勇
图书馆	党总支书记	王　雨
	党总支副书记	李　炜
	馆　　长	杨新涯
	副 馆 长	唐孝云　李卫红
档案馆	馆　　长	杨　艳
	副 馆 长	喻　玲
信息化办公室	主　　任	唐蓉君
	副 主 任	江培术
社区工作办公室	主　　任	李艾冬
	副 主 任	蔡　军(五月去世)　伍百洲(六月任)
产业党委	书　　记	李嘉明
	副 书 记	李广治
	纪委书记	李广治
资产经营有限责任公司	董 事 长	李嘉明
	总 经 理	雷小红
	副总经理	林　勇(六月免)　曾　上(六月任)
	财务总监	彭晓东(副处级)
建筑规划设计研究总院	执行院长	钟树生(十一月免)

（经校长办公会2016年第13次会议研究，决定对重庆大学建筑设计研究院有限公司及重庆大学规划设计研究院有限公司进行整合，成立重庆大学建筑规划设计研究总院。2020年11月6日，党委常委会研究决定，自建筑规划设计研究总院成立时，苟基佐、周智伟担任的建筑设计研究院副院长，周茜担任的城市规划与设计研究院常务副院长职务在新机构成立时自然免除。）

（2020年11月6日，党委常委会研究决定，钟树生、赵宇、吴传明、苟基佐、周智伟、周茜自2020年11月起不再作为学校处级干部。）

出版社	党总支书记	柏子康
	社　　长	饶帮华
	总　　编	陈晓阳
	副 社 长	柏子康（兼）　石　琴
	副 总 编	马　宁
校医院	党总支书记	蒋明伦
	院　　长	张　毅
	副 院 长	蒋明伦　张亚辉　冉玖宏
教育基金会秘书处	秘 书 长	张　军（十二月免）　许　骏（十二月任）
	副秘书长	何荣山
大学科技园办公室	主　　任	李　林
	副 主 任	王永宁
学生职业发展与就业指导中心		
	主　　任	张红春
	副 主 任	刘卫红　孙江林
继续教育学院	党委书记	黄世荣（同时任应用技术学院党委书记）
	党委副书记	李兴国（同时任应用技术学院党委副书记）
	纪委书记	李兴国（同时任应用技术学院纪委书记）
	院　　长	罗晓梅
	副 院 长	冯清平（同时任应用技术学院副院长）　岳　军
		周　斌（同时任应用技术学院副院长）　廖元亮
网络教育学院	院　　长	杨成云
	副 院 长	张　忠
（东西部高校课程共享联盟秘书处）		
	副秘书长	朱正伟

教学科研机构

人文学部	副 主 任	蔡珍红(兼)
	综合办公室主任	曹跃群(副处级)
外国语学院	党委书记	欧　玲
	党委副书记	魏世平
	纪委书记	魏世平
	院　　长	彭　静
	副 院 长	李小辉　范定洪　杨小虎
艺术学院	党委书记	张承康
	党委副书记	王　琦
	纪委书记	王　琦
	院　　长	雒三桂
	副 院 长	陈　燕　夏进军　张楠木
体育学院	党委书记	邱荣富
	党委副书记	李　永
	纪委书记	李　永
	院　　长	许定国
	副 院 长	落云柯　潘建华
美视电影学院	党委书记	李阳模
	党委副书记	赵　华
	纪委书记	赵　华
	院　　长	张国立
	副 院 长	杨尚鸿　马　欣
国际学院	副 院 长	黎　静(主持工作)　江　燕(十二月免)　陈　颖　董平荣(十二月任)
弘深学院	院　　长	唐胜利
	副 院 长	张　雄
博雅学院	党委书记	曾佐伶

	院　　长	廖瑞金（兼）
	党委副书记	胡　佳
	纪委书记	胡　佳
	副 院 长	李　东（十一月免）　唐　杰（十一月任）
人文社会科学高等研究院	院　　长	廖瑞金（兼）
	副 院 长	姚　飞（主持工作）　李放春
社会科学学部	主　　任	孟卫东（兼）
	副 主 任	姚树洁
	综合办公室主任	韦春霞（副处级）
公共管理学院	党委书记	张　玲
	党委副书记	袁晓浩
	纪委书记	袁晓浩
	院　　长	刘炳胜
	副 院 长	刘渝琳　张　鹏　李　志
经济与工商管理学院	党委书记	严太华
	党委副书记	张　燕
	纪委书记	张　燕
	院　　长	杨　俊
	副 院 长	但　斌　黄　河　刘　辛
新闻学院	党委书记	凌晓明
	党委副书记	郭秀荣
	纪委书记	郭秀荣
	院　　长	董天策
	副 院 长	郭小安　龙　伟
法学院	党委书记	刘西蓉
	党委副书记	刘　淳
	纪委书记	刘　淳
	院　　长	黄锡生
	副 院 长	秦　鹏　王本存　靳文辉
马克思主义学院	党委书记	罗　涤
	党委副书记	温健琳

	纪委书记	温健琳
	院　　长	张邦辉
	副 院 长	徐　鲲　吕　进
理学部	副 主 任	夏之宁(兼)
	综合办公室主任	曹　阳(副处级)
数学与统计学院	党委书记	谭英双
	党委副书记	何建华
	纪委书记	何建华
	院　　长	穆春来
	副 院 长	何传江(十一月免)　李　东　黄小军
物理学院	党委书记	韩　忠
	党委副书记	余　涛
	纪委书记	余　涛
	院　　长	吴兴刚
	副 院 长	钟小伟　吴小志　胡自翔
化学化工学院	党委书记	刘仁龙
	党委副书记	李泽全
	纪委书记	李泽全
	院　　长	魏子栋
	副 院 长	李泽全　董立春　胡宝山
生命科学学院	党委书记	卓光俊
	党委副书记	夏　松
	纪委书记	夏　松
	院　　长	李正国
	副 院 长	张　泽
工程学部	主　　任	廖瑞金(兼)
	副 主 任	胡友强(正处级)(六月免)
	综合办公室主任	夏　天(副处级)
	学术事务办公室主任	廖　全(副处级)
机械工程学院	党委书记	陈晓慧
	党委副书记	樊　玮

	院　　长	林明锦
	副 院 长	汤宝平　曹华军　刘　飞　陈　锐
（工程培训中心）	主　　任	任亨斌（兼）
机械传动国家重点实验室	主　　任	罗　均
	副 主 任	陶桂宝　邵毅敏
电气工程学院	党委书记	谢开贵
	党委副书记	吴　嘉　孟繁琦
	纪委书记	孟繁琦
	院　　长	李　剑
	副 院 长	王晓静　杨　帆　胡建林　杜　雄
输配电装备及系统安全与新技术国家重点实验室		
	主　　任	李　剑
	副 主 任	李　辉
能源与动力工程学院	党委书记	潘良明
	党委副书记	徐方正（三月免）　邓扶平（三月任）
	纪委书记	徐方正（三月免）　邓扶平（三月任）
	院　　长	廖　强
	副 院 长	冉景煜　李　俊　孙　宽　赵良举（十一月任）
资源与安全学院	党委书记	陈大勇
	党委副书记	林鉴军（三月免）　刘志国（三月任）
	纪委书记	林鉴军（三月免）　刘志国（三月任）
	院　　长	卢义玉
	副 院 长	刘　莉　陈　结
煤矿灾害动力学与控制国家重点实验室		
	主　　任	卢义玉
	副 主 任	梁运培　姜永东
复杂煤气层瓦斯抽采国家地方联合工程实验室		
	副 主 任	卢义玉
材料科学与工程学院	党委书记	王敬丰
	党委副书记	邓扶平（三月免）　李　想（三月任）　邱贵宝
	纪委书记	邱贵宝（十二月免）　李　想（十二月任）

	院　　长	黄晓旭
	副 院 长	郑　忠　陈先华　陈泽军　吕学伟
（国家镁合金材料工程技术研究中心）		
	专职副主任	张丁非（副处级）
航空航天学院	党委书记	万　玲
	党委副书记	程　乐
	纪委书记	程　乐
	院　　长	胡　宁（三月免）
	副 院 长	刘占芳　姚建尧
汽车工程学院	党委副书记	刁宇翔
	纪委书记	刁宇翔
	院　　长	郭　钢（十一月免）
	副 院 长	胡建军　贺岩松
经济可靠汽车协同创新中心		
	专职副主任	郭　钢（十一月免）
重庆大学—辛辛那提大学联合学院		
	院　　长	张志清
	副 院 长	江　燕
建筑学部	主　　任	刘汉龙（兼）
	副 主 任	胡学斌（兼）　李英民（兼）
	综合办公室主任	陈　娜（副处级）
建筑城规学院	党委书记	李和平
	党委副书记	葛毛毛
	纪委书记	葛毛毛
	院　　长	杜春兰
	副 院 长	卢　峰　褚冬竹　谢　辉
土木工程学院	党委书记	华建民
	党委副书记	马　骥
	纪委书记	马　骥
	院　　长	杨庆山
	副 院 长	夏洪流　刘　猛　谢　强　杨　波　仉文岗

山地城镇建设与新技术教育部重点实验室		
	副主任	龙渝川
环境与生态学院	党委书记	蒲清平
	党委副书记	高　微
	纪委书记	高　微
	院　长	何　强
	副院长	宋福忠　吴正松　杨永川
管理科学与房地产学院	党委书记	严　薇
	党委副书记	陈　兰
	纪委书记	陈　兰
	院　长	刘贵文
	副院长	叶堃晖　向鹏成　周　滔
信息学部	主　任	王时龙(兼)
	副主任	廖晓峰(兼)
	综合办公室主任	叶春晓(副处级)
	学术事务办公室主任	郑洪英(副处级)
光电工程学院	党委书记	秦　岚
	党委副书记	刘　俊
	纪委书记	刘　俊
	院　长	郭永彩
	副院长	叶俊勇　刘嘉敏　朱　涛
微电子与通信工程学院	党委书记	谭晓衡
	党委副书记	余　嘉
	纪委书记	余　嘉
	副院长	谭晓衡(主持工作)　刘　敏　周喜川　曾　浩
计算机学院	党委书记	杨守鸿
	党委副书记	郭坤银
	纪委书记	郭坤银
	院　长	廖晓峰
	副院长	郭松涛　钟　将　向　涛
自动化学院	党委书记	林景栋

	党委副书记	袁　利
	纪委书记	袁　利
	院　　长	宋永端
	副 院 长	尹宏鹏　戴　欣　苏晓杰
大数据与软件学院	党委书记	文俊浩
	院　　长	王时龙(兼,十一月任)
	党委副书记	萧　倩
	纪委书记	萧　倩
	副 院 长	张小洪　蔡　斌
医学部	主　　任	刘国祥
	综合办公室副主任	张　赛(副处级)
医学高等研究院	副 院 长	王亚洲(六月免)
医学院	院　　长	刘国祥(兼,三月任)
	副 院 长	王亚洲(六月任)
药学院	党委书记	凌　明
	党委副书记	周余斌
	纪委书记	周余斌
	院　　长	贺　耘
	副 院 长	闫海龙　张　敏
创新药物研究中心	主　　任	贺　耘
	行政副主任	周余斌(副处级)
生物工程学院	党委书记	王贵学
	党委副书记	刘庆庆
	纪委书记	刘庆庆
	院　　长	蔡开勇
	副 院 长	侯文生　钟代笛
附属肿瘤医院	党委书记	吴永忠
	党委副书记	张　维
	纪委书记	李　华
	院　　长	徐波(三月任)
	副 院 长	孙安龙　周　宏　王　颖(三月任)

附属三峡医院	党委书记	杨德清(六月任)
	党委副书记	张先祥(六月任)　牟华明(六月任)
	纪委书记	杨　峰(六月任)
	工会主席	王豫屏(六月任)
	院　　长	张先祥(六月任)
	副 院 长	牟华明(六月任)　李风(六月任)　徐立新(六月任)　巫贵成(六月任)
	总会计师	赵明祥(六月任)
城市科技学院	党委书记	王银峰
	院　　长	杨天怡(兼)
	常务副院长	王银峰(正处级)
	副 书 记	章锋云
	副 院 长	章锋云
	学生处处长	刘志国(副处级,三月免)
	宣传处处长	张旭东(副处级)
	人文学院院长	邓仕伦(副处级)
飞行器测控与通信教育部重点实验室(筹)		
	主　　任	杨力生(副处级)
	副处级干部	陈　文(孔子学院中方院长)

(党委组织部提供)

综合管理与对外合作

综合管理

党委办公室(保密办)

【概况】

2020年,党委办公室认真践行习近平总书记对党委办公厅(室)提出的"五个坚持"重要要求,坚决贯彻执行学校党委决策部署,扎实做好服务发展、服务决策、服务落实工作。

【坚决打赢疫情防控阻击战】

认真落实学校党委对疫情防控工作的全面领导,党委常委会先后14次专题研究疫情防控工作。在疫情防控物资最紧缺时,积极协调购买口罩等防控物资,解决了国际学生、一线防控人员的燃眉之急。牵头起草《中共重庆大学委员会　重庆大学致全校师生员工的一封信》等,主动发声,稳定师生情绪。通过"今日校园"推送疫情防控动态250余条,及时报送疫情防控工作相关信息80余篇,准确反映学校抗疫动态,接受上级组织的工作指导。

【持续深化中央巡视整改工作】

按照中央巡视组反馈意见,对照《整改方案》,持续推动巡视整改"回头看",对已整改到位的工作进行逐项排查,确保整改落实持续推进、全面到位。对思政工作队伍建设、干部人事档案管理、内控制度执行等尚未全部整改到位的工作,压实工作责任,细化进度台账,定期检查任务措施落实情况,分析研判整改效果,有计划、有步骤开展整改。

【推进"三全育人"综合改革试点】

在深化十大育人体系建设的基础上,积极推进六大育人阵地和综合改革示范区(虎溪校区)建设,明确举措任务117条。协调相关部门系统梳理各类课程育人元素,牵头对教学、科研、管理等七类岗位分类梳理育人元素和育人职责,指导协调各单位梳理各岗位育人职责。组织开展管理服务育人标兵评选表彰工作,加强专题网站建设。积极做好总结工作,系统梳理典型案例、工作成果和可复制经验,确保试点各项工作积极推进、圆满完成。

【强化国家安全和保密工作】

组织开展"4·15"国家安全教育日和保密宣传周系列活动,发放安全保密宣传资料2 000余册。组织开展3次全校性保密自查自评和专项保密检查,累计提出书面整改建议206条。完成"十三五"保密工作总结评估,全年开展日常保密审查审批600余次。推进保密科技支撑体系建设,启动实施保密技防产品、保密管理信息系统建设项目。落实反奸防谍制度措施，积极配合国家安全部门开展工作，学校获评全市国家安全“三微”作品征集比赛优秀组织奖。

【加强综合事务统筹协调】

1.优化公文管理

升级公文电子签章系统，处理校外来文近800份，发布学校党委和党办文件212份。严格审查党委系统公文流程和格式规范，举办公文培训讲座2场，审核各类公文300余份。建立专题工作文件目录，加强文件检索查阅功能，持续完善细化文件流转跟踪系统。

2.规划会务管理

深化党委常委会会议组织服务工作，加强对议题内容的规范和审查，优化议决事项督查督办，建立议决事项通知单发放机制。建设完善无纸化会议系统，及时更新议题台账，规范纪要编校流程、送签流程，圆满完成41次党委常委会会议记录、纪要文字服务工作。

全面规范会务管理，全年审核会议（含视频）144场，组织举办各类会议活动80余场。根据疫情防控需要，及时建立视频会议机制，积极开发相关视频会议系统，建成会议人脸识别签到系统，完善短信平台提醒功能。牵头组织无纸化会议系统升级改造，提升智慧化水平。

3.做好综合协调

加强校内外联络沟通，接待上级领导和机关及校外单位来访40余次，高标准高规格接待中央政治局委员、重庆市委书记陈敏尔同志来校做形势政策报告，重庆市长唐良智、中国工程院院长李晓红等来校调研。全年跟踪督办领导批示70余件，处理校领导来信142件、办理完结129件。加强学校党务公开网站和办公室网站维护管理，及时更新信息内容。

【强化以文辅政能力建设】

1.加强咨政服务和信息工作

7篇经验性信息在教育部门户网站全文登载，市委和中共中央办公厅信息采用率较去年同期分别提升29%、75%。信息工作继续保持在重庆市委排名高校第一、重庆市教委排名高校第一，在教育部直属高校排名第八。共刊发《重大要情》152期、《重庆大学简报》15期。

2.扎实做好文字工作

牵头起草学校“十四五”党建和思想政治工作专项规划、党委常委会工作报告、党建和意识形态工作情况汇报、参与成渝地区双城经济圈建设情况等重要材料，参与“双一流”建设周期总结报告、“全国党建示范高校”培育创建工作总结等。修订完善《重庆大学“三重一大”决策制度实施办法》，制订《学院“三重一大”决策制度实施办法（示范文本）》。积极做好归档工作，共立卷归档453件。高标准、严要求完成年度相关文件清退销毁工作。

【持续加强队伍建设和支部工作】

继续弘扬“敬业、忠诚、勤奋”办公室文化,1名同志获评学校服务育人标兵。进一步加强支部工作,坚持党建工作与业务工作相融合,建立周例会学习制度。夯实支部建设,开展各类活动、会议36次。在机关党委“七一”表彰中,党办支部获评优秀党支部,“我们是新时代的党办人”主题朗诵获一等奖,2名同志获评优秀共产党员和优秀党务工作者。积极指导时新社建设,做好离退休老同志工作,开展丰富多彩的文体工会活动,全力营造积极向上的工作环境和氛围。

(撰稿人:李建宏)

校长办公室

2020年,校长办公室紧紧围绕学校“双一流”建设部署,坚持“123456”校办文化和工作格局,把“提质增效”确立为全年工作导向,按照“提能力抓质量、信息化抓服务、强督查抓落实、定制度抓法治”工作思路,聚焦发展之问,书写实干之卷,进一步完善研究型办公室建设,不断开创综合行政管理服务工作新局面。

【夯实忠诚担当之基,作答“服务发展”之问】

1.着力打好疫情防控硬仗

作为学校疫情防控工作领导小组办公室所在单位,坚决扛起疫情防控政治责任,从农历除夕至今,一以贯之地按照战时要求投入工作。准确把握疫情防控工作面临的风险和挑战,始终把师生员工生命安全和身体健康放在第一位,科学制订防控策略,高质量高效率推进校内统筹,加强与属地政府协调合作,携手构建联防联控体系,先后制订下发关于延期开学、信息摸排、校园管控、健康管理、开学复课、常态化疫情防控等文件95个,连续攻下了湖北学生提前返校健康管理、春季学期学生分批开学复课、暑期疫情防控以及秋季学期开学返校等四块“硬骨头”,坚决遏制疫情向校园蔓延,确保教育教学秩序平稳有序恢复。

2.着力抓好全国人口普查

作为第七次全国人口普查学校牵头抓总单位,按照“统一领导、分工协作、分级负责、共同参与”的总要求,依照法律规范,科学设计流程,周密运筹组织,广泛宣传动员,严格质量控制,层层压实责任。共计选派212名人口普查员和普查指导员,按时保质保量完成了48 620人的信息填报工作。

3.着力服务学校开放发展

统筹大学联盟联系工作,作为卓越大学联盟2020年轮值主席学校,组织实施好联盟相关工作。推动成渝地区双城经济圈高校联盟发起成立具体事宜,完成章程起草、联盟成立大会、执委会和秘书处人选推选等工作,有效推动校际交流合作。牵头完成西部(重庆)科学城重大科学基础设施虎溪建设项目(重庆大学科学中心)及学校参与西部(重庆)科学城建设具体工作。持续推进附属医院管理、城市科技学院转设等重要事务的统筹协调。

【把握统筹协调之要，作答“保障运转”之问】

1.着力规范综合管理

严格落实中央八项规定精神，高质量高标准高效率推进和指导重大活动、重大会议、重大事项 30 余次。牵头完成了大学罗马广场重庆站开业、2020“蓉漂人才荟”走进重庆大学——“校企双进”等重大活动，牵头推进与市检察院共建公益诉讼检察研究基地、核动力院—重庆大学战略合作协议签约、沙坪坝区政府来校对接、武隆区政府“微波输能与空天太阳能电站试验基地”项目签约等重大事项，牵头筹备教育部副部长钟登华、国家自然科学基金委副主任侯增谦和兄弟单位来校调研等重大会议以及各类视频电视电话会议，指导完成英国新任驻华大使吴若兰代表团来校调研、学校基础学科建设推进大会、学校国际化工作会议以及开学典礼、毕业典礼、春季运动会等重大活动的会务接待和保障工作。牵头开展学校冠名情况摸底工作。

2.着力提升保障效能

加强借调人员规范化管理，组织好返校借调人员考核工作，落实好借调人员对学校发展的意见建议。牵头在京房屋拆违工作，做好借调人员条件保障。加大“文件驿站”使用力度，全年新老校区传递文件资料 470 余份。依托“今日校园”和网上办事大厅，实现公共区域使用网上申请。加强教育部社会团体管理，开展社会团体分支机构情况专项检查。出台《重庆大学总值班工作管理办法（试行）》，建立完善总值班工作制度体系。深化公务用车改革，出台《重庆大学公务用车管理办法》，建立健全公务用车规范管理长效机制，进一步规范公务出行用车保障方式。完成车改方案中 182 辆报废和拍卖公车的下账工作。指导资产公司制订《重庆大学校办企业公务用车管理办法》，巩固深化校办企业车改成效。

【紧扣参谋助手之本，作答“以文辅政”之问】

1.着力提高文稿水平

牵头起草学校 2019 年校领导班子述职报告、学校 2020 年工作要点、工会教代会学校工作报告、教育部教育评价典型案例、成渝地区要素市场一体化情况报告、重要会议校领导讲话稿、疫情防控工作方案与应急预案、兄弟高校校庆贺信等重要文稿 70 余件。进一步完善校长办公会议题提出前置程序，不断提高文秘审查质量，严把议题材料质量关，全年筹办校长办公会 33 次，收集、审议议题材料 259 件。筹备院长工作例会 8 期，起草《院长工作例会会议纪要》8 期。

2.着力深耕文秘质量

全年印发正式公文 1 293 件、处理校外来文 1 816 件、校内签报 1 954 件、受理 OA 印章申请 10 150 件，办理涉密收文 63 件、内部文件收文 60 件，组织校内阅文 200 余件次，协助保密办流转涉密（内部）文件 380 件。加强以学校名义申请的平台账号归口管理，修改完善国防军工及涉密事项用印申请，调整科研合同廉洁承诺书审批程序。增设涉密办公设备，完善涉密文件流转机制。纵深推进信息公开工作取得新成效，修订完善《重庆大学信息公开实施细则（试行）》《重庆大学信息公开保密审查暂行办法》等规章制度，完成学校信息公开网站的改版升级，调整优化学校信息公开领导和工作机构，全年通过信息公开平台累计主动公开信息926条,依法依规及时回复依申请公开4起。统筹做好《重庆大学年鉴2019》《重庆大学年鉴2020》出版工作以及学校主页“重大概况”等内容更新。

3.着力推进信息化建设

持续优化完善OA系统功能100余项,滚动升级手机App,全面梳理OA系统各主要功能提示用语、短信用语、机构简称、组织结构。CA印章全面上线使用,公文印发、签报、部门文件均获CA认证支持,实现OA公文的可信认证,为全面推行OA文件单轨制电子归档奠定基础。优化附属医院职工和非校聘工作人员统一身份认证号申请及业务系统权限开通审批程序,全部实现在线办理。推动新版无纸会议系统研发设计,进一步扩大无纸会议系统适用范围。进一步优化完善OA系统“督查督办”“校领导信箱”板块。合同管理信息系统上线运行,推进采购类合同逐步实现电子化。

【对标科学治理之方,作答“依法治校”之问】

1.着力加强制度建设

按照法制统一原则,系统修订纪律处分、学籍管理等系列学生管理制度。梳理涉师处理(处分)文件,统筹修订相关制度。深入研究,广泛调研,推进教职工申诉制度建立健全。完成30余份规章制度的合法性审查,为校长办公会议研究决策把好法制关。坚持以学生为中心,积极投身管理育人工作。强化合同管理办法执行,进一步规范合同审批签订流程。全年审查重要、重大合同100余份,切实维护学校合法权益。进一步完善合同示范文本,提高合同签订质量和效率。完成2019年合同数据统计。

2.着力优化法律服务

加强法律顾问队伍建设,完善聘用管理办法。组织、参加涉法工作会议20余次,协助相关部门依法处理诉讼案件5起、非诉纠纷10余起。提高法律服务水平,接受相关部门以及师生法律咨询30余人次。初步完成涉生处理(处分)过程性文件模版化,再次实现全年学生申诉案件“零”目标。加强法治宣传,开展“学宪法、讲宪法”系列活动、国家宪法日主题活动、民法典宣传学习活动等。组织推荐9名法学专家入选川渝两地行政复议专家库、市民法典宣讲专家库、重庆临空政策法律服务国际中心涉外法律顾问,组织申报并获选重庆市第三届“十大法治人物”1人。

3.着力保障师生权益

坚持“阳光信访、责任信访、法治信访”,统筹抓好源头预防,加强实地走访调研和信息研判,及时化解矛盾纠纷,维护校园和谐稳定。全年接访38件,其中来访30件(含集体访6次),上级转办8件,办结率达到100%。坚持通过法律途径分类处理信访投诉请求,有效处理了教职工子女入读小学初中问题、“预售房”问题、A校区柏树林54号和69号拆迁问题、附小教师师德师风问题、疫情期间校园管理问题等涉及集体信访事项。提前研判“重大花园”一期工程C、D栋建设和安置工作矛盾风险点,组织校外专家召开社会风险评估会并向学校呈报专家意见。组织推荐重庆市人民建议征集信息员2名。

【发挥督查督办之效，作答“工作落实”之问】

着力破解瓶颈难题

充分发挥督查对提高认识、解决问题、改进工作的“助推器”“催化剂”作用，促进抓落实工作再上台阶。完成“校长有约”毕业生座谈会学生建议办理、对照部分直属高校领导干部经济责任审计发现的问题线索开展自查、预算管理内部控制缺陷整改、市教委春季和秋季开学督导检查、学校与万州合作事项办理等重点事项督办10余项。追踪督办2019年校长办公会决议事项323项，已落实完成312项，完成率为96.6%。常态跟踪督办2020年校长办公会决议事项211项，已落实完成170项，完成率为80.1%。及时办理市长公开电话（信箱）交办单3件、教育部教育信访业务综合管理平台转送件1件、市信访信息系统转办信访件4件。组织校领导接待日6次，处理校领导信箱信件600余封，特别是延期开学期间处理与疫情相关信件100余封，有效稳定了师生情绪。

【凝聚同频共振之力，作答“培根铸魂”之问】

1.着力强化党建引领

牢牢把握政治机关属性，始终把党的建设摆在重要位置，始终把“不忘初心、牢记使命”作为必修课、常修课，教育引导支部党员干部在政治上、思想上、行动上自觉同以习近平同志为核心的党中央保持高度一致，增强“四个意识”，坚定“四个自信”，做到“两个维护”。扎实推进党建与业务融合发展，不断提高履职尽责本领，不断提升党员干部政治素质和工作执行力，努力提高战胜各种风险挑战能力，以全面从严治党新成效推进政务服务工作再上新台阶。

2.着力建设办公室先进文化

继续推动践行“123456”校办文化和工作格局，将其抓实到日常工作中、做实在队伍建设中、落实到服务发展中。高度重视内部制度建设，先后制订《重庆大学校长办公室室务会议事规则》《校长办公室校外收文和发文办理规定》，修订《重庆大学介绍信使用与管理规定（2020年修订）》《重庆大学事业单位法人证书使用与管理规定》。做好办公室保密工作，增设涉密办公设备，完善涉密文件流转机制，提高流转效率，办公室被评为2019年度学校保密工作先进集体，1人被评为先进个人。坚持《学习心得评比制度》，开展读书心得分享活动，弘扬善于学习、勇于实践的优良作风。持续深化内部“矩阵管理”改革，建立灵活的人员调配机制，最大限度提升团队效能、激发个人潜能，在勇挑重担和攻坚克难中锻炼队伍。作为管理育人体系建设牵头单位，立足“三全育人”总要求，统筹推进人事、工会、语言文字、导服台建设等各项工作，不断提升管理育人成效，大力营造治理有方、管理到位、风清气正的育人环境。

（撰稿人：杨国梁，李明秋）

发展战略与规划

【综述】

2020 年，发展规划处(“双一流”建设办公室)在学校党政的领导下，在各兄弟单位的支持下，围绕“双一流”建设、“十四五”规划编制等中心工作，科学谋划、勇于创新、大胆开拓、狠抓落实，圆满完成各项任务和学校领导交办的其他工作，有力推动学校工作持续快速健康发展。

【谋划“十四五”发展规划】

积极开展规划编制前期调研。组织参加教育部相关培训，深入学习教育部、重庆市教委有关会议和文件精神。认真总结“十三五”工作，强化“十四五”发展规划的问题导向和目标导向，起草《重庆大学“十三五”发展规划总结》和《“十三五”学科建设总结报告》；拟订学校“十四五”发展主要目标和具体任务指标(建议值)；完成《重庆大学关于“十四五”时期事业发展有关问题的调研报告》并上报教育部。

有序推进规划编制工作。先后组织召开“十四五”规划编制工作布置会、工作推进会暨“十四五”规划编制工作办公室第一次(扩大)会等会议，印发《重庆大学“十四五”发展规划编制工作方案》。分批召开多场意见征集座谈会，策划线上意见征集活动，广泛听取校内外人士意见建议，起草形成《重庆大学“十四五”发展规划(初稿)》。牵头完成对重庆市政府、市高等教育、沙坪坝区“十四五”规划的建议，重庆市委市政府将学校发展纳入重庆市“十四五”规划。

【推进“双一流”建设】

牵头完成“双一流”周期总结和动态监测。按照教育部要求，高质量完成《重庆大学“双一流”建设周期总结报告(2016—2020 年)》撰写和“双一流”动态监测数据填报工作。

开展“双一流”项目申报和绩效检查。牵头完成 2021 年度“双一流”建设高校特色发展引导专项资金项目申报。配合完成重庆大学 2017—2020 年“双一流”建设提升行动专项资金实施绩效评价工作。牵头完成重庆市“双一流”绩效考核工作，落实 1∶1“双一流”配套经费到校。

加强学科监测分析与规划服务。牵头制订《重庆大学基础理科卓越行动计划》和《重庆大学基础文科振兴行动计划》。组织第五轮学科评估前期摸底和调研，制订迎评策略，推进相关学科媒体宣传和英文网页建设。构建基于软科“学科发展水平动态监控数据平台”的学科日常管理评价体系。赴校内 20 余个单位调研，提供学科发展指导和咨询服务。

强化学科重点建设项目日常管理。完成智慧能源、先进制造两个学科群建设计划，环境生态学等 3 个学院含 7 个学科的水平提升计划，电镜中心公共平台建设计划等 5 个学科重点建设项目的专家论证、资源配置等工作。检查部分学科重点建设项目执行情况，进一步强化过程管理、绩效产出。配合完成重庆市“十三五”重点学科和一流学科建设终期验收。

大力推进公共平台建设，谋划建设大物理、大生命、大信息领域原始创新平台，得到重庆市政府高度重视和大力支持，目前已纳入西部（重庆）科学城建设项目，总预算 12 亿元。

【开展政策研究】

强化政策研究，服务学校发展。为重庆市和学校相关会议及校领导发言准备相关材料，撰写《自主审核高校学位授权点调整分析报告》等十余篇报告。

聚焦大学评价，助力一流建设。梳理四大世界大学排名与学科排名，开展本年度各类大学排名数据采集填报。学校排名持续上升，软科从去年 388 名升至 324 名，USNews 从去年 567 名升至 499 名，THE 从去年 849 名升至 695 名。ESI 前 1‰学科增至 2 个，前 1%学科增至 11 个，机构整体排名前进至 565 名（统计时间：2020 年 11 月）。

【调整、增设内设机构】

结合学校发展需要，完成了涉及 19 个单位相关机构设置调整论证。完成学校纪委、本科生院机构调整，增设璧山先进技术研究院、经营性资产管理办公室，撤销医学高等研究院。完成后勤党委、后勤处处级干部职数调整及医学院公共学科平台实验技术岗编制设置。

开展西部（重庆）科学城重大科学基础设施虎溪建设项目指挥部、南京异地研究院和学校内部分机构调整调研。

【加强学术委员会建设】

牵头完成学校学术委员会换届。制订《重庆大学第七届学术委员会换届工作方案》，选举产生新一届委员。召开第七届校学术委员会成立大会，选举产生主任、副主任委员。

开展学部和学院学术委员会换届。成立医学部学术分委员会，人文、社科、工程、建筑 4 个学部学术分委员会和外语等 29 个学院学术委员会完成换届。

推动校学术委员会积极履职，组织召开两次全体会议，审议通过《重庆大学专业技术岗位分级聘用文件》《重庆大学"双一流"建设周期总结报告》，以及机械、电气、土木三个一级学科"双一流"建设周期总结报告。编制完成《重庆大学 2019 年度学术年报》。

【其他工作】

配合重庆市政府筹建长江生态环境学院，编制完成建设方案，推动学校组建工作组。参与 2020 年高等教育质量监测国家数据平台填报。《关于进一步厘清高校发展类型，改进学科评估的意见建议》资政报告被重庆市委采纳，并报送中共中央办公厅。

积极参加交流学习，赴浙江大学等多所兄弟单位调研"十四五"规划和"双一流"建设，赴南京、溧阳调研异地研究院建设，赴深圳、杭州、苏州等地调研公共平台建设。接待安徽理工大学等 7 个单位来访交流。参加"E9 高校'双一流'建设研讨会"及高等教育学会等各类学术会议。

（撰稿人：张　玮）

虎溪校区管理

【综述】

2020年,在学校党政领导下,虎溪管委会全面落实立德树人根本任务,以“三全育人”综合改革示范区建设为抓手,以建设“智慧虎溪、文化虎溪、生态虎溪、美丽虎溪、和谐虎溪”为目标,圆满完成各项工作任务。

【“三全育人”综合改革示范区(虎溪校区)建设】

大力开展育人阵地建设。新增校园景观10处,增设1 080个植物科普标牌及8块科普灯箱。新建兰园蕙风斋书屋,改造学生公寓门厅10个、学生活动室2间,更新17间活动室家具。食堂新设自习区、讨论区等场地350平方米,增建食堂视频展播系统10套,建立社会主义核心价值观文化墙、校史廊。

组织开展特色育人活动。开展144场次舍区教育活动、3场院长讲座(星期日讲座),体育文化节暨学生趣味运动会、“阳光60分”健康行、“美丽‘食’光”、“燃气安全进校园”、“校园红叶李采摘”、“名家进校园——方凤富教授中国画展”等各类校园文化体育活动几十场次。

充分发挥联动宣传教育平台育人作用。发布微信公众号推文90篇、微博推文近200条、新闻103篇、电子显示屏信息59条、制作300余块展板、开展主题宣传6次。

做好学生日常管理和安全教育。准确把握师生思想动态,形成调研报告供学校决策参考。

提高育人保障能力。新制订了《重庆大学虎溪管委会宣传教育平台管理办法》《重庆大学虎溪校区物业零星维修管理办法》等22个管理制度,修订了《重庆大学校际班车管理办法》等4个制度。

【新冠肺炎疫情防控】

快速应对疫情防控,建立完善疫情防控机制,制订校区以及物业、食堂等社会服务单位疫情防控预案和应急方案。坚持做好校园管控和留校学生管理,对重点区域实施消杀,增设公共洗手台43套;按照防控要求及时调整食堂布置,减少2 000座位并加装桌面分隔板708个。编写《虎溪校区疫情防控工作简报》124期(约32万字)。成功完成526名湖北籍学生返校健康管理工作和全面复学复课工作。

【服务保障】

改造5 500平方米商业用房为教学实验室,维修建筑物外墙砖脱落48处、漏水93处及138项其他维修项目,粉刷357间学生宿舍,翻新5 000平方米屋面。清掏5 900平方米化粪池,疏通下水管道3 600米。更换主干阀73只,新增流量计42只,改造给水管网2 585米,查找并修复漏水点14处,每月减少经济损失12万元。升级K1开闭所保电能力,将600余只电表接入智能系统。完成学生公寓气卡、水电充值、结转等4万人次。

为博士生公寓采购和安装1 168套家具、1 698台洗衣机和冰箱。维修维护12 000套学生公寓家具、4 000余台燃气热水器、29部电梯、8 800余台空调。改善学生洗衣环境并更新洗衣机207台。更换学生寝室气表160只、水电表113只。添置教室课桌椅136套,更换电子讲台、计算机等133台(套)。修缮兰园运动场，拼装运动地板 6 520 平方米。更换运动场围栏 2 640 平方米，新装篮球架等运动设施 96 架(台)，更换羽毛球网、足球网等 68 副。

高质量完成 70 万平方米校园绿地维护。改造松园室外环境 3 010 平方米。

做好校区物业工作。加大检查及巡查工作，做好教学保障、物业保洁、公寓服务、安全保卫和小型维修工作。为新建博士生公寓、体测中心和兰园书屋增加物业服务。

签订新一轮交通车运输协议，更换校车 5 辆，升级维护了 6 辆校车。校车全年安全运行约 6 000 班 21 万人次，电瓶车运行约 3 万班 42 万人次。

回收公共用房 46 间。与 10 个学院签订 504 间房屋使用协议。设备建账 768 件，家具建账 2 084 件。

处理签报事项 3 500 份，接待教师公寓住宿近 4 000 人次，提供会议室报告厅、学生活动场地 2 000 余场次，办理学生住宿调整 2 052 人次。

【信息化建设】

圆满完成了网络运行保障任务。网络出口带宽电信方向由 10 G 扩容到 20 G，内部核心设备扩为双万兆，新增 4 个 5G 基站，为 70 余间实验室、新建博士生公寓、15 栋本科学生宿舍楼建设了光纤网络。学生寝室已全部实现光纤到室，成为重庆市首个光纤全覆盖学生宿舍的校区。继续扩大校区无线网覆盖区域，对已有无线网络设备进行升级。

新建海报栏预约、晨曦计划等 6 个系统，继续维护和升级原多媒体教室管理系统等 10 个系统，开展了学生课堂行为分析系统试点建设。

【安全稳定】

提高校区消防、交通、治安管理水平。开展校区楼栋消防通道专项检查，清理消防通道杂物。增加或更换灭火器材 6 千余个，制作消防标示贴 8 千余个。对所有建筑楼宇的雷电防护装置进行了检测。在校区主干道建设交通测速及违停抓拍系统。安装校内减速道钉 6 处。在虎溪校区公共区域安装 30 余个人脸识别设备。保证了校区 2 241 个监控点位和 148 台(套)人脸识别系统的正常使用。累计开展校区从业人员从业规范、疫情防控、消防安全等培训 60 余次。

2020 年，虎溪管委会顺利完成了 6 400 余名本科生迎新工作和 2 927 名本科生、661 名研究生搬迁任务，保证了 18 000 余名师生、12 个学院和 3 个中心在虎溪校区的学习、生活、教学、科研和工作的顺利进行和开展。

(撰稿人:冯　梅)

合作与交流

国内合作及校友工作

【综述】

2020 年国合办、校友办进一步加强学校与政府、企业、学校、校友之间的合作，坚决完成教育部、重庆市下达的各项扶贫攻坚任务，助推学校“双一流”建设与发展。

【扶贫工作】

扎实做好云南绿春县、重庆开州区关面乡和沙坪坝区青木关镇的帮扶工作，帮助绿春县正式退出贫困县序列。

统筹协调，优化顶层设计。制订扶贫行动方案和任务分解表，与校内 56 个二级单位签订责任书，组织校内外 106 人次赴帮扶地区开展帮扶；学校党委常委会、校长办公会专题研讨，扶贫工作调度会共 59 次；做好国务院扶贫办副主任洪天云来校指导的相关工作。党建方面，协调捐赠党建资金 45 万元，援建边疆党建长廊“153”工程和青木关镇“袁利袁正刚党代表工作室”，与帮扶地区 8 个支部结对共建；文化方面，成立重庆大学哈尼古歌文化保护传承示范基地，建成红河哈尼族彝族自治州唯一的有声图书馆，实现绿春县和关面乡送书下乡全覆盖；教育方面，援建教育基础设施，优化人才培养体系，设立“刘汉龙长江学者创新团队龙之梦奖助学金”，强化边境地区法制和爱国主义教育；消费扶贫方面，在校内设立校园扶贫超市 3 个，布局智能消费扶贫专柜 100 余台，动员师生校友在“E 帮扶”和扶贫 832 等购买贫困地区农产品，获评教育部农校对接精准扶贫采购十佳单位；医疗方面，推行“人才培训、技术支持、物资捐助”三位一体医疗扶贫体系，协调校友企业和附属肿瘤医院捐赠价值 87 万元的医疗检测设备。协调学校师生、校友积极参与扶贫工作，高标准、高质量超额完成责任书指标，投入和引进帮扶资金 949.82 万元，培训基层干部和技术人员 3 822 名，购买和帮助销售贫困地区农产品 1 695.93 万元。向关面乡投入帮扶资金累计 116.1 万元。通过《人民日报》《光明日报》等报道学校定点扶贫先进事迹 50 余篇。“‘五帮五促’助攻坚，稳边富民促振兴”项目入选教育部第五届直属高校精准扶贫精准脱贫十大典型项目，国扶办《扶贫信息》（2020 年第 92 期）《重庆大学提高认识聚合力　统筹推进定点扶贫工作》刊发全国。2020 年 12 月 23 日，《焦点访谈》播出学校扶贫工作特色举措《消费扶贫：产品如何变商品》。

【校友工作】

加快构筑“校友—母校”命运共同体。举办校友主题活动 60 余场，做好应届毕业生走上社会的衔接；争取校友回馈签约金额约 2 亿元。组织筹措一大批急缺防疫物资,据不完全统计:在疫情最严重时期,筹措了 11 万只口罩、200 套防护服、1 台价值 16 万元的红外测温仪、3 台价值 150 万元的磁控胶囊内镜系统等,为学校防疫工作提供有力支撑;发动校友、校友会和校友企业向重点疫区、防疫一线机构捐献防疫物资、资金支持抗疫一线。加强校友组织的"聚力、聚合、聚变",积极推进校友总会理事会换届和章程修订工作,组织召开校友总会九届二次理事会,协调校领导看望校友和参加校友活动 21 次,推动成立 6 个二级分会,推动完成 4 个校友分会理事会换届。建立"校院两级"工作体系;举办校友品牌活动 200 余次,参与校友近 3 万人;主办各地联盟交流活动 8 次,推广"校友导师计划""MBA 校友公益班"等创新形式。实施"互联网+校友工作"计划,建设完成全球校友活动平台,启动一站式服务平台和电子校友卡建设。承办 2020 重庆英才大会高新区专场,并落地人才项目;协助沙坪坝区赴深圳、杭州、上海等地校友企业开展招商引资,成立数字智能校友会服务重庆数字产业发展。策划撰写原创文章 80 多篇,以宣传塑造文化;完成《重大校友通讯》的出版发行;承担中国高教学会重大课题《新形势下高校校友组织发展路径研究》,公开发表论文 4 篇。

【校地校企合作】

积极融入西部(重庆)科学城建设。开展"百名专家璧山行"活动,组织学校 10 个学院共 114 位专家教授,由分管副校长带队赴璧山开展走访对接活动。推动与中科院下属院所合作,双方签订合作协议 7 项。响应成渝地区双城经济圈战略,成立重庆大学推动成渝地区双城经济圈教育协同发展领导小组,办公室设在国合办,按时向重庆市教委报送学校工作月报;与四川省签订省校战略合作协议,与成都市、眉山市、遂宁市、攀枝花市等对接,拟围绕当地支柱产业设立专业性研究院;新建内江、绵阳 2 个技术转移中心;配合成都市举办"蓉漂人才荟""菁蓉汇,校企双进"等活动,搭建校地合作平台,提升学校影响力。对标高校科教内涵式发展,广泛调研国内大学在异地开办研究院和研究生院的运行模式,为学校建设跨区域校地合作提供理论和实践经验;实地考察苏州市、无锡市等地,对接校地合作意愿;接待黑龙江省等地来访,为学校争取更多社会资源,服务地方经济社会发展,提升办学声誉。

【党建工作】

2020 年,国合办校友办党支部深入学习贯彻党的十九大、十九届二中、三中、四中、五中全会精神和习近平新时代中国特色社会主义思想,加强支部组织建设和作风建设,深挖部门优势资源,拓展组织生活新模式。特别是在疫情防控和脱贫攻坚中根据部门特点,深入挖掘自身优势,以"党建+扶贫""党建+抗疫""党建+服务"为特色品牌,在疫情最严重时,第一时间设立专项划拨经费助绿春县复工复学,第一时间推进学校领导到扶贫一线督办脱贫攻坚工作,发挥了支部在促脱贫和防疫情中的战斗堡垒作用和党员先锋模范作用。党员发展工作取得成效,发展党员 1 人,递交入党申请书 1 人。因表现突出,今年支部被评为"先进党支部"。

【校际合作】

根据教育部要求,圆满完成对口支援石河子大学和中南民族大学工作。做好两校交换生共计 110 人来校学习生活保障,关注疫情期间交换生心理健康,组织交换生活动 3 次;联合石河子大学向教育部申请单招博士生 1 名,招收石河子大学博士生作为定向培养师资 1 名。

(撰稿人:杨蒙萌)

国际化与港澳台工作

【综述】

2020 年,在学校党政班子领导下,在学院部处大力支持下,围绕“双一流”建设目标,国际处积极稳妥应对疫情,密切关注内外形势,系统谋划国际化发展思路,持续推动对外开放合作。

【顶层设计、系统谋划,制定国际化发展规划】

为贯彻落实全国教育外事工作会议和《教育部等八部门关于加快和扩大新时代教育对外开放的意见》精神,学校召开国际化发展推进大会,发布《重庆大学国际化发展规划(2020—2029 年)》和《关于加快推进学院国际合作交流指导意见》。国际处深入 35 个学院及附属肿瘤医院开展调研工作,形成了一院一策的落实方案,推进发展规划落实落地。

【高度重视、严格落实,全力投身疫情防控】

为应对国际复杂多变的疫情工作,国际处切实强化风险意识,反复摸排,建立外籍教师、中国港澳台地区师生及海外学习交流学生精准台账,坚持日报告、零报告,并发布境外师生疫情防控通报 80 余期。多渠道联系关心境内外相关师生身心状况。为师生寄送口罩,上门探视并协助采购物资。与合作高校互致慰问函,表达共同抗疫的慰问及继续合作的意愿。协调做好港澳台侨学生返校、新生报到、教学培养、考试等相关事宜,加强常态化疫情防控和管理服务工作。做好国家关于疫情期间外籍人士来华政策的解释工作,协助落实在境外的港澳台地区及外籍教职工返校复工。

【共克时艰、主动作为,持续推进重点工作】

坚持扩大对外开放合作。继续推进与国(境)外高校实质性合作,接待 14 批校级高端来访团组、10 余项校级线上交流活动,如与伦敦国王学院多次会议探讨合作办学等多层次合作;与英国萨里大学视频签约,建立全面合作关系。通过来校交流的英国、加拿大驻华大使,新加坡、意大利、马来西亚等总领事馆,推动和拓展合作。通过中英大学工程教育与研究联盟、中俄两河流域高校联盟等平台开展高端论坛等线上交流合作,保持合作畅通。主动对接十余所海外合作高校中国代表机构,推动高质量交流合作。持续推动协议签署,与 17 个国境外高校或联盟新签 25 份合作协议,另有 13 份协议进入实质性审核阶段。线上线下结合举办国际会议,主办/承办国际会议 4 次。

全力服务国际化人才培养。继续推进国家留学基金委项目、校际双学位联合培养及交换生项目。积极宣传项目,采用远程网络面试等方式,公派研究生项目录取人数持续增长,创新型人才培养项目稳步推进,共录取 120 余名学生；近 200 名学生通过国际及港澳台双学位、交换生项目选拔。近 1 400 人次通过遴选拟出国境学习交流深造，将视疫情情况派出。鼓励指导学院与国（境）外高校合作开展院际项目，14 个学院 36 个项目已通过评审可获学校资助。利用网络平台助力国际化人才培养，为强基计划专业定制剑桥大学数学专业及牛津大学物理专业网络课程项目，甄选优质国外院校线上项目。承办国家留基委国际研究生奖学金说明会，线上线下结合开展组织德国高校咨询日、国外高校宣讲会、国际教育展志愿者活动、专题讲座等，提升校园国际化氛围。

继续推动中外合作办学。引进优质办学资源，与辛辛那提大学对接机构申报，召集 30 余次中美申报工作组视频会及校内工作会。虽因疫情和美国形势对方暂未签署协议，但学校方面材料已准备就绪，为 2021 年申报奠定基础。积极开拓合作办学伙伴，与华威大学、伦敦国王学院、新南威尔士大学等高校正在洽谈中。

助力构建国际化师资队伍。全年聘请中国港澳台地区专家及外籍专家近 450 人次，其中长期专家 78 人次，短期讲学、合作科研等 369 人次。组织学院通过高水平项目引进高层次人才，共 15 个项目获初审通过，新增无人系统智能控制与自主协同引智基地，升级输变电设备与系统创新引智基地 2.0。教职工出国境学术交流受阻，仅 37 人次成行，已办理 116 人次均暂缓派出。教职工线上学术交流频繁，近 200 人次参加线上国际会议。

【密切关注、加强管理，稳妥应对国内外形势】

密切关注和稳妥应对涉港、涉台局势，做好涉港澳台地区师生相关工作。学校共有港澳台侨学生 174 名（含交换生 1 名）。学校港澳台办牵头制订《涉港校园稳定工作方案》，组织港澳台侨学生国情教育活动、“同心共筑中国梦”港澳台学生主题征文活动、内地高校港澳台学生中华文化知识大赛等，提升学生国家认同感。

抓好师生出国境行前培训及归后总结工作，新获批成为教育部“平安留学”定点培训高校，助推学校平安留学工作。

做好外籍教师及涉外活动管理工作。落实外事、综合治理、保密、档案、NGO、国际会议及各类涉外活动工作要求，开展保密培训和安全教育，规范外事规章制度和工作流程，修订《重庆大学教职工因公临时出国（境）管理办法》，与人事处等部门共同拟订《重庆大学外籍教职工聘任和管理办法》，按协议接手附属三峡医院外事及港澳台事务管理。

【苦练内功、全心全意，践行“服务师生”宗旨】

以“放管服”为抓手，放管结合、优化服务，制订《关于加快推进学院国际合作交流的指导意见》，建设外事服务系统，实现“让数据代跑”信息化平台，节省师生时间和精力，提高工作效率和服务质量。

（撰稿人：叶　蕾）

工程科教战略研究工作

【概况】

2020年，工程科教战略研究中心作为学校机关直属单位，代表学校承担中国工程科技发展战略重庆研究院办公室工作，与重庆人才发展研究院、重庆大学可持续发展研究院合署，建设教育部战略研究基地“区域经济与科教战略研究中心”，以及高等教育学人才培养；与发规处、图书馆联合进行学校学科评价研究，积极为高等教育改革建言献策。面对新的职能要求，中心以服务“顶天立地”战略和学校“双一流”建设重点任务为目标，按照“高质量、高标准、高水平”要求，圆满完成本年度工作。

【运行管理】

完善软硬件建设，持续推进门户网站和官方微信公众号建设，沙坪坝区政府提供创客港园区的办公场地已于2020年4月正式投入使用。畅通报送渠道，建立直达重庆市委市政府领导的《院士专家建议》，设立院士专家建议编辑部，对提交的《院士专家建议》进行修改提炼，提高成果的批示率。加强重庆研究院网站及微信公众号的运行维护工作，更新发布原创新闻稿近30篇。2020年11月，在人社部、中国人事科学研究院的支持下，重庆市委人才领导小组携手重庆大学共建重庆人才发展研究院。

【项目管理】

全年结题验收2018年战略咨询项目16个，2019年战略咨询项目全部顺利立项启动，并通过中期检查，立项启动2020年战略咨询项目14个，资助经费共计1 280万元。累计报送决策咨询建议22篇，获得陈敏尔书记、李晓红院长、唐良智市长等主要领导和分管领导肯定性批示或成果采用15篇，批示率达到68%。以重庆大学作为第一单位上报智库成果8篇，批示6篇，批示率达到75%。按照中国工程院《关于紧急征集地方研究院新冠肺炎疫情防控建议或咨询项目的通知》的统一安排，紧急征集院士专家建议和咨询立项建议9项，呈送院士专家建议1篇，均已及时上报中国工程院。

【决策咨询】

充分发挥新型智库作用，积极承担决策咨询任务，为重庆市党委政府决策提供智力支撑。陈德敏教授作为重庆市人民政府参事和法律顾问多次列席重庆市人民政府常务会议，多次参加重庆市相关地方性规范和政府规章草案论证咨询并提供修改意见，多次参加由市领导主持的专家座谈会以及与重庆市重大决策相关的重要会议，多次赴区县开展调研咨询工作。全年研究团队撰写并提交3份决策建议，受到重庆市政府主要领导同志肯定性批示并得到相关部门采纳和运用。新冠肺炎疫情发生后，组织院士专家就公共卫生应急展开建言献策，相关意见被中国工程院整理后上报中央。

【学术活动】

大力推动云会议、云讲座等新型学术活动形式，全年累计组织院士重庆行3次，院士讲坛2次（1次线上），多种方式邀请接待来渝院士68人次，重庆市政府、高校、企业和科研院所等团队积极参加。协助沙坪坝区科技局、磁器口古镇管理委员会研究讨论磁器口片区提档升级工作汇报，有力推动地方建设。推进专家智力资源与基层需求有效对接，成功入选第四批重庆市专家服务基地名单。认真协同沙坪坝区科技局，参与环重庆大学创新生态圈展示、沙磁创新论坛等活动。组织召开重庆研究院 2020 年学术委员会会议、地方研究院建设模式咨询交流会、教育部战略研究基地建设研讨会等重要会议。配合重庆市政府接待中国工程院李晓红院长一行 7 位院士的重庆电子信息产业调研，提交的《关于加快成渝地区双城经济圈电子信息产业高质量发展的建议》得到李晓红院长，唐良智市长，熊雪、郑向东副市长等领导的肯定性批示。

【人才培养】

完成 2017 级全日制硕士研究生、在职研究生毕业论文外审工作，并完成后续网络答辩及现场答辩，联络安排专家事宜。完成 2018 级研究生毕业论文撰写中期检查工作。2020 年依托带头人所在学科共培养硕士研究生 12 名，博士研究生 2 名，实际支持了经管学院、法学院、公管学院的人才培养工作。组织高水平讲座和学术沙龙，开展 2 次主题学术论坛及研讨活动，组织高教所师生参加第三届西部高教论坛、中国高等教育博览会、中国高等教育学会高等教育学专业委员会 2020 年学术年会、2020 年重庆市高教学会学术年会等活动，加强学术交流。

【高教研究】

开展大学评价研究，联合学院对学校所有 B+以上学科进行对标研究分析，编制《学科评价》简报，报送《重庆大学 ESI 学科水平提升建议》等 4 份建议，所做的《重庆大学与四所高校对比分析》等两个 PPT 在院长例会上进行交流，得到学校主要领导的肯定及各学院的积极响应。撰写《强化现代服务业拓展创新，支撑形成大循环和双循环新发展格局》《关于在新型举国体制中提升发挥，大学科技创新五个支撑作用的建议》《关于加强高校服务脱贫攻坚后续能力建设的对策建议》，已报送教育部领导参阅。2020 年，可持续发展研究院在研和结项国家和省部级科研项目 17 项，获得国家社科项目 2 项，与校内外合作研究项目 1 项，发表 CSSCI 论文 17 篇。

（撰稿人：洪　源）

社会捐赠

【概况】

2020 年，教育基金会秘书处围绕学校中心工作，在党政领导及各部门的支持下，以服务学校的建设和发展为目的，聚资源、拓渠道、搭平台，多层次、多渠道开展社会筹资捐赠工作，助力学校“双一流”建设发展。筹集捐赠到账资金 4 092.35 万元，获批中央高校捐赠配比专项资金到账金额 2 999 万元。

【围绕“立德树人”根本任务，助力学校“三全育人”】

1.奖助学金捐赠项目，助力学校资助育人

全年社会捐赠设立奖助学捐赠项目新增32项，签约金额685万元，社会捐赠奖助学金成为学校资助育人体系的重要补充。

2.社会实践类捐赠项目，助力学校实践育人

全年社会捐赠设立学生实践类捐赠项目新增11项，签约金额52.7万元。“雅居乐未来π基金”“重庆大学新城校园俱乐部”“电子设计竞赛”等项目充分发挥实践教学作用。

3.校园建设类捐赠项目，助力学校环境育人

全年社会捐赠设立校园文化建设类捐赠项目新增6项，签约金额165万元。在促进校园物质环境育人方面，2020年6月22日唐立新校友捐建的“立新楼”南楼封顶，对于改善教学育人环境、丰富学生第二课堂有重要意义。澳门霍英东基金会捐建的“重庆大学霍英东体育中心”项目，截至目前，3 000万元捐赠资金全部到位，现正在进行场馆建设。

【助推“双一流”建设目标，助升学校内涵发展】

1.学院建设类捐赠项目，推动学校学科发展

全年新设学院建设类学科发展捐赠项目105项，签约金额1 055万元。支持人文、社科、理、工、建筑、信息等学院建设与发展、学科研究与进步。助力学校构建相互支撑、协同发展的一流学科生态。

2.学校发展类捐赠项目，服务学校保障支撑

全年新设学校发展类捐赠项目10项，签约金额1 292万元，支持学校亟须发展的各项建设。

3.扶贫攻坚类捐赠项目，捐赠帮扶助推振兴

全年新设捐赠扶贫项目6项，捐赠支持106万元从幼儿教育、青少年艺术教育、学生奖助学金、教育基础设施等方面支持云南绿春县、重庆开州区关面乡，建立帮扶长效机制，增强脱贫致富信心，有效助推乡村振兴。

4.响应多元多维评价体系，认真做好各项指标报送

参与完成学校年度本科教育质量报告、高等教育质量监测、双一流动态监测、大学排名评价指标等数据填报工作，为学校各评价指标提供支撑。

5.筹资抗疫，共同守卫校园安全

面对年初严峻的新冠肺炎疫情，号召校友、教职工助力校园抗疫，设立抗疫类捐赠项目5项，签约金额30.2万元，从资金支持、物质保障、奖励优秀抗疫工作者等方面共同战疫，共同维护校园安全稳定。

【建立校内协同筹资机制，多平台多渠道差异化筹资】

1.调动学院积极性，深化校院两级筹资机制

继续深化校院两级筹资机制。2020年10月9日，开展90周年校庆筹资工作总结表彰活动，设立社会

筹资工作先进集体奖项,总奖金 15 万元,表彰了 8 个在筹资工作中表现优异的学院。

2.联动协同部门,多平台开展筹资

与财务处联动,争取并落实与各合作银行等金融机构的筹资捐赠工作;与校友办联动,前往多地校友分会开展筹资捐赠发动工作;与国合办联动,组织落实校董会单位及友好合作单位的筹资捐赠工作。

3.采取差异化筹资方式,提高筹款精细化水平

与多家重庆市内外民营企业、商会、协会等建立筹资联系,争取更多捐赠支持。研究新形势下以港澳地区为核心的境外筹资策略,加强互动,巩固已有捐赠项目。

4.启动"校友年度捐赠活动",促进面上筹资

着眼百年校庆,启动"校友年度捐赠"活动。2020 年策划推出 5 项筹捐项目。

【深化内部治理管理机制,全方位管好用好捐赠资金】

1.规范财务管理,提升捐赠资金管理效能

全年支持学校公益事业支出 3 660.1 万元。严格日常财务管理,切实做好每年年检审计。做好中央高校捐赠配比专项资金申报工作和核查工作。整理上报 2019 年 7 月 1 日至 2020 年 6 月 30 日到账的捐赠项目 162 项,申报捐赠配比金额 5 052.93 万元,合格金额 4 905.04 万元,合格率为 97.1%,合格率位居高校基金会前列。

2.坚持风险防控,确保资金保值增值

规范投资运作,以稳健性与谨慎性原则开展投资运行,投资运作收益持续向好,2020 年投资金额 19 000 万元,投资笔数 60,投资收益及利息 1 062.2 万元,平均收益率 5.6%。

3.搭建信息管理系统,提升捐赠项目管理服务水平

将捐赠管理与信息技术紧密结合,以"互联网+"的新兴技术为核心,建设集捐赠联络、捐赠协议管理、项目立项、项目执行、项目反馈、项目跟踪及财务管理为一体的信息化管理系统,充分运用信息化手段提高项目管理效能。

4.进一步完善制度建设,夯实内部基础

修订了《重庆大学教育发展基金会章程》《重庆大学教育发展基金会投资管理规定》,为规范内部运行、开展筹资工作进一步提供制度保障。

5.紧抓党建工作,加强队伍凝聚力

始终以习近平新时代中国特色社会主义思想武装头脑,增强"四个意识",坚持"四个自信",做到"两个维护"。坚持"三会一课",组织开展"党旗飘扬,先锋引领"朗诵比赛、"七一"系列主题教育活动等,提高团队凝聚力和战斗力。

(撰稿人:陈　晓)

人才培养

本科生教育

本科生培养

【综述】

2020年教务处坚持以习近平新时代中国特色社会主义思想为指导，以习近平总书记关于教育的重要论述为遵循，全面贯彻党的教育方针，落实立德树人根本任务，深入实施《重庆大学本科教育2029行动计划》，以构建中国特色重大风格的一流本科教育体系为导向，以提高人才培养质量为核心，不断深化本科教育教学改革，抓紧抓实抓细常态化疫情防控下的各项本科教学工作，圆满完成了本年度工作任务，取得显著成效。

【日常运行与管理】

1.制订疫情期间本科教学工作方案，确保教学工作有序开展

及时部署校内在线课程平台，引进校外慕课，组织落实教师在线教学线上培训，紧急改造学校多媒体教室直播环境，满足了未到校学生的上课需求。同时拟订并发布了一系列本科教学工作安排的相关文件，实现了线上教学到线下教学的平稳过渡，把疫情对本科教学工作的影响降到了最低。

2.日常教学运行工作顺利完成

编制了2020—2021学年学校校历。顺利完成了两学期共计4 238门课程，11 513个教学班的课程安排。顺利组织了4次本科学生选课工作，选课总量51万余人次。

组织完成近17万人次的日常统考课程及期末考试，2.6万人次的全国大学外语四、六级考试及3 000人次的全国大学生英语四、六级口语考试。

组织3次全校教学秩序大检查工作。教学督导听课检查近1 500人次，检查教学文档近13 000份。

开设实验课程785门，开出实验项目2 198个，其中综合性、设计性实验项目1 206个，占总实验项目的55%。

积极拓展线上国内外学习交流研讨渠道，引入通识及相关讲座30余场。开设通识与素质教育课程377门次。

组织普通话水平测试18批，参加测试考生3 118人次，其中本校师生829人次。

3.有条不紊开展学籍、成绩处理工作

学籍异动2 815人次。完成毕（结）业学生6 081人的电子学历信息注册及4万余条成绩处理。完成全校高等数学与大学物理课程考试成绩情况分析，为学院教学工作开展提供参考数据，为考试改革提供依据。

4.升级教学基础设施

对A校区教学基础设施进行了更新换代，更换投影仪8台、网络中控42套、电子班牌42套。用新型网络中控替换老旧中控设备，安装电子班牌，升级教学环境。

【课程育人】

1.推动以课程思政为目标的课堂教学改革

获准市级课程思政专项教改项目8项，其中重点项目5项、一般项目3项。立项校级“三进”工作专题建设项目54项。学校课程思政成果获得国家教育行政学院、卓越大学联盟高校、重庆市教育委员会等单位的高度评价。

2.梳理各类课程的思政元素和育人功能

深入挖掘各类课程的思想政治元素和承载的育人功能，汇总形成文册《润物细无声》，收集了包括理科、文科、工科等35个大类60门具有代表性课程的思政元素，以及100个优秀教案。

【教学改革研究】

获准立项重庆市教改项目75项，获准立项教育部产教协同育人项目53项。组织21个项目申报中国高等教育学会专项课题，获批7项。组织2个项目申报重庆市高等教育学会“高校产学合作教学改革”专项课题，均获准立项。立项校级教改项目62项。以教改项目研究为基础，遴选12篇教改论文参加重庆市第二届高等教育研究与教学改革优秀论文评选，获奖5篇。

【专业建设】

1.专业优化与调整

增设新专业4个，其中3个新工科专业（储能科学与工程、智能感知工程、智能建造）、1个基础学科专业（化学）。增设第二学士专业4个（法学、工程管理、行政管理、自动化）。撤销与学校未来学科专业发展方向不相符合、基础薄弱、不适应社会经济发展的专业10个。

2.完成重庆市“三特行动计划”专业项目结题验收

组织完成重庆市“三特行动计划”第四批特色专业和第二批特色学科专业群验收工作。包括特色专业8个、复查专业1个、特色学科专业群1个，全部顺利通过重庆市教委结题验收。

3.开展新工科建设

组织4项教育部第一批新工科项目完成结题验收工作，全部通过结题验收。组织申报教育部第二批新工科项目，学校申报的5个项目全部入选。组织报送教育部新工科研究与实践项目优秀案例2个。

4.创建明月科创实验班

重庆市两江新区与重庆大学共建明月湖—重庆大学新工科教育科创平台，项目总投资为1.05亿元。依托该平台，创建了明月科创实验班。该实验班在国内率先突破以专业为背景的人才培养模式，打破传统学科分类界限、实施以项目为驱动的教学范式改革的新工科教育试点。现已顺利完成首届招生选拔工作。

5.协助学院开展专业评估认证

通过视频会议直播的方式，与三峡大学联合组织工程教育认证专题讲座，对工科专业开展认证培训。协助工程造价及建筑学专业完成住建部专业评估，协助计算机科学与技术、软件工程及机械制造设计及其自动化3个专业完成工程教育专业认证。

6.深入推进“双万计划”

继2019年度27个专业入选首批国家级一流专业建设点之后，2020年度又有16个专业入选国家级一流专业建设点，使得学校国家级一流专业建设点总数达到43个。

【课程建设】

1.启动新一轮课程建设

共计立项24项一流专业核心课程群建设项目、10项学科交叉课程建设项目、11项荣誉课程建设项目、8项经典传承课程建设项目、50项线上线下混合式课程建设项目。所有项目均顺利开展建设，为全面推进课程建设打下了基础。

2.开展全英文授课项目建设

国际学院与教务处首次联合开展全英文授课项目建设。教务处积极组织申报，截至目前共计收到70门全英文授课课程申报、5项全英文授课专业申报。

3.开展通识教育课程2.0建设

拟订并发布《关于开展通识教育课程2.0建设的实施意见》(重大校发〔2020〕10号)，组织各学院对标学习调研国内外顶尖大学通识课程情况，积极申报课程。目前共计184门课程申报。

【创新创业教育】

1.组织开展创新创业活动，提升学校影响力

组织召开了国家级大学生创新创业训练计划专家会议及第十三届全国大学生创新创业年会。本届年会首次在西南地区举办，也是首次采用“线上+线下”的组织模式，为创新年会交流方式积累了经验。来自全国近300所高校师生代表，教育部、地方教育主管部门代表，“国创计划”专家组成员及行业代表近500人参会。年会的组织工作受到了教育部的高度肯定，提升了学校的影响力。

2.学校入选大众创业万众创新示范基地

学校入选大众创业万众创新示范基地，彰显了学校创新创业工作成效显著。

3.开展创新创业项目工作，强化科教融合

国家级、市级及校级创新项目共立项790项，参与学生2 424人。学生在各类项目中，以第一作者身份正式发表论文45篇，获各类专利18项。在第十三届全国大学生创新创业年会中，学校获优秀学术论文1篇、最佳创意项目奖1项、最佳创业项目奖1项。

937名教师参与国家级、市级及校级创新项目指导，其中教授208人，占指导教师总数的22.2%。

4.开展多项创新竞赛、搭建课外培训体系

共支持近29项大学生科技创新竞赛。获省级及以上奖项共计1 081项，其中国际级特等奖1项，一等奖11项。国家级特等奖9项，一等奖43项，二等奖158项。

学校在重要竞赛中成绩保持前列。在赛迪环保杯第十三届全国大学生节能减排社会实践与科技竞赛获得全国特等奖1项，一等奖7项，这是学校近年来在该项竞赛中取得的最好成绩。

【研究性学习教学探索】

1.精品在线课程资源逐步丰富

先后开展五批在线课程建设项目，立项建设课程136门，并陆续在校内SPOC教学平台及公网MOOC平台上线运行。开设混合式教学课程200余门，300余名教师参与，6 000余名学生获得学分。校内在线课程资源建设及应用已初具规模。

2.一流课程建设取得优异成绩

MOOC平台上线自建慕课52门，累计选课人数超50万人，“地学景观文”“概率论与数理统计”“结构抗震设计”3门课程在爱课程国际MOOC平台上线，获得好评。在教育部公布的首批五大类国家级一流本科课程中，学校30门课程入选，其中线上一流课程9门，线上线下混合一流课程6门，虚拟仿真一流课程5门，社会实践一流课程1门，线下一流课程9门。

【教材管理与建设】

1.加强教材选用政治把关

对哲学社会科学类专业教材(含教辅、讲义)进行了教材内容意识形态专项排查，加强政治把关。拟订了《重庆大学选用境外教材管理办法》，对境外教材的政治性、先进性、科学性、适用性等进行明确规定。

2.推进统编教材及马工程重点教材使用

组织思想政治理论课教材使用培训工作，将“马工程”重点教材对应学科专业课程纳入学生培养方案。共10个学院开设“马工程”重点教材相关的课程，目前对应的课程已增加至56门。

【招生工作】

组建了以学院领导为主体的30人录取队伍，完成了31个省区市普通文理类、综合改革省市、各特殊类型、港澳台等学生的录取工作。2020年学校本科招生计划为6 400名，实际录取20个类型共6 471名新生。进一步细化录取过程的监督制度，纪委全面参与研究讨论，切实做到“阳光招生”和“公平公正”。

应对新一轮高考改革，大力推进大类招生。实施全校跨学部跨学院大类招生，全校99个专业按照23个大类和18个专业进行大类招生和大类培养。

【教师教学能力建设】

疫情常态化下，教师教学发展中心首次推行混合式教师培训，该模式仍然坚持学时制、模块化，保障了培训的系统性和资源的整合性，对教师教学培训的灵活性与多样性做了有益探索。

开展在线教学培训及辅导工作，共组织“停课不停学——如何开展线上教学”等线上培训课程40门，内容涵盖“线上学习四阶段”“教学视频的制作”“开展同步教学的工具和技巧”“疫情前后线上线下教学的有机结合”等多个主题，校内总浏览量达到9 100人次。教育部官方网站对此也进行了宣传和报道。通过全方位的培训，教师熟练掌握各类平台功能和教学工具的使用技巧，从而保证了全校线上教学的顺利开展。

（撰稿人：刘　瑜）

本科生管理与服务

【综述】

学工部坚持以习近平新时代中国特色社会主义思想为指导，坚持立德树人根本任务，围绕“双一流”建设中心工作和“三全育人”综合改革，积极推动“十大育人”体系建设，坚决做好学生新冠肺炎疫情防控工作，促进学生德智体美劳全面发展，推动思想政治工作协同创新发展，进一步加强学生工作队伍建设，着力提升工作成效和科学化水平，较好地完成了工作任务和预期目标。

【学生思想政治教育】

1.主题教育

组织开展意识形态教育、劳动育人、新时代公民道德建设、新时代爱国主义教育、读懂中国等主题活动；开展第六届“十佳班级”大赛等系列活动；选拔学生参加第四届全国大学生网络文化节活动，并获得网文类作品一等奖；组织学生参加教育部易班发展中心主办的全国技术创新大会，并获得创新创意类作品一等奖。

2.疫情防控专题教育

组织疫情防控主题教育系列主题活动，设计发布《重大家书》H5，推出《致重大学工系统全体老师的一封信》，指导辅导员、班主任、班导师、学生党支部和学生党员等主动做好疫情防控工作。通过“重大辅导员”、易班发布“共抗疫情，爱国力行”、疫情提醒信息60多篇，其中6篇被教育部易班首页原文转载。组织返校学生开展“14天打卡记录征集活动”，开展“在希望的田野上”作品征集、“青春有我　爱国力行”主题云演讲大赛、“学习习近平给北大援鄂医疗队‘90’后党员回信”等主题活动50余次。

3.网络思政

通过易班开展健康月主题教育，开展国防安全教育、举办争先创优标兵宣传展示工作、完成川剧文化进校园调研活动、协助图书馆开展“情牵民主湖”毕业歌会云端直播和毕业云端纪念册宣传推广工作。

【学生工作队伍建设】

1.专兼职思政队伍建设

印发《关于做好学院辅导员和班导师队伍建设的通知》《重庆大学辅导员、班导师定岗定编及津贴方案》，选拔青年教师专职辅导员91名、班导师468名、兼职辅导员110名；选拔本科学生班主任942人、德育助理 224 人;遴选培育 23 个重庆大学辅导员名师工作室(学生工作团队)。组织参加全国高校辅导员网络培训示范班、大学生返校后的疫情防控和心理健康教育专题网络培训等培训;每月组织开展一次学生思想政治教育专题研讨暨辅导员系列培训会,举办秋季新任辅导员入职培训会、辅导员素质能力大赛。

2.辅导员先进典型选树

自动化学院袁利被评为"2020 年重庆市最美高校辅导员";公管学院包晗获"重庆市抗击新冠肺炎疫情先进个人""重庆市优秀共产党员"荣誉;数统学院何建华、校团委陈洁分别获评"重庆市高校优秀辅导员""优秀思政工作者"。优秀辅导员评选列入学校教师节表彰。

3.思想政治工作特色项目

组织教育部思政项目申报,系列项目获重庆市推送全国评选。环境学院朱丽萍获重庆市高校优秀辅导员择优资助计划;开展春季大学生思想政治状况调查、高校学情调查项目。

【学生指导与服务】

1.学风建设

持续组织实施"晨曦计划";深入开展宿舍育人阵地建设,建设 18 间 A、B 学生楼栋辅导员值班室,党员寝室挂牌 501 间,全覆盖进行宿舍文明卫生检查评级,获评市级文明公寓 1 栋、市级文明寝室 25 间、特色寝室 3 间;组织开展课间眼保健操、放松操、体育文化节等体育锻炼活动,累计参与学生 1 万余人次;积极推进学业帮扶指导工作,开展评选学生个人及集体标兵 30 名,先进个人、集体 2 800 余名;评定综合奖学金 6 216 人;评选德育奖学金、创新创业奖学金,表彰学生 196 人;引导学生品学兼优、特长发展,提升综合素质。

2.安全教育管理

联合研工部、信息办推动出台《重庆大学电子学生证管理办法》(重大校发〔2020〕137 号),提升学生管理信息化水平。严格落实学校疫情防控政策,全方位开展防控宣传与教育引导,建立和每日搜集学生健康档案,坚持实施"日报告""零报告"制度,对 1 500 多名重点地区返校学生分六批次进行行程统计、接站安排等;实行学生安全隐患、网贷及网络诈骗情况每两周排查整改制度;定期开展安全培训、法制教育和国家安全与保密教育;通过发布新媒体安全提示与安全教育 PPT 范本、严格学生请假销假制度与重要时期安全稳定值班,抓好法定节假日、寒暑假、开学季、毕业季等重要时期的学生安全稳定工作。

3.少数民族学生管理

落实少数民族学生"一人一档、一人一策",每月走访学院等制度,开展一对一谈心谈话和教育帮扶工作;开展"石榴籽"系列理想信念教育,组织学生参观白公馆等红色革命基地;开展少数民族学生党建系列活动,70 名新疆籍少数民族学生提交了入党申请;定期梳理少数民族学生学业、就业情况,协同教务处、保卫处、职就中心等部门做好少数民族学生高等数学、大学英语辅导班、转专业、就业等相关工作。

【资助育人】

进一步完善学生资助规范化水平,针对国拨学生资助资金、学生勤工助学、学生爱心救助基金、临时困难补助、隐形资助等制订出台系列管理文件 5 个。首次试行基于食堂消费数据无须申报的隐形资助。认定家庭经济困难学生 6 719 名，评定各类奖助学金 37 项，受益本科生 24 223 人次，发放国家奖学金、国家励志奖学金、国家助学金、社会奖助学金、勤工助学、特殊困难补助等 5 000 余万元；校园地贷款 640 人，金额 564.26万元，生源地贷款 5 258 名，金额 4 073.8 万元；西部艰苦地区就业学费补偿及助学贷款代偿 187 名，445 万元，疫情期间发放慰问金、慰问物资 34 万元，692 名同学获资助；开展以“诚信、励志、感恩”为主题的资助育人教育活动。1 人获评宝钢奖学金特等奖。

【心理育人】

出台《关于印发〈重庆大学学生心理危机干预工作预案〉的通知》等文件，构建教育教学、实践活动、咨询服务、预防干预、平台保障“五位一体”的心理健康教育工作新格局，创新“融沁式”一体化积极品质心理育人新模式，建立八级联动心理健康教育机制。首次面向本科新生开设了 8 个学时、4 个主题、0.5 个学分的心理健康教育必修课。疫情期间通过多种平台开展咨询服务，截至 12 月 15 日，线上线下共咨询 3 000 余人次，主动关爱师生 2 300 余人次，开展学生返校复课心理健康测评，覆盖 3 万余人，对 12 000 余名本科和研究生新生进行心理测试和后续辅导，成功危机干预 226 人次。

【国防教育】

积极构建“一体一特三结合”国防与爱国主义教育新机制。分新老校区完成 6 400 余名新生的军事技能课和军事理论课教学任务，融入爱国、爱党、爱校等内容；坚持新老校区每周一早晨、重要节日、重大活动开展“升国旗　唱国歌”活动 30 余场；通过线上线下相结合的方式，开展了“11・27”烈士殉难纪念爱国主义教育系列活动；大学生参军入伍 37 名；对 1 166 名复转军人和家属开展拥军慰问；开展了武装部正规化硬件建设。

（撰稿人：何　希，蒋研川）

研究生教育

研究生培养

【综述】

学校以立德树人、服务需求、提高质量、追求卓越为主线,按照寓教于研、激励创新根本要求,以分类改革、机制创新为主要驱动,实施“卓越研究生教育行动计划”,努力构建一流大学研究生教育体系。

【传达学习全国研究生教育会议精神,筹备学校研究生教育会议】

组织参加全国研究生教育会议和传达学习会议精神。开展相关调研,筹备学校研究生教育会议,计划2021年3月召开。

【开展第五轮学科评估和专业学位水平评估】

根据教育部相关文件精神和要求,组织开展重庆大学第五轮学科评估参评工作,编制《全国第五轮学科评估重庆大学参评工作实施方案》(重大校发〔2020〕173号),学校机械工程等45个一级学科参评。

根据国务院教育督导委员会办公室的工作部署和要求,组织开展全国专业学位水平评估参评工作,编制参评估工作方案,学校金融、应用统计等16个专业学位类别(领域)参评。

【稳步推进学位点授权自主审核】

组织开展了2020年学位授权点动态调整工作,按流程撤销电路与系统博士学位授权二级学科,电子科学与技术、艺术学理论硕士学位授权一级学科,增列药学博士学位授权一级学科。

开展学位授权自主审核工作。按自主审核工作程序,新增外国语言文学一级学科博士学位授权点,已报备审批。

开展自主设置目录外二级学科工作。为丰富公共管理一级学科内涵,完成自主设置应急管理二级学科论证和备案工作,已于2020年9月开始招收博士生。

【提升研究生生源质量,优化指标分配办法】

创新招生宣传,开展以“云端宣讲　研途启航”为主题的研究生招生线上宣讲和直播活动30多场。多措并举做好推免研究生招生工作,录取2021年推免生1607人(其中直博生35人,学术型硕士1 065人、专业型硕士507人;来自“双一流”高校935人,占比达到59.5%),推免招生规模达到历史新高,硕士推免生比上年增长21.1%。

深化研究生招生考试改革,在全国率先推行硕士研究生招生初试自命题电子化阅卷,实现自命题阅卷工作分数零差错。该项工作在E9和重庆市部分高校做经验交流和推广。

强化招生规范，圆满完成研究生录取工作。共录取研究生6 408人，其中博士研究生961人（学术型博士761人，工程博士200人），硕士研究生5 447人（全日制学术型研究生2 420人，全日制专业型研究生1 977人，非全日制研究生1 050人）。

【深入推进专业学位研究生培养模式改革】

完成2020版专业学位研究生培养方案制订工作。编发2020版硕士专业学位、工程类博士专业学位研究生培养方案制订指导意见，按流程制订硕士培养方案31个、博士培养方案5个。

开展产教融合研究生联合培养基地建设。与成都华为、康佳光电技术研究院、中国汽车工程研究院、中建科技集团等企业新建市级研究生联合培养基地17个，开展产教融合研究生联合培养。

加强专业学位外聘教师队伍建设，加强对外聘课程教师、兼职导师的聘任和考核，完成365名外聘课程教师和850名专业学位校外兼职导师的信息化管理工作。

【完善研究生课程体系建设，确保教学运行】

完善学术学位研究生课程体系建设，按一级学科制订（修订）学术学位研究生培养方案。制订54个学术学位研究生培养方案，其中硕博贯通培养方案35个，并通过国内学科专家通讯评审。开展专业课课程思政建设，共梳理1 090门专业课程育人元素，推荐64门优秀案例。

加强专业学位课程与案例库建设。开展专业学位高质量课程体系建设，开设一定比例的全英文专业课程、校企联合课程和案例课程。2020版硕士专业学位培养方案新增课程286门，获批2门国家级优质案例库。

组织全国首届研究生优秀教材奖评审。获批6本市级优秀教材，推荐1本参评国家优秀研究生教材。

克服新冠肺炎疫情影响，“停课不停教、停课不停学”。2月17日按期开展线上教学，至5月25日起全面复课，共开出线上课程1 142门次，按期完成春季学期教学任务和课程考核工作；推出针对研究生在线教学的调查问卷与4期研究生教学工作通报；总结和推广疫情期间线上教学的方法、经验和特色，推动传统教学方式与在线教学方式的融合创新。

【加强研究生国际化培养内涵建设】

制定研究生人才培养国际化发展规划。把研究生教育国际化纳入研究生教育改革发展统筹谋划，完成学校《研究生人才培养国际化发展规划（2020—2029年）》。

开展全英文国际研究生培养方案制订和全英文专业建设，制订33个优势学科和特色专业全英文培养方案。

录取2020年国家留学基金委公派项目136人，获批国家留学基金委创新型人才国际合作培养项目1项（累计5项）。组织开展校级研究生出国境交流学习项目申报选拔工作，共遴选78人。

【提升研究生创新实践能力】

推进研究生创新实践能力培养体系的构建，将创新创业活动纳入研究生培养必修环节。

组织立项研究生科研创新项目 150 项、主办承办研究生创新实践大赛 12 项、资助各类高水平学科竞赛 592 项；开展名家会客厅、系列专题培训等九类创新创业品牌主题活动 100 余项。

组织研究生开展各类高水平学科竞赛，获省部级以上奖项 203 项，其中全国一等奖 13 项、二等奖 36 项、三等奖 39 项，全国优秀组织奖 5 项。

【进一步强化和提高学位授予质量】

全年授予学位 13 052 人（含 2020 年 12 月拟授位 1 334 人），其中博士学位 587 人（含 2020 年 12 月拟授位 211 人）、硕士学位 4 875 人（含 2020 年 12 月拟授位 312 人）、学士学位 7 590 人（含 2020 年 12 月拟授位 811 人）。博士学位授予数连续第四年超过 500 人。

开展优秀学位论文评选与推荐工作。评选重庆大学优秀硕士学位论文 82 篇、优秀博士学位论文 57 篇，推荐 29 篇博士学位论文、37 篇硕士学位论文参评重庆市优博优硕评选。

加大学位论文抽检力度，落实整改责任。国务院督导办抽检学校 2017—2018 学年度授予博士学位的 54 篇论文，4 篇为存在问题论文，抽检合格率 93%；重庆市学位办抽检学校学术硕士学位论文 87 篇、专业硕士学位论文 135 篇，抽检合格率分别为 100%和 96.3%；学校抽检 2018—2019 学年度授予学位的 160 篇博士学位论文、577 篇硕士学位论文，抽检合格率分别为 99.4%和 96.2%。

完成了学位评定分委员会换届工作。

【健全研究生教育内部质量管理机制】

牵头梳理学位授权点建设管理现状，明确学科归属，破除多年沉疴，厘清学位点建设主责单位和参建单位。

组织开展 2020 年教师招收博士硕士研究生资格审核工作。

组织开展学科评估专家库报送工作。完成本年度专家库信息更新与报送工作，共报送专家 2 324 人，其中博导 1 112 人、硕导 1 051 人、兼职博导 77 人、兼职硕导 84 人。

加强博士生导师管理，组织开展 2020 年博导信息采集工作。目前已完成公共数据采集，待教师核对和补充信息后，复核上报。

完成 2021 年度博士研究生招生计划论证与核算工作。根据“双一流”建设方案和“十三五”发展规划，编制完成 2021 年研究生招生计划优化配置方案，积极争取教育部支持。

促进高层次人才培养质量持续提升，培育研究生教育教学优秀成果。组织开展重庆大学研究生教育教学优秀成果奖培育工作和重庆市高等教育研究与教学改革优秀论文优秀教改论文推荐工作。

落实“去五唯”要求，完善学位授予条件。修订博士、硕士学位论文评阅管理办法。通过将学术写作培养环节化、推行代表作制度、优质就业、国际同行评价等，去除学术水平评价“唯论文”化。

【加快研究生教育管理信息化建设】

开发完成研究生信息可信归档系统。基于研究生档案可信归档、可信管理和可信服务的要求，对研究生传统档案数据及电子文件封装固化处理。2020年完成可信归档数据25 000余条。

开发完成研究生课程互选系统、博导数据采集信息系统、研究生教育绩效考核系统等。目前均投入使用。

（撰稿人：梁　源）

研究生管理与服务

【综述】

2020年，党委研究生工作部在学校党政的坚强领导下，深入学习贯彻习近平总书记关于教育的重要论述和对全国研究生教育会议的指示精神，不断提高研究生思想政治教育工作质量和工作水平，圆满完成了本年度工作目标。

【思想引领】

开展理想信念教育，开展“不忘初心履百年目标，砥砺前行担青年使命”等主题党团活动和重庆大学第二届“红船杯”研究生“四史”及新冠肺炎疫情防控知识竞赛等活动。

【“双创”工作】

组织开展全国高校“百个研究生样板党支部”和“百名研究生党员标兵”创建工作，组织“不忘初心跟党走，携梦奋进新时代”重庆大学2020—2021学年“启邦”研究生党支部书记培训。

【疫情防控】

坚持疫情防控“日报告”制度，组织完成了学校湖北、黑龙江、吉林等省份的返校研究生的排查、接站、健康管理、送餐、核酸检测等工作；向学校250余名在境外留学、联合培养研究生邮寄近12 000个口罩；为返校复课的研究生发放口罩、体温计、消毒液等物资。

【心理健康】

组织全校研究生老生和2020级研究生新生开展了心理素质测评工作，实现了应测研究生100%全覆盖。研工部会同各学院共干预处置研究生危机事件30余例。

【安全教育】

加强研究生安全教育，强化政治意识。定期开展教育引导，发布安全稳定工作专项通知。开展研究生校园安全情况摸查，排查出重点关注对象152人，及时联合相关学院和职能部处开展救助、帮扶工作；开展超期毕业研究生排查及宿舍清理工作。

【文化活动】

举办研究生元旦综艺晚会、研究生歌手大赛、研究生联谊交友舞会、研究生辩论赛等活动，举办“双城青才计划—青春礼赞”成渝高校大学生书画大赛。举办研究生足球联赛、“羽林争霸”赛、篮球趣味挑战赛等400余场体育赛事，吸引1.3万余名研究生的参与和关注。

【资助工作】

修订完成《重庆大学研究生国家奖学金实施细则》《重庆大学研究生困难补助经费管理办法》等4项资助制度。2020年323人获研究生国家奖学金，12 046人获研究生学业奖学金。共选聘研究生助研2 920人，助管818人，德育工作助理126人。

【贫困资助】

向因新冠肺炎疫情影响导致家庭经济困难的研究生发放补助，资助162人共计16.8万元。资助困难研究生2 083人次，临时性特困研究生6人次，孤儿研究生15人，寒假留校研究生92人。

【网络思政】

加强UMD研究生网络工作室建设和研工部、研团委、研会网站、微博、微信等网络平台的建设和管理，在重大新闻网发布新闻稿54篇，在研工部、研究生院等网站发布新闻及信息763篇、微博842条、微信499条，传播正能量、弘扬主旋律。组织研究生拍摄微电影《衔微木》获得第四届“全国大学生网络文化节”微电影类作品三等奖。

（撰稿人：冯佳文）

继续教育

【综述】

继续教育学院是学校开展继续教育的主要办学实体，同时也是全校学历继续教育（业余、函授）和非学历继续教育的归口管理部门。继续教育学院下设院办公室、学生工作办公室、招生办公室、非学历继续教育管理办公室、信息化办公室、学历继续教育办公室、教育硕士与职教师资培养办公室、财务办公室、后勤与资源保障办公室、培训管理办公室、教学办公室。

继续教育学院深入学习贯彻习近平新时代中国特色社会主义思想，落实立德树人根本任务，进一步优化学历继续教育办学层次，强化办学规范，持续推进继续教育改革创新；积极配合学校党委对学院党委的巡察工作，狠抓反馈意见整改落实，为学院事业发展提供坚强保证。

根据教育部和重庆市教委要求，完成《重庆大学2019年度继续教育发展报告》和《重庆市2019年高校继续教育发展情况数据统计表（重庆大学）》。完成《口述校史薪火相传——重庆大学C校区办学历史回顾》《构建一流继续教育体系，服务地方经济社会发展》主题视频制作，助推继续教育改革发展。

完成校内外4 201名学历继续教育（业余、函授）学生的教育教学管理；持续推进5个国家级基地建设，加大市场拓展力度，着力降低疫情影响，全校承接各类干部培训、专业技术人员培训和技能培训等共计265班次，14 002人次。

积极做好疫情防控工作，保障了师生的身体健康、生命安全和教育教学工作的稳定。完成了学校安排的C校区培训公寓新冠肺炎疫情防控健康管理点（隔离观察）的后勤保障任务，共接收学生八批618名，为学校疫情防控工作做出了贡献。

【队伍建设】

本年度在编教职工53人，其中一般管理岗位33人、专业技术岗位17人、工人技术岗位3人；一般管理岗位中有1人晋聘为六级职员，有1人晋聘为五级职员。

聘任专业主任和课程负责人8人，学历教育外聘教师141人，非学历教育聘请了342名专家学者授课。完成相关管理岗位的调整及聘任工作。

【党建和思想政治工作】

继续教育学院有党员39人，其中教职工党员36名、学生党员3名。党支部5个，其中教职工党支部4个，学生党支部1个；2020年度新发展学生党员6名；教职工党员比例92.31%。

充分发挥学院党委的政治核心作用，全力配合学校党委巡察工作，按照“事事有着落，件件有交代”原则，制订修订了管理制度13项，落实巡察整改。

认真开展政治理论学习，本年度组织召开党委会16次，党政联席会33次，党委中心组理论学习9次，教职工政治学习16次，开展《民法典》宣讲1次，十九届五中全会精神宣讲1次，班子成员讲党课7次，院党委书记、院长分别为学生讲形势与政策课1次。压实“两个责任”，加强廉政建设，加强对学院各项工作的监督检查，落实党风廉政责任任务清单。认真落实意识形态工作责任制，严格按照学校“一会一报”“一人一表”要求审核报批哲学社会科学类师资，全年报审哲学社会科学类师资742人次，变更79人次，涉及124个培训班次。

认真落实《继续教育学院岗位育人元素和育人职责》，深入推进“三全育人”工作。强化建章立制，加强对二级办学单位、培训中心、函授站（点）学生思政工作指导，努力构建一体化育人体系；抓好新生入学、学生入党、学生安全与心理健康、毕业生教育。培养校级优秀团员、团干、创新先进个人31人，五四红旗团支部2个，培养了30多名学生入党积极分子；评出“优秀毕业生”98名。

【教学工作】

1.研究生教学

完成最后一届11名教育硕士（科学与技术教育领域）专业硕士研究生学位授予工作，切实保证培养质量。

2.学历继续教育

招生本科专业11个，在全国3个省市设立3个函授站（点）。完成校内外4 201名学历继续教育（业余、函授）学生的教育教学管理，函授在册学生人数1 775人。根据学校要求停办专科层次学历继续教育（业余）。

3.非学历继续教育

持续推进国家级基地建设，组织完成教育部对学校职教国培基地专项询导，参加由工业和信息化部人才交流中心牵头开展的《国家中小企业经营管理领军人才培训项目总结及优化》的课题研究活动。全力克服新冠肺炎疫情对干部培训和高端商学教育的影响，进一步加强非学历继续教育品牌文化、质量内涵、团队、基地、高端培训市场建设，不断加强社会化培训中心的遴选、退出与质量监控，全面规范管理，提升高端培训发展质量和水平。

承办工信部中小企业重庆领军企业家代表“专精特新”“新基建”专题调研会。举办“十年·拾光”2020年重庆大学高级工商管理研修班企业家年会；举办国家人社部“‘链’向未来——区块链技术的前沿应用”国家级研修班、成渝地区双城经济圈战略主题研讨班2期、高级工商管理研修班和企业管理实战研修班4期、工业和信息化部中小企业经营管理领军人才重庆大学—重庆班2期、重庆大学战略人力资源OMO实战训练营1期等一系列高端培训项目。

举办干部培训项目 109 期,培训学员 5 885 人,培训合同金额 1 408 万元,主要涉及综合能力提升、党务党建、民主党派及无党派、教师教育、专业技术、企业管理等领域方面培训;举办社会化培训项目 58 期,培训学员 2 590 人,培训学费收入 2 570 万余元;完成 1 645 人次的全国计算机等级报名与考试组织。

4.全校非学历继续教育归口管理

完成校级培训协议审核 192 份,并做好归档与台账管理;审核发放全校各类非学历继续教育培训结业证 11 062 人次;完成全校各类培训项目网上公示 210 期。

(撰稿人:杨　安)

网络教育

【综述】

2020 年,网络教育学院在学校党委行政的正确领导下,在机关部处和校外学习中心的大力支持下,坚持以习近平新时代中国特色社会主义思想为指导,围绕十九届四中、五中全会精神和教育部关于办好网络教育的指示精神,不忘初心、牢记使命,强化办学主体责任,完善人才培养体系,以党支部建设为龙头,以技术和资源建设为核心,以教学管理、学生管理和学习中心管理为重点,积极推进网络教育,落实立德树人,确保培养质量。

【党支部建设及内部管理】

加强党员理论学习,积极开展各类活动。学院领导班子围绕重庆大学 2020 年党建工作要点,认真贯彻落实"全面从严治党"要求,深入学习十九届五中全会精神,学习习近平总书记关于疫情防控、脱贫攻坚的指示,学习《习近平两会期间重要讲话精神》,加强理想信念,提升理论水平。学院党支部积极开展"七一"主题教育,赴红岩革命纪念馆、白公馆和渣滓洞开展党性教育活动;组织党员开展"学习强国"知识学习竞赛;开展老党员重温入党誓词活动。组织党员和教职工参加"网上重走长征路"暨推动"四史"学习教育竞答活动,参加机关党委诗歌朗诵比赛和工会书画比赛等。支部还配合工会组织员工参加爬山及趣味运动会等各类活动,配合做好节日慰问和走访慰问退休老同志工作。

积极开展疫情防控,阻击新冠肺炎蔓延。成立疫情防控工作小组,寒假期间坚守岗位,动员党员干部参与疫情防控。做好教工摸排,及时掌握疫情,积极参与采购防疫物资。做好学生支持服务,通过学院网络学习平台、终身学习平台和互联时代资源共享联盟,为学院在读生、毕业生和社会大众服务。调整春秋两季招生方式和考试方式,组织开发线上考试系统,确保教学正常进行。2020 年 10 月网络教育学院获得全国高校现代远程教育协作组"2020 网络与继续教育抗疫先进单位"。

做实做细扶贫工作,助力打赢脱贫攻坚战。按照重庆大学定点扶贫工作责任书要求,积极组织开展教育定点扶贫工作:①从 2012 年开始,学校先后定点扶贫云南绿春县、西盟县、宁夏固原市,分别在三地建立校外学习中心,开展网络教育。截至 2020 年底,学院已为绿春县和西盟县培养管理干部和专业技术人员达 1 570人,减免学费总额 904 万元;从 2018 年起,为宁夏固原市培养 1 000 余名管理干部和专业技术人员,减免学费达 640 余万元。②动员党员和教职员工参与扶贫,为云南绿春县引进帮扶资金 80 多万元;③组织本单位党员和教职员工采购绿春农产品 15 000 余元;④购买湖北地区以及贫困地区农产品 5 000 余元。

加强内部管理，促进学院发展。制订《网络教育学院2020年工作要点》，明确2020年度重点工作。成立综合治理工作领导小组，进行安全隐患排查，维护学院消防安全，加强网站论坛监管，牢筑意识形态堡垒。按照学校档案馆要求，及时将2019年行政类和学生类档案归入学校档案馆。学院内部管理信息畅通，实现了信息共享，2020年共发布4期信息简报共47篇信息。

【技术支持】

完成新平台开发上线6个，分别为重庆大学组织部民主测评系统、网院在线视频监考考试系统（网页版本/客户端版本）和微信小程序开发（扫码传/学业顾问/院长平台）；分别完成对招生管理系统、题库系统、教务管理系统、移动教室App、毕业生管理平台等现有平台（系统）的升级改造。

学院建设了安全感知平台、数据库审计平台、"两地三中心"的数据保障体系，采用了专业运维审计系统、应用级防火墙、自动化安全预警以及自动防护体系等技术，支撑各业务系统的高效稳定运行。目前学院已完成私有云建设，实现了基础构架资源的池化和服务化，很好地支撑了学院信息化建设的需求。

【资源建设】

学院重新建设完成了"建筑施工技术""国家公务员制度""装工程定额与预算""房地产项目投资与融资""机械设计基础"等17门课程。新建"马克思主义基本原理概论""思想道德修养与法律基础""形势与政策"3门思政课。启动未改造专业的课程建设，主动联系课程建设教师。新签18门课程建设协议，为明年课程建设打下基础。完成"重庆大学防'疫'线上讲座"、MOOC课程"电路原理"等校内和校外课程及多媒体制作15门。

【教学管理】

顺利完成日常教学工作。2020年共计聘请1 297名各类教师，共组织480门次课程的教学辅导和319门次的直播教学，完成课程导学、网上论坛、作业及考卷批改、课程总复习答疑、毕业设计（论文）指导等教学任务。受新冠肺炎疫情影响，全年组织两次网上考试，完成132万课程学分；组织学生参加了3次全国统考，3万余人通过统考；完成17 994名学生的毕业设计（论文）指导工作，有16 100名学生取得合格成绩，及格率为89.47%。

为克服疫情困难，不影响正常教学工作，将集中答疑改为分散答疑，将现场培训改为在线培训，将现场考试改为网上考试，将集中答辩改为个人答辩，开展网上直播教学。加大对课程论坛师生互动、作业完成、课程考试、毕业论文（设计）、统考报考与成绩等数据的分析，跟踪学生学习情况及效果，为学生学习做全方位的支持服务。

【学生管理】

新生电子注册。完成2020年新生生成学籍并电子注册19 383人（其中本科生15 764人，专科生3 619人），对本科注册学生进行了入学资格复审，323人前学历待查。

2020年毕业学生49 007人。截至2020年12月学院累计毕业学生达367 110人，总毕业率90.8%。

2020 年春季授位 792 人，授位率 7.7%；秋季拟申请授位人数 682 人，授位率 8.66%，目前正在申报中。截至 2020 年秋季批次，网络教育学院累计授位人数为 8 256 人，平均授位率为 5.83%。

2020 年学生办理学籍异动、课程办理、开具证明共计 5 047 人次。全年共接收学生咨询 11 414 人次。

积极开展学生活动。由于疫情影响，2020 年现场开学典礼暂停，学习中心多采用学生报名时现场讲解、远程网上“云开学”等方式开展新生导学工作。评选了 550 名优秀学生。策划组织了“记忆|记疫”主题作品评选活动。开展了在读生和毕业生问卷调查，14 479 名在读生和 21 847 名毕业生填写了问卷。

【校外学习中心管理】

校外学习中心是学校网络教育学习支持服务体系的重要组成部分。校外学习中心在招生宣传、生源组织、学生管理等方面有着十分重要的作用。

2020 年招生情况。受疫情影响，2020 年春秋两季招生人数严重下滑，缴费学生 18 901 人。专科层次招生受限，只有重庆、云南、宁夏启动了专科招生。在入学考试科目中，新增“思政教育”课程。

学习中心建设、巡点及年报年检情况。2020 年新建 1 个校外学习中心并完成在阳光平台的备案工作。从 9 月 1 日开始恢复巡查工作，截至 12 月，共巡查学习中心 42 个。仅组织召开了重庆地区学习中心工作会议。全年共有 12 个省级教育行政部门开展网络教育校外学习中心年报年检工作，分别是上海、陕西、山东、新疆、河南、福建、云南、贵州、河北、重庆、辽宁、浙江。河南和贵州已经顺利通过，其他省份还未出结果。

重庆大学 2020 年网络高等学历教育招生专业设置

<table>
<tr><th>招生专业</th><th>层　次</th><th>入学考试科目</th><th>学　制</th><th>学习期限</th><th>学　分</th></tr>
<tr><td>建筑工程技术</td><td>高起专</td><td rowspan="18">●高起专：英语、计算机应用基础、思政教育
●专升本：大学英语、计算机应用基础、思政教育
注：已获得本科毕业证书的学生，免试入学</td><td rowspan="18">2.5 年</td><td rowspan="18">2.5~6 年</td><td rowspan="18">●高起专、专升本均为 80 学分
●本科二学历为 60 学分</td></tr>
<tr><td>建筑工程管理</td><td>高起专</td></tr>
<tr><td>机电一体化技术</td><td>高起专</td></tr>
<tr><td>工商企业管理</td><td>高起专</td></tr>
<tr><td>会计</td><td>高起专</td></tr>
<tr><td>安全工程</td><td>专升本</td></tr>
<tr><td>土木工程</td><td>专升本</td></tr>
<tr><td>工程管理</td><td>专升本</td></tr>
<tr><td>工程造价</td><td>专升本</td></tr>
<tr><td>房地产开发与管理</td><td>专升本</td></tr>
<tr><td>机械设计制造及其自动化</td><td>专升本</td></tr>
<tr><td>工商管理</td><td>专升本</td></tr>
<tr><td>计算机科学与技术</td><td>专升本</td></tr>
<tr><td>会计学</td><td>专升本</td></tr>
<tr><td>市场营销</td><td>专升本</td></tr>
<tr><td>采矿工程</td><td>专升本</td></tr>
<tr><td>公共事业管理</td><td>专升本</td></tr>
<tr><td>电气工程及其自动化</td><td>专升本</td></tr>
</table>

（撰稿人：金有春）

学生职业发展与就业指导工作

【综述】

2020年，重庆大学深入贯彻党的十九届五中全会精神和习近平新时代中国特色社会主义思想，围绕国家战略，坚持立德树人，推进“三全育人”，全面落实党中央、国务院“稳就业”“保就业”决策部署，主动应对，积极作为，着力打造疫情下就业工作新模式，通过“云招聘、云指导、云签约”，做到“招聘工作不打烊、指导咨询不断线、管理服务不停歇”，切实稳定学校2020届毕业生就业大局，助力毕业生更加充分更高质量就业。

重庆大学2020届毕业生共计10 954人，其中本科毕业生5 931人，硕士毕业生4 519人，博士毕业生504人。截至2020年12月15日，2020届毕业生中已就业人数10 377人，就业率为94.73%，其中，本科生就业率92.29%，研究生就业率97.61%。

【顶层设计】

重庆大学高度重视毕业生就业工作，进一步强化责任担当，成立学校就业工作领导小组，建立就业工作“周报制”，校领导带队深入学部、学院调研就业工作，统筹部署，逐级压实责任，充分发挥校院两级就业工作联动机制，全面打造“学校主导、学院主体、部门协同、全员参与”的就业工作格局。

【职业发展教育与毕业生就业指导】

1.对标“三全育人”综合改革方案，深耕生涯规划和就业指导教育体系

以“双一流”建设和学校“三全育人”综合改革为契机，精准定位学生成长发展需求，深化分类指导。对低年级，开展“启航计划—生涯规划教育‘五个一’行动”，引导学生认知自我，科学规划未来，激发学习原动力。对高年级，积极推进“远航计划—职业发展能力提升教育”，引导学生树立正确择业观，提升求职竞争力，助力顺利完成“校园人”到“职业人”的角色转变。2020年全校共组织开展各类生涯规划和就业指导活动730余场，覆盖学生61 500余人次。

2.进一步强化校院两级职业发展教育与毕业生就业指导的队伍建设

经过八年的持续建设，学校兼职就创业课程师资队伍已扩充至66人，全年线上线下组织专业培训140余人次。持续建设学院生涯发展导师团队，首次在每个学院聘任一名生涯发展导师，全年组织开展职业测评师等能力培训65人次。着重加强新生及毕业班辅导员的业务培训10余场，不断提升辅导员队伍的业务水平。学校生涯发展与就业指导师资团队在市内外影响力不断扩大，3人入选成渝地区双城经济圈高校就业创业“双百”导师团人员名单。

【校园招聘与就业渠道拓展】

1.竭力开源拓岗,拓宽校园招聘新空间

打造“分层次、分类别、分行业”的校园招聘体系,应对疫情影响建立线上线下相结合的校园招聘模式。2020 年举办各类招聘会 2 095 场,发布招聘信息 10 449 条,其中联合卓越联盟高校、西部地区高校等举办联盟性、区域性、行业性网络招聘活动 10 场,为毕业生提供不打烊的招聘服务。主动邀请航天六院等国防军工单位来校开展“国防军工周”活动,来校招聘的国防军工单位数量同比增长 38%。学校优良的招聘服务广受各方好评,2020 年荣获智联招聘联合北京大学社会调查研究中心颁发的“数字化就业最佳人气奖”。

2.聚焦国家战略,优化就业市场开拓机制

积极面向国防军工单位、重要央企、基层一线等重要领域开拓就业市场。联合学院及相关部门走访航天六院、中国船舶七〇五所、中国兵器工业二〇四所等重要单位 20 余家。与中建八局、海信集团、中铁重工等单位建立合作关系,建立学生就业实习实训基地,进一步发挥社会化力量助力毕业生更高质量就业。

3.加强供需对接,用足用好政策性岗位

着力打造“互联网+就业”新模式,搭建就业供需对接平台,努力实现政策性岗位信息的精准推送与高效推介。积极引导毕业生关注“24365 校园联合招聘服务”“国聘行动”“百日冲刺”等政策性岗位供需平台,配合组织实施好“西部计划”等中央基层项目与参军入伍行动的宣传工作。在有关部处和各学院的鼎力支持下,努力开发出科研助理岗位,共签约 296 人,群策群力帮助 2020 届毕业生尽早就业。

4.突出价值引领,做好国家、国际治理人才培养推送工作

继续开展“龙骨行动”,打造选调生工作“选拔—培养—推送—回访”机制。举办选调生出征仪式,邀请学校主要领导出席,积极引导毕业生在基层广阔天地中建功立业、实现人生价值。2020 年,26 个省区市定向学校开展选调生招录工作,比 2019 年增加 3 个;506 名毕业生加入选调生队伍,较 2019 年增长近 80%。自 2018 年启动“龙骨行动”以来已累计开展 3 期,培训 6 000 余人,成功选送 990 人前往选调生行列。选调生工作扎实走在“双一流”建设高校第一梯队。2020 年,学校首次进入中央选调生推荐高校范围。

继续组织“嘉陵之子”国际组织人才训练营,开展精准化指导服务和培训,研究制订落实配套支持政策,2020 年 3 人通过留基委考核赴国际组织实习。自 2018 年启动该项工作以来,已累计选送 8 人前往国际组织实习任职。

【就业管理与服务】

1.开启“24365”就业服务

全面启动新版就业信息平台,积极应对疫情,开通 24 小时网上应聘、电子签约、线上咨询等智慧就业服务;建立“一网两平台多渠道”信息服务网,通过就业信息网、微信、微博、短信、QQ 群、校园 LED 电子屏等 365 天全天候、分类别推送就业信息,全年向学生发送就业信息 172 万余条,最大限度确保毕业生获取就业信息,营造积极良好的就业氛围。

2.开展暖心精准帮扶

建立家庭经济困难、身体残疾、少数民族、湖北籍和非全日制非定向研究生等重点关注群体的就业帮扶工作台账，根据不同群体不同需求实行"经济上扶持，信息上首推，心理上疏导"的三位一体扶持措施，全年为3 375名特殊群体毕业生发放186万余元求职补贴。截至11月24日，2020届残疾毕业生已全部就业，经济困难、湖北籍、非全日制非定向研究生就业率均高于全校水平。

3.提供离校不断线就业服务

为2020届离校未就业毕业生量身定制帮扶方案，专门开通"2020届毕业生就业加油站"QQ群，持续提供点对点就业指导和服务。截至11月24日，1 181名离校未就业毕业生成功实现就业，年底就业率较离校时提升11.42%。

4.规范就业过程管理，严守就业工作底线

在就业形势严峻复杂的情况下，始终严格遵守教育部提出的"四不准"就业工作纪律要求，先后10余次通过业务培训、工作会议、沙龙研讨等方式扎实落实就业工作新要求，全方位提升基层就业工作队伍业务水平。学校10 885名2020届毕业生的就业数据历经教育部、国家统计局、重庆市教委等主管部门多轮核查，与毕业生真实就业情况高度一致，得到毕业生、主管部门高度认可。

5.开展精准就业调研，积极发挥就业反馈作用

积极研判形势，主动作为，针对考研学生、"二战"学生、未就业学生等重点群体分类别开展就业调研，分学院编写毕业生就业状况、就业质量及中长期职业发展状况等调研报告10余篇，为学校、各学院提供及时有效的就业反馈和决策支撑。

6.积极参与学校"双一流"建设与第五轮学科评估相关工作

深入贯彻落实教育部办公厅《关于开展高校毕业生就业状况跟踪调查的通知》要求，采取积极措施，广泛动员毕业生参与调查。截至11月24日，学校问卷回收率38%，一流学科问卷回收率55%。

（撰稿人：张红春，杨　蓉）

科学研究

自然科学研究

【概况】

2020年,是全面建成小康社会和"十三五"规划收官之年,也是学校谋划"十四五"规划和全面推进"双一流"建设的关键之年。重庆大学2020年度科技工作在学校党委和行政的领导下,坚持以习近平新时代中国特色社会主义思想为指导,认真贯彻落实全国教育大会精神和习近平总书记对重庆发展的重要指示要求,紧紧围绕国家和地方发展的重大战略需求,面向世界科技前沿、面向经济主战场、面向国家重大需求、面向人民生命健康,深入推进全方位的科技创新、机制创新、管理创新,为实现学校"双一流"建设和人才培养目标提供支撑。经过全校相关学院和职能部门的共同努力,实现科技事业稳步发展。

【科研管理】

1.提高政治站位,强化使命担当

学习贯彻党的十九届五中全会精神,坚持党对科技工作的全面领导,贯彻新发展理念,将习近平总书记关于科技创新的重要论述指导科技工作内化为自觉行动;全面提高政治站位,压实政治责任,牢固树立"四个意识",坚定"四个自信",坚决做到"两个维护",切实将政治理论学习与业务工作有机结合,强化广大科技工作者服务科教兴国、科技强国的责任感和为国担当、为党分忧的使命感。

①切实加强党支部建设。巩固"不忘初心、牢记使命"主题教育成果,高质量开展学习历史特别是党史、新中国史、改革开放史的重要讲话和重要论述;严格"三会一课"制度,切实增强科发院党支部的凝聚力和战斗力;深入开展调查研究,先后走访学院、重点实验室和中心20余次;班子成员轮流讲党课9次,科室负责人政治学习和业务交流15次,通过理论学习指导业务工作,打造学习型、创新型科发院。

②科技助力疫情防控,率先启动应急专项。积极克服新冠疫情带来的影响,坚持"停课不停研"。通过精心部署和有效组织,学校各类科研活动的组织实施和过程管理有序推进。利用中央高校基本业务费在全国高校率先启动了应急科研项目,积极组织申报国家和地方有关部委科技项目,有效发挥了科技对打赢疫情防控阻击战的支撑作用,获得了主管部门的高度评价。先后出版了六期新冠肺炎疫情科技攻关工作通报。

③转变思想理念和发展路径,充分认识高校科技工作面临的新形势与新要求,强化科研的顶层设计和统筹规划,强化重大项目、重点平台、人才团队和重大科技成果的策划培育和组织服务,积极开展有组织科研。

④进一步改进工作作风,深入调查研究,先后走访环境、航空、资安、材料、土木等学院、重点实验室和中

心 20 余次，主动宣讲科研政策、解决实际问题；提高科研管理服务水平。

2.完善“1+5”创新体系，扎实推进内涵建设

加强统筹协调，推进国际联合研究院的落地建设，深化和拓展国际科技合作与交流，全面完善学校“1+5”科技创新体系；进一步优化创新生态系统，明确职能分工，推进创新体系的内涵建设。

①与沙坪坝区共建的国际联合研究院将于年底正式挂牌，标志着学校“1+5”科技创新体系架构全面完善。有序推进共建研究院的方案，注册法人机构、入驻团队遴选等。

②前沿交叉学科研究院 4 个研究中心正式运行，新建研究中心实验平台、科学研究和人才队伍建设等工作取得阶段性成效。

③超瞬态实验装置取得实质性进展。加强技术研讨和方向凝练，获重庆市发展改革委正式批复预研可行性立项，批复经费 3.478 5 亿元（不含土地费），预研建设用地 150 亩，首笔经费 3 000 万元正式拨付。组织完成了国家重大科技基础设施中长期规划“十四五”重点项目的申报，成功列入教育部高校重大科技基础设施“十四五”规划，并遴选推荐到国家发展改革委进行国家重大科技基础设施中长期规划“十四五”重点建设项目申报评审，已通过中咨公司组织的备选项目形式审查和第二轮评审，目前评审结果待正式公布。

④产业技术研究院全方位融入西部（重庆）科学城建设，与重庆高新区签订研发及成果转化合作协议，进一步明确功能定位及发展目标。签订产学研合作协议 60 余项，新增落地孵化科技型企业 10 家。成功招收 2 名博士后科研人员，获批重庆英才计划创新领军人才和创业领军人才各 1 人、创新创业示范团队 1 个。

⑤先进技术研究院积极服务国家国防建设，获批千万以上的项目 9 项；围绕国家重大科学计划、国内外创新发展新趋势以及地方经济社会发展重大需求，积极开展先导性计划；与北京理工大学共同开展太空花瓶项目研制，预计在 2021 年 1 月 20 日在酒泉中心发射；积极推进与璧山区政府共建重庆大学璧山先进技术研究院建设，截至 2020 年底已入驻研究团队 31 个。

3.实施“四大”科技计划，全面提升科研能力

为进一步推动学校科研工作瞄准国际科学研究前沿，主动对接和承担国家重大战略任务和重大科技计划，突出关键共性技术、前沿引领技术、现代工程技术、颠覆性技术创新，开展原创性探索和研究；促进学校高水平科研成果的产出，服务继续实施科研后备拔尖人才、重大项目、高水平科技成果等培育计划，提升学校科研能力和核心竞争力，增强学校科研综合实力。全面实施了基础研究珠峰计划、重大项目成果人才培育计划、重点研究基地构筑计划、军民融合发展行动计划等构成的科研能力提升四大行动计划。

①持续强化基础研究，大力开展核心技术基础攻关。实施基础研究珠峰计划，强化系统部署，突出原始创新，设立“前沿交叉研究专项”基金，促进学科交叉融合，实现创新引领。

②继续开展“大项目、大平台、大团队、大成果”培育计划，针对关键领域技术创新 2030 重大项目、重点研发计划、重大科技成果等，开展有组织科研，推动学科交叉、医工融合、文理渗透，积极承担国家重大科技任务和获取重大成果。

③开展第三批次科研后备拔尖人才培育计划项目研讨会。培养一批具有国际先进水平的学科领军人才和学术带头人，提高学校持续承担重大科研任务和服务社会的能力，创造标志性学术技术成果，挖掘学科发展潜力和创新动力。

4.健全完善科研管理制度，全力营造良好创新氛围

按照国家部委政策导向，探索建立科学的评价管理机制，突出科学精神、创新质量、服务贡献。努力克服科技评价的“五唯”不良倾向，扭转论文“SCI至上”功利化倾向，优化完善研究成果分类分级体系，调动科研人员积极性。

①修订《重庆大学自然科学类科学研究分类分级体系》（重大校发〔2020〕116号）、《重庆大学促进科技成果转化管理办法》（重大校发〔2020〕131号）、《重庆大学专利工作管理办法》（重大校发〔2020〕132号），配合修订《重庆大学专业技术岗位分级聘用实施办法》（重大校发〔2020〕114号）、《重庆大学职称评审委员会规程》（重大校发〔2020〕128号）等，构建符合科研发展规律的管理制度和激励机制。

②继续落实科研领域的“放管服”改革，提升科研管理的信息化水平，做到“让信息多跑路，让老师少跑路”。建立“学校—学部—学院—个人”一体化科研诚信管理体系，全面营造弘扬科学家精神和优良作风学风的浓厚氛围。

③加强学术道德和科研诚信建设，营造良好的创新生态，打造“学校—学部—学院/单位—个人”一体化科研诚信管理体系，树立红线意识，推动严谨治学、学术诚信、优良学风，构建教育预防、调查处理工作机制。制订《重庆大学科研诚信管理暂行办法》（重大校发〔2020〕108号），汇编《科学道德与学术规范学习资料》，做到宣讲教育全覆盖、诚信建设常态化、学术不端零容忍，全面营造弘扬科学家精神和优良作风学风的浓厚氛围。

【科研项目】

2020年，共组织申报各级各类项目4 050项，全校新立项各级各类竞争性项目2 511项，其中纵向1 523项，横向988项，技术转让149项。

1.获准的国家级项目

获批国家重点研发计划项目、课题、子课题88项，总经费1.74亿元，其中国拨经费1.22亿元；获批国家级的国防项目51项，合同经费16 955万元，到账经费11 091万元。

2.国家自然科学基金项目

2020年，学校共组织申报各类国家自然科学基金项目1 144项（2019年1 062项），获批282项（2019年241项），直接经费1.904亿元（2019年1.45亿元）。其中集中组织申报各类项目1 088项（2019年1 004项），获准项目270项（2019年230项），集中申报项目资助率达24.82%，远高于全国平均资助率15.88%近9个百分点。获得1项重大项目资助，实现历史性突破：创新研究群体1项，重大仪器项目1项，优青4项，重点项目11项（其中，重点联合7项），面上165项，青年95项，其他4项。

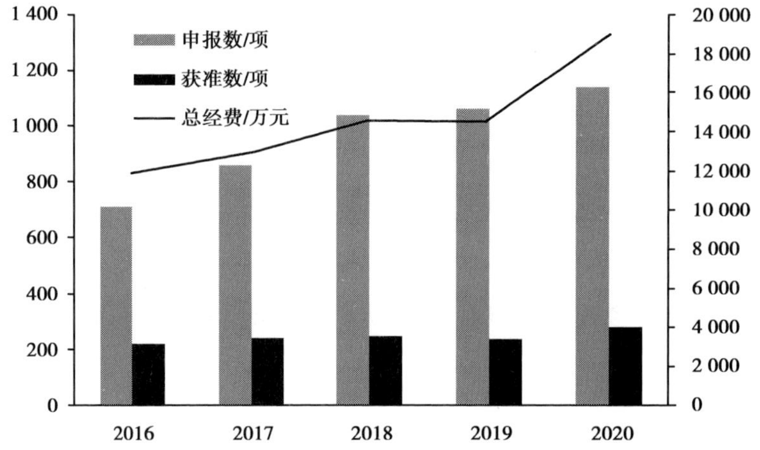

图1 近五年国家自然科学基金项目情况

3.获准的省部级项目

获准省部级及有关纵向项目共260项(2019年275项),国拨经费15 995万元(2019年9 000万元),较2019年增长77.7%,其中牵头重庆市科技计划项目224项,重庆市教委项目7项,重庆市住建委4项,重庆市卫健委4项,重庆市教委"成渝地区双城经济圈建设"科技创新项目14项,重庆市科技局、重庆市教委疫情应急科技攻关专项5项,重庆市科技局人工智能试验区第一批重点研发项目2项。

4.中央高校基本科研业务费项目

按照"统一规划、分类组织、公开遴选、过程管理、绩效考核"的原则,组织完成2020年中央高校基本科研业务费项目遴选、立项和经费拨付工作。2020年新立项项目503项,资助总经费4 963.2万元。其中学院创新能力提升专项42项,资助经费658万元;学科交叉与团队建设专项245项,资助经费2 156.1万元;平台与成果培育专项192项,资助经费2 049.1万元;校长专项2项,资助经费100万元。续拨2020年以前立项经费1 839.55万元。

【科技经费】

2020年,全校自然科学类科技总经费20.88亿元(2019年17.16亿元),较去年增长21.68%。其中实到科研项目总经费10.53亿元(2019年7.96亿元),较去年增长32.29%;产业口具有科技含量的经费4.35亿元(2019年3.36亿元),较去年增长29.46%;人才队伍建设经费(含科研启动费、重庆市人才及留创计划、重庆市弘深博士后基金1亿元)2.091 6亿元(2019年0.79亿元);自然科学类科研平台专项经费0.81亿元(2019年0.7亿元);附属医院科研经费2.75亿元(三峡医院1.65亿元,肿瘤医院1.10亿元);学科建设经费1.997亿元;科研事业发展(含科研基建投入)等其他经费1.910 9亿元。

全校实到项目科研总经费11.53亿元(2019年8.75亿元),其中自然科学类研究经费10.53亿元(2019年7.96亿元),占研究总经费的91.33%,其中纵向科研经费7.59亿元(2019年5.05亿元),占72.1%;横向科研经费2.84亿元(2019年2.91亿元),占26.97%;成果转化合同经费7 571万元(2019年4 061万元),成果转化实到经费 1 315 万元(2019 年 653 万元)。人文社科类研究项目 1.0 亿元(2019 年 7 822 万元),占研究项目总经费的 9%。

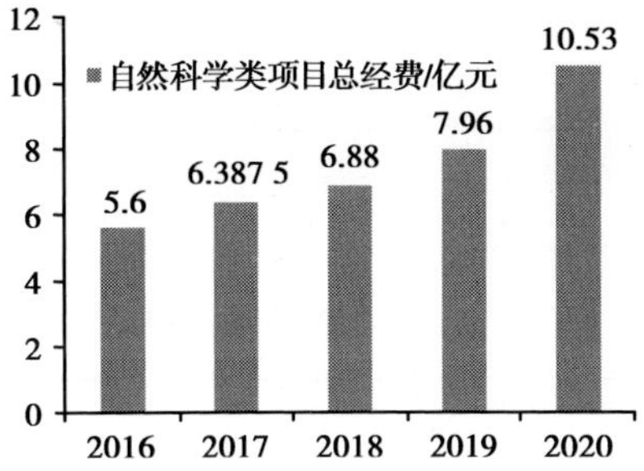

图 2　近五年自然科学类项目经费情况

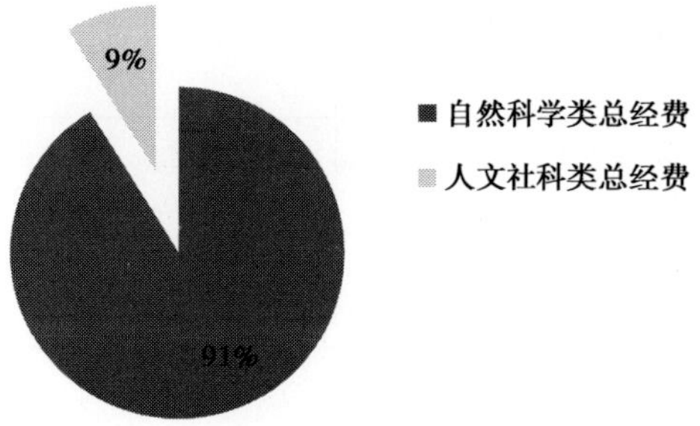

图 3　自然科学类与人文社科类项目经费比例

【科研成果】

1.科技奖励

(1)国家科学技术奖

2020 年共组织 22 个项目(牵头 11 项)申报国家科学技术奖。学校有 7 个项目(牵头 3 项)进入了初评会议评审。经答辩,牵头获国家科技进步奖二等奖 1 项,参与获国家技术发明奖二等奖 1 项。

表 1　重庆大学 2020 年获国家科学技术奖情况一览表

项目名称	奖励类别	获奖等级	获奖单位	获奖人
建筑热环境理论及其绿色营造关键技术	科技进步奖	二等奖	**重庆大学**,中国建筑设计研究院有限公司,北京城建设计发展集团股份有限公司,中国建筑西南设计研究院有限公司,青岛海尔空调电子有限公司,广东美的制冷设备有限公司,华中师范大学	**李百战**、潘云钢、戎向阳、李国庆、姚润明、王莉、李楠、刘猛、席战利、杨旭
超高纯金属溅射靶材制备技术及应用	技术发明奖	二等奖	宁波江丰电子材料股份有限公司,**重庆大学**	姚力军、**刘庆**、王学泽、周友平、袁海军、边逸军

(2)高等学校科学研究优秀成果(科学技术)奖(教育部)

2020 年共组织了 11 个项目(人选)牵头申报高等学校科学研究优秀成果奖。经评审,学校牵头项目获奖 3 项,其中一等奖 1 项(专用项目科技进步奖),二等奖 2 项(通用项目自然科学奖 1 项,科技进步奖 1 项)。

表 2　重庆大学 2020 年获高等学校科学研究优秀成果奖情况一览表

项目名称	奖励类别	获奖等级	获奖单位	获奖人
××××××××	科技进步奖	一等奖	重庆大学、西昌发射中心	柴毅、张可、钟文安、郭茂耘、张树磊、屈剑锋、黄文亮、刘切、何京江、魏善碧、张青、毛永芳、李楠、彭渔露、叶欣

续表

项目名称	奖励类别	获奖等级	获奖单位	获奖人
高速列车主动安全控制的关键基础研究	自然科学奖	二等奖	重庆大学,北京交通大学	宋永端、唐涛、王玉娟、宋琦、黄秀财
高可靠紧凑型大型风电机组齿轮箱关键技术研究与产业化	科技进步奖	二等奖	重庆大学,重庆望江工业有限公司	刘怀举、柏厚义、魏沛堂、陈晓金、马飞、戴先武、张鑫、徐晓娜、康祯、周烨

(3)重庆市科学技术奖

2020年共组织56个项目牵头申报重庆市科学技术奖。经形式审查,学校牵头54项进入通讯评审,其中一等奖30项(自然科学9项,技术发明3项,科技进步奖18项)。参与60项进入通讯评审。

(4)其他奖

获2020年度何梁何利基金科学与技术进步奖、中国钢结构协会科学技术奖特等奖、中国发明协会发明创新金奖、中国分析测试协会科学技术奖一等奖、中国技术市场协会金桥奖一等奖等具有推荐国家奖资格的行业奖17项,还获得重庆市杰出英才奖、水利部长江水利委员会科学技术一等奖等其他有较大影响力奖4项。

2.知识产权工作

2020年,学校共申请专利1 204件,其中,发明专利1 148件,实用新型51件,外观设计专利3件,国际发明专利2件。专利获权1 282件(2019年1 106件),较去年增长15.9%;其中,发明专利获权1 038件(2019年829件),较去年增长25.21%;实用新型获权238件(2019年249件);外观设计专利获权8件,国际发明专利获权4件。

2020年共主编或参编国际标准9项(待评审确定),国家标准10项、行业标准15项和其他标准30项;获准软件著作权89项。

3.论文情况

2020年,全校发表高质量论文5 947篇,其中自科5 599篇。高水平论文增长显著,强力支撑11个学科排名进入ESI前1%。学校多个科研团队先后在*Nature*、*Science*、*Cell*正刊及子刊上发表10篇高水平论文。其中,以通讯作者单位在*Nature*正刊上发表论文1篇。

【科技平台建设与管理】

深度参与成渝地区双城经济圈和西部(重庆)科学城建设,全力配合推动重庆大学科学中心的建设,继续推进国家重点实验室的优化调整,积极谋划国家级科研平台建设,加强实验室建设运行管理,切实提升重点实验室内涵建设和创新能力。

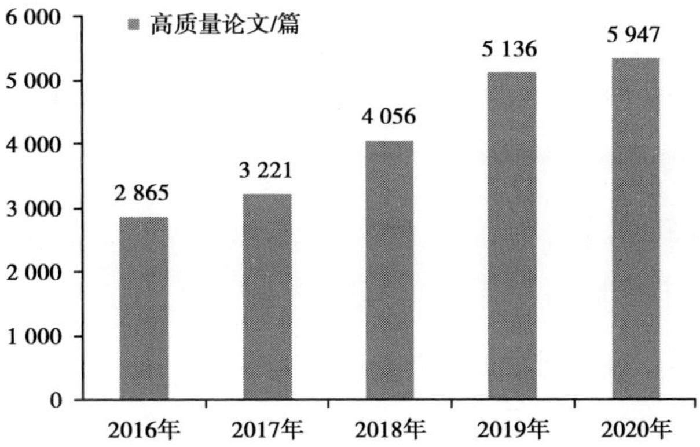

图 4　近五年高质量论文发表情况

①调整了"重庆大学重点实验室(中心)建设领导小组"成员;继续推进国家重点实验室的优化调整。完善管理制度,优化管理机制,营造良好氛围,促进实验室良性发展。加强与主管部门的沟通,编制《重庆大学国家重点实验室动态》,及时上报实验室团队建设、运行管理情况。

②做好国家级和省部级基地建设工作。积极谋划三峡实验室和山地城镇建设安全与智能化国家重点实验室(筹);新增深空探测省部共建协同创新中心、无人系统智能控制与自主协同学科创新引智基地;积极申报 5 个重庆市重点实验室,正接受现场考察。

③全力配合推动重庆大学科学中心的建设。积极会同基建处、计财处、规划总院等单位开展建设论证报告编制、政府发债及场地规划建筑设计等相关工作;并对拟入驻科研单位及具体用房需求进行了研究论证。

④做好各级类基地验收、评估工作。低碳绿色建筑人居环境质量保障创新引智基地和绿色建筑与人居环境营造国际合作联合实验室顺利通过验收;三峡库区生态环境教育部重点实验室和工业 CT 无损检测教育部工程研究中心顺利通过评估,输变电设备与系统安全创新引智基地通过评估,并进入 2.0 模式;组织微纳系统及新材料技术国际联合研究中心、低碳绿色建筑国际联合研究中心、无线电能传输技术国际联合研究中心 3 个国际联合研究中心评估工作。

【科研人才与团队建设】

坚持人才为第一资源的创新驱动,落实人才优先发展战略。完善以人为本的科研人才培育机制,积极探索人才培养和创新团队建设的长效机制。

①时隔 7 年,再次获得国家创新群体资助 1 项;组织 16 个人才团队申报 2020 年度创新人才推进计划,1 个人才(刘玉菲)进入视频答辩环节。

②新增 2020 年度重庆市"英才计划"创新创业示范团队 2 个(杨长辉、彭国雄),2020 年度重庆市高校创新群体 3 个(刘玉菲、张淮清、戴欣),获批 2020 年度重庆市在渝院士项目 5 项(潘复生、周绪红、田村幸雄、杨士中、鲜学福)。

③前沿交叉研究中心队伍建设取得阶段性成效。新增国家高层次人才 1 人,国家青年高层次人才 1 人;

全职引进“国家杰青”1 人、其他青年人才 7 人，兼职引进著名专家学者 2 人，新组织申报国家“长江学者”讲座教授 1 人、青年学者 4 人，研究团队在 *Nature Chemistry*、JACS 等国际顶级期刊上发表学术论文 22 篇，高水平人才队伍建设成效逐步涌现。

【社会服务与科技成果转化】

积极参与国家(西部)重庆科学城和成渝地区双城经济圈建设，提升学校服务能力。推进校企合作，突破科技成果转化的瓶颈，根治高校科技创新工作中科技成果落地难、转化率低等顽疾。坚持制度创新、体系创新，切实提升学校科技成果转化能力。

①全年成果转化数量 149 项(2019 年 118 项)，合同金额 7 571 万元(2019 年 4 061 万元)，较去年增长 86.43%。其中权益让渡 3 000 万元的 1 项。

②完成科技成果评估金额 680 万元的学校和完成人共同持股的作价投资相关工作，该科技成果已以 680 万元作价投资与山海大象发展集团有限公司组建新公司，注册资金 2 000 万元。

③完成科技成果评估金额 1 200 万元的学校和完成人共同持股的作价投资相关工作，该科技成果已以 1 200万元作价投资与重庆川仪自动化股份有限公司组建新公司，注册资金 2 600 万元。

④根据国家新增有关科技成果转化政策，及时修订并颁布《重庆大学促进科技成果转化管理办法(2020 年修订)》，全过程打通科技成果作价投资流程。获批“高等学校科技成果转化和技术转移基地”“国家知识产权示范高校”等国家级基地平台，为科技成果质量提升促进转化运用提供有力支撑，成果转化实现跨越式发展。

⑤组织 16 项成果参加“2020 线上中国国际智能产业博览会”；组织“2020‘蓉漂人才荟’·走进重庆大学”(“校企双进”活动)的科技成果对接会。

⑥接洽企业或中介平台公司关于学校科技成果转化信息咨询并与研发团队洽谈近 200 次；发布地方政府和企业技术需求 300 余项。

【超瞬态实验装置培育建设】

1.重庆市正式批复预研可行性立项

加强技术研讨和方向凝练，成功通过了重庆市发展改革委委托中国国际咨询有限公司组织召开的 2 次培育阶段可行性研究报告的评审论证，并获重庆市发展改革委正式批复预研可行性立项，批复经费 3.478 5 亿元(不含土地费)，预研建设用地 150 亩，首笔经费 3 000 万元正式拨付。组织完成了国家重大科技基础设施中长期规划“十四五”重点项目的申报，成功列入教育部高校重大科技基础设施“十四五”规划，并遴选推荐到国家发展改革委进行国家重大科技基础设施中长期规划“十四五”重点建设项目申报评审，已通过中咨公司组织的备选项目形式审查和第二轮评审。

2.成立超瞬态实验装置组织管理架构

重庆市成立了以唐良智市长为组长，吴存荣常务副市长为常务副组长，屈谦副市长、熊雪副市长以及张宗益校长为副组长的建设工作领导小组，统筹推进大科学装置建设。学校成立“建设指挥部”，设立“双总指挥”分别负责项目预研和工程实施。组织召开领导小组会和指挥部第一次办公会，拟订相关管理办法和工作流程，为装置的预研建设提供保障支持。

3.“超瞬态实验装置”培育建设稳步推进

在技术预研方面，先后组织召开了30余场次技术研讨和用户交流会，邀请国内外知名专家学者进行技术研讨，进一步优化完善建设方案；成功举办“超瞬态实验装置用户大会暨科创产业融合发展论坛”，扩大装置影响力；正在推进500 MeV直线加速器的工艺设计工作，超瞬态光源验证环、超瞬态四维X射线显微镜等关键核心技术研发和装置预制研究工作；在工程建设方面，正式确认项目建设500亩用地选址和一期150亩用地红线，一期建设征地已获批复，正在办理土地划拨和征地拆迁工作；加快推进项目建设的总体规划设计和一期建设初步设计工作，与上海建筑设计院沟通协调，并达成合作意向，明确规划设计的合作内容、合作方式和相关流程等。

（撰稿人：张俊丽）

附表 1 2017—2020 年国家自然科学基金项目统计表

序号	学部名称	单位名称	2020 年			2019 年			2018 年			2017 年		
			申报数/项	获批数/项	直接经费/万元	申报数/项	获批数/项	直接经费/万元	申报数/项	获批数/项	直接经费/万元	申报数/项	获批数/项	直接经费/万元
1	理学部	数统学院	26	6	197	27	5	207	28	7	224.5	21	8	252
2		物理学院	31	13	695	27	10	528	27	11	421.5	21	5	306
3		化工学院	63	13	2 457.1	53	11	570	53	8	504.6	57	13	767
4		生命学院	21	9	366	25	8	429	26	9	290	21	6	280
5		物理中心	1	—	—	1	—	—	2	1	21	2	—	—
6		测试中心	5	1	24	4	1	27	2	—	—	—	—	—
7	工程学部	机械学院	47	13	584	48	17	812	47	13	719.5	35	14	622
8		电气学院	79	26	1 204	61	13	1 343.5	68	12	1 012	82	20	1 580
9		能动学院	44	13	1 628	41	8	739	46	11	753	41	15	624.92
10		资安学院	36	14	781	51	13	785	44	14	776	38	11	517
11		材料学院	100	28	1 828	98	25	1 381	88	25	1 507	96	27	1 536
12		航空学院	27	5	234	31	8	617	38	15	1 077	29	9	1 119
13		汽车学院	25	5	260	18	1	60	18	7	347	20	6	441
14		传动实验室	6	3	626	2	—	—	1	—	—	2	—	—
15	建筑学部	建筑学院	41	13	550	39	7	385	45	10	499	29	12	540
16		土木学院	85	27	2 191	81	20	944	81	21	1 706	69	19	1 098
17		环境学院	46	16	961	48	19	749	62	14	652	34	11	413
18	信息学部	光电学院	55	18	732	54	17	1 335.72	50	10	803.2	41	11	367
19		通信学院	38	11	867	30	7	340	24	—	—	31	5	200
20		计算机学院	26	7	602	26	3	387	25	8	397	24	6	219
21		自动化学院	26	7	476	24	5	467	19	7	454	31	8	380
22		软件学院	22	5	211	26	4	199	11	1	65	12	2	86
23		ICT 中心	3	1	58	1	—	—	3	—	—	1	—	—
24		测控中心	1	1	24	5	1	58	8	3	143.5	3	—	—
25	医学部	医学院	8	1	55	5	—	—	1	—	—	—	2	113
26		药学院	15	3	150	18	6	396.5	25	7	365	20	6	175.1
27		生物学院	55	8	680	49	10	419	69	17	1 321	67	16	982
28		附属肿瘤医院	93	3	165	79	7	693	63	3	100	—	2	40
29		附属三峡医院	23	1	24	—	1	21	—	2	46	—	—	—
30		附属中心医院	35	—	—	45	1	20.5	25	—	—	—	—	—
31	其他	公管学院	10	3	121	5	2	69.5	1	1	48	5	3	89
32		经管学院	31	5	193	28	8	393.5	19	4	164	12	4	146
33		管科学院	19	3	96	12	3	124	20	6	148.4	18	2	72
34		深空探测中心	—	—	—	—	—	—	1	—	—	—	—	—
35		外国语学院	—	—	—	—	—	—	—	—	—	—	1	22
36		新闻学院	1	—	—	—	—	—	—	—	—	—	—	—
合计			1 144	271	19 040.1	1 062	228	13 913.22	1 040	236	14 204.8	862	244	12 987.02

附表 2　2020 年校内各单位发表学术论文(JCR)和专利获权情况一览表

序号	单位名称	SCI					SSCI					总计	专利获权		
		一区/篇	二区/篇	三区/篇	四区/篇	合计/篇	一区/篇	二区/篇	三区/篇	四区/篇	合计/篇		发明/项	实新/项	外观/项
1	材料学院	374	173	45	34	626	—	0	1	—	1	627	69	11	0
2	土木学院	291	169	61	24	545	9	1	1	1	12	557	122	101	1
3	化工学院	226	87	17	45	375	—	0	—	—	0	375	31	1	0
4	机械学院	150	71	49	15	285	16	5	1	2	24	309	110	4	0
5	电气学院	233	103	43	32	411	2	1	1	1	5	416	152	10	1
6	能动学院	199	59	22	18	298	—	1	—	2	3	301	45	4	0
7	环境学院	254	49	13	14	330	9	1	—	—	10	340	32	8	0
8	生物学院	146	56	26	8	236	—	0	1	—	1	237	26	3	0
9	资安学院	159	79	58	28	324	—	1	1	—	2	326	45	8	0
10	物理学院	136	35	10	9	190	—	0	—	—	0	190	14	4	0
11	航空学院	80	26	17	8	131	—	0	—	—	0	131	21	2	0
12	汽车学院	99	34	26	7	166	4	0	—	—	4	170	41	1	0
13	光电学院	138	47	21	13	219	—	0	—	—	0	219	74	14	4
14	数统学院	55	52	22	13	142	3	1	1	2	7	149	4	0	0
15	计算机学院	97	45	21	7	170	4	1	—	—	5	175	32	2	0
16	通信学院	89	35	15	15	154	2	0	—	—	2	156	71	0	0
17	自动化学院	81	18	12	6	117	1	0	—	—	1	118	84	4	0
18	药学院	79	17	4	2	102	1	0	—	—	1	103	3	0	0
19	大数据学院	43	18	12	3	76	2	0	2	—	4	80	8	0	0
20	生命学院	55	22	1	7	85	—	0	—	—	0	85	4	0	0
21	附属肿瘤医院	43	37	20	18	118	2	1	—	1	4	122	2	11	0
22	通信测控中心	8	3	0	0	11	—	0	—	—	0	11	5	1	0
23	建筑学院	10	7	3	4	24	8	3	—	3	14	38	5	0	0
24	传动实验室	47	20	21	16	104	—	0	—	—	0	104	3	4	0
25	附属中心医院	8	15	10	8	41	—	1	—	—	1	42	0	0	0
26	分析测试中心	7	4	1	0	12	—	0	—	—	0	12	1	1	0
27	ICT 中心	4	3	0	0	7	—	0	—	—	0	7	10	0	0
28	现代物理中心	2	2	0	1	5	—	0	—	—	0	5	0	0	0
29	其他	152	75	53	15	295	98	43	22	84	247	542	24	42	2
合计		3 265	1 361	603	370	5 599	161	60	31	96	348	5 947	1 038	236	8

附表 3 2020 年校内各单位科研经费统计表(自科)

序号	单位类别	承担单位	国家级	省部级项目	军工项目	成果转化项目	一般纵向	横向项目	平台专用费	总 计
1	自科学院	材料学院	2 661.45	1 405.28	1 067.32	34	417.5	2 850.11	—	8 435.66
2		土木学院	3 450.94	1 330.92	304.94	289.39	49.75	4 003.06	—	9 429
3		电气学院	3 508.42	1 394.6	1 660.95	219.18	21.5	5 840.86	1 000	12 085.41
4		机械学院	4 180.67	2 186.15	3 522.43	12.12	46	1 606.28	—	11 641.65
5		建筑学院	2 231.49	145.43	—	—	12.75	1 089.06	—	3 478.73
6		环境学院	5 164.1	506.5	320.31	98.5	53.9	882.27	—	7 025.58
7		光电学院	1 594.89	703	2 175.27	14.1	54	457.1	—	4 998.36
8		资安学院	1 529.11	972.5	—	10	55.11	1 726.09	—	4 292.81
9		能动学院	1 540.81	261	1 567.86	4	28	649.44	—	4 076.61
10		自动化学院	866.45	337.3	2 055.7	331	18	1 011.87	—	4 620.32
11		汽车学院	744.21	376.21	233.45	—	18	769.72	—	2 141.59
12		通信学院	585.33	405.8	585.34	20.74	33.75	796.06	—	2 427.02
13		生物学院	1 570.37	483.5	90	88	27	285.91	—	2 544.78
14		化工学院	1 711.63	715.124 5	204.15	11.3	64.2	860.6	—	3 567
15		航空学院	619.36	276.95	769.94	—	24	313.29	—	2 003.54
16		大数据学院	455.63	345.86	—	210.3	32	136.17	—	1 179.96
17		计算机学院	642.04	432.37	1 905.8	88.88	36	444.27	—	3 549.36
18		物理学院	748.52	431	—	—	40.44	122.92	—	1 342.88
19		生命学院	774.79	382.21	—	—	52	57	—	1 266
20		传动实验室	1 049.87	793	1 049.97	—	—	82.66	—	2 375.5
21		药学院	573.83	304.95	—	—	62.66	66	—	1 007.44
22		数统学院	262.05	309	—	1	25	29.4	—	626.45
23		医学院	109.05	33	361.4	—	17.75	68.71	—	572.91
24		深空探测中心	—	30	319.7	—	—	—	3 000	349.7
25		ICT 中心	60.2	55	195.23	8	—	76	—	394.43
26		通信测控中心	26.35	100	40	—	—	5.44	—	171.79
27		附属肿瘤医院	464.33	40	—	—	—	—	—	504.33
28		分析测试中心	1.78	2	—	—	—	5	—	8.78
29		现代物理中心	10.56	—	—	—	—	—	—	10.56
30		附属三峡医院	22.8	34.5	—	—	—	—	—	57.3
31		附属中心医院	1.35	12.5	—	—	—	—	—	13.85
32		大科学装置办	—	—	—	—	—	—	3 000	—
33		国际联合研究院	—	—	—	—	—	—	600	—
34		其他	0	0	0	0	0	437.955	0	—
合 计			37 162.38	14 805.655	18 429.76	1 440.51	1 189.31	24 673.245	7 600	105 300.86

注:此表成果转化项为到账。

社会科学研究

【综述】

2020年，社会科学研究处坚持以习近平新时代中国特色社会主义思想为指导，服务学校改革发展稳定大局，根据学校工作部署，按照“保增长、优结构、促改革、谋发展”的总基调，围绕科研创新能力建设主线，突出高质量发展主题，加强核心竞争力要素培育建设，既立足当前抓好年度重点工作，更立足长远谋划未来发展，推动重点研究领域前瞻性布局，圆满完成全年重点任务，各项工作成效显著，为“十四五”发展赢得主动、抢得先机。

【科研经费】

2020年，全校人文社会科学R&D经费19 734.27万元；人文社科及软科学研究到校总经费首次超过1亿元，达到11 346万元，其中纵向科研项目经费3 979万元。文科单位到校科研经费持续保持增长势头。在人文社科及软科学研究到校总经费中：国家级项目经费2 613万元；省部级项目经费472万元；一般纵向项目经费893万元；横向项目经费7 367万元。从总体上看，学校人文社科领域国家级、省部级项目经费与一般纵向项目经费在比例结构上趋于合理，国家级项目经费增长势头良好。

【科研项目】

2020年，新增国家级项目52项。其中，国家自然科学基金项目12项、其他国家级项目5项；国家社科基金项目35项，其中后期资助项目创历史新高，年度项目居“双一流”A类高校第15名、全国第23名（含并列），全年立项连续3年超过30项。新增省部级项目127项（同比增长9.5%），其中教育部项目12项、其他省部级项目115项。2020年首次获得国家社科基金重大研究专项项目1项（60万元）。1项国家社科基金重大项目顺利通过中期检查，并获得40万元滚动资助，这是学校近5年获得滚动资助的第2个国家社科基金重大项目。国家、省部级项目结题数量和质量大幅度提升，两项国家社科基金项目结题鉴定为优秀，取得历史最好成绩。

【科研成果】

按照第三方数据库滞后一年统计原则，2019年全校发表CSSCI期刊论文418篇，其中文科学院发表A类期刊论文27篇，发文体量大体稳定，质量不断提升，SSCI论文150篇（同比增长66.6%）。2020年文科学院SSCI论文120篇（同比增长18.8%），UTD24期刊论文保持增长，出版专著67部（同比增长48.9%）（A类出版社30部，同比增长42.8%）。国际期刊高质量论文支撑ESI“社会科学总论”首次进入世界前1%，成为学校第11个ESI前1%学科，取得历史性重大突破。2020年获得教育部第八届高等学校科学研究优秀成果奖（人文社会科学）二等奖2项、三等奖1项，取得历届最好成绩；国家民委社会科学研究成果奖二等奖1项；重庆市第十次社会科学优秀成果奖一等奖1项、二等奖5项、三等奖12项；第七届重庆市发展研究奖一等奖1项、二等奖1项、三等奖4项获得；C级（省级）及以上级别的艺体类创作奖22项。

【专家队伍】

2020年，人文社科领域5人成功入选长江学者，取得历史最好成绩；1人入选"国家文化名家暨'四个一批'人才和国家哲学社会科学领军人才"；积极向全国哲学社会科学工作办公室推荐国家社科基金会评候选专家2名；积极推荐2020重庆英才计划2人；入选重庆市高校哲学社会科学协同创新团队5个。

【科研平台】

2020年，持续支持校级重点以上科研平台建设，投入经费280万元资助29个平台创新项目。启动完成第二批4个校级人文社科重点科研平台遴选工作，对两批10家平台投入建设，圆满完成"十三五"重点研究平台构筑计划目标任务。高研院作为重庆市社科联推荐的重庆市人文社科普及基地典型代表接受重庆市人大常委会《重庆市科学技术普及条例》执法检查组工作检查。两个社科普及基地荣获"2019年度重庆市人文社科普及基地工作先进单位"。

【智库建设】

积极谋划与中国科协、重庆市政府、四川大学共建高端智库——城市化与区域创新极发展研究中心在"2020重庆英才大会"开幕式正式揭牌成立，同时举办"成渝地区双城经济圈建设暨西部科学城高峰论坛"并形成高水平专家建议报送重庆市委、市政府和中国科协，得到领导肯定性批示，奠定了高端智库培育建设基础。一批高质量决策咨询成果获得省部级及以上领导肯定性批示和实际部门采纳。新冠肺炎疫情期间，投入专项经费组织智库专家开展专题研究、积极建言献策，多项成果在《光明日报》等主流媒体公开发表，多位智库专家评论文章被中央政府网等主流媒体转载或接受专访，为坚决打赢疫情防控阻击战提供了理论支撑和智力支持。设立扶贫研究专项，组织科研项目团队成员赴云南绿春、重庆开州实地开展调研，撰写乡村振兴决策咨询建议和简报，支持定点帮扶地区打赢脱贫攻坚战。全面落实国家文化强国战略，积极承办2020年文化和旅游部高质量产业人才培养扶持项目——巴蜀文化和旅游产业人才专题培训班，举办"成渝地区双城经济圈文旅产业融合发展学术研讨会"，助力成渝地区文化旅游产业高质量发展。2个智库入选重庆市新型培育智库。成功举办2020智博会·第二届中国地方政府治理高层论坛，奠定了智博会固定核心主题论坛的学术影响力。积极组织专家开展国际国内高端智库交流与合作。

（撰稿人：李霁月，陈姿屹，卢　锐）

学报期刊

【概况】

2020年期刊社按照学校工作总体要求和重点部署，在严格做好疫情防控工作的同时，全面有序地开展各项工作，深入学习贯彻党的十九届五中全会精神，巩固“不忘初心、牢记使命”主题教育成果，围绕学校“双一流”建设中心工作，坚持内涵式发展和高水平建设目标，开展办刊资源及创刊意向调研，加快推进一流学术期刊培育和建设，不断提升办刊质量和水平，进一步扩大期刊学术影响和国际影响，加强编辑队伍建设，拓展期刊的学术服务功能，整体推进学术期刊群高质量发展。

【学术期刊编辑出版】

期刊社承办的5种学术期刊《重庆大学学报》（月刊）、《重庆大学学报社会科学版》（双月刊）、*Nano Materials Science*（《纳米材料科学》）（季刊）、《土木与环境工程学报（中英文）》（双月刊）、《高等建筑教育》（双月刊）全年处理网络投稿8 100余篇，按时完成5种期刊正刊34期出版任务。期刊社指导的5种学术期刊 *Journal of Magnesium and Alloys*（《镁合金学报》）（季刊）、《地下空间与工程学报》（双月刊）、《西部人居环境学刊》（双月刊）、《中国药房》（半月刊）、《灯与照明》（季刊）完成正刊42期、增刊2期（共计44期）出版任务。所有学术期刊做到了按时出刊、差错率低、印刷精美，达到了出版要求；并且顺利通过了新闻出版管理部门对期刊执行的“三审三校”制度情况的现场检查。10本期刊总计刊发本校文章（第一作者为本校师生）136篇。

【学术期刊办刊成效】

推动高水平专业学术期刊建设，加快一流学术期刊培育，不断提升期刊专业化水平和办刊质量。*Journal of Magnesium and Alloys*（《镁合金学报》）2020年影响因子上升到全球同类期刊第二位，目前已成为国际上最有影响力的冶金材料类学术刊物之一；*Nano Materials Science*（《纳米材料科学》）8月召开了第二次编委会议，其学术影响力和国际影响力持续提升；《土木与环境工程学报（中英文）》4月调整了第十一届编委会，组织的“桥梁工程2019年度研究进展专刊”取得较大学术影响；《重庆大学学报》组织出版“智能仿真优化与调度”“社会网络与服务计算”“人工智能与数据隐私安全”等专题，取得良好学术影响；《重庆大学学报社会科学版》聚焦学术前沿和研究热点，策划组织“双循环新发展格局”“一带一路”“大数据及信息安全”“生态环境保护”“社会治理”等学术专题20余个，办刊质量和影响力位居全国同类期刊前列；《高等建筑教育》编辑出版高校“金课”建设成果“土木工程在线开放核心课程群的创新与建设”专辑，为疫情时期开展网络教学提供了良好思路和可供借鉴的实施办法。**期刊入选核心和来源数据库**：*Journal of Magnesium and Alloys*（《镁合金学报》）2020 年影响因子（7.115）位居全球 79 种 SCI 收录的冶金与冶金工程类学术期刊第 2 位，JCR 分区一区；*Nano Materials Science*（《纳米材料科学》）入选 DOAJ、INSPEC 等国际数据库；《重庆大学学报社会科学版》在《中国学术期刊评价研究报告》（第六版）中被评为"RCCSE 中国权威学术期刊（A+）"，《重庆大学学报》《土木与环境工程学报（中英文）》《地下空间与工程学报》《西部人居环境学刊》《中国药房》被评为"RCCSE 中国核心学术期刊（A）"，《高等建筑教育》被评为"RCCSE 中国核心学术期刊（A-）"；在中国建筑学会发布的"建筑科学领域高质量科技期刊分级目录（2020 年）"中，《土木与环境工程学报（中英文）》《地下空间与工程学报》入选该目录的 T2 级，《西部人居环境学刊》入选该目录的 T3 级；《重庆大学学报社会科学版》在《中国学术期刊影响因子年报（人文社会科学 · 2020 版）》复合影响因子（2.746）在 637 种综合性人文社会科学期刊中排名第 8 位，已连续多年进入 Q1 区。**期刊获奖**：《重庆大学学报》《土木与环境工程学报（中英文）》获评"2020 年度中国高校百佳科技期刊"，*Nano Materials Science*（《纳米材料科学》）、《西部人居环境学刊》获评"2020 年度中国高校优秀科技期刊"；《重庆大学学报》2020 年度入选领跑者 5 000 中国精品科技期刊顶尖学术论文 2 篇；《重庆大学学报》、《重庆大学学报社会科学版》、*Nano Materials Science*（《纳米材料科学》）、《土木与环境工程学报（中英文）》、《高等建筑教育》、*Journal of Magnesium and Alloys*（《镁合金学报》）、《西部人居环境学刊》、《地下空间与工程学报》、《中国药房》9 种期刊在重庆市期刊综合质量考核中获评一级期刊。**期刊获资助项目**：《重庆大学学报》、《重庆大学学报社会科学版》、《土木与环境工程学报（中英文）》、*Nano Materials Science*（《纳米材料科学》）、《中国药房》5 种期刊获得 2020 年度重庆市出版专项资金资助（全市资助期刊 27 种）。**其他评优获奖**：期刊社编辑参与撰写的论文获评中国高校科技期刊研究会优秀论著"金笔奖"、重庆市高校期刊研究会"非晓杯"征文一等奖，申报的多个项目获得重庆市高校期刊研究会、重庆市科技期刊编辑学会资助。

【期刊传播平台建设】

加强期刊学术传播能力建设，利用新媒体创新学术传播方式。期刊日常采编工作通过稿件采编系统和稿件远程处理系统进行，目前已有 5 910 172 位用户访问过期刊社网站，网站日均访问量达 2 000 余人次。期刊论文电子版通过自建网站实现在线优先出版和开放获取。《重庆大学学报》、《重庆大学学报社会科学版》、*Nano Materials Science*（《纳米材料科学》）、《土木与环境工程学报（中英文）》、《高等建筑教育》、*Journal of Magnesium and Alloys*（《镁合金学报》）、《西部人居环境学刊》的微信公众号推送学术文章共计 571 篇，中国药房网发布微信订阅号资讯 672 篇、微信服务号资讯 232 篇，有效提高了期刊的显示度和下载量。期刊社在重庆大学新闻网站上共推送 13 篇新闻报道，其中，3 篇进入主页推荐，1 篇进入新闻网推荐。

【学科服务】

全国抗击新冠肺炎疫情期间积极组织线上学术会议，开展线上学术交流，拓展期刊学术服务功能：①2 月与"埃米编辑"联合组织了为期 13 天的学术论文写作在线免费培训，培训课程由斯坦福大学 Kristin

Sainani 教授讲授，学校 400 余名师生参加了培训，有助于师生提升学术写作能力。②5 月、8 月 *Nano Materials Science*（《纳米材料科学》）联合科研公众号“纳米人”举办 2 期线上“纳米材料科学论坛”，来自国内外的师生、科研人员约 24 000 余人参加了论坛交流，为其搭建了国际化学术交流平台。③7 月期刊社参与主办“重庆大学第十一期（2020）社会科学实证研究方法”培训班，通过网络授课，来自全国 50 余所高校近 300 名师生参加了公益培训，取得良好社会效益。④围绕培育和创办一流学术期刊，深入各学院、重点实验室、学术团队开展期刊资源和创刊意愿调研，特邀知名办刊专家莅校指导，9—12 月举办 3 次高水平期刊创办和运营座谈交流会。⑤组织和承办中国高校科技期刊研究会第 24 次年会暨渝沪湘高校科技期刊论坛、第四届中国科技期刊青年编辑业务大赛复赛（重庆赛区）、第二届重庆材料大会纳米材料分论坛、第二届先进储能材料与器件国际研讨会、重庆市出版单位业务骨干培训班、重庆市高校期刊研究会首届“渝出版”学术研讨会暨青年编辑学术沙龙，拓展期刊学术服务功能，充分发挥学术期刊对人才培养、科学研究、学科建设的重要作用。

（撰稿人：欧阳雪梅）

科普教育

【综述】

在学校党委行政的领导、重庆市科协的指导下，校科协深入学习贯彻习近平新时代中国特色社会主义思想和党的十九大精神，贯彻落实重庆市委“3+8 专项行动计划”，团结广大科技工作者紧紧围绕学校“双一流”建设，认真履行工作职能，在推动学校科研事业发展、学术交流、创新科普实践、提高公众科学素养、科学道德和学风建设、服务科技工作者等工作中取得了一定成效。获评“2020 年度全国科技工作者状况调查优秀调查站点”称号，重庆市科协 2020 年度科协工作考核结果特等奖，2020 年“全国科技工作者日”高校科协积极贡献单位。

【服务学术与成果转化】

支持青年教师科协、老年教师科协、大学生科协开展相关学术活动，助力学校“双一流”建设。如服务开展“缙云论坛”学术活动，青年教师科协组织国内国际学术活动 10 余次。按照学校和重庆市科协统一部署，根据企业科技需求，先后组织专家赴重庆市开州区、城口县等地开展科技资源精准对接活动等。

【科普工作】

结合学校优质科技和教育资源，组织科普专家、科普志愿者开展系列科普活动，如科普竞赛、科普专题报告和科普研学，科技活动周、全国科技工作者日、全国科普日主题活动等。根据社会需求组织策划“科学防疫科普直播”12 期，编制《科学防疫那些事儿》科普手册；联合重庆科技馆策划“超级病毒——科学防疫主题科普展”等。

【青少年科技教育】

继续推进青少年科技创新教育，开展英才计划、雏鹰计划、科学营等。2020 年，英才计划培养数学、物理、化学、生物、计算机学科 16 名学员。开展“雏鹰计划”第八期结业答辩和推优工作，6 位指导教师获“高校优秀指导教师”称号，1 位获得“项目优秀负责人”称号，完成雏鹰计划第十期导师招募、学员遴选和项目对接工作。首次举办青少年高校科学营“云上科学营活动”，重庆大学分营荣获“分营优秀组织单位”，“智慧有感，创意无限”活动荣获“特色营队活动”。

【科学道德与学风建设工作】

根据“全覆盖、制度化、重实效”总体要求，深化教育效果、着力构建长效机制，高标准、严要求，做好科学道德与学风建设工作。针对研究生、高年级本科生、新上岗研究生导师、新入职教师和青年科技工作者等不同群体做好科研诚信宣讲工作,受理学术不端的案件等。

【服务科技工作者】

作为全国科技工作者站点,组织调研和撰写信息报送 8 篇,刊发 1 篇;组织科技工作者调研 10 余次,积极反映科技工作者心声。

积极举荐人才,推荐周绪红院士获全国创新争先奖先进个人奖;闫海龙、苏晓杰、张磊、臧志刚获第六届重庆市十佳科技青年奖;蒋兴良、罗阳荣获 2020 年重庆市“最美科技工作者”。推荐外国语学院本科 2018 级周艳婷同学代表教育部参加 2020 年全国科普讲解大赛,获三等奖。在首届川渝科技学术论文评选中,学校获得特等奖 1 项、一等奖 3 项、二等奖 5 项、三等奖 7 项,以及向全国学会和重庆市级学会推荐人选 20 余人等。

(撰稿人:李函锦)

人事工作

人事人才工作

【综述】

2020年，面对百年未有之大变局，人事处在学校党委和行政的坚强领导下，以习近平新时代中国特色社会主义思想为指导，以深入学习贯彻党的十九届五中全会精神为抓手，以敢于打赢关键之年决战的信心和决心，以勇于冲锋在前打赢决战之年的担当和作为，准确识变、科学应变、主动求变，深入学习、砥砺奋战、干字当先、奋楫扬帆，在变局中保持战略定力，在困境中践行初心使命，在逆境中交出漂亮答卷，在前进中抢占开局先机。

【人事人才制度改革】

2020年6月，中共中央、国务院出台了《深化新时代教育评价改革总体方案》，这是新中国第一个关于教育评价系统性改革的文件，为新时代高等教育改革发展指明了前进方向。人事处深入学习贯彻落实国家文件精神，结合学校"双一流"建设规划，持续深化改革，建章立制，构建了多层次、系统性的人才队伍发展体系，为新时代高校人事人才工作搭建了四梁八柱。为进一步优化人才评价机制，激发专业技术人员创新创造活力，促进教师队伍高质量发展，发布了《重庆大学专业技术岗位分级聘用实施办法》（重大校发〔2020〕114号），《重庆大学职称评审委员会规程》（重大校发〔2020〕128号），《重庆大学教职工在职攻读博士学位管理规定》（重大校发〔2020〕129号）。为进一步激发广大教职工的创新活力和发展动力，鼓励教职工在各自岗位上做出更大贡献，增强荣誉感、责任感，制订了《重庆大学教职工奖励办法》（重大校发〔2020〕103号）。为进一步规范学校引进人才科研启动费的使用和管理，提高经费使用效益，出台了《重庆大学引进人才科研启动费管理办法》（重大校发〔2020〕117号）。为加快推动学校国际化发展，促进学校国际合作与交流，规范外籍教职工聘任与管理，出台了《重庆大学外籍教职工聘任和管理办法》（重大校发〔2020〕179号）。

【队伍建设】

1.人才引进

2020年，面对突如其来的疫情，人事处及时研判、危中抢机，第一时间开展"云端引才"系列活动，启用"人才招聘系统"，实现了线上简历投递、岗位申请、视频面试等功能，确保引才工作顺利实施。全年开展15场海内外高校引才活动，举办重庆大学第五届海内外优秀青年学者春季云论坛、2020重庆英才大会——重庆大学海内外优秀青年学者秋季云论坛，通过论坛吸引来自美国、英国、日本、澳大利亚、新加坡等20多个国家和地区的近600位优秀青年学者齐聚云端，交流学术、共谋发展，聚才引才效果明显。

2020 年全年共引进教师 236 人,“弘深杰出学者”3 人、“弘深优秀学者”2 人、“弘深青年学者”12 人,国家级人才 2 人、正高职称 5 人、副教授 32 人、青年教师 38 人,弘深青年教师 142 人。

2020 年在各级各类人才计划申报中取得较好成绩,入选“海外高层次人才引进计划”创新人才项目 1 人、青年项目 6 人。

2.人才队伍建设

略。

3.培养培训工作

积极开展国家留学基金委各类研修项目及单位公派自费出国人选的审批备案;与教师教学发展中心一同开展青年教师岗前培训和教师资格证办理,健全教师执业资格管理和教学能力培养体系;与工程学部、社科处等单位一起开展专业及科研能力提升培训;利用国家及重庆市“新闻双千”“法律双千”“双千双师”项目,提升教师实践能力。2020 年共为 100 位新进教职工开展了教师资格岗前培训并办理教师资格证,选派 11 人出国研修,有 39 人学成回国;支持教师在职提升学历,审批通过 27 名教职工在职攻读博/硕士学位的申请,2 人获得博/硕士学位;组织 24 位青年骨干教师参加外语培训。

4.博士后工作

2020 年,学校继续贯彻落实《重庆大学博士后专项支持计划实施方案》(渝教人发〔2019〕22 号)文件精神,克服新冠肺炎疫情带来的影响,将“弘深博士后青年教师”政策宣传纳入学校教师统一规划,开展海内外招聘活动(含线上)近 20 场,效果良好。全年评审通过各类博士后 410 人,其中弘深博士后青年教师 230 人,招收各类博士后进站 321 人,出站 67 人。

组织博士后申请科研及人才项目 638 项,获准 229 项(获资助率约 36%),获资助经费 3 959 万元。其中,中国博士后基金获准数量年度排名居全国 25 位;获准博士后创新人才支持计划等专项培养计划 26 人;流动站博士后在站期间人均发表学术论文 5 篇、承担科研项目 3 项、获准科研经费约 10 万元。

组织 29 个博士后流动站参加全国和重庆市博士后综合评估,效果良好。其中,安全科学与技术、机械工程、土木工程 3 个流动站被评为优秀等级。被评为优秀等级的 3 个流动站和人事处博士后管理办公室 1 位同志受到全国通报表扬。完成了中国博士后科学会对学校博士后科学基金管理和使用情况的抽查工作,情况良好。

5.教辅、管理队伍建设

根据《重庆大学文员制聘用人员管理实施办法》(重大校〔2019〕311 号)精神和学校首次文员制岗位招聘录用情况,制订《文员制岗位薪酬方案》,优化文员薪酬、社保和住房公积金政策,逐步完善薪酬体系。

组织学校第一期管理和实验技术岗位教职工综合能力提升培训班,65 名新进管理和实验技术岗位新进教职工参加培训。完成 2020 年 A、B 类合同聘用人员转编、续聘考核工作,按照择优转编原则,严格执行 50%转编比例,有效发挥考核工作的监督、激励作用。

积极贯彻习近平总书记关于统筹推进新冠肺炎疫情防控和经济社会发展工作的重要指示，根据上级文件精神制订《重庆大学短期管理助理及科研助理聘用实施办法》（重大校发〔2020〕86 号），组织推进全校短期管理助理和科研助理聘用工作，共录用未就业毕业生 272 人。

【晋升制度工作】

1.职称评审工作及接受上级职称工作检查

2020 年职称工作为首次使用新的职称文件《重庆大学专业技术职务评聘工作实施办法（2019 年修订）》。为适应新职称文件要求，紧跟国家评价改革导向，主要对职称系统进行了对应调整：增加代表作列表，体现代表作评价；增加对代表成果"创新点、价值和实际贡献"的描述，突出"能力、业绩、贡献"评价；针对条件变化，增加可选、必选项。同时，正高级申报人选的同行专家评价采用第三方送审。2020 年，共评审通过正高 33 人、副高 64 人、中职 30 人。

教育部教师工作司委派专家组于 2020 年 12 月 1 至 2 日进驻学校开展教师职称评审监管现场抽查工作。专家组听取了学校教师职称工作情况汇报，召开了学部/学院分管领导、中青年教师代表座谈会，调阅了近三年学校、学院职称评审各类档案材料，并与部分申诉人员、近三年未获职称晋升人员及基层人事工作人员进行一对一访谈，重点考察学校职称评审工作的政治方向、评审制度、评审程序、评审结果和特色工作等内容。专家组形成的工作报告认为学校职称评审工作有"坚持党管人才、强化师德为先""评审机构健全，评审制度完备，评审程序规范""申诉机制健全，反映渠道畅通，教师满意度高""职称评审信息化建设独具特色、成效显著"等突出特点，也从"需要进一步深化完善分类评价机制，进一步完善评审过程管理和档案材料规范化，进一步加强职称评审政策宣传、解释和服务"方面指出了存在的问题。学校根据专家组意见形成了整改落实报告。

2.行政职级评审工作

为激发管理人员的工作积极性，建设一支稳定、高效的管理队伍，根据《一般管理岗位晋升聘用实施办法》，于 2020 年 12 月开展了一般管理岗位晋升聘用工作，经本人申请、二级单位推荐、各一般管理岗位晋升评审小组评审推荐、学校管理岗位晋升聘用委员会评审并报学校批准，共聘用五级职员 5 人，六级职员 14 人，七级职员 52 人，八级职员 9 人。

3.工人技师评聘

组织 27 人参加重庆市人力资源和社会保障局全市机关事业单位工勤人员技术等级（岗位）考核工作，考评合格 25 人，其中高级工 14 人，中级工 9 人，初级工 2 人。组织 10 人参加重庆市机关事业单位工勤人员技师、高级技师考评工作，8 人通过考试和评审。

【薪酬工作】

绩效工资水平与去年保持基本不变。完成全校在职和离退休近万名教职工的基本工资、津补贴、绩效等各类薪酬的变动和发放。完成教育部、财政部、重庆市各类经费预算及统计报表。完成 200 余名教职工的工龄审核。发放 4 425 名离退休人员健康休养费 1.16 亿元。

【考核评价工作】

为积极推进学校“双一流”建设，进一步激发广大教职工的发展动力和创新活力，人事处于 2020 年 3 月启动制订教职工奖励办法的修订工作，经深入调研各类高校的做法，并在校内广泛征求意见，于 2020 年 7 月制订完成。该办法突出重点，落实立德树人根本任务，以推进“双一流”建设为导向，设立人才队伍建设奖、教学科研成果、教书育人奖等三大奖项，切实增强了全校教职工的荣誉感、责任感。

根据《重庆大学绩效工资实施办法》（重大校〔2019〕225 号）和《重庆大学绩效考核办法》（重大校〔2019〕401 号），开展了 2020 年度二级单位考核工作，分别对 33 个学院、6 个研究机构、44 个部处及直属单位、7 个学部办公室、2 个附属单位、继教学院和网络学院、资产公司下属企业单位进行了分类考核，有效贯彻了学校以考评促发展的指导思想。

【人事管理工作】

审核通过 50 名高级专业技术教师延长退休年龄，批准 109 名教职工 2020 年正常退休。

切实做好临聘人员合同签署、工资发放、社保缴纳等工作。为使临聘人员对学校更具归属感，表达学校人文关怀，向 1 000 余人次临聘人员发放了工会慰问品。高度重视保密工作，做好各类信访接待，维护学校和谐稳定。

【人员变动】

全年引进教师 236 人，新聘专职科研人员 15 人，教辅、管理岗位招聘录用 82 人；教辅、管理岗位 A 类合同聘用制人员转入事业编制 13 人、续聘 11 人，B 类合同聘用制人员续聘 58 人。校内调动 11 人，减员 177 人，其中退休 131，在职死亡 3 人，调出 6 人，辞职 27 人，合同到期不再续聘 4 人，解除合同 6 人。

（撰稿人：杨天红）

2020年重庆大学人员分布状况

【人员结构分布情况】

从业人员合计/人	在册正式工作人员				编外聘用人员/人	劳务派遣人员/人
	合计/人	管理人员/人	专业技术人员/人	工勤人员/人		
7 145	5 274	923	3 937	414	75	1 796

【年龄、学历结构情况】

1.年龄结构(总)

类别 \ 人数/人 \ 年龄	小计	≤35	36~40	41~45	46~50	51~54	≥55
专业技术人员	3 937	984	602	637	660	396	658
管理人员	923	264	179	91	147	121	121
工勤人员	414	103	74	26	39	44	128
编外聘用人员	75	53	6	4	2	2	8
合计	5 349	1 404	861	758	848	563	915

2.学历结构(总)

学历	合计	研究生		大学本科	大学专科	其他
			其中博士			
人数/人	5 349	3 848	2 486	1 040	215	246
比例%	—	71.9%	46.5%	19.5%	4.0%	4.6%

【专业技术人员结构分布情况】

1.职务年龄结构

职务 \ 人数/人 \ 年龄	总数	≤35	36~40	41~45	46~50	51~54	≥55
正高职	941	55	111	160	165	123	327
副高职	1 384	201	317	291	212	149	214

续表

职务 \ 人数/人 \ 年龄	总数	≤35	36~40	41~45	46~50	51~54	≥55
中职	1 518	678	173	182	276	112	97
其他	94	50	1	4	7	12	20

2.学历结构

学历	合计	研究生		大学本科	大学专科	其他
			其中博士			
人数/人	3 937	3 295	2 413	554	79	9
比例/%	—	83.7	61.3	14.1	2	0.2

3.专业类别

系列 \ 人数/人 \ 年龄	合计	≤35	36~40	41~45	46~50	51~54	≥55
合计	3 937	984	602	637	660	396	658
教学人员	3 220	808	517	571	528	275	521
科学研究人员	206	91	26	16	24	20	29
工程技术人员	294	57	30	25	57	58	67
其他人员	217	28	29	25	51	43	41

2020年重庆大学专家、学者情况

【工程院院士(7人),外聘院士(7人)】

通信测控中心:杨士中

资安学院:鲜学福

土木学院:周绪红　杨永斌　田村幸雄(外籍院士)

电气学院:李文沅(外籍院士)

材料学院:潘复生

外聘院士:柴天佑　李　灿　付小兵　张　杰　陈仙辉　李立浧　尤　政

【国家级有突出贡献的中青年专家(10人)】

通信测控中心:杨士中

电气学院:廖瑞金

环境学院:何　强　　资安学院:卢义玉
电气学院:陈伟根　　机械学院:朱才朝
生物学院:蔡开勇　　机械学院:汤宝平
机械学院:罗　均　　外语学院:李永毅

【高等学校教学名师奖(1 人)】

通信学院:曾孝平

【教育部“长江学者和创新团队发展计划”创新团队(6 个)】

高压输变电安全运行科学与技术　　负责人:廖瑞金
高性能机电传动系统　　负责人:王家序
轻合金加工与制备中的基础问题和关键技术　　负责人:潘复生
高效低碳制造系统　　负责人:王时龙
非常规天然气高效开发与利用创新团队　　负责人:卢义玉
先进制造、空间环境、信息、材料　　负责人:谢更新

【“国家杰出青年科学基金”获得者(19 人)】

电气学院:廖瑞金　　经管学院:张宗益
材料学院:潘复生　　机械学院:王时龙
能动学院:廖　强　　土木学院:周小平
能动学院:朱　恂　　土木学院:刘汉龙
电气学院:李　剑　　资安学院:卢义玉
物理学院:吴兴刚　　土木学院:杨庆山
电气学院:谢开贵　　土木学院:胡少伟
生物学院:蔡开勇　　光电学院:朱　涛
传动实验室:罗　均　　能动学院:陈　蓉
物理学院:孙　阳

【“优秀青年科学基金”获得者(18 人)】

能动学院:陈　蓉　　材料学院:吕学伟
土木学院:丁选明　　能动学院:李　俊
土木学院:刘界鹏　　公管学院:刘炳胜
化工学院:蓝　宇　　化工学院:李　莉
土木学院:王宇航　　土木学院:肖　杨
通信学院:唐明春　　药 学 院:闫海龙

药 学 院:张　敏

经管学院:郁培文

化工学院:丁　炜

电气学院:胡　博

能动学院:夏　昇

资安学院:陈　结

【国家自然科学基金创新研究群体(2 个)】

高电压输配电装备安全理论与技术　　负责人:廖瑞金

多相反应流传递与转化调控　　负责人:廖　强

【“国家百千万人才工程”人选(24 人)】

汽车学院:秦大同

材料学院:潘复生

化工学院:魏子栋

生物学院:王伯初

能动学院:廖　强

材料学院:张　静

电气学院:司马文霞

经管学院:孟卫东

土木学院:刘新荣

机械学院:王时龙

电气学院:廖瑞金

环境学院:何　强

资安学院:卢义玉

土木学院:刘汉龙

电气学院:陈伟根

机械学院:朱才朝

资安学院:胡千庭

生物学院:蔡开勇

经管学院:张宗益

土木学院:胡少伟

计算机学院:廖晓峰

机械学院:罗　均

机械学院:汤宝平

外语学院:李永毅

【中国青年科技奖(5 人)】

材料学院:潘复生

经管学院:张宗益

材料学院:张　静

资安学院:卢义玉

生物学院:蔡开勇

关于表彰 2019—2020 学年度先进集体和个人的决定

2019—2020 学年度,全校教职工在学校党委行政的正确领导下,以习近平新时代中国特色社会主义思想为指导,自觉贯彻党的教育方针,坚持以立德树人为根本任务,以科技创新为重要使命,为学校加快“双一流”建设,实现内涵式发展做出了卓越贡献,涌现出一批先进集体和个人。为表彰先进,树立典型,进一步激发广大教职工的发展动力和创新活力,学校决定对下列先进集体和个人予以表彰。

一、教学科研成果奖

(一)卓越奖

获国家科技进步奖一等奖

土木学院周绪红等:高层钢-混凝土混合结构的理论、技术与工程应用

(二)优秀奖

1.获重庆市科技突出贡献奖

土木学院周绪红:获2019年度重庆市科技突出贡献奖

2.获教育部高等学校科学研究优秀成果奖一等奖

材料学院吕学伟等:高钙镁钛精矿大型电炉冶炼高钛渣关键技术与应用

3.获重庆市自然科学奖一等奖

物理学院胡陈果等:纳米材料生长动力学研究及其光电作用下的电荷输运机制

传动实验室邵毅敏等:机械传动内激励机理及接触界面动力学理论

自动化学院苏晓杰等:模糊动态系统的控制、状态估计及模型降阶理论与方法

4.获重庆市技术发明奖一等奖

自动化学院戴欣等:高性能电动汽车动/静态无线充电系统关键技术及应用

5.获重庆市科技进步奖一等奖

机械学院曹华军等:高速干切滚齿加工关键技术及其自动化生产线装备

资安学院吴燕清等:复杂地质条件下地下工程隐蔽致灾体探测关键技术及装备研究

资安学院卢义玉等:复杂煤层树状钻孔高效开采煤层气技术及装备

土木学院周小平等:山地城镇边坡灾害防控关键技术研究及应用

土木学院黄国庆等:山地高柔结构抗风研究与工程应用

光电学院高潮等:核燃料芯块生产工艺过程中关键检测方法研究

自动化学院柴毅等:在役仪表及机电设备全生命周期健康检测与诊断技术及应用

二、人才队伍建设奖

(一)优秀奖个人表彰

王敬丰　陈　蓉　付　乾　陈　波　肖　杨　唐明春　闫海龙　张　敏

(二)优秀奖单位表彰

1.培育新增国家级人才

能动学院(2人次)

材料学院

土木学院(2人次)

通信学院

药学院(2 人次)

2.获批科技部重点领域创新团队

土木学院

三、教书育人奖

(一)重庆大学优秀教师(按姓氏笔画排序)

王伯初 朱 恂 杜 军 肖 杨 陈世建 陈伟根 夏玉先 郭永彩 彭小兵 辜向东

(二)重庆大学优秀青年教师(按姓氏笔画排序)

王 雪(物理学院) 尹国路 李存璞 杨 华(马院) 陈 一 赵显锋 洪竞科 黄江帅 程 勇 谢利民

(三)重庆大学最受学生欢迎的教师(按姓氏笔画排序)

刘乃梁 刘 纲 李 宁(体育学院) 宋朝省 陈才烈 侯文华 侯世英 唐 丹 鲜 佳 黎雅莲

(四)重庆大学优秀辅导员(按姓氏笔画排序)

石 鑫 向晨茜 陈甜甜 徐 柳 黄少雄

(五)重庆大学先进工作者

1.中层干部(按姓氏笔画排序)

卢义玉 孙江林 杨庆山 吴永忠 张永祥 罗 滌 饶帮华 袁 利 郭劲松 蔡 斌 谭晓衡

2.教职工(按姓氏笔画排序)

万光伟 马在勇 马铁东 王丰莲 王玉琴 王代华 王 华 王 江(法学院) 王利昕 王英章 王岳川 王晓云 王 琦(电影学院) 王鹏飞(校团委) 王 韬 王激锟 勾 茜 文海家 尹 恒 尹德强 邓 伟 甘 露 古 曦 石 宇 龙少波 卢培利 卢 敏 申威峰 付彩红 冯 永 冯欣艳 朱廷霞 朱庆生 朱建军 朱 莹 乔丽英 伍 清 刘志勇 刘 芳(材料学院) 刘 玲(图书馆) 刘 玲(科发院) 刘 钢 刘剑英 刘 勇(管科学院) 刘哲军 刘 鹏(生物学院) 汤积仁 孙丰艳 孙沛瑄 孙鹏菊 孙 韬 阳海彬 阳乾凤 扶 新 李大兴 李丞杰 李卓伟 李国龙 李明秋 李 佳(机械学院) 李建宏 李绍国 李俊阳 李晓晖 李 超 李 燕(图书馆) 杨长福 杨 华(研究生院) 杨 阳(土木学院) 杨 育 杨森林 肖贵坚 肖 鹏 吴春生 何 希 何欣忆 何 荥 何 梅(机械学院) 余文轴 闵贝加 汪之松 汪 锋 沈 晗 宋焱翼 宋薇薇 张志飞 张应应 张 亮(后勤处) 张珮璐 陆 静 陈万军 陈 武 陈 林(土木学院) 陈 莹(艺术学院) 陈培稚 陈 萌 陈 滢 陈德奇 范卫红 林栎阳 易 欣 罗 西

周莹莹　赵云凤　郝　斌　胡力方　胡　宁(生物学院)　胡春强　胡俊琦　钟铁峰　皇甫小留

娄方平　姚永平　秦四齐　秦　峰　贾佳琦　徐　峰　徐鹏鹏　殷铭泽　高泉涌　唐子飞

唐明春　黄　嵩　盛光敏　常鹏云　符　晟　章　毅　彭　弘　董海云　蒋　文　覃　彬

程森林　傅　强(经管学院)　舒秋蓉　曾　宏　曾勇健　温忠义　谢　静　慕容浩　蔡　慧

臧子璇　臧志刚　廖定容　谭　觅　颜　强　潘致锋　薛友丽　魏　华　魏顺安

四、学校工作30年贡献奖(按姓氏笔画排序)

王　勤　王健卉　邓兆祥　龙　红　叶　彬　白育红　冯清平　吕文兵　先　群　向成明

刘　伟(经管学院)　刘承群　刘海英　刘　策　许远明　许　骏　孙路欣　阴　可　李　志

李和平　李建华(后勤处)　李隆键　李嘉明　杨长福　杨　晨　吴　伟(学工部)　何中市

何　伟(外语学院)　何　强　宋宗宇　宋　捷　张代梅　张立武　张华玲　张红春　陈　东

陈永进　明兴建　易炳国　罗　钧　周德里　郑连清　郑晓红　胡方林　洪　红　贺　兵

袁　利　袁　渊　徐龙君　唐　进　唐　昱　唐　俊　彭华明　韩　群　温　彤　谢渝霖

鄢显俊　窦志强　鲜晓东　颜丽华

离退休工作

【综述】

2020 年，深入贯彻党的十九大和十九届二中、三中、四中、五中全会精神，以习近平总书记关于老干部工作重要论述为遵循，不忘初心、牢记使命，坚持稳中求进工作基调，秉持以人为本、服务为先的理念，紧紧围绕学校“双一流”建设战略发展目标，牢牢把握新时期离退休工作正确方向，切实提高离退休工作质量。

【人员基本情况】

截至 2020 年 12 月，学校有离退休人员 4 338 人。其中，离休干部 34 人，党员 1 570 人。

【围绕大局服务中心，发挥党委政治核心作用】

加强党支部建设。优化党支部设置，通过召开支部书记片区座谈会等形式，征求退休教职工党员代表意见，拟改变目前按居住区域设置支部模式，实施按照原二级单位划分设置退休党支部，确保支部党员年龄结构逐步趋于合理，支部班子更加坚强有力。邀请马克思主义学院刘洪彪教授为老同志代表宣讲党的十九届五中全会精神；通过支部微信群推送教育部《初心课堂》微党课 16 讲，全年编辑 10 期电子学习资料，共计 60 余个学习链接供支部线上学习，同时订购《文件汇编》学习资料 200 多本供线下学习；组织 6 名老同志参加重庆市委老干部局举办的支部书记培训。

增强思政工作实效性。开展特色主题教育，一是联合宣传部开展 50 年党龄老党员访谈活动，举行老党员入党 50 周年纪念仪式，重大官微 7 月 1 日首次以“信仰的力量/50 年光阴，会改变什么”为题宣传老党员。二是 7 月 1 日开展纪念建党 99 周年云端重温入党誓词活动，当天有 2 800 余人次点击活动链接，还涌现出老党员在病房里、电话中重温入党誓词的感人情景。三是拍摄视频《岁月如歌》《不忘初心，佑启乡邦》，请老同志讲述重大文工团、重大老科技工作者协会的故事。四是制作《启兹天府，积健为雄》宣传文案，参加教育部离退休干部局举办的《最美校园最美的你》宣传展示活动。五是围绕“四史”开展线上知识答题活动，老党员共计 1 000 余人次参与了答题。六是查阅 700 多份人事档案，核实有 40 人符合“党中央颁发中国人民志愿军抗美援朝出国作战 70 周年纪念章”。抓好意识形态工作，关注收集离退休教职工关心的热点问题，定期开展意识形态工作的专题分析与研判，大宗物资采购邀请老同志代表参与选购。

做好疫情防控工作。1 月 23 日即成立防控工作小组，召开布置疫情防控工作会议 12 次，完善疫情防控工作群，向老同志发出《致全校离退休老同志的一封信》；采购防疫物资约 16 000 多元；办理疫情临时出入证 500 余张；向老同志拨打电话 4 000 余人次，发送短信 4 000 余条，微信 2 000 余条，防控信息 200 余条；劝解疫情期间旅居市外的老同志 200 多人延期返渝；为离休、高龄空巢、独居老同志送口罩 100 多人次。离退休党委有 845 名党员自愿捐款 123 900 元和非党员捐款 10 000 元。

完成定点扶贫工作任务。根据中组部要求开展“我看脱贫攻坚新成就”主题活动，购买云南绿春扶贫农产品共计 451 500 元慰问老同志，完成扶贫任务责任书目标任务 115.8%。向老同志宣传、安装 e 帮扶小程序，鼓励老同志网上购买云南绿春和湖北农产品近 50 万元。按照教育部要求，成立高校银龄教师支援西部计划工作领导小组，成功遴选 1 名优秀退休教师支教新疆塔里木大学。

【深入一线走访慰问，积极为老同志排忧解难】

落实走访慰问制度，学校领导和各单位党政主要负责同志带头联系，元旦春节和老年节深入到医院、养老院和老同志家里，走访慰问老同志，2020 年划拨离退休人员公用经费约 226 万元，走访慰问费约 1 583 万元。全年共慰问离退休人员 8 500 余人次，为老同志发放慰问品 15 000 余份。老年节，学校党委书记舒立春、校长张宗益发出《致离退休教职工的老年节慰问信》，校领导走访慰问四位百岁老人，离退休处党政领导率队慰问年满 90 周岁的 46 位老寿星。

“一人一策”优化离休干部服务管理。建立上门走访慰问离休干部制度并排班落实到人，电话随访离休干部 2 120 人次，节假日上门送慰问品、慰问金 136 人次，解决老同志实际困难 88 人次。离休干部“重大疾病帮困基金”补助近 15 万元，36 人次。

加大困难老同志帮扶力度。参照重庆市相关政策，发放离退休人员健康休养费。2020 年退休人员重大疾病医疗帮困基金补助 175 人次，补助金额近 104 万元；困难补助 42 人次。发放高龄补贴 4 762 人次，金额 228 多万元。持续推进“夕阳红爱心志愿者”结对服务老同志活动。

【凝心聚力搭建平台，发挥老同志独特育人作用】

构建“党建+群团”齐发力模式，为老同志发挥育人作用搭建平台。关工委开展“传承红色基因，争做时代新人”红岩革命故事展演，发挥“关工委德育奖学金”作用，构建资助育人长效机制。老年合唱团参与学校新年晚会演出，助力校园文化建设。老年体协 12 月 6 日举行迎新桥牌赛，老、中、青三代师生桥牌爱好者同场竞技。高教老协宋明琨老师举办了个人摄影展，并将他的摄影器材和学校选中的影像资料无偿捐献给档案馆收藏。老科协张济生教授带领学生组织“星光筑梦”公益创业团队，荣获创业大赛重庆赛区金奖。诗书画院组织作品近百张参与学校“写重大、画重大、颂重大”首届师生书画展。老年大学声乐、国画、葫芦丝、舞蹈等 6 门课尝试网上授课模式，学习效果较为理想。

【夯实基础细化管理，提高服务管理水平】

离退休工作信息系统建设已经启动，正在积极推进中，目前已经完成调研、招标、合同签订工作。修订《离退休党委会会议议事规则》《离退休（党委）工作处党政联席会议议事规则》《离退休（党委）工作处“三重一大”决策制度实施办法》，规范内部管理。在疫情防控活动场地关闭期间，抓紧时机对 B、C 校区老年活动中心进行了全面整修，注重适老化改造。离退休工作处被评为“重庆市老干部工作先进集体”。

（撰稿人：李晓辉）

财经与国资管理

财务工作

【综述】

2020 年是“十三五”建设收官之年，学校财务工作围绕学校事业发展规划和工作要点，充分发挥财务的统筹引导、支撑保障和激励约束作用，优化资源配置，创新财务管理思路、运行机制和管理手段，实现学校财务管理的不断优化完善，保障学校健康、稳定、高效运转，促进了学校“十三五”发展目标的实现。

【财经状况】

2020 年学校总收入达到 43.00 亿元，同比减少 3.90 亿元，降幅为 8.32%。其中各类经费拨款收入 20.04 亿元，占总收入的 46.60%，同比减少 1.52 亿元，降幅为 7.07%；其他经费收入 22.96 亿元，占总收入的 53.40%，同比减少 2.37 亿元，降幅为 9.36%。

2020 年末，学校资产总计 85.75 亿元，同比增长 4.14%；负债累计 5.97 亿元，同比下降 0.87%；净资产累计 79.78 亿元，同比增长 4.53%。

【财务工作】

1.构建多渠道筹资体系，在严峻形势下努力增加学校收入

2020 年，在国家严峻的经济形势和新冠肺炎疫情影响下，中央财政拨款数次压减、部分收入大幅下降，学校面临较大的资金压力。为保证学校建设资金，我们进一步加强多渠道筹资体系建设，努力增加学校收入：落实了重庆市政府按“双一流”建设经费 1∶1的配套资金 2.57 亿元；同时积极争取了重庆市政府其他专项投入近 2 亿元；通过科学理财，2020 年全年利息收入达到 1 亿元；通过与农行重庆分行战略合作，为学校未来 5 年的发展筹集 6 000 万元建设资金。通过努力，2020 年学校经费总收入 43 亿元，保障了学校日常运行和“双一流”建设发展所需各项资金，渡过了难关。

2.科学配置资源，保障学校各项事业发展

在财政拨款被压减，其他收入下降的严峻形势下，学校进一步优化支出结构，科学配置资源、确保学校建设发展的资金需求。一方面，优先保障教职工工资福利支出和“双一流”等重点建设所需经费，其中人员经费投入 21.45 亿元，较 2019 年增长 4.97%；学科建设经费投入 3.63 亿元、人才培养经费投入 2.70 亿元、条件保障经费投入 3.33 亿元，均维持了 2019 年的投入水平；另一方面，坚持厉行节约，严格控制一般性支出，各机关部处日常运行经费统一压减 20%，对“三公”经费等消耗性支出进行了严格控制。

3.创新财务管理机制手段,提升财务管理精细化水平

(1)创新财经管理体制,做好“十四五”财经规划

学校积极创新财经管理体制,完善财经工作机制,特别是如何在西部地区收入来源渠道较少,资源有限的条件下,为学校建设发展提供支撑和保障上创新思路和办法。制定“十四五”财经规划,确定未来5年学校财经工作目标;进一步深入推进全面预算管理,科学配置资源,优化支出结构,编制三年滚动预算、严格专项资金项目管理,确保预算管理科学、规范、有效。

(2)全面实施预算绩效管理,提高预算资金使用效益

为贯彻执行教育部《关于全面实施预算绩效管理的意见》,制订下发了《重庆大学关于全面实施预算绩效管理的意见》,为学校全面开展预算绩效管理工作提供了有力的机制和制度保障。

全面预算绩效管理覆盖学校所有资金,贯穿预算编制、执行、监督、评价全过程。要求各部门要树立绩效意识,明确预算绩效管理主体责任,落实“谁使用,谁负责”的管理要求。学校将结合年终考核工作对各部门的资金预算执行情况、各项任务完成情况、投入产出情况进行全面的绩效评价,绩效评价结果将与绩效工资分配和下一年度预算安排紧密挂钩。

(3)树立过“紧日子”思想,建立“增收、节支、提效”长效机制

为全面贯彻落实党中央、国务院及上级主管部门关于过“紧日子”的要求,制订下发了重庆大学《关于树立过“紧日子”思想,建立“增收、节支、提效”长效机制的意见》,要求各部门、各单位充分认识过“紧日子”的重要性,努力构建多渠道筹资体系,增加学校收入;坚持厉行节约,严格控制一般性支出;加强预算绩效管理,提高资金使用效益,发扬勤俭节约、艰苦奋斗的传统美德,努力用学校各部门的“紧日子”换取全校师生们的“好日子”。

(4)加快国拨专项资金的执行,为争取更多专项资金打下良好基础

受宏观经济形势影响,2020年学校各项国拨专项资金均不同程度被压减,整体较2019年下降25.48%。为加快资金的执行进度,建立了通报、约谈、调整、扣减等一系列加快国拨资金预算执行管理的制度措施,实行了预算额度弹性控制和预算统筹调整机制,同时对于拟申请并实施的国拨专项资金项目,要求各职能部门年底前做好项目可行性、评审、招投标、政府采购等前期准备工作,确保预算一旦下达,资金就能实际使用。通过上述措施,使得2020年学校国拨资金的整体执行情况较好,特别是在9月30日关键考核节点,国库执行进度达到93.58%,高于序时进度(75%)23.58个百分点,在76所教育部直属高校中排名第7,这将对明年的专项预算拨款有积极影响。

(5)强化基建维修项目审核,确保基建财务管理规范有序

2020年共完成18个工程结算的审核,送审金额3 446.21万元,审减工程造价492.71万元,核减率为14.3%;完成5个基建项目,41个维修改造项目资金审核支付工作,保证了基建维修项目的执行进度;审核零星维修工程结算报告1 000余份,支付870多份,共计支付2 400余万元。基本完成新的基建财务管理信息系统建设。

(6)统筹国资管理,全面完成招投标工作任务

统筹管理学校事业性资产和经营性资产,保证资产管理全面、规范、高效。2020 年度完成采购项目审核备案 262 项合计 43 650.5 万元;审查采购类合同共计 852 份,合同金额合计 11 466.97 万元。共完成工程、货物、服务采购项目 60 项,金额 9 377 万元,其中工程采购 28 项,采购金额 6 301 万元,货物采购 9 项,采购金额 940 万元,服务采购 23 项,采购金额 2 136 万元;通过竞采星采购设备 7 254 台件,采购金额 4 699.56 万元;通过网上商城采购设备 2 095 台件,采购金额 696 万元;2020 年 11 月启用“国有资产管理与采购平台”竞价模块后,采购设备 215 台件,金额 686 万元。

(7)加强内控和制度建设,有效防范财务风险

加强会计监督,初步实现了经济业务的系统实时稽核。2020 年计划财务处新制订和修订了包括《重庆大学采购管理办法》《差旅费管理办法》《公务接待管理办法》等一系列财经制度,进一步规范了财务管理,有效防范了财务风险。

4.强化服务意识,全面提升服务质量和服务水平

(1)完成全年核算工作,为教职工提供优质报销服务

随着学校资金总量逐年增长,核算业务量也连年攀升,但财务人员人数还略有下降。计划财务处全体人员克服任务繁重、人手不足的困难,团结一致,出色地完成全年核算任务,2020 年累计完成会计凭证 22 万余份,为全校教职工经费报销提供了优质和高效的服务。

(2)建设智能财务系统,解决长期困扰教职工的“报销繁”难题

为有效解决财务“报销繁”的难题,建设开发了智能财务系统,包括差旅平台、采购商城、智能报销三大功能模块,实现了票据智能识别、报销单智能填报、全流程线上审批、智能账务处理、自动支付等全过程智能化报销服务,以及物资采购、资产建账、财务报销、集中结算一体化的线上服务功能,做到广大教职工完成整个报销业务不需整理票据、不需填制报销单、不需现场审批、不需现场投递,“零接触、智能化、一次都不跑”,全过程线上完成。目前系统已建设完成并于 12 月 9 日正式发布,上线运行,为解决报销繁难题打下了坚实的基础。

(3)进一步贯彻落实“放管服”精神,为科研经费松绑

计划财务处持续推进“放管服”改革,进一步简化科研经费预算调整流程、经费入账流程和合同备案程序,放宽科研经费出国(境)管理限制,优化报销程序等一系列松绑及减负措施,将科研人员从烦琐复杂的科研经费管理工作中解放出来,提高了科研工作效率。同时,进一步优化“科研经费网上服务大厅”系统,实现从科研合同立项、经费到款认领、开票申请、经费入账到票据核销等业务一站式服务。出台论文版面费支出报销管理办法,进一步规范了学校学术论文版面费的支出报销管理。

(4)全面落实国家助学贷款政策,帮助困难学生顺利完成学业

把贷款资助的过程变为育人的过程,着力解困—育人—成才—回馈全过程服务学生。2020 年绿色通道

受助学生 5 657 人，其中研究生 2 439 人，本科 3 218 人；校园地贷款总人数 667 人，放款金额 629 万元；生源地贷款确认 5 250 人，贷款金额 4 066 万元（其中本科 2 080 人，2 043 万元；研究生 2 170 人，2 023 万元）做到了应贷尽贷，确保困难学生能够顺利完成学业。

5.积极应对新冠肺炎疫情，做好防控经费保障工作

全力保障疫情防控所需资金，在 2020 年学校综合财务预算中增列"新冠肺炎疫情防控专项资金"500 万元，另按 1 000 元/人增加各机关部处防疫专项经费，用于各部门防疫开支。同时，建立采购绿色通道，确保疫情防控采购及时便利；给湖北地区家庭经济困难本科学生发放了疫情特殊困难补助，退还了疫情期间学生住宿费，设立"新型冠状病毒感染与防治"应急科研专项，积极开展疫情防控科研攻关工作。在疫情面前，全体会计人员共同努力，做出了自己应有的贡献。

6.推动地方专项债发行工作，助力西部（重庆）科学建设

为推动西部（重庆）科学城建设，同时推进学校各校区功能定位调整，学校与重庆市共同进行"西部（重庆）科学城重大科学基础设施虎溪建设项目"建设。项目总投资 42 亿元，其中重庆市依托高新区通过发行地方专项债投入 26 亿元，学校以土地和自筹资金投资 16 亿元。

（撰稿人：高　春）

审计工作

【综述】

2020年，审计处紧密围绕学校综合改革和“双一流”建设，继续以信息化建设为着力点，努力践行审计全覆盖，突出管理效能和绩效思想，不断提升审计服务质量、推进审计转型和创新，全面履行了审计监督、预防、服务和参谋职能；荣获“全国内部审计先进集体”称号。

【业务工作实绩】

1.财务审计工作

共计开展财务审计项目30项，审计总金额79.60亿元，其中绩效审计2项、预算执行审计1项、经济责任审计25项、内部控制评审1项、专项审计1项。提出审计意见及建议88条，包括组织实施图书馆文献资料购置专项、生物学院“双一流”专项经费进行项目绩效评价，试点对生物学院进行单位层面的绩效评价，审计金额1.23亿元；组织实施了2019年度学校财务预算执行审计，审计总金额32.20亿元；组织实施了25个单位29名领导干部的经济责任审计（其中离任审计18人，任中审计11人），审计金额32.12亿元；组织实施了学校采购业务模块的内部控制评审；根据学校经营性资产管理委员会的要求，对重庆学苑房地产开发有限公司进行专项审计，审计金额14.06亿元。

2.基建审计工作

共计开展工程审计项目350项，审计总金额14.90亿元，已审结项目审减金额651万元，审减率6.63%。继续推进以内控审计、造价审计、招标审计、付款审计为核心的重点审计；全面推进重点项目全过程跟踪审计，包括工程结算审计320项，审计金额2.13亿元；开展重点工程项目全过程跟踪审计30项。

【管理服务亮点】

1.夯实信息化建设成果

随着2019年底“重庆大学内部审计信息系统”一期建设的完成，该系统所集成的“审计管理”“财务审计作业”“数据管理”和“审计资源管理平台”等模块已正式投入运行。目前，财务审计文书模板、审计流程已装入系统，相关审计人员已完成操作培训，审计计划、项目立项、审计通知书等程序已在线上进行，经济责任审计项目全部实现线上作业。同时，第二期“工程审计管理模块”已完成功能需求分析和程序流程设计；目前已完成项目立项和前期考察调研工作，并即将启动对开发公司的招标工作。

2.强化工程审计管理效能

继续强化工程审计的管理效能，抓好对建设管理过程的分析评价和动态监管。对重大项目、国拨项目和民生项目严格实施全过程跟踪审计，加强对工程立项、招标、合同等前期环节的审计力度，能够及时发现、反馈并督促解决在工程建设项目实施过程中存在的变更指令不及时、变更手续不完善、施工资料不齐全等问题，避免了问题在结算审计时集中暴露。工程建设项目审计发现问题的数量、类型及涉及的工程项目数均呈下降趋势，规范化建设成效明显。

3.进一步强化审计结果运用

在财务审计方面，通过对教育部八所直属高校领导干部经济责任报告进行分析整理，梳理审计问题256个（其中政策执行方面15个，重大决策方面22个，预算执行方面54个，内部管理和对所属单位履行监管职责方面165个），协助学校相关部门完成《教育部直属高校经济责任审计发现主要问题情况通报》，并在校内开展自查工作。协助相关部门完成2018年度预算管理内部控制缺陷整改工作，审计报告反映的重要缺陷5个、一般缺陷11个已全部整改完毕。向校领导和相关部门专题汇报《重庆大学水电气管理专项审计调查及节能改造项目绩效评价》，促进审计结果利用，推动审计整改工作的顺利开展。组织编发《2019年度经济责任审计情况通报》，送组织部、纪监办和计财处，作为其开展管理工作的参考。

在工程审计方面，对2019年已审工程项目进行了统计分析，对审计发现的问题，按照建设工程实施不同阶段，分类汇总为6个大类，17个问题，形成了《重庆大学2019年度工程审计项目发现问题及整改建议》报告，并报学校主管校领导审阅、批示。在此基础上，因疫情原因，通过学校OA系统签发给各建设管理单位，督促相关部门对照问题清单进行整改。

【其他重要工作】

1.获得“全国内部审计先进集体”荣誉

2020年11月，中国内部审计协会在北京召开2017—2019年全国内部审计先进集体和先进工作者表彰大会，对300个内部审计先进集体和318名先进工作者进行表彰，重庆大学在内的7所高校获得表彰。全国内部审计先进集体和先进工作者表彰经中央批准的评比表彰项目，由中国内部审计协会组织评选，是内部审计领域国家级最高荣誉。

2.积极承担上级部门安排的工作任务

王策同志参加教育部党组2020年巡视工作，蒲秋伶同志借调教育部财务司工作，夏勇同志抽调审计署特派办执行经济责任审计任务。

（撰稿人：王　策）

房地产管理

【综述】

以习近平新时代中国特色社会主义思想为指导，深入贯彻党的十九届五中全会精神，结合“三全育人”综合改革，围绕“双一流”建设，房地产管理处从教学科研平台保障、房地产权证办理、房屋安全隐患处置、出租出借公房管理等各个环节持续发力，努力克服疫情不利影响，充分发挥了服务保障的职能作用。

【公房与土地管理】

学校公有房屋房地产权证办理工作。克服疫情影响，在沙坪坝区与高新区工作机构调整前，全面完成了虎溪校区房地产权证办理工作，取得产权证40个（建筑面积569 445.73平方米）。加急有序推进A、B、C 3个校区办证工作，现已取得A校区松林坡10栋产权证（建筑面积10 267.87平方米），完成73栋公房资料报件，将于12月底取得产权证（建筑面积249 229.9平方米）。

办公用房调配工作。根据学校事业、学科及校园规划的总体目标要求，结合校区功能定位和学科总体布局，研究制订了公房资源调整配置方案，包括学科调整相关单位用房方案、部分学院教学实验室搬迁虎溪校区调配方案等，在学校公房资源供需矛盾突出的情况下，完成了医学院、计算机学院、建筑城规学院、土木工程学院、环境与生态学院等多个单位的公房调配，涉及使用面积10 000余平方米。

清水溪旧城改造柑园村征收项目。积极配合征收中心开展该区域征收补偿工作，核实相关材料和数据，拟订学校征收置换的意见建议，确保学校资产权益；暑假期间多次与政府部门协调征收补偿方案，就置换备选资产进行了现场勘察；完成被征收房屋土地价值评估，通过多方努力，提高补偿费用近7 000万元，并经校长办公会审议通过上报教育部备案；完成框架协议签订及教学楼和部分住宅楼移交工作。

公房规范管理。继续实施公房定额管理，收集整理核算数据1 000余条，完成了全校76个单位的核算工作；按照国有资产处置流程，完成B校区乌龟山苗圃临时房等资产处置事宜；持续推进公房信息化建设，整理完善公房数据29 304条；开展2020年年终决算工作，完成本年度国有资产管理情况报告；完成财政部“2019年度行政事业单位国有资产报表”、教育部“2019年全国教育经费统计报表”等填报工作。

【住宅管理】

周转性住房管理。强化周转房合同管理，完善新配租周转性住房合同签订、到期房屋的清退、合同延期手续和租金收缴，协调对收回的周转房进行维修改造工作，全年收回公有住房91套（柏树林54、69号18套，柑园村片区32套，博士后公寓9套，其他区域32套），为符合条件的新进教职工及博士后提供了住房保障。

重大花园 C、D 栋建设工作。拟订重大花园 C、D 栋项目推进情况汇报材料，并经校长办公会审议通过，公布《柏树林 54 号、69 号房屋及六栋 D 级危房福利分配房住户安置方案》、《柏树林 54 号、69 号房屋及六栋 D 级危房福利分配房住户置换安置方案》、《"重大花园"C、D 栋项目新建商品房房源分类产生规则》、福利房住户置换安置房源及安置意愿填表登记等通知；筹措置换安置房源，开展了福利房住户安置意愿填表登记工作，并协调编制了维修改造方案和预算；拟订分类安置及申购选房各类方案文本初稿，组织福利房住户安置方案说明会。调阅相关住户信息，完成各类住户资格审查工作；已清理清退柏树林 54 号、69 号房屋内住户 48 户，分批约谈尚未搬离的 24 户住户，对应退房屋中住户尚未搬离的住房已采取相关措施；公布福利分配房住户和午休房住户按置换安置方式的计分排队三榜的张榜相关工作。

危房处置专项工作。校园内全部 D 级危房平房（即柏树林 170 号、新华村 51 栋旁、建工新村 52 号、建工新村 59 号、建工东村 3 号附 34—38 号等 5 处）现已全部拆除。

六栋 D 级危房楼房避险搬迁过渡工作。截至目前，已签订避险搬迁过渡相关协议 143 份，已封存危房 170 套；按相关规定和协议，向已搬离住户发放过渡租房补贴及搬迁费，合计人民币 793.30 万元。

【住房流转服务】

学校教职工住宅房地产权证办理工作。全年办理产权证 746 套，其中，已取得产权证 498 套（累计办理 3 782 套）；完成住宅楼余证的分套及两证合一 69 套；取得 5 栋集资楼房地产权栋证（135 栋已售住宅楼栋证累计办结率 90%）；完成退购住房产权回办学校 52 套（累计回办率 93%）；收取教职工住房办证材料 990 余套，向市住改办补充申报资料 194 套，申报相关税费 746 套，已缴税费 550 套。

住房补贴核发与公积金提取。完成 2019 年住房改革支出决算和 2021 年住房改革支出预算编制工作。全年发放教职工住房补贴 32 500 人次，发放金额 994.56 万元。办理公积金提取手续 1 724 人次，提取金额 10 216.68 万元。

【房地产运营管理】

出租出借清理整治专项工作。按照教育部关于公房出租出借归口管理工作的要求，上半年开展校内公房出租出借自查工作，要求各二级单位将自查情况并报房管处备案，目前已收集整理 21 个单位相关资料；按照教育部公房出租出借管理要求及学校实际情况，在合理规划的基础上，启动了经营性公房的全面招租工作；积极推进公房出租出借报批报备工作，在前期收集的承租人、承租（借）方的事业单位法人证书复印件或企业营业执照（副本）复印件、个人身份证复印件等报批报备所需材料的基础上，确定报批报备方案。今年完成两批次出租房屋上报教育部备案工作，账面价值共计 624.12 万元，出租面积共计 6 479.92 平方米。

出租出借管理。克服疫情影响，积极推进复工复产。根据国家和地方政府对中小微企业的租金减免政策，形成租金减免方案并经校长办公会审议通过，对申请复工的经营户进行了学校通行权限的审核；协调落实专门扶贫农产品销售窗口场地，核查落实重庆银行在学校 A、B、C 校区营业网点场地相关事宜；协同相关部门共计 15 人次对经营性公房进行专项和日常消防安全隐患排查，对发现的 7 处安全隐患要求立即整改，并跟踪落实消除安全隐患；通过巡查、合同清理，结合专项治理等工作方式，联合相关部门，经协商、催退，收回 A、B 校区出租出借经营性公房共计 12 套(间)、968 平方米，催缴租金 90 余万元，审核合同 90 余份，上缴学校应收租金 487 余万元。

（撰稿人：孔令峰）

实验室及设备管理

【综述】

2020年,实验室及设备管理处在学校党委和行政的领导下,严格贯彻落实国家、学校疫情防控工作要求,统筹推进疫情防控与实验室建设、设备管理等各项工作,进一步提升服务质量,各项工作迈上新台阶。

【实验室建设与管理】

推进"实践育人"平台建设。作为"六大育人阵地"中"实验室育人阵地"牵头单位,组织制订《实验室育人阵地建设方案》,统筹推进教学实验室"三全育人"工作。组织21个2019—2023年中央高校改善基本办学条件教学实验室设备购置项目开展申报、评审、建设、绩效评价等工作,项目总建设经费9 785万元。4个2019年项目新增或改进实验课程60门,新增或改进实验项目185项,受益专业31个,年受益学生6 950余人。

发挥实验教学示范中心创新人才培养作用。制订《重庆大学国家级实验教学示范中心建设与管理办法》,组织19个实验教学示范中心完成年度建设任务制订、实施和年度考核。国家级实验教学示范中心年服务学生116.92万人时数,新增实验教材8种,支持学生获奖570人次,支持学生发表论文247篇,支持学生获得专利95项,承办大型会议41次,承办学生竞赛14次,开展科普活动24次,承办培训项目21项。

推进信息技术与实验教学的深度融合。《真空断路器预防性试验虚拟仿真教学项目》《灾难事件融合报道虚拟仿真实验》等5个虚拟仿真实验项目被认定为国家级一流本科课程。立项建设校级虚拟仿真实验教学项目17个,完成校级虚拟仿真实验教学平台建设,试运行的平台已上线项目26项。

【实验技术队伍建设】

完善实验技术队伍激励机制。制订《实验技术岗位育人元素和育人职责》,按实验教学、实验技术、实验室管理三类岗位分类设立育人职责。组织实施2020年实验技术系列职称评聘。与人事处共同组织实施2020年A、B类合同聘用制实验技术人员转编、续聘考核。

健全实验技术队伍培训机制。开展实验技术人员海内外研修,为高端实验技术人才创造良好的成长环境和国际化培养的渠道。2020年实验技术人员研修项目结题6项,完成项目后评价5项。

【实验室技术安全】

完成教育部2020年科研实验室的现场检查及整改工作,获得检查组的肯定。教育部检查组对学校实验室安全工作评价为:学校高度重视实验室安全工作,形成了较为健全的组织体系,安全责任较为明确、监管较为严格的实验室安全管理体系,在实验室安全文化育人、实验室安全技术评估、实验室安全准入等方面具有管理特色。

完善实验室安全责任体系，强化实验室安全监管。组织完成教育部教学实验室危险化学品安全管理专项检查、危险化学品专项排查、特种设备专项排查等系列专项行动。实验室安全督导组巡查实验室 3 657 间次，出具整改通知书 98 份，提出整改意见 903 条，组织学院完成整改 684 条。处置实验室危险废弃物 126.8 吨、实验动物尸体 267.8 千克。

加强实验室安全文化建设，持续推进文化育人。持续开设校—院两级实验室安全课程教育，受教育人数 381 人。举办"实验室安全文化月"活动，通过开展实验室安全讲座、实验室安全宣传展板巡展、实验室安全知识问答等宣传教育活动，营造安全文化氛围，覆盖师生 1 540 人次。组织全校新进师生参加实验室安全知识在线学习及准入考试，共 11 285 人参考。组织各单位实验室管理及技术人员参加实验室安全管理进修及网上在线培训，进修 81 人次。开展校级实验室安全培训及应急演练 2 次。为全校实验室配备安全防护设施及应急物资。启动实验室安全综合管理系统建设，提升实验室安全管理信息化水平。

【大型仪器设备开放共享管理】

推进大型仪器设备开放共享。科技部效益考核排名由 32 名上升至 17 名(高校内排名)。协助发规处筹建大土木、大生命、泛信息、大物理、泛制造等校级公共服务平台。制订院级平台认定标准，推动院级公共服务平台的建设。完成重庆大学校级开放共享平台与国家科技资源信息平台对接，更新国家级、省级、校级共享平台信息，纳入国家级平台管理设备 348 台、省级平台管理设备 426 台、校级平台管理设备 1 083 台。大型仪器设备维修基金资助 26 台大型仪器设备，资助金额 33 万元。大型仪器设备开放基金立项 174 个，资助金额 77.8 万元。完成 1 027 台(套)大型仪器设备使用效益考核。

【仪器设备采购管理】

聚焦科研仪器设备采购，积极服务，推进项目的采购进程。高质量完成竖向回流式风洞试验平台等多个重点采购项目。全年有序组织采购招标项目 205 项，大型仪器设备购前技术论证 76 台(套)，购置设备 4 968台(套)，合同总金额 9 659.48 万元，与预算相比，为学校节约经费 1 429.37 万元，平均节约率为 12.89%；归口审核、签订零星采购合同202 个，合同总金额 1 880.89 万元；执行仪器设备进口项目 71 项，进口设备 87 台(套)，合同总金额约 4 598.26 万元，通过减免税申报为学校节约经费约 827.69 万元。

【仪器设备固定资产管理】

进一步规范仪器设备固定资产管理。2020 年新增固定资产建账 10 604 台(套)，价值 1.17 亿元；验收 5 387万元；下账 3 264 台(套)，金额 2 193 万元。修订《重庆大学仪器设备管理办法(2020 年修订)》《重庆大学大型仪器设备管理办法(2020 年修订)》等 4 个管理制度，进一步规范仪器设备固定资产管理。开展仪器设备(家具)固定资产清查，对 14 个二级单位的 2 290 台仪器设备进行了现场复查。完成归对方设备专项清查。完成仪器设备固定资产管理系统与采购商城对接，启动线上建账模块，为教职员工提供高效服务。

（撰稿人：张　波）

条件保障

基建规划

【综述】

2020年，在学校党委的正确领导下，基建规划处瞄准“十四五”发展的新机遇，紧紧围绕服务学校事业发展的主目标，稳步推进34个项目建设，抢抓机遇谋发展，砥砺前行谱新篇，顺利完成各项工作任务。

【规划发展】

1.编制完成“十四五”基本建设规划

契合实施成渝地区双城经济圈国家战略、建设西部（重庆）科学城的重大发展机遇，通过校区功能布局调整及系列项目建设实施，形成学科（群）内涵发展和交叉融合的格局，支撑学校“双一流”建设和治理水平提升，奠定百年校园发展基础。规划项目采取了公开征集的方式，按照相关程序和要求，研究确定了“十四五”校园建设的总体需求，秉承“落实校区功能调整、服务学校事业发展、符合规划指标要求、遵循基本建设规律”的原则，编制完成《重庆大学“十四五”基本建设规划》，教育部审核通过。

2.校区功能布局调整取得成果

结合国家和地方发展战略，实施校区功能布局调整。为响应西部（重庆）科学城建设和重庆高新区的发展要求，规划3个国重实验室、6个国家级研究中心迁至虎溪。在现有校区功能、部院结构体系、办学规模等基础上，进一步理顺格局，化解结构性矛盾，规划对校区功能作出重大调整，统筹发展，纵向划分——实现学部集中布局和单一校区本硕博贯通。校区功能布局调整工作已形成初步成果，经校园规划委员会审议原则通过。

3.积极谋划，保障西部（重庆）科学城重大科学基础设施虎溪建设项目落地

拓展创新合作渠道，积极与高新区对接协商，协助落实发行地方债，组织签订合作框架协议。该项目将作为高端研发平台、重大科技基础设施，成为“十四五”期间改善学校科学研究基础设施条件，快速提升学科水平与科研、服务能力的重要抓手，可极大提升学校“双一流”建设核心竞争力，推动中国西部（重庆）科学城建设发展。

4.超瞬态实验装置项目建设总体规划

协助推进超瞬态实验装置预研建设，配合完成项目选址、总体规划的初步方案，完成环评报告，进行项目前期调研，与设计院衔接，开展园区规划前期咨询工作。该项目对汇聚国际顶尖科技领军人才，提升学校“双一流”建设水平，增强国家科技核心竞争力和科技创新发展具有重大意义。

5.拓展学校办学空间,协助推进长江生态环境学院规划

建设生态文明与推动长江经济带发展是以习近平同志为核心的党中央作出的引领经济发展新常态、科学谋划中国经济新格局的重大决策部署。建设长江生态环境学院是教育部和重庆市贯彻落实的重要举措,按照重庆市委市政府的要求,重庆大学参与学校人才培养、科学研究和学科发展,参与建设,经过论证,项目占地从不足500亩扩展到531亩,建设规模17万平方米,位于广阳岛片区现有规划中广阳湾天平咀的教育科研用地,前期已解决学校分界、功能区划分及使用等问题,完成了方案设计和初步设计,进入报建阶段。

【项目建设】

1.新建项目及“双一流”建设项目稳步推进

新建项目按计划进度实施。虎溪校区博士生公寓完工并投入使用,解决了虎溪校区无博士生专用公寓的问题,改善了博士生和留学生居住条件;虎溪校区体育中心完成混凝土结构主体施工;虎溪校区立新南楼主体结构封顶;地下管网勘察完成测绘工作,形成初步成果;虎溪校区危化品库房开展前期论证及设计工作。

“双一流”项目顺利完成年度国拨资金支付。虎溪校区信息技术科研楼完成基础分部验收,主体结构施工至第六层;风洞实验室已开展基础设施及环境建设工作。

2.改善基本办学条件项目全面推进

加快医学院建设(一期)各子项工程建设,C校区第二教学楼维修完工;C校区医学院科研办公楼、电力增容(一期)已投入使用。启动了电力增容(二期)设计工作,C校区环境改造即将开工,C校区图书馆、七教维修处于招标阶段。

2019年项目A校区机械立体停车库完工并投入使用,体育设施改造(二期)B校区游泳池维修完工,A、B校区地下通道改造项目车行、人行隧道贯通,B校区三教维修完成屋面、室内施工及暖通安装,完成B校区六教维修室内装饰主要内容,完成B校区材料楼修缮的施工进场准备工作,B校区第五教学楼(建筑馆)修缮施工图设计正在进行。

2020年项目B校区乌龟山片区电力增容及基础设施改造开工,完成A校区九教修缮的进场准备,A校区学林宾馆消防改造完成施工图设计。

2021年项目申报完成,6个项目通过评审,金额8 801.73万元。其中柑园村学生宿舍维修开工,C校区学生五公寓维修待搬迁完成后开工,已启动B校区燃气实验室维修施工图设计。

3.自筹修缮项目

虎溪体育学生体测中心维修、跨尺度多孔材料研究中心实验室装修完工并投入使用,量子实验室与虎溪学生交叉创新中心维修已启动施工图设计。

【基建管理】

1.加强政治思想教育,彰显支部堡垒作用

以习近平新时代中国特色社会主义思想为指导,深入学习贯彻党的十九大精神,扎实推进党建工作,发

挥党员先锋模范作用和党支部领航作用，积极开展支部学习，落实支部“三会一课”，结合部门职能特点，重点抓好党风廉政建设，加强教育学习，把廉政建设与业务工作深度融合，让干部职工知敬畏、存戒惧、守底线，廉洁理念进一步耕于心，高效作风进一步践于行。

2.突出依法依规管理，推进内控制度建设

修订《重庆大学基本建设管理办法》，加强基本建设管理，规范管理程序，提高决策水平；制订《重庆大学基本建设投资控制办法》，规范建设工程投资管理，保障建设资金使用效益；修订《重庆大学工程建设项目管理实施细则》，进一步加强和规范工程建设管理人员职责及管理程序，保证工程质量、强化施工进度管理及安全文明施工。

3.以需求为指引，提升管理能力与水平

随着学校事业发展，建设项目的投资来源呈现多渠道趋势，不仅局限于过去的基建项目和改善基本办学条件项目，而且增加了国家级、市级重点项目，对基建管理提出了新的要求，基建处迅速适应要求，一是切实深化前期工作调研，充分了解建设需求与目标，对标先进，汲取经验，探索创新。二是拓展融资建设渠道，加强校内外沟通与协作。三是适当调整工作分工，激发管理队伍内生动力，提高工作效能，更好地适应发展需求。

4.信息化手段支撑，智慧工地建设成效显著

虎溪校区体育中心项目应用云筑智联现场智能协同管理系统，综合运用BIM、物联网、人工智能、移动互联网、云计算等信息技术，采集项目现场生产、监测数据，以可控化、数据化、可视化的方式对项目进行全方位立体化监测和智能响应，实现多方协同工作。通过信息化、智能化手段，将施工现场人员安全管理从“被动监督”变“主动监控”，实现事前预警、事中规范的安全管控，保障施工现场人员安全风险可知可控。该项目被评为市级智慧、文明示范工地，接受市内外多所高校参观调研，受到一致好评。

5.筑牢疫情防控严密防线，复工复产有力有序

面对突发新冠肺炎疫情，根据政府和学校关于防控工作的总体部署，坚持疫情防控和复工复产“两手抓、两不误”。一是全力做好疫情防控消毒杀菌、登记管理、通行报批、宣传引导等基础管控工作。二是对在建项目有序复工，严格审核把关复工资料，加强项目防控工作监管，要求各项目参建单位切实执行疫情防控期间建筑工地开（复）工要求，加强人员及工地安全管理、排查。在抓工期、抢进度的同时，既做好防疫工作，又保证施工进度和工地安全，为打赢疫情防控战贡献力量。

（撰稿人：向　娟）

信息化建设

【综述】

2020年，信息化办公室积极发挥信息化在疫情环境下的优势，助力学校网上教学和管理工作，认真学习贯彻党的十九届五中全会精神，对照“十三五”校园信息化建设规划，逐项落实建设任务，积极开展“十四五”校园信息化规划，力争为学校“双一流”建设提供更有力的信息化支撑。

【网络基础设施建设与网络服务】

2020年网络基础设施建设各项工作开展顺利，信息化办公室进一步完善光缆系统、优化无线网络、加强主干交换系统建设等，为学校的教学、科研、管理提供了有力的网络支撑。

1.网络基础设施建设

升级校园网核心设备，实现核心交换机100 G互联；升级楼宇网络上行链路，提高校园网运行稳定性和传输质量。

实施AB通道施工现场2 000多芯主干光缆搬迁，增补主干光缆75条（包括6芯3 344米、12芯35 537米，96芯9 273米），完成全网光缆标识清理。

办公楼宇新增无线AP200个，进一步优化无线网络覆盖。

完成A校区大门光缆抢修（A11舍2条48芯，A图书馆2条24芯，资安学院1条24芯，4舍5舍7舍12舍C楼团委共48芯）。完成教育地区网川外、工商等光缆抢修，完成A校区八教、B校区二综合楼教务光缆报修，完成电信出口光缆抢修。

升级提升VPN容量，全年VPN接入180万人次。搭建CARSI资源共享平台，协同图书馆和数据库商，实现校外快速查询下载数字文献，全年使用人数3 600人，访问资源次数55 000次，极大地方便了师生从校外直接访问获取学校所购数字资源。提供国际eduroam无线网漫游认证服务，来访人次7 700，出访人次1 100。

2.对校内各项工作进行网络保障

顺利完成重要会议或重要活动的网络保障工作。开展了两会及国庆网络安全保障、教育部视频会议保障（校办、保卫处）、招生网络优化保障、迎新网络保障、东西部课程共享联盟大会网络保障、研究生考试阅卷专网建设保障、英语四六级考试保障、高清视频互动教室网络建设保障、托福考场优化保障、标准化考场网络保障、毕业生就业双选招聘会保障、党政内网保障、财务专网保障、一卡通专网保障、挑战杯大学生创业设计赛、高校计算机大赛网络保障、研究生选房网络保障、数模建模竞赛保障、教务评审网络保障、研歌赛网络直播保障、红岩故事展演活动直播、新年晚会直播保障、毕业典礼直播网络保障等，确保各项工作顺利进行。

【信息化建设与运行维护】

1.信息化制度建设与管理服务

为顺应教育信息化发展趋势，促进信息技术与师德师风、人才培养、科学研究、学科建设、学校治理和公共服务的深度融合，提升高等教育科学决策和校园综合治理能力，服务学校改革发展大局，信息化办根据《重庆大学“十四五”发展规划编制工作方案》（重大校发〔2020〕94号）要求，编制了《重庆大学信息化建设“十四五”发展规划（2021—2025年）》。响应国家证照电子化发展要求，推进学校信息化深入发展和持续创新，配合学工部和研工部，依托可信服务平台建设了电子学生证，并制订了《重庆大学电子学生证管理办法》（重大校发〔2020〕137号）。

2020年，信息化办完成42个信息化合同的审核，其中一般合同41个，重要合同1个（100万元以上合同1个），涉及二级单位21个，合同金额1 396.9万元。

2.信息化服务建设

持续推进网上服务建设，配合相关单位，年度上线了合同审核、档案投递、体检预约、场馆申请、体育体测预约、电子证件（包括电子学生证、电子工作证）等46个面向师生的应用服务。网上服务大厅已集成校内75个应用系统的认证登录，上线“微应用”服务182个，包括公务车通行服务、网上报修服务、成绩查询服务、班团活动服务、合同审核服务以及大量办公自动化服务，总访问量超过430万人次。今日校园总激活人数60 959人，日活约1 000人。统一认证平台接入应用167个，总认证次数近210万次。

3.信息化基础平台建设

（1）持续推进统一大平台建设

加强主数据管理平台建设，升级了统一数据管理能力，调整了数据结构分类，增加了更多的业务系统数据集成，使全校数据分类更加清晰，共享数据更加全面，平台集成业务系统62个，同比增加27个，增长77%；平台数据总记录达7 109万条，同比增加35 872 315条，增长105%；提供数据共享接口530个，全年接口调用次数3 100万次，每日共享数据吞吐量达到35亿。加强生态支撑平台建设，上线测试平台，进一步丰富接口数量，开放API接口已达362个，同比增加58个，增长19%；本年API接口调用次数超过8 000万次，同比增加5 000万次，增长167%。

（2）进一步加强可信服务平台建设

建设了身份核验服务系统，实现个人身份核验。系统依托国家权威数据源CTID（互联网+可信身份认证平台），解决互联网环境中身份的实名、实人等可信问题。完成了可信平台与“今日校园”App的深度集成，上线了电子证件系统，实现了学生证和工作证的电子化，电子证件已集成虚拟校园卡扫码支付功能。依托可信服务平台，信息化办会同研究生院、计财处、实验设备处、档案馆，向教育部申报了“教育密码应用创新试点示范项目”，名称为“重庆大学可信应用支撑体系建设”。

4.业务信息化建设

加强与业务部门沟通与交流，调动业务部门在业务信息化建设中的主体责任和积极性，有效推进项目建设，立项建设了无纸会议平台二期、研究生教育数据采集及绩效考核系统、实验室安全综合管理系统、房地产管理系统、移动安防系统等一批新业务系统，持续推进人事管理系统、就业服务系统、第二课堂成绩单管理系统、纪检监察系统等一批存量业务系统建设，全年共实现17年新项目立项，7个项目招标，8个项目初验，10个项目终验，项目执行达到预期目标。

【数据中心建设与运维工作】

1.加强学校数据中心基础设施建设

数据中心现有服务器200台，虚拟机550台，存储800 T，通过电源、网络、系统架构等的冗余设计，以及重要应用实时监控，减少非计划停机时间，实现系统全年总体可靠性99.9%。继续以整体优化、协同融合为导向，统筹存量和增量、传统和新型基础设施发展，打造集约高效、经济适用、智能绿色、安全可靠的现代化数据中心基础设施。

①新增全闪存储、GPU服务器，提供深度学习算法支持，提高存储性能，以支撑学校应用系统在移动互联、云计算、大数据、生物识别等领域需求。

②新增ARM架构服务器，响应国家自助可控号召，测试并部署国产的操作系统、数据库、云平台等基础设施软件。

③新增SSL证书，重点应用逐步采用HTTPS，对网站流量进行加密，防止数据被窃取，提高数据安全保障能力。

2.持续推进网站群平台建设

现站群共有275个站点，共发布内容168 087篇，全年总访问量37 883 918次，总访客数11 510 773个。进一步加强网站群安全分析能力，完善网站群安全部署和运维管理体系，提升网络信息安全防护能力，提高服务保障及管理水平。

3.持续完善和优化人脸识别基础平台

统一进行人脸采集、管理、共享，提供标准API，以支撑自助服务一体机、今日校园App、会议签到、考勤、门禁等系统的识别需求。系统现有人脸数据48 223条，提供会议签到服务32次，比对次数166 733次。

4.优化电子邮件系统

全年成功发送邮件17 754 392封，接收邮件9 836 128封，新增用户1 352人，活跃用户数22 617人。

5.完成短信平台通道备份

新增短信平台冗余通道，提高可用性，为职就中心、保卫处、离退休处、计财处、组织部、本科生院等30多个部门提供统一的短信服务，全年对外发送短信330余万条，其中职就中心173余万条、保卫处27余万条、离退休处25余万条、计财处15余万条、组织部13余万条、本科生院11余万条等。

6.持续推进数据共享和数据治理工作

梳理完善主数据库数据共享工作,完善学校工作人员类别数据管理,完成了人事数据全量集成工作,提供数据共享接口共600余个,全年接口调用次数3 100万次,实施了人事、教务、工资、宿舍等数据集成及整理,数据记录总量约7 109万条。

【网络信息安全与保障】

扩容校园网出口防火墙性能卡,提高安全性能,部署抗DDOS系统,大幅提高网络安全防护能力。持续推进二级单位网站向网站群迁移;加强网络信息安全漏洞通报及整改督促等工作,减少安全隐患,全年共处置5起网络安全事件;开展4次全面的安全漏洞扫描,参加网络攻防实战演练,锻炼网络安全防护实战能力;加强疫情期间及重要时段网络安全保障,全年未出现重大网络安全事件。

【用户服务工作】

全年呼叫中心共接听电话15 900个,服务前台受理业务4 181笔,网络维护人员上门维护1 785次。加强与用户的沟通交流,通过信息化服务网站、民主湖论坛等,发布通知公告及建设运行动态26条,回复用户问题建议104条。通过学校主页、微信公众号发布新闻稿、推文2篇。加强用户服务团队建设,培训学生助管3次。完成学校视频会议及重大活动的网络直播139次。指导的学生社团蓝盟纳新40人、举办培训9次、电脑义诊9次,为师生处理电脑软硬件故障450次。疫情期间保障师生网上教学工作,为教职工办理家庭宽带提速1 626个。

【一卡通建设运行维护管理】

2020年,学校与中国工商银行合作实施了校园一卡通升级,升级后的系统支持扫码支付,并将一卡通支付码与电子证件融合,实现可信支付。全年一卡通各卡务点现金充值和入账准确无误,4个校区全年现金充值2万余笔,解挂解冻0.3万人次,补助发放2.8万余笔,换卡1.2万人次;一卡通网上服务平台稳定运行,网上业务办理继续保持较高比例,其中网上充值120万人次,共计12 688万元;网上缴费14万人次,共计714万元。

【其他工作】

1.地区网络工作

保障了CERNET重庆节点、CERNET2重庆核心节点的安全稳定运行,为重庆市内各高校提供了高速稳定的教育网接入服务,教育宽带网新接入学校4所,6所学校新开通IPV6网络。配合重庆市招办和相关单位完成了重庆市教育宽带网接入高校的高招网络保障工作。

2.对外合作与交流

参加高等教育学会教育部信息化分会主办的百家讲坛活动并作《浅谈重庆大学信息化建设规划》的报告。接待了深圳大学、贵州大学、西华师范大学等5所兄弟高校来校调研,与兄弟院校交流智慧校园建设、应用相关问题。

（撰稿人:涂光友）

图书情报

【综述】

图书馆坚持以习近平新时代中国特色社会主义思想为指导，全面贯彻党的会议精神，围绕立德树人根本任务，坚守初心使命。在学校党政领导下，在各部门单位和读者支持下，图书馆秉持“文献支撑、文化育人”办馆宗旨，以“以本为本、馆庆”为年度主题开展管理和服务工作，在制度建设、情报服务、文献资源管理等方面持续创新，圆满地完成各项工作。

【创新和亮点工作】

1.疫情防控下开展应急与特色服务

疫情发生时，图书馆第一时间响应，成立应急服务党员工作组，在全面做好疫情防控的同时，创新工作方法做好应急与特色服务。开展“纸质图书无接触预约出借”服务，预约图书快递到家；开展线上“零距离”服务，保障图书馆数字资源 24 小时正常访问，最大限度满足读者居家研习需求；开启“你选书，我买单”服务，重塑借书流程，提高读者满意度，此特色服务在“4·23 世界读书日”当天被中央电视台新闻频道特别报道，并在新闻联播中展示了该平台界面，取得很好的宣传推广效果。

图书馆率先在业界进行“战疫”数字特藏建设及展览。4 月 22 日“战疫”展览在“+馆藏”平台正式开展，展出图片约 4 700 张。

2.加强顶层设计，加快制度改革，助力图书馆效能提速

结合图书馆管理与运行情况，编印《重庆大学图书馆规程》，使之成为图书馆管理之纲、服务之本，在业界起到示范引领作用。以夯实基础、扎实推进为思路启动图书馆“十四五”发展规划编制工作，谋划文献资源建设、情报服务创新、智慧图书馆建设等方面工作。

3.知识产权信息服务快速发展，获批国家知识产权局技术与创新支持中心（TISC）和重庆市新能源产业专利导航中心

2020 年 9 月正式获批国家知识产权局和世界知识产权局组织共同授权的技术创新支持中心。2020 年 3 月成功申报获批重庆市新能源产业专利导航中心。协助学校成功申报 2020 年度国家知识产权示范高校。

4.以文育人、以文化人建设图书馆育人阵地

深化育人内涵，建设图书馆育人阵地。开展“校长书单”系列阅读活动，发放纪念阅读书签 6 500 份；与多部门联合举办“我与校长书单有约”全校性读书活动；联合多部门推出电子毕业纪念册相关服务；共建

“+馆藏”多媒体数字资源，打造具有重大特色的多媒体资源体系；与虎溪管委会合力建设舍区书屋蕙风斋，延伸阅读推广工作和空间服务内涵；组织举办重庆大学第二届信息素养大赛暨首届成渝高校信息素养联赛，首次与成都高校合作，参与人次 2 000 余人，促进成渝地区双城经济圈高校间的合作交流。开展“三线建设”系列展览，填补学校“三线建设”无专题记录的空白，深挖攀钢建设中重大人事迹，展现重大人的风采与奉献。

5.推进学院联系人制度建设与实施，加强学院学科支撑

根据图书馆实际制订了《重庆大学图书馆学院联系人制度》，指定专人联系每个学院，主动服务，深入了解学院教学科研情况和学术发展动态，建立长期合作模式，加强学院学科支撑，主动出具学校 45 个学科的学术论文质量统计报告。

【党建工作】

全面贯彻党的十九大精神，高度重视疫情防控工作。第一时间成立抗疫应急工作小组，开展系列防疫工作；接受学校党委第三巡察组巡察，坚持把巡察整改工作作为一项重大政治任务；完善修订《图书馆党总支会议议事规则》《图书馆党政联席会议议事规则》；积极探索党组织建设工作的新思路，与攀钢联动共建，与材料学院党委共同签署《党组织共建合作协议》；加强和改进意识形态工作，确保图书馆的意识形态工作落实到位；圆满完成扶贫任务，积极开展对各地图书馆的帮扶。高度重视党员干部培训，参加赴延安、杭州等参加干部培训和中国干部网络学院培训等。加强党组织建设和党员发展管理，2020 年培养一名入党积极分子。

【文献服务工作】

2020 年实体文献入藏 77 569 种，120 174 册。通过调查读者需求，数字文献资源续订 26 个，新增资源采购 1 个，15 个资源暂缓采购。全年总计入馆人次达到 108.2 万。纸质文献借阅量 22.6 万册，数字文献下载量超 1 000 万。完成查新报告 175 件、查收查引 9 731 件，完成文献传递申请 297 项，完成论文查重检测 5 885篇。“你选书，我买单”服务，读者注册 7 989 人次，选中图书 5 761 册。知识产权信息服务方面，完成技术分析报告 5 份，产业趋势报告 1 份，专利风险评估报告 1 份，专利分析简报 4 份，重庆大学专利分析年度报告 1 份；开展知识产权讲座 7 场。

【学科服务工作】

面向“双一流”的学科服务。全面开展新生培训月活动，举办新生培训 13 场；完成研究生公共选修课《科技文献检索与利用》的教学工作，共计 9 个教学班 983 人；承担管理科学与房地产学院开设的本科生《科技文献检索与利用》两门，共 143 人；开展其他日常培训讲座 25 场。完成 2020 年学科影响力年度报告，重点学科专业数据库分析报告，重庆大学学科影响力速报 6 份，重庆大学文献情报动态 5 期；完成 ESI 速报、竞争情报动态、文献情报分析等主题报告共 22 份。

【文化育人工作】

坚持阅读推广工作，组织开展“书香四季”（新生季、成长季、读书季、毕业季）系列文化育人活动，提升学

生综合素质。成功举办"圕强达人"重庆大学第二届信息素养大赛暨首届成渝高校信息素养大赛。发挥舍区书屋育人阵地作用，积极开展阅读与文化活动。完成大学生图管会、书友会、民主湖论坛的管理与运行工作，编印《重庆大学学习生活羊皮书》，并发布羊皮书电子版，上线"走 JIN 重大"小程序，帮助新生更便捷地了解学校。

【社会服务工作】

共 16 177 人领取虚拟卡，有 253 人通过微信平台办理校友卡，951 名社会人士办理临时读者卡。积极参与扶贫援藏工作，对云南绿春、重庆开州等进行"智志双扶"，建设图书阅览室，捐赠图书 11 596 册约 33 万元码洋；捐赠朗读亭 2 台价值 18 万元，捐赠 10 台电脑，价值 4 万余元；向西藏昌都市左贡县田妥镇中心小学捐赠图书 550 册；积极通过 e 帮扶平台购买湖北等贫困地区农副产品参与"消费扶贫"。

【学术研究与学科建设】

获批重庆市知识产权局研究项目 1 项、重庆市教学改革项目 1 项、重庆市高校图工委科学研究基金项目 1 项、教育部产学合作协同育人项目 1 项、重庆市社会科学规划项目 1 项、馆内创新项目 9 项以及横向项目 2 项。全年共发表 CSSCI 论文 14 篇。

【信息系统建设】

推动以大数据为核心的智慧服务研究与实践，研发并启用"图书馆运行大数据中心"，目前已收割 0.43 亿条各类运行数据。更新升级科技查新系统，实现查新站全流程信息化管理。加强智慧图书馆的研究与建设，全面改造图书馆门禁系统，新增读者虚拟卡、人脸识别。通过改造智慧图书馆门户和图书馆管理系统，实现无接触借书和图书到家功能等。

【机构人员情况】

图书馆设置 9 个内设机构，在职职工 110 人，临聘馆员 53 人，退休职工 146 人，新进职工 2 人。1 人获专业技术副高七级职称资格，2 人被任命为正科级职务，3 人获工人技师聘用资格。

【其他工作】

2020 年向学校新闻网报送新闻稿 53 篇，报送信息稿 12 篇。微信关注增至 73 033 万人，推送图文信息 54 篇，图文阅读总数 30.2 万次。重视语言文字工作，加强图书馆的档案收集与管理工作，提交各类档案 140 余件。开展依法依规科学治密，加强综合治理和消防工作。按照学校要求完成 C 校区图书馆的搬迁工作，顺利完成移交。

围绕图书馆建馆九十周年，以"馆员和读者"为主题开展"我的图书馆"征文活动，结集为《我与图书馆——重庆大学图书馆九十周年纪念文集》一书，全书总字符数约 20 万字，图片 150 张。

顺利承办重庆市图书馆学会 2020 年会，承办重庆市知识产权分析评议高级培训班 130 余人等重要学术会议。开展 2020 年度高级访问馆员计划，12 位各地高校图书馆馆员来馆研究一周。

（撰稿人：李　哲）

档案管理

【概况】

2020年，档案馆在学校党委、行政的领导下，以习近平新时代中国特色社会主义思想为引领，紧紧围绕学校中心工作，进一步解放思想，大力夯实基础业务工作，着力提升档案信息化建设，倾力打造档案文化品牌，服务师生水平切实提高，不断开创新时代学校档案存史、资政、育人工作新局面。

【基础业务工作】

1.档案收集

修订《重庆大学档案工作手册》《重庆大学立卷部门档案验收评定表》。开展全校兼职档案员业务培训和OA归档专题培训。全年共计接收文书类档案纸质文件20 657件/卷，照片2 633件，毕业合影357件，视频70件。加强疫情、扶贫档案收集，收集疫情档案402件、扶贫档案487件。持续推进特色人物档案资源库建设，新增37位校友人物档案，收集超过100 GB的资源。

2.利用服务

提供线上、线下多途径档案服务，全年共计查档5 156人次18 046卷次，办理学历认证1 125人次3 378卷次。

3.学生档案管理

规范学生档案管理、提升服务，全年共计接收本科新生档案6 000余份，硕士、博士研究生档案15 000余份；投递毕业生档案本科4 614份、研究生4 258份；办理改派、改寄、退学学生档案1 982人；查阅利用1 446人次。

4.人事档案管理

盘点、规范库存档案12 615卷；接收审核新进人员档案194卷；完成档案整理962卷；配合人事处、离退休处等部门集中突击查档及日常零星查档全年共计433人次、4 638卷，复印材料3 400多页。

【文化建设】

1.持续加强档案文化品牌打造

持续打造“德行的力量——重庆大学人文风采系列展”“德行的力量——重庆大学校史舞台剧”“信仰的力量”“重大春秋——重庆大学历史文化研究系列丛书”品牌。举办“铭记历史，砥砺奋进——纪念中国人民抗日战争暨世界反法西斯战争胜利七十五周年”（抗战中的重庆大学）主题展和宋明琨摄影作品及器材的捐赠仪式及宋明琨纪实摄影作品艺术展，上游新闻、《重庆晨报》特别报道；进一步提升校史舞台剧《初心·1929》《寅初亭》。制作“信仰的力量”《回望初心，薪火相传》短视频，诠释重大人入党初心，纪念建党一百周年。完成两本“重大春秋——重庆大学历史文化研究丛书”编撰。

2.加强对外交流，传播重大精神

参与重庆市档案局联合重庆市文化和旅游发展委员会、重庆市档案馆、重庆广播电视集团（总台）推出的《镜遇美好重庆》主题活动；参加“川渝两地爱国主义教育基地讲解员大赛”并获二等奖。

3.多形式践行“三全育人”

进一步丰富和提升“立德树人”展览馆，发挥其育人基地和宣传重大文化精神的窗口作用。展馆接待了教育部、重庆市主要领导、师生及社会组织机构等的参观。继续将校史舞台剧《初心·1929》嵌入新生入学教育环节，发挥档案文化育人作用。打造全天候开放的档案特色文化走廊，将档案文化育人融入校园景观氛围营造之中。牵头开展校友口述采访工作，组建老师带队学生参与的采访团队，让学生在实践中受锻炼，在采访中受感染。开发珍贵档案数字展示小程序，让珍贵档案走出去，走进师生，走向社会。

【信息化建设】

1.推出一站式网上远程利用服务新模式

实现档案利用服务全流程网上申请、办理、跟踪、反馈，为个人、企业、学籍认证中心等不同用户提供多达31项服务，用户足不出户即可获取纸质档案材料和加盖具有法律效力电子签章的电子档案材料，受到用户广泛好评，被《中国档案报》报道。

2.试点电子文件归档与电子档案单套管理初见成效

完成“重庆大学电子文件/电子档案管理”一期项目建设，构建电子文件归档与电子档案管理系统平台。实施OA系统四大板块（发文、收文、签报、通知）过渡期的单轨双套归档，为明年全面推行OA系统无纸化归档奠定基础；对接研究生管理系统，实施2019年毕业的4 893名研究生的学籍卡、学籍异动信息、中英文成绩单、毕业学位信息、电子论文等五类电子信息自动批量集成归档；实施新闻网九个板块、12 339条各类新闻的自动捕获归档，建立学校网页归档长效机制；启动网络教育学院电子学籍归档管理。

3.改建升级档案管理系统

整合原有三个档案管理系统，构建全新电子文件归档与电子档案管理平台；全面清理、整合、迁移数据，实现传统纸质档案与电子档案的融合管理。基于学校服务大厅新建学生档案管理系统；在学校就业系统新增毕业生档案投递模块；全面清理迁移2003至2019年118 160条本科生和2005至2020年52 198条研究生的档案投递数据，为毕业生提供网上自助查询服务。

4.档案资源由数字化向数据化拓展

完成2019年新增档案的数字化和PDF转换267 959页；完成馆藏1992至2018年21 938件学校发文的数字化扫描和27 049条目录信息数据化。启动重庆大学校友数据库项目一期建设，完成2000—2010年学生招录、成绩、毕业、派遣档案的数据化 38.45 万条，初步建立近 8 万名校友的基础数据库。

5.改造升级档案信息化基础设施

购置三台华为 2288H V5 服务器及 FusionSphere 虚拟化软件，以超融合架构搭建档案虚拟化服务平台，提升硬件资源的有效利用和性能灵活配置。购置爱数 VX820 备份一体机，实现档案系统级、业务应用级、数据级的多层级数据备份，档案安全保障支撑能力得到提升。

（撰稿人：朱文婉）

医疗卫生

【综述】

2020年校医院在学校领导下，认真贯彻党的卫生与健康工作方针，落实国家深化医药卫生体制改革政策措施，以师生健康为中心，加强校园医疗保健服务，认真落实新冠肺炎疫情各项防控措施，筑牢疫情防控校园防线，守护全校师生健康。

【思想政治工作和文化建设】

落实全面从严治党主体责任，加强对医院各项工作的监督和指导，完善总支委会、中心组学习、党政联席会等各项制度。开展“抗疫情，我们共同行动”征文及党员“亮身份、践承诺、做表率”等活动。积极配合学校党委对医院党总支的巡察，根据巡察整改意见制订整改任务并及时完成。与重庆医科大学附属大学城医院签订“党建医联”协议，加强党建合作。深入开展“两学一做”常态化学习教育，通过组织生活、“学习强国”平台等学习习近平新时代中国特色社会主义思想，组织学习宣讲民法典和十九届四中、五中全会精神。

【医疗服务】

全年门诊量100 141人次，住院1 455人次，急诊15 104人次，救护车出车急救486次，留院观察病人1 843人次，检查检验176 450人次，校内医疗保障服务310次，各类体检17 023次。

整合医疗资源，将优质医疗引进校园，切实提高校医院医疗服务能力。与重医附属大学城医院及新桥医院签订医联体协议，在技术指导、双向转诊、人才培养、资源共享等方面开展协作，为更好服务全校师生提供了有力支撑。

全年针对师生进行急诊急救培训11次。

全面推进国家药品集中带量采购、国家耗材集中带量采购任务的落实，全年药品费用较去年降低近500万元，减轻了师生就医负担，获政府奖励47万元。

多次为学校大型双选会、体育比赛、文艺活动等校内大型活动提供医疗保障。

【传染疾病的防控】

起草并通过学校审定后发布实施《重庆大学传染病防控方案》，进一步完善了学校传染病防控体系和工作制度。

圆满完成新冠肺炎疫情防控各项任务，为打赢疫情防控阻击战，确保校园平安，作出重要贡献：

开展师生新冠肺炎疫情防控知识培训，线上讲座3次，录制宣教视频2个，针对保卫、餐饮、物业、交通等学校一线员工的防疫现场培训 6 次，覆盖 4 校区 600 余人，并通过网页、微信端、宣传栏等宣传新冠肺炎疫情防控知识。同时开通面向全校的 24 小时疫情防控咨询电话，及时给全校师生吃下定心丸。

协助学校设置新冠肺炎隔离观察点 4 个，并负责医学观察和处置，累计隔离医学观察 781 人，送政府隔离点 37 人，管理居家观察人员 350 人。负责校内发热师生监测和管理，发现并转诊疑似病例 1 例、无症状感染者 1 例，全年收治留观发热病人 809 人次。救护车转送发热患者 807 人次。

开展相关流行病学调查，排查并处置密接者 41 人，一般接触者 43 人。对湖北、东三省等返校学生 1 979 人开展核酸检测和健康监测，18 人次参加学生返渝接站。累计完成核酸检测采样 4 561 人次，转运核酸标本 124 次。

协助完成附中、附小、幼儿园开学前新冠肺炎防控及督导工作。作为政府公布的全市 174 个发热门诊之一，医院承担了新冠肺炎防控相应的社会责任，A 区校医院住院部和 2 名医务人员分别被沙坪坝区评为抗疫先进集体和先进个人。

认真落实《重庆市学校结核病防控工作规范》，切实做好肺结核防控：

全年追踪 52 例疑似肺结核，其中 26 人确诊予以管理，筛查密切接触者 228 人次，发现活动性肺结核 2 例、PPD 强阳性 9 例（其中 3 例转为患者）。妥善处置肺结核聚集疫情 1 起，隔离治疗 6 名患者、筛查密切接触者 173 人次，随访管理 PPD 强阳性 6 名，针对重点人群现场健康讲座一次。

接受国家卫生健康委疾控局对学校结核病防控工作的调研，受到调研专家和领导的好评。

【公共卫生】

全面落实社区卫生服务中心各项制度及工作流程，新开展孕产妇及儿童保健服务，启动校园重型精神疾病管理，在管患者 62 人，全年完成随访 234 人次，重精排查 43 人次，开展家属护理培训及心理培训 1 次，国家 14 项基本公共卫生服务已实施 12 项。

依照公共卫生服务相关指南，针对重点人群，新建居民档案 9 284 份，累计建档 64 380 份；完成高血压 1 699、糖尿病 660、老年人健康管理 1 720 人，随访 8 231 人次。

对大一至大三年级学生共 270 人进行常见病及健康危险因素调查，完成健康教育通识课程教学任务。

【医保管理和服务】

组织完成线上 2020—2021 学年度大学生参保，参加大学生医保 33 920 人（参保率 85%）、商业保险 28 524人（参保率 71.3%），居全区高校参保人数首位，受到沙坪坝区医保局表扬。

清理、清算 2015—2018 年大学生线上缴费参保的账目，完成医保服务器数据迁移工作，追缴医保欠费 2 万多元。

完成国家医疗保障平台、重庆市医保平台的医保医师、护士、药师信息的录入、审核、更新、维护工作及非中医药类别的西医医师开具中成药处方权限的申报工作，为进一步规范和管理医院及医务人员医疗行为打好基础。

【加强队伍建设　规范内部管理】

定期组织全院工作质量检查、处方点评、病历质量评审；外派进修学习 31 人次，1 人获聘重庆市科学传播专家团健康知识普及专家；5 人参加沙坪坝区新冠肺炎疫情流行病学调查及核酸采样培训并考核合格；强化科室院感质控员的职责与考核，感控技能考核纳入新进临床人员聘用考核，开展院感防控技能比赛。

完成《重庆大学医院章程》的制订工作，经职代会和校长办公会通过，报送沙坪坝区卫健委，它将是未来引领医院依法办医，实施管理，履行公益性的基本纲领和行为准则，意义重大。

完善院聘骨干人员管理，修订管理办法，促进了骨干人员的稳定和招聘。

【落实基础建设，改善就医条件】

新购救护车、血球仪等设备、器材 35 件，不断改善医疗条件；自筹资金购置 CT，对新冠肺炎疫情防控提供有力帮助；实施老校区医院消毒供应外送，减少风险并节约了开支；开通教职工体检线上预约平台，启动电子医保卡和电子票据，有利于患者更快捷、方便就医。

（撰稿人：章华玲）

安全保卫

【概况】

2020年，党委保卫部（处）在学校党委、行政领导下，以习近平新时代中国特色社会主义思想和党的十九大精神为指引，认真研判、精准把握学校安全稳定面临的新形势、新情况、新动向，坚持总体国家安全观，深入防范化解各类风险挑战，筑牢疫情防控和校园安全稳定防线，努力建设更高水平的平安校园，为学校改革发展提供强有力的安全保障。

【扎紧校园疫情防线】

按照教育部“五个一律”要求，300多个日夜牢守校园疫情管控第一道防线，确保学校疫情防控“零感染”。严格落实外来人员进校“一事一报”制度，疫情期间，门岗验证测温日均4万人（车）次，审批来访人员超3万人次，妥善处置因疫情管控产生的矛盾纠纷50余起，未发生一例因防控不当引发的安全责任事故或负面舆情事件，为学校打赢疫情防控阻击战、总体战，有序复工复学做出了积极贡献。

【强化政治安全屏障】

积极研判化解风险，收集各类信息360余条，上报《情况反映》120期，《每日信息》86期，开展校园安全风险评估研判会2次，向学校提供专题调研报告3份，提升校园风险隐患的综合治理能力。

成功申报教育部思政司牵头组织的国家安全课题1项，参加2020年国家安全教育教学风采展示获得二等奖，报送的国家安全稳定案例分获重庆市一、二等奖，拍摄的国家安全教育短视频获得重庆市第一名，向师生发放国家安全教育宣传手册2 000余册。

守牢意识形态阵地，持续做好人文哲学社科类讲座论坛的审批及现场管控，全年审批1 156项，严防“三股”势力的渗透、颠覆和破坏。调研摸排受疫情影响留学生思想动态，确保外事安全。

【筑牢校园安全防线】

1.健全安全稳定体制机制，压实安全管理责任

落实平安校园建设领导责任制和目标管理责任制，出台《重庆大学安全管理规定》，修订《重庆大学消防安全管理办法》，制订《重庆大学校园安全风险专项整治行动实施方案》《重庆大学安全稳定工作责任书》，进一步理清压实各单位安全管理主体责任和监督责任，健全完善安全管理工作机制。

2.实行挂“图”作战，确保重大安全隐患整改落实

以安全稳定工作例会、安全检查为抓手，完善安全风险研判和安全隐患排查治理体系，全年排查整改安

全隐患 500 余起，挂单完成学校重大安全隐患 26 项，高效推进包括 D 级危房搬迁拆除、违法建筑拆除、出版社消防系统改造、高层建筑玻璃幕墙开裂、无学籍学生滞留学校等一批长期想解决而没有解决的重大隐患全面整改。

3.加强公共安全治理，确保广大师生更安宁

校警联动对校园及周边重点人员进行排查、审查，纳入重点管控对象 20 人，落实“一对一”管控措施。持续加大对涉校涉生违法犯罪打击力度，为师生挽回经济损失 65 900 余元。快速有效处置集访闹访事件 13 起，处置调解涉校涉师生纠纷 5 起。持续加大对商户违规经营、市政纠违查处力度，摸排登记从业人员 156 人，开展市政监察 50 余次，查处校内商户违规经营行为 20 余起，违规场所 1 处，校园环境更加有序文明。

【确保消防总体平安】

对老校区现代消防设施开展评估，完成 7 栋建筑物人员密集场所应急照明及疏散指示标志安装，消防可视化管理平台（二期）建设，实现 31 栋建筑物消防水压、9 套消控报警系统远程监测。推进 C 校区消防总控制室建设，着手制订 A、B 校区消防总控制室建设方案。聚焦“救命水”，督促 14 个消防水泵房日常管理，做到“有设施、有水源、会使用”。全年更新配置各类消防器材设备 6 700 余具（件），做到常规消防器材全覆盖。全面普及消防安全知识，累计培训覆盖 1.3 万人次。成功组织“11.9”高层建筑消防演练，确保紧急情况下科学疏散和救援的顺利实施。

【优化智慧技防系统】

开发校外临时车辆进校预约系统，控制无关外来车辆入校，进出校车辆单日下降 5 000 余车次。不断优化视频监控布局，新增高清摄像机 200 台，校园发案取证效率不断提升，高效查办各类案事件 152 件（次）。配合虎溪校区技防建设升级，完成虎溪校区车辆测速和违停电子警察抓拍系统、监控视频室建设，实现了 4 个校区技防建设的整合和联动。

【深耕安全文化育人】

通过“一封信，一本书，一演练，一测试”，巩固新生安全教育。举办校园安全嘉年华、“平安校园 · 青春无诈”防骗反诈等主题宣传教育活动，自编自导自演反诈情景小品《风车车的十一月》。全年开展讲座、演练、知识竞答、线上宣传等各形式安全教育活动 80 余场，覆盖师生 3 万余人次。安全教育工作受到中国新闻网、凤凰网、华龙网等 30 余家主流媒体网站的广泛关注报道，教育部门户网站对重庆大学扎实做好校园安全工作进行转载。

【聚焦增强服务效能】

持续强化标准化、规范化服务流程建设，收到锦旗 1 面、表扬信 2 封、师生自发慰问 8 次。选派 48 名保卫干部到重庆市公安局战训基地进行专业化培训，在全国高校保卫战线率先尝试打造“准警务化”管理。简化办事流程、开通绿色通道、推广线上办理，全年为师生办理户籍、车辆通行、活动审批、咨询答疑等服务 1.6 万余人次。开发移动安防系统，推动建设信息化、规范化、便捷化“掌上”保卫工作应用。

（撰稿人：王　琬）

后勤服务

【综述】

2020年在学校党政正确领导下，在全校职能部处和学院的大力支持下，后勤党政班子贯彻“保障有力，服务有效，成本合理，师生满意”的工作目标和“三条线、一网格、一关爱”的工作体系，坚持“三服务、三育人”理念，克服疫情影响，促进后勤管理水平和服务质量再上台阶，圆满完成各项工作任务。

【扎实全面加强党建工作，落实巡察整改任务】

以全面加强党的建设为抓手，引领后勤为学校“双一流”建设提供高效优质的后勤服务保障。加强组织建设和思想建设，加强意识形态领域管控，持续开展“不忘初心、牢记使命”主题教育，引导党员同志强化“四个意识”，进一步坚定党员的理想信念和政治方向，严守党的各项纪律，切实发挥先锋模范作用。2020年7月，在学校领导的关心和组织部的指导下，成功召开党员大会，圆满完成后勤党委及纪委换届选举工作，为进一步做好后勤保障服务工作打下了基础。2020年发展党员9名，其中非编党员1名。

认真做好巡察整改工作，开展针对性整改。通过强化建立以制约和监督权力运行为核心、以岗位风险防控为基础的廉政建设机制，对人事、财务、资产、项目管理、“三重一大”决策等进行全面梳理，本年度修订或新制订15项规章制度，取得初步成效。

【坚持“三全育人”导向，加强育人阵地建设】

坚持把握“三全育人”导向，明确后勤员工育人职责，营造“全员育人”氛围，规划服务育人内容，构建育人载体，夯实“全方位育人”和“全过程育人”根基。切实加强食堂、场馆和学生宿舍等育人阵地建设。有两人分获学校管理育人和服务育人标兵称号。

【以师生满意为目标，努力提高服务效率和水平】

呼叫中心全年受理各类报修、咨询、投诉建议共计32 336项。

完成日常维修28 361项，清掏化粪池17 000立方米。完成维修工程597项，监管项目11项。完成招标20项、立项216项、处内审计853项、送学校审计57项、申报2021年改善办学基本条件国拨项目3项、完成改善办学基本条件国拨项目2项、签订合同137项。

拟订《2021年学生宿舍迎新床位分析报告》，完成9 000余人次的住宿安排工作。学生宿舍服务窗口全年接待咨询11 722人次，清退结业、肄业、退学学生300人次，处理投诉及建议133次，学生早出晚归登记4 882次。完成6 900间学生寝室安全检查10次，查处违章884次，查收违章电器194件。更换消防器材

1 278具,清理消防通道废弃桌椅约 500 多套,消除了安全隐患,改善了教学环境。

参照物业服务合同,强化监管职责,对校园环境实行网格化、片区化监管,责任划分到每个人,确保校园环境干净清洁。有效督促物业按合同规范服务。

开展后勤餐饮保障工作师生座谈会,听取学生代表的意见和建议,关注食堂值班学生对食堂问题的反馈,解决师生就餐中的问题,不断提升师生的就餐满意度和体验感。对各食堂进行安全检查和专项检查 32 次,确保饮食工作的"五大安全",全年无一例安全责任事故。

圆满完成 900 余场大中型考试及招聘活动,累计接待考生 7 500 余人。服务大小会议和演出 1 519 场。完成交通车服务工作及学校重大活动的车辆服务工作,保证院士专用车辆的安全检查、行车任务。督促筑园酒店抓好接待服务质量,圆满完成本科招生服务工作。

加强附小、幼儿园管理,强化师德师风建设,打造优秀教师队伍。不断优化办学的硬软件,加强校园安全工作管理。

在校办统筹下,协助完成与沙坪坝区政府签订《重庆大学沙坪坝区人民政府合作共建重庆大学附属中小学协议书》,重大附中与重庆市第七中学校联合办学,重大附小与沙坪坝区育英小学校联合办学,并于 2020 年 9 月开始招生。

【提高保障能力,打造一流后勤】

清理日常垃圾 500 余吨、废弃物 50 余吨,冲洗道路累计 30 万平方米;完成草坪修剪 6 次,大型桩景修剪 2 次,共计 15 万平方米;病虫害防治 5 次,喷洒面积约 40 万平方米;完成站西路违章占地种菜的治理工作;树木移栽 256 棵,大型树木迁徙 10 余棵,苗木搬迁 400 余棵;重点部位鲜花更换 3 次,夏季做好抗旱工作,确保全校植物无死亡现象。

为各类活动提供电力保障 12 次,排危抢险 44 余次,提供临时电源 13 次,倒闸恢复送电 25 次,完成 17 个低压配电室改造,实施校内一年一度的高压校试。保障 66 台电梯、5 套二次供水系统、中央空调系统、学生宿舍空调、学生宿舍热水系统正常运行。

继续加强与通讯营运商的战略合作项目,完成基站签约 10 份,开展校内通信基站清理整改工作,规范校内基站管理。完成 A、B、C 3 个校区 41 个 5G 基站建设,基本实现 5G 信号全覆盖。

完成 554 户自来水"一户一表"改造剥离工作,组织开展主题为"绿水青山、节能增效"的公共机构节能宣传系列活动。2020 年用能总支出 4 992 万元,同比减少 521 万元;净支出 1 574 万元,同比减少 898 万元,比 2020 年学校预算支出减少 1 351 万元。超额完成了能源费总支出及净支出双控目标。

【疫情防控,彰显后勤保障服务能力】

疫情期间,完成全校公共区域的消毒工作,配合搭建防疫测试点 15 个、搭建学生接待点 10 个、搭建学校会议体温测试点 5 个;在 3 个校区门岗搭设疫情检查站、自动测温棚房 13 间、留观室 9 间,安装食堂室外洗手池 66 套。食堂严格执行大厅、后厨每天 2 次喷洒消毒,公用餐具、桌椅每餐消毒,食品烹饪执行食品安全相关要求。在做好留校师生员工的餐饮保障工作的同时，安排专人、专区、专灶为民族学生制作饭菜，提供特殊餐饮服务，为健康管理期人员送餐 6 万余份。按学校开学复课要求，组织工作人员前后 3 次对封闭 4 个月之久的 6 000 余间学生寝室 2.3 万多个床铺进行了逐一清查，完成寝室内卫生清洁、清理腐烂变质物品、通风换气、喷洒消毒等工作，为湖北籍健康管理期学生配送桶装饮用水 1 093 桶，顺利完成湖北籍在内的 2 万多名学生分批次返校入住学生宿舍，为学校开学复课提供了强有力的后勤保障。

【凝心聚力，强化内部管理】

拟订和完善《后勤管理处修缮项目立项审批及预算办法》《后勤管理处维修工程审计实施办法》等多项规章制度和工作流程，使各项管理服务工作有章可循，逐步建立起有效的内控机制，确保后勤运行稳定。

进一步落实《后勤教职工素质提升计划》，组织开展消防安全、网络安全、民法典宣讲等多种培训，进一步营造学习氛围，提升职工队伍的整体素质。

坚持以人为本，重视职工利益。慰问生病住院、生活困难职工百余人次，看望慰问退休职工，发放走访慰问费 250 余万元；积极组织开展后勤各项文体活动，增强团队凝聚力。积极组织单位职工参加学校举办的各项活动，有力地推进了校园精神文明建设。

（撰稿人：李　军）

社区工作

【综述】

2020年，社区工作办公室在学校党委、行政的正确领导下，围绕服务学校“双一流”建设的工作目标，坚持党建引领，抓好重点工作任务落实，在疫情防控、社区治理、民生服务、文化育人、校地共建等方面积极开展工作，顺利完成各项任务。

【党建引领】

牢固树立“四个意识”，坚定“四个自信”，做到“两个拥护”，以党的十九届五中全会精神和习近平新时代中国特色社会主义思想为指导，切实加强政治、思想、组织、作风、纪律建设，充分发挥党支部战斗堡垒作用，积极推进各项工作的开展。

认真开展党员主题教育活动，严格执行“三会一课”制度，落实主题党日活动。组织全体党员深入贯彻学习党的十九届五中全会会议精神，开展纪念建党99周年系列活动，组织诗歌朗诵《逆行社区人》，落实领导干部带头讲党课，组织观看爱国主义影片，前往红岩村、党史展览馆等革命旧址参观，重温入党誓词，坚定理想信仰。

【疫情防控】

面对新冠肺炎疫情，及时按照统一部署，以最快的速度、最大的努力、最严的管控，全面落实防控措施，做到“五到位”即责任、宣传、保障、管控、服务到位。

第一时间成立了社区新冠肺炎疫情处置工作领导小组，建立疫情联防联控工作机制，制订疫情防控工作方案；入户排查，登记来渝人员、不间断喊话宣传、悬挂警示标语、发放防控知识资料。印发放宣传资料30 000余份，张贴告知书20 000余份，推送短信上万条，悬挂警示标语20余幅，参与七轮入户排查上万户次；克服重重困难，紧急采购物资，全力确保基本防护需要；设立8个疫情防控点，24小时值守，严格进出人员体温检测和登记。做好集中隔离和转送至定点医院的各项协助工作。对住宅小区、车库等采取封闭管理。督促物业加强清扫，组织对公共区域、设施等消毒杀菌；办理出门卡，做好健康管理与服务，协调复工复产等。

【社区治理】

1.建立网格化责任管理

建立网格化责任管理，将管理范围划分为8个责任片区，人员、管理、责任到网格，构建及时发现、快速处置、即时反馈的管理体系。

2.加强物业、安全巡防管理

强化监督管理,将巡防安保、清洁服务、消防安全等工作有效结合,综合考核,提升服务水平。步巡与车巡结合,及时处理突发事件。组织安全演练6次,安全检查20余次,现场处理安全隐患12起,处置散发反动传单1起,禁止摆摊设点4处,成功处置多起突发精神病的暴力行为。

3.加强流动人员信息管理

结合疫情排查、人口普查、日常巡防等,收集租户、商户信息,建立台账;按照校内车辆管理预约系统建设需要,督促租户办理居住证。

4.督促装修管理,积极整治社区人居环境

督促物业公司做好房屋装修管理工作,安全文明施工。制止乱堆放、乱倾倒垃圾130处,制止违规装修20余户。以需求为导向,安装扶手、栏杆、晾衣杆、休闲桌椅等便民设施10余处。

【民生服务】

1.积极推动老旧住宅增设电梯

按照《重庆大学老旧住宅增设电梯建设管理办法(试行)》,努力争取政策支持,积极协调。松林坡92号增设电梯,已顺利通过工程验收并正式运行。7个单元已启动该项工程。

2.推进虎溪花园业委会换届选举

根据相关法律,协助虎溪花园第三届业委会依法换届。经多方筹备、座谈、部署,推进虎溪花园第三届业委会换届工作。

3.化解矛盾,排忧解难

调解居民纠纷100余起,为居民解决实际困难90余起,来信来访做到回复率100%,并向学校及相关部门呈报社区建设、安全隐患排查等公文50余份。

【文化育人】

1.联合迎检,助力文明城区创建

联动街道、社区共同抓好社区爱国卫生的组织管理,采用电子屏、横幅等开展宣传,全面做好迎接国家创文、创卫暗访复查工作,沙坪坝区成功创建全国文明城区。

2.共建共享,推动社区文化发展

与松林村、新华村、建工村社区共建活动场地。依托"微广场""明德苑""三色园"3个党建活动阵地开展社区党建活动。组织新春送福等传统节日庆祝活动,弘扬传统文化。联合沙坪坝街道办举办抗疫故事分享会,激发群众的爱国热情和民族自豪感。

3.广泛宣传,有序开展垃圾分类管理

按照教育部《关于在学校推进生活垃圾分类管理工作的通知》等文件,逐步实现校园生活垃圾分类全覆盖,知晓率、参与率100%。

【校地共建】

1.强化落实"校地联动工作机制"

社区办和辖区各街道共商社区建设,搭建服务平台。共召开线上线下联席会议10余次,对议定的事项,双方均确定专人跟踪落实、限定时限、跟踪督办,实现互通信息、联动力量、解决问题、促进共建。

2.强力推动违法建筑拆除

群众对住宅区违法建筑反映强烈,协助城管部门开展专项整治,拆除位于沙北街83号、沙正街113号、B校区后门、柏树林83号、建工东村78号等10余处违法建筑。

3.落实住宅消防整改,加强住宅区交通治理

积极推进社区消防改造工程。启动A校区高知楼消防报警系统改造。完成沙杨路142—150号消防改造工作。

对住宅区消防交通进行专项整治。在住宅区设置了消防车道出入口禁停、消防通道路面警示标志、消防车道路侧禁停标线,共计45组。在松林坡博导楼路段安装80余个隔离桩,规范车辆停放,消除安全隐患。

(撰稿人:夏　欢)

科技产业

国家大学科技园

【综述】

2020年,是不同寻常的一年。面对突如其来的新冠肺炎疫情,科技园办公室上下团结一心、密切协作,紧密围绕学校中心工作,不断加强内涵建设,服务师生创新创业,促进学校科技成果转化。经过科技园全体同仁的共同努力,较为圆满地完成了2020年的各项工作任务。

2020年,大学科技园新增各类入园企业17家。截至目前,大学科技园共有在园企业138家,其中符合教育部、科技部核定的在孵企业共83家,科技型中小企业70家,在园入孵的各类创新团队70余支,入驻企业及团队数量、质量均有明显提升。同时,科技园新引进两家基金公司、一家银行入驻园区,进一步协调工商、税务、金融等相关单位,为园区企业进行工商、财税、金融等各类培训达10余次,先后为60余家企业进行了各类对接等服务,组织园区40余家企业及团队进行了各类项目、资金申报及政策宣讲。

今年以来,科技园先后与学校国家重点实验室、图书馆、网络中心等续签了合作协议,进一步推进园区企业与相关机构的深度合作。同时,联合学校成果转化管理部门,大力推进在园企业与学校相关团队、学院的成果对接,推动各项成果以推广、转移、转化等方式落地科技园。截至目前,园区在孵企业拥有各项专利44项,2020年转化学校科技成果10余项,成效显著。

【加强党组织建设】

新冠肺炎疫情发生以来,科技园党支部严格落实学校及机关党委各项要求,以理论武装为抓手,按要求制定学习计划,探索实施"观视频、学原文、谈感想"的学习模式,先后学习了《习近平同志在决战决胜脱贫攻坚座谈会上的讲话》《全国两会精神》《重大抗疫故事》《张桂梅同志先进事迹》《党的十九届五中全会精神》等。

同时,与校内单位、园区企业党支部进行党支部结对共建,开展多角度、全方位的党建活动,不断增强支部及全体员工的凝聚力。大学科技园各位同仁的工作积极性、主动性均有了明显提升,各项工作的实施更加高效。

【高效推进各项日常工作】

1.深入参与学校双创工作,服务师生创新实践

科技园全面、深入参与学校双创工作,在创新课程、创业平台、实践基地等方面多维度、全方位助力师生创新实践。深入参与学校创新创业通识课程体系建设,与研究生院、团委、教务处等部门合作共建研究生创新园、大学生创业基地等平台,遴选园区内学科型公司共建实习基地,吸引和接纳有关专业学生入园实习、

实践,提高学生动手能力和适应社会能力。

2.进一步健全制度,内部管理更加科学、高效

大学科技园目前有国家级创新平台、市、区级各类创新平台多个,入驻企业团队200余个,创新平台多,孵化楼内人员结构复杂。为提高管理的效率和科学性,大学科技园不断加强制度建设,坚持不断完善监督约束机制,坚决贯彻"三重一大"决策制度,所有重点事项均由办公会讨论通过决定。今年以来又陆续制订和完善了疫情防控、值班制度、文件传阅及管理等多项制度,使各项管理更加科学、规范。

3.加强场地管理,不断改善硬件环境建设

为给企业提供更好的工作环境,科技园不断优化和完善孵化场地管理及硬件环境建设。进一步规范了物业巡查、清洁等管理制度,完成了负一楼小微基地、车库全部老旧下水管道更换工作,完善了监控、应急疏散系统等公共区域设备的部分新增及更换。并且,对科慧众创空间进行升级改造,在已完前期成立项报批、规划设计、招投标的基础上,目前施工方已经进场施工。

【重点及特色工作】

1.全面实施以评促建,大力提升科技园绩效

今年为科技园的评估年,教育部、科技部7月份正式下发对国家大学科技园开展新一轮绩效评估。2020年5月份以来,科技园大力开展以评促建,通过对照评估指标,先后完成其他各类创新创业平台的评估、考核工作,一方面聚集各类创新资源入园,服务园区企业,另一方面也全面提升了园区各相关指标的建设绩效。

2.融入成渝地区双城经济圈,不断拓展大学科技园合作领域

为助力西部(重庆)科技城建设,融入成渝地区双城经济圈建设,受重庆市科技局委托,由重庆大学科技园代表重庆市大学科技园,四川大学科技园代表四川省大学科技园,在成都签订成渝地区双城经济圈战略合作协议,明确提出建立成渝地区大学科技园联盟。前期已经完成联盟章程制定等相关工作,目前正在进行两地相关部门意见征集,争取尽早成立成渝双城大学科技园联盟。

3.全力做好疫情防控工作,园区各项工作有序开展

2020年1月以来,新冠肺炎疫情来势凶猛。科技园作为学校周边窗口单位和入校通道之一,全力准备防疫物资,做好园区消杀工作,制订防控预案、工作细则、疫情管理制度等,严格管理。在全力保障师生的防疫安全的同时,积极助力企业尽快恢复生产,先后减免40余家企业近35万元的房租,还积极对接政府、金融机构等,争取各类政策、资金帮扶企业共克时艰。

经过系列防疫举措的实施,科技园各单位在3月就陆续复工,4月初全部复工复产,至今无一例疫情安全事件发生。

4.理顺管理机制,管理体制更加优化、高效

为提高管理效率、理顺管理机制,2020年完成了科技园两个市场化平台公司的股份改制工作。经过系列调整,科技园管理体制更加高效、优化。

(撰稿人:王海艳,陈　瑜,王永宁)

资产经营公司

【综述】

2020年,在学校党委和行政的正确领导下,产业党委、资产公司深入贯彻党的十九届四中、五中全会精神,坚持以习近平新时代中国特色社会主义思想为指导,紧紧围绕学校"双一流"建设和立德树人根本任务,秉承"实干奉献、改革进取"产业精神,以"创新、发展、规范、服务"的产业理念,以"坚持守正创新,提升治理能力"为主旨,实现了国有资产保值增值和校办产业持续发展。

【科学运营】

2020年,校办企业资产总额达13.58亿元,同比增加8.05%,实现营业收入7.48亿元,同比增加15.75%,向国家上缴国有资本收益286.80万元,同比增加4.05%。2020年,向学校上缴2019年利润1 211.25万元,向学校预缴2020年利润1 443.42万元。

【党的建设】

坚持党的全面领导,贯彻落实党的十九届四中、五中全会精神,确保党委在校办企业改制、企业经营管理中"把方向、管大局、保落实"。压实党风廉政建设责任,召开全面从严治党工作会,推进全面从严治党向纵深发展。加强对工会工作领导,推进产业工会体制改革,出台《重庆大学产业分工会工作暂行办法》,推进全资和控股公司成立工会,维护企业改革发展稳定。

【复工复产】

强化组织领导,压紧压实疫情防控主体责任,编制疫情防控方案,建立责任体系,严格执行报备及监督检查制度。督促各企业成立领导小组和工作小组,指导企业有序复工复产达产。资产公司本部于3月9日起复工,下属企业从2月24日起陆续复工,确保生产任务不"减产"。注重内部防控,建立疫情防控常态工作机制,建立疫情防控报告机制。做好消毒工作,减少不必要出差、大型集会等活动,编制五期《疫情防控工作简报》。

【脱贫攻坚】

组织召开扶贫主题中心组专题学习会,制订《扶贫工作任务分解方案》,动员职工自购、牵头企业认购和慰问离退休职工等多种方式超额完成了学校布置的购买绿春等地农产品65万元任务,完成额达72.8万元。累计募集捐资助学资金近20万元,设立乡村振兴基金,拟每年捐助2万元,奖励品学兼优学生。

【体制改革】

根据教育部、财政部要求，拟定《重庆大学所属企业体制改革方案》，经学校审议通过后上报送教育部，经多次与教育部国资处沟通，同意学校保留管理企业 15 家，脱钩剥离企业 7 家，清理关闭企业 86 家。成立工作专班，加快推动改革进度。"分类施策、一企一策"，建立了处置工作台账，明确具体方式及拟完成时间，注销企业 30 家（包括分支机构及对外投资），实施规划院公司等 6 家企业吸收合并，推动激光公司脱钩剥离和电影学院管理公司股权划转工作。积极解决历史遗留问题，推动规范化建设。

【科技成果转化】

①加强体系建设，积极打造成果转化平台，与科发院共同修订《重庆大学专利工作管理办法》《重庆大学促进科技成果转化管理办法》，制订《重庆大学专利管理与成果转化实施细则（试行）》。成功申报"国家知识产权示范高校""高等学校科技成果转化和技术转移基地"两个国家级平台。

②建立市场化、专业化技术经理人队伍，对接学院，建立"一对一"服务模式，全面梳理学校现有专利，开展专利申请前评估和分级分类管理工作，培育高价值专利，成功申报重庆市高价值专利 1 个，以转让、许可、权益让渡及作价投资模式转化专利 88 项，金额超过 1 600 万元。

③稳步推进产研院项目培育孵化、产学研合作等工作；扎实推进知识产权公司向纵深拓展，成功申报市知识产权局"重庆市电子信息产业专利导航中心"平台，完成全校专利数据统计分析。

【产业发展】

①设计总院深耕全国市场，基本完成在全国的市场经营布局，与中建等 15 家央企签署战略合作协议，与万州区、眉山市签署合作协议，成功中标大田湾体育场保护与利用工程 EPC 项目及蓬溪县人民医院传染病区 EPC 项目，营业收入 4.78 亿元，较去年同期增长 35%。

②加快融合出版建设，推进出版社转型升级，大力推动融合出版，建设"课书法"平台对学校"停课不停学"提供服务支撑，累计服务 1 400 所院所，8 300 余位老师，48 000 余名学生。完成重大项目国家出版基金出版 3 项和重庆市出版专项资金 2 项。"融合出版业务管理系统"被评为 2019 年度重庆市数字出版优秀项目。

③立足服务职能，做好民生实事。远兴科技公司完成在线视频监考考试系统等 5 个网络教育项目平台开发工作；重大房地产公司积极推动"重大花园"一期工程 C、D 栋项目建设，配合房管处对 54、69 栋现有住户进行选房说明会；学苑公司开展商业街地下车位销售工作。科苑戴斯酒店克服疫情影响，下半年营业收入达 1 200 万元，高品质完成学校安排的接待任务及各类会议服务。

【落实监管】

①加强内部管理，强化财务监管，出台或修订《重庆大学校办企业公务用车管理办法》等 12 项制度。基本编制完成校办产业"十四五"发展规划。加强大额资金监管，完成 2019 年企业年报审计工作，召开财务分析会。

②完成工人技师、工程系列专业技术职务评聘组织工作。推进人力资源智能化管理系统建设,建立激励约束机制,规范干部任用考察。落实2019年企业经营班子超额绩效奖励分配。开展各类培训讲座5次。

③完成了出版社、建筑规划总院等8家企业2019年度考评工作。制订绩效考核完善方案,优化考核体系。

④推动8家校办企业开展消防安全培训及演练活动。督促各企业每月提交一次安全自查表,梳理企业安全隐患并及时整改,建立企业安全检查例行工作机制。

(撰稿人:刘　志)

出版社

【综述】

2020 年,出版社坚持以习近平新时代中国特色社会主义思想为指导,全面贯彻党的十九大和十九届二中、三中、四中、五中全会精神,增强“四个意识”、坚定“四个自信”、做到“两个维护”。坚持把社会效益放在首位,坚持党对意识形态工作的领导,自觉承担起举旗帜、聚民心、育新人、兴文化、展形象的使命任务。坚持“提高效率、提升效益、实施高质量发展”的工作理念,守正创新、稳中求进、务求实效,全面推进产品创新、发展方式创新、营销方式创新、管理模式创新,着力打造精品教材、高水平学术著作和特色大众图书,提升传统出版的质量和效益,全力推进融合出版。以人为本,极力营造团结紧张严肃活泼的风气和氛围,激发全社职工的积极性和创造力,减轻新冠肺炎疫情造成的影响,完成董事会下达的年度目标任务。

【加强党的领导，抓好思想政治建设】

始终坚持把政治建设放在首位,充分发挥党总支的政治核心作用。持续深入学习贯彻习近平新时代中国特色社会主义思想,学习贯彻党的十九大和十九届二中、三中、四中、五中全会精神,进行理论中心组学习 11 次,全社性政治学习 10 次,各部门按《学习制度》坚持双周学习,有效提升全社职工的政治思想素养。严格执行《出版社贯彻落实意识形态工作责任制实施细则》,建立出版社《意识形态工作台账》,坚持每两月一次的出版工作过程性评估制度,全年召开两次意识形态工作专题研讨会议,确保出版社意识形态三级责任体系、“一岗双责”制度责任到位,强化意识形态阵地意识。严格执行“八项规定”和反“四风”要求,年初制定的《出版社工作要点》将党风廉政建设列为重点工作之一,常抓不懈,持之以恒正风肃纪。严格执行“三重一大制度”,重要事项均按规定程序决议,不断完善出版社内控制度建设。

【坚持把社会效益放在首位，确保出版物导向正确】

制订《社会效益评价考核保障体系》,把凸显社会效益工作放在更加重要的位置,相关指标达标创建责任到部门、责任到人,实现社会效益和经济效益相统一的机制体制。在全国图书出版单位社会效益考核中得分 97 分,连续两年被评为优秀等级。组织 100 余人次职工参加全国宣传干部学院网络在线继续教育和重庆市委宣传部所属出版单位业务骨干培训班等各种培训,提高编辑人员的把关能力,确保图书的导向正确。围绕党和国家工作大局,策划《大国议题丛书》(第二辑),出版《成风化人——社会主义核心价值观的实践与传播》《精准扶贫的奉节实践》等图书,做好主题出版工作。15 种图书获得各种奖励,其中,《蜘蛛生态大图鉴》获得中国三大图书奖之一——中华优秀出版物图书奖,这是出版社第一次获得该奖项正奖。11 种图书被新华社、光明日报等国家级媒体宣传报道。10余种图书入选国家《2020年农家书屋重点出版物推荐目录》《中小学生阅读指导目录》等权威推荐目录。

【积极融入学校“双一流”建设，学术出版品质不断提升】

制订《出版社大中专教材建设指导意见》，将习近平新时代中国特色社会主义思想“进教材”工作落实到教材的策划、编写和修订工作中，从出版社层面规划指导全社教材策划出版工作，规范教材出版行为。坚持走高质量教材出版之路，引导分社集中力量，按学科专业持续打造公共课、建筑、旅游、外语等重点板块教材，不断提升重点教材的品牌竞争力和市场占有率。教材建设成果显著，66种教材获评“十三五”职业教育国家规划教材，品种数位居大学出版社第6位，全国出版社第15位。编辑人员转型升级意识不断增强，5名职工被评为全国大中专新形态教材金牌（优秀）编辑。

【以重点板块和重点品牌为引导，做好大众出版】

坚持精品化图书品牌发展战略，深耕科普、心理学、时尚生活、艺术设计4个图书板块。成立“好奇心书系”和“鹿鸣心理”两个编辑部，推进重点板块建设，“鹿鸣心理”初见成效，销售码洋逆势增长25%；《里程碑》《万花筒》《懒蚂蚁》《艺书+》等品牌规模和影响不断扩大。大众出版社会效益成绩突出，《蜘蛛生态大图鉴》获得中华优秀出版物图书奖；由重庆市委宣传部统筹指导的、宣传智博会的《解码智能时代》受到市委主要领导称赞和各界好评。“走出去”工作取得新成绩，5种图书成功输出版权，其中《国家治理——中国政府转型》一书版权输出项目入选2020年“丝路书香出版工程”。

【积极服务学校在线教学，融合出版工作持续推进】

疫情期间，全力支持“停课不停学”，新形态教材支撑平台“课书房”为全国1 400所院校、8 300余位教师、48 000余名学生提供在线教学服务。修订完善《出版社数字资源建设的选题论证和管理办法》，制订《出版社数字资源建设工作量计算办法》，健全融合出版制度体系，规范融合出版工作。出版电子出版物38种，同比大幅增长；主营业务收入230万元，增长17.5%；电子书收入再次实现翻番；电子音像社利润54万元，增长2倍多。国家文化产业专项资金项目——特殊儿童培智教育系统已在原型学校开展试用并取得良好反响，为全面推广奠定良好基础。持续推进新形态教材建设，全社新形态教材再上线51门。投资50余万元完成摄影棚建设，提升出版社数字出版制作能力。与维普咨询有限公司签订战略合作协议和产品推广协议，借力社会力量助推出版社融合出版工作。

【应对疫情，攻坚克难，改革创新，逆势而上】

积极应对疫情，成立出版社疫情防控领导小组，及时掌握职工（包括退休职工）思想动态和困难，积极配合学校和政府部门，采取严格的防疫措施，是第一个现场复工（2月24日）的学校企业。制订“关于减轻疫情对出版社工作影响的举措”等文件，通过多种努力减轻疫情给生产经营带来的不利影响。积极支持学校扶贫攻坚工作，派遣领导干部三人次赴绿春县、车田乡进行扶贫工作调研；向云南省绿春县，四川甘孜藏族自治州、阿坝藏族羌族自治州，重庆酉阳车田乡等捐赠图书1.5万册，码洋47万元，援建“书香绿春”；购买绿春、湖北等地扶贫农产品 13 万元，捐赠车田乡贫困学生现金 7 000 元。

【主要业绩】

2020 年，出版图书 1 758 种，其中新书 563 种，销售码洋 3 亿元，实现营业收入 2.33 亿元，增长 7.17%，利润 1 744 万元，增长 10%。截至 2020 年 12 月 31 日出版社总资产 3.5 亿元，净资产 2.52 亿元。

（撰稿人：龙云飞）

党建与思想政治工作

组织建设

【综述】

2020年，在学校党政领导下，党委组织部紧扣“补短板、增长项、强内涵”，切实把打赢疫情防控阻击战、助力脱贫攻坚作为重大政治任务，巩固深化“不忘初心、牢记使命”主题教育成果；以“全国党建工作示范高校”创建为引领，着力提升基层党组织建设水平；优化“选育用管”全链条，锻造忠诚干净担当高素质干部队伍；突出党性教育，抓实党员干部队伍培训；以信息化建设为基，稳步推进16项党建基础工作，全面推动基层党组织建设提质增效，为学校2个党支部入选“全国党建工作样板支部”，10个党组织入选重庆市党建工作“双创”培育创建名单奠定良好工作基础。

【凝聚各级党组织力量，坚决打赢疫情防控阻击战】

1.凝聚力量，共同抗疫

及时印发《关于在打赢疫情防控阻击战中充分发挥基层党组织战斗堡垒作用和共产党员先锋模范作用的通知》，号召全校各级党组织、党员干部团结带领广大师生，坚决打赢疫情防控阻击战，全校师生通过各类渠道捐款捐物累计超100万元。划拨抗疫专项党费，细化党费使用方案，支持各级党组织用于慰问补助。

2.宣传典型，凝聚师生

累计向教育部、重庆市委组织部等部门报送抗疫信息素材300余条，信息7篇，向教育部报送1部抗疫专题精品微党课、10个“战疫故事汇”作品。

【巩固深化“不忘初心、牢记使命”主题教育成果】

1.严格评估，检验主题教育成效

召开重庆大学“不忘初心、牢记使命”主题教育总结大会，印发《重庆大学持续推进“不忘初心、牢记使命”主题教育整改落实的工作方案》，指导43个二级党组织严格开展评估总结，检验主题教育成效。

2.细化举措，巩固主题教育成果

印发《重庆大学巩固深化“不忘初心、牢记使命”主题教育成果的工作方案》等工作方案，形成工作清单，组织推进会议，巩固深化主题教育成果。

【全面推进“全国党建工作示范高校”创建和验收工作】

1.统筹推进党建“双创”选培工作

组织召开学校党建“双创”工作经验交流会，充分发挥第一批入选“双创”党组织领航带动作用。通过选培,10 个党组织入选重庆市党建工作“双创”培育创建名单,16 个党组织入选校级党建工作“双创”培育创建名单。在重庆市高校党建“双创”工作推进会做经验交流;在全国高平台发布全国党建示范高校创建工作进展、经验成效信息 120 余篇。

2.全力迎接“党建工作示范高校创建”验收

对标形成“党建工作示范高校创建”验收申报书和《重庆大学突出“五个建设”锻造坚强战斗堡垒》工作案例 1 个;汇编党建制度体系、典型案例、党支部工作流程图等创建党建示范高校成果资料;制作《以四个工程强基铸魂　以高质量党建引领发展》成果展示视频。同步指导 1 个标杆学院、2 个样板支部做好总结验收和 2 个样板支部的中期评估。

【优化“选育用管”全链条,锻造忠诚干净担当高素质干部队伍】

1.用好调研成果,推进干部工作制度建设

围绕完善选人用人机制、推进高素质专业化干部队伍建设、严格规范领导人员参加各类研讨会和论坛等内容,充分调研高校 20 余所,形成调研报告 7 份,起草《重庆大学中层领导人员选拔任用工作办法》等 6 项制度文件。

2.健全选任机制,提升干部选任工作水平

注重对中层领导班子运行情况的日常调研了解,加强分析研判。研究制订《重庆大学选拔任用中层领导人员分析研判和动议工作规程》,建立程序科学、主体明确的分析研判和动议工作机制。压实二级党组织、职能部门政治把关责任,落细落实干部选任政治标准。

3.强化育用结合,拓宽干部成长渠道

全年共选拔、调整中层领导人员 27 人、科级干部 87 人。通过市内挂职、公务员遴选、教育部援派、专项抽调、干部借调等方式,拓宽干部成长渠道。开展优秀年轻干部队伍建设工作调研,持续做好优秀年轻干部动态调整工作。

4.“常”“长”结合,强化监督重预防理念

聚焦“五个方面”突出问题,认真做好个人有关事项专项整治工作,组织 180 名领导人员完成填报工作,全年查核 24 人。严格做好领导干部兼职管理工作,全年报请党委常委会审批 32 人次。开展因私证件和出入境情况摸排工作,总计查核证件 700 余本。组织开展学校领导班子成员、中层领导人员兼职和岗位回避自查工作。收集党员干部的苗头性、倾向性问题,及时提醒、谈话,防微杜渐。

【“补短板、增长项”,提升党员干部教育培训实效】

1.以评促建,落实党员干部教育培训工作要求

组织二级党校对 2018 年以来贯彻执行《中国共产党党员教育管理工作条例》《干部教育培训工作条例》《2018—2022 年全国干部教育培训规划》情况开展自查评估。将党员干部必修课程、学时完成情况纳入党建考核。

2.突出重点,提升党性教育实效

组织开展疫情防控、脱贫攻坚主题线上云党课和校内专题讲座,组织处级干部、科级干部、支部书记参加中国干部网络学院“党的十九届四中全会精神”“党史、新中国史”专题学习班。在新生入党教育、入党积极分子和发展对象培训中重点开展理想信念和爱国主义教育,全年培训入党积极分子 5 009 人,发展对象 2 449人。

3.立足需求,扩大“精准滴灌”覆盖面

围绕学校中心工作落实精准化要求,制订《重庆大学党委党校 2020 年党员干部培训计划》,分层分类举办“双一流”建设研修班、总体国家安全观专题教育班、党支部书记“双带头人”培训示范班、科级干部管理能力提升培训班、青年干部培训班、高层次人才国情研修班、组织员培训示范班、支部书记全覆盖培训班等 7 个精品班次,参训学员累计 900 余人次。

4.破解难点,实施精细化管理

建立干部教育培训个人学习档案,破解学时统计困难、学时记录不准确等难点。把需求调研贯穿训前、训中、训后全过程,提升教育培训精准度。

【精耕细作夯实党建基础,有效服务学校大局】

1.稳步推进 16 项党建基础工作

落实党管人才,及时调整校领导联系服务专家名单,做好党委联系服务专家工作,抓好人才安全工作;助力脱贫攻坚,协助捐赠党费 45 万元,对口援建绿春县边疆党建文化长廊“153 工程”;起草《重庆大学 2020 年党的建设和全面从严治党工作要点》、“十四五”规划党建与思想政治工作专项等重要文稿;完成 2019 年二级党组织书记抓基层党建述职评议考核,印发《重庆大学二级党组织书记抓基层党建工作述职评议考核办法(试行)》;完善基层党组织设置,医学高等研究院直属党支部更名为医学院直属党支部;抓好二级党组织班子建设,指导 3 个二级党组织按期换届,完成 2019 年校院两级党员领导“不忘初心、牢记使命”专题民主生活会,指导学院修订完善党委会会议和党政联席会议议事规则;严格组织关系转接,建立校、院、支部三级组织关系转接工作台账,共转接党组织关系 4 679 人;严格把关党员发展,本年度共审核发展党员材料 5 400余份,发展党员 2 197 人,其中教师党员 33 人;抓实组织生活质量,汇编 12 期组织生活学习资料,派出 23 人次督查指导组织生活;强化党员监督工作,组织 667 个党支部 13 164 名党员开展民主评议;完成 2019 年党内统计工作和 2020 年全校基层党组织和党员队伍状况统计工作;严格管理党建经费,做好 2019 年党费、抗疫专项党费收支及公示,完成 2020 年度党费收缴工作;做好 19 个党建研究项目的评审结题工作;落细落实《教育部直属高校党组织迎接建党 100 周年行动方案》;推进“三全育人”,牵头“组织育人”体系建设;做好教育部党建工作联络员服务保障工作。

2.党建信息化建设提档升级

完成重庆大学党建信息化平台建设工作,基础数据管理、组织生活管理、组织关系转接、数据报送等实现信息化。开发发展党员系统和党费收缴系统，完成干部管理系统更新迭代，研发民主测评网络系统。党委党校网络信息平台已完成前期开发。

3.统筹做好日常运行工作

完成公文流转、文稿起草、会议服务等日常工作；负责各级各类调研来访接待及后勤保障工作；办理各类政审、补办党课结业等材料，服务 2 400 余人次；参与文明校园创建等工作；完成党务公开、新闻宣传、部门网站、财务、人事、保密、综合治理、招投标、资产管理、档案、工会、离退休、意识形态、干部年统、年鉴、绩效考核等各项具体工作。

（撰稿人：彭守建，张涵颖）

宣传思想文化工作

【综述】

2020年,党委宣传部(校史办)、党委教师工作部以习近平新时代中国特色社会主义思想为指导,学习宣传贯彻党的十九大和十九届二中、三中、四中、五中全会精神和《中国共产党宣传工作条例》,全面落实学校党委行政要求,坚持把立德树人作为根本任务,紧扣学校"双一流"建设、新冠肺炎疫情防控、成渝地区双城经济圈建设等中心任务,为学校写好新时代"教育奋进之笔"切实发挥思想引领、精神激励、宣传推动、文化支撑的作用。

【政治理论学习】

参与组织党委常委会35次的首要议题的学习、11场校党委理论学习中心组(扩大)学习会。制订党委理论学习中心组和教职工政治理论学习全年安排,"学习强国"学习平台覆盖学校99%党员同志。组织中央宣讲团报告会、全国两会精神传达报告会,成立党的十九届五中全会精神和民法典宣讲团,实现宣讲全覆盖。制订学校贯彻落实《新时代爱国主义教育实施纲要》《新时代公民道德建设实施纲要》工作方案,出台"四史"学习教育和抗疫精神学习教育方案,组织重庆市抗击新冠肺炎疫情先进事迹巡回报告会和"自强奋进　绽放青春"川渝残疾人励志报告会,开展"网上重走长征路"暨"四史"学习教育及新冠肺炎疫情防控知识竞答。订购发放学习资料8 574本。

【意识形态工作】

党委常委会2次专题研究意识形态工作,4次5项内容列入常委会议题,校党委中心组集中学习意识形态工作要求,及时向上级报送工作情况,研究出台学校2020年意识形态领域风险防控工作方案和《重庆大学网络意识形态工作责任制实施细则》《进一步加强意识形态类讲座论坛研讨会管理的实施细则》,部署12个专项任务。召开4次意识形态工作研判会,狠抓哲学社会科学类讲座论坛研讨会的管理,审查审批哲社类讲座、论坛、研讨会1 106场,报送重庆市教委审批6场,审核学校师生与使领馆人员交往活动4场。稳妥导控涉校涉生网络舆情,全力防控敏感时间节点舆情风险,组建网络舆情引导团队,做好相关舆情的引导工作。全年累计报送综合分析稿件3 304篇,采用2 775篇;承接重大题材约稿及调研任务269次。监测涉渝舆情112万余条,报送《重庆市网络舆情日报》《重庆市网络舆情季报》345期。

【宣传工作】

积极探索机制体制创新,丰富网络正能量产品供给,"渝小薇"网络文化工作室陆续推出的《爱国奋斗重大人》《小薇访谈》等栏目,阅读量近两年达到1 900万人次。组织参加"五个一百"网络正能量精品评选活动,征集发布抗疫斗争伟大实践影像、海报展作品。联合重庆市级新闻单位主办重大青春创造营活动等。全年学校获《人民日报》、新华社、中央电视台、《科技日报》、《中国教育报》等中央主流媒体及地方主流媒体报道4 000余次。参与中宣部、重庆市委宣传部组织“走向我们的小康生活”大型主题采访报道活动;《焦点访谈》栏目大篇幅点赞学校扶贫工作,《人民日报》要闻版刊载学校扶贫工作图片新闻。新华社、《人民日报》、《中国教育报》等关注报道“重庆大学聚力科技创新服务国家战略”的举措和成效;中国政府网、新华社等400余家网站报道成渝地区双城经济圈高校联盟成立的新闻。《光明日报》头版多次报道学校相关成效,专访周绪红院士,报道疫情期间学校“稳就业”举措和助力美丽乡村建设等。新华社、央视新闻等350余家媒体报道学校获国家科技进步一等奖等。新华社全平台多语种报道重庆大学留学生的战疫生活。

【文化工作】

2020年11月学校获得第二届“全国文明校园”称号。积极参与沙坪坝区成功创建“全国文明城区”的工作。完成教育部思政司下达的《全国文明校园测评细则》修订、“四史”教育题库出题等工作。把重庆红岩联线作为中心文化育人协作单位,开展“传承红色基因、争做时代新人”红岩革命故事展演活动,已覆盖重庆、湖北地区十余个学校及企事业单位2万人次,网络直播总量近60万。遴选培育5个文化育人工作室,开展“十四五”大学文化建设专项规划编制工作,推进学校“双一流”文化传承创新工作,组织立项7项资助项目。承办重庆市第六届大学生艺术展演开幕式暨现场展演舞蹈专场活动,筹备学校2021年新年晚会。制作川剧元素表情包,延伸的创业项目获得第六届“互联网+”全国大学生创新创业大赛优胜奖。积极参与重庆市乡村文化振兴和文化扶贫工作,落实全市“十校结百村　艺术美乡村”活动。在全校开展“口述校史　薪火相传”主题视频大赛,开展“知校爱校”教育,组织编写《重庆建筑大学发展史》,参与2020年度老科学家学术成长资料采集工程。

【教师思政和师德师风工作】

进一步构建教师思政“一二三”工作体系,出台《重庆大学教师师德失范行为负面清单及处理办法(试行)》,进一步明晰师德失范行为处理流程,突出规则立德,强化教师的纪律教育,完成50余类共计1 523人的师德审核工作。落实校党委书记、校长为新进教职工做专题报告会;依托重庆红岩联线文化发展管理中心开展新进教职工“四史”专题研修6期,做到新进教职工“四史”学习教育全覆盖;与统战部联动组织留学归国人员举办“四史”专题研修班;组织新进教职工入职宣誓仪式。举办学校2020师德模范报告会,打造《讲述·师者故事》栏目,制作《见证江泽佳先生的育人故事》等节目;策划原创话剧《启承》和《名师在校园》精品短片,制作“青年园丁微访谈”系列专题片。制作发布的抗疫主题MV《感谢》荣获“全国校园抗击疫情主题原创歌曲MV作品创作活动优秀作品”。参与组织开展学校“青年好网民”优秀故事征集活动、第八届“最受学生欢迎的老师”评选活动。创作的《懋德老师谈师德系列之“新时代高校教师职业行为十项准则”》宣传动画片获重庆市教科文卫体系统“网聚职工正能量　争做中国好网民”文艺作品征集大赛网络正能量微视频类一等奖。

（撰稿人:徐　爽）

统战工作

【民主党派工作】

2020年,在学校党委的领导和市委统战部的指导下,学校统一战线围绕中心,服务大局,凝心聚力,务实创新,推动各项工作稳步开展,较好地完成了预期工作目标。

【党外代表人士工作】

进一步优化党外代表人士队伍结构,选拔、推荐3名党外干部到区县挂职实践锻炼;向各民主党派市委会推荐优秀后备干部20余人,推荐优秀年轻党外知识分子10余人;向重庆市委统战部推荐知联会骨干会员6人;向重庆市文史馆推荐文史馆员1人;向沙坪坝区统战部推荐优秀后备干部20余人;向沙坪坝区续推智库专家17名,新推专家27名;向沙坪坝区知联会推荐骨干会员15人;完善统战部、组织部联席会议及情况通报制度;落实情况通报、征求意见、邀请党外代表人士参加重要会议和活动、联谊交友、党外干部培养选拔等制度的贯彻落实;在充分调研市内外兄弟高校的基础上,草拟了《重庆大学党外代表人士履职尽责保障激励实施办法》并报学校审议。

【民族宗教工作】

认真贯彻落实教育与宗教分离的原则,及时学习传达上级有关民族宗教工作的政策文件精神,按照有关要求进行排查梳理;积极与重庆市统战部、沙坪坝区统战部、区公安分局建立了民族宗教工作协作机制。

【统战团体工作】

着力加强组织建设。2020年初成立了重庆大学欧美同学会(留学人员联谊会),制定了章程,选举产生了第一届理事会班子。依托二级党组织开展知联会会员推荐工作,新吸纳发展新会员43人,对知联会班子进行届中调整,通过完善组织,配强班子,进一步发挥知联会的蓄水池、人才库作用。

着力加强教育引导。选派统战团体成员到重庆社院学习培训;广泛开展"四史"教育,组织欧美同学会会员参观红岩革命纪念馆,学习党的十九届五中会精神,围绕成渝地区双城经济圈建设、学校"十四五"规划开展交流研讨。

学校生物工程学院蔡开勇教授荣获中国侨界贡献一等奖。

【服务人大政协工作】

学校党外代表人士向全国、市、区人大提交并被采纳议案16件;向全国、市、区政协提交并被采纳提案90余件,其中被重庆市领导批示12件;在各类咨政会、调研会上提交咨政建议或调研报告等80余件,其中被党和国家领导人批示 1 件。

【脱贫攻坚及咨政建言工作】

助力脱贫攻坚。在实践中形成了推行会议机制、带动工作效率提升，推行激励机制、带动党外干部积极性，推行平台搭建、带动管理水平增强，推行调查研究、带动建言质量提升的“四推四带”工作机制，充分发挥党外人士的学科优势和智库作用，调动和激发统一战线广大成员参与“脱贫攻坚战”的积极性，通过帮规划设计、助人居环境提升，帮文化挖掘、助文化价值提升，帮教育培训、助专业水平提升，帮医疗培训、助诊疗技术提升，帮产业升级、助经济质量提升的“五帮五助”促进脱贫攻坚工作取得实效。近年来，参与扶贫工作的党外人士达 1 000 余人次，深入扶贫地区 40 余个，培训贫困区基层干部 1 100 余人次，培训专业技术人员 1 000余人次。九三学社重大委员会副主委、光电学院教授臧志刚领衔重庆市光伏扶贫的规划与建设，制订重庆市地方光伏技术标准，加快重庆在 51 个贫困村建成分布式光伏电站 946 个，装机容量达 3 578 千瓦，每年可为贫困户带来约 3 000 元收入，其中在重庆巫溪建设的光伏扶贫村，还成为重庆市的光伏扶贫示范点。

学校统一战线助力扶贫攻坚的经验在“全市高校统战工作推进视频交流学习展示会”作为高校代表之一进行了大会视频交流，受到各方面好评。

【新闻信息工作】

向学校新闻网、“重大要情”报送各类快讯及新闻并被采用 30 余条；向重庆市委统战部报送信息稿件 30 余篇，4 篇被中央统战部网站采用。

【学习交流及理论研究工作】

接待四川省政协副主席陈放一行就提升原始创新能力来校调研交流；接待四川省政协常委、教育委员会主任朱世宏带领的四川省政协教育委调研组到校调研考察，四川大学、电子科技大学、西南交通大学、西南财经大学等十余所在川高校的校领导，重庆市政协教科卫体委负责人等 20 余人参加调研考察，校长张宗益陪同参观了学校极具特色的统战文化走廊和校史馆；开展了党外人士培训工作调研并形成调研报告上报市委统战部；选派党外干部及统战干部参加全国、市、区统战部、侨联等组织的各类统战业务培训 20 余人次，提高了政治素养和履职能力；积极开展理论创新、实践创新，向重庆市委统战部报送实践创新成果 3 项，报送理论创新成果 3 项，其中一项被市委统战部评为全市统战系统理论创新优秀成果。

（撰稿人：陈西东）

纪检监察工作

【综述】

2020年，纪检监察部门在学校党委和纪委的领导下，以习近平新时代中国特色社会主义思想为指导，不断增强“四个意识”、坚定“四个自信”、做到“两个维护”，积极协助学校党委持续深化全面从严治党，切实履行监督执纪问责职责，驰而不息正风肃纪，有效发挥监督保障执行、促进完善发展作用，为学校立德树人、推进“双一流”建设提供坚强的政治保证和纪律保障。

【政治监督】

将政治监督作为学校纪检监察工作的首要职责，不断推进政治监督具体化常态化。督促各级党组织深入学习贯彻习近平新时代中国特色社会主义思想，及时学习贯彻习近平总书记关于研究生教育的重要指示精神，落实全国研究生教育会议、全国教育大会和习近平总书记在学校思想政治理论课教师座谈会上的重要讲话精神。强化对学校推动习近平新时代中国特色社会主义思想进教材、进课堂、进师生头脑的监督。深入职能部门调研，强化对职能部门落实意识形态工作责任、学生思想政治教育等工作的监督检查。通过实地调研、现场检查、会议督导、约谈有关负责人、提出意见建议等方式加强对各单位落实新冠疫情防控责任、助力脱贫攻坚、制止餐饮浪费等重大政治任务的监督检查。协助安排部署全面从严治党年度工作任务，及时修订《重庆大学深化落实全面从严治党责任清单》，进一步压实7类责任主体全面从严治党责任，推动“两个责任”贯通协调。积极协助开展校内巡察，促进巡察发挥政治监督重要作用。

【日常监督】

紧盯“关键少数”加强监督。进一步加强对各单位领导班子落实民主集中制、执行议事决策制度的监督。严格落实干部谈话、党风廉政意见回复、列席二级单位民主生活会等监督制度。党风廉政意见回复59次，涉及中层领导干部175人次。加强中层领导干部廉政档案建设。聚焦重点领域加强监督。紧盯选人用人、招生考试、基建工程、物资采购、资产管理、校属企业、附属医院等重点领域重点岗位，通过开展约谈提醒、现场调研督查、发出纪检监察建议书等多种方式，加强对落实廉政风险防控工作要求的监督检查，提出改进工作建议，指导督促相关单位工作。

【执纪问责】

实事求是用好“四种形态”，精准把握政策策略，依规依纪依法行使职权，研究制定《信访举报及问题线索处置管理办法》《失实检举控告澄清工作实施办法》等制度，不断提高执纪问责工作质量。2020年，共受理各类信访材料 96 件,处置问题线索 21 件,立案并结案 6 件,给予党纪政纪处分 7 人,诫勉谈话 5 人。运用“四种形态”处置 32 人次,第一种形态处置占比 78.1%,第二种形态处置占比 12.5%,第三种形态处置占比 3.1%,第四种形态处置占比 6.3%。深化以案促改,针对发现的突出问题,向发案单位发出纪律检查建议书 4 份。坚持精准问责,全年问责 1 个党组织、1 个单位、2 名领导干部。

【作风建设】

加强作风建设,持续纠治“四风”。聚焦重要节点,印发 3 份通知文件,明确工作要求。发送廉洁短信 1 580余条,畅通举报渠道,开展明察暗访,紧盯违规收送礼品礼金、违规发放津补贴、违规吃喝、公车私用等问题加强监督检查。持之以恒落实中央八项规定及其实施细则精神,深化治理贯彻党中央决策部署只表态不落实、维护师生利益不担当不作为、困扰基层的形式主义官僚主义等问题,对发文开会情况进行动态监测。

【廉洁教育】

增强廉洁教育实效。会同相关职能部门,加强对党员干部的思想道德和党纪国法教育。督促二级党组织和纪检组织开展廉洁专题学习和教育活动。深入开展警示教育,以身边案教育身边人。根据身边案例编写了《关于酒驾违规行为专题警示教育资料》,下发二级纪检组织并要求组织学习。转发上级纪检监察机关通报曝光的违纪违规案例 39 起至纪检网站和二级纪检组织,并要求加强宣传教育。联合部分二级纪委组织学生参观廉政教育基地,强化大学生廉洁意识,提升廉洁实践育人效能。

【深化改革】

认真落实教育部党组《关于规范直属高等学校纪委机构设置和人员配备的若干意见》,配合完成纪委机构设置的改革,学校纪委下设纪委办公室、监督检查室、案件监督管理室、案件审理室 4 个机构,人员严格按照要求配备。聚焦主责主业,不断深化“三转”,进一步推进整合议事协调机构,只保留参与 3 个议事协调机构。探索将纪检、巡察、审计监督贯通融合经常化制度化的工作机制。完善监督协同机制,探索构建有机贯通、相互协调的监督体系,形成监督合力。

【队伍建设】

从严从实加强自身建设。组织专职纪检监察干部深入学习《中华人民共和国民法典》《中华人民共和国公职人员政务处分法》等法律法规,及时传达上级纪检监察机关工作部署,继续深入学习中央纪委纪检监察干部培训系列课程和讲义汇编、重庆市纪委全员培训课程等学习资料。选派专职纪检干部 18 人次参加上级纪检监察机关组织的培训。选送 1 名专职纪检干部参与中央巡视工作、1 名专职纪检干部到驻教育部纪检监察组实践锻炼。召开 5 场二级纪委书记调研座谈会,加强对二级纪检组织的工作指导和业务培训。强化内部管理,不断完善自身权力运行机制和管理监督制约体系。强化保密安全的教育管理,全年未出现泄密失密情况和安全事故。

（撰稿人:谭　伟）

机关党建工作

【综述】

机关党委现有36个党支部,593名党员,37个工会小组,在职职工856人。2020年,机关党委在学校党委的统一领导下,全面贯彻习近平新时代中国特色社会主义思想和十九大以来历次全会精神,以持续巩固拓展"不忘初心、牢记使命"主题教育为主线,全面落实疫情防控要求,积极助力打赢脱贫攻坚战,切实履行党委主体责任,着力助推学校"双一流"建设和落实立德树人根本任务。

【政治建设和思想建设】

机关党委始终以政治建设为统领,以党委"五个到位"和支部"七个有力"为导向,强化机关部处领导班子政治理论学习、教职工政治理论学习,集中开展十九届五中全会精神宣讲、民法典宣讲等活动,贯彻落实十九届五中全会精神和习近平总书记关于教育的重要论述精神,增强"四个意识"、坚定"四个自信"、做到"两个维护"。抓牢定点扶贫政治任务,定期开展脱贫攻坚主题党日活动,积极倡议消费扶贫,先后组织教职工购买贫困地区农产品13.8万余元,帮助销售5.1余万元,超额完成学校下达的定点扶贫工作任务,以实际行动以购代销助力脱贫攻坚。全面推进疫情防控常态化,做好疫情摸排、物资支持、行程管理等疫情防控工作;疫情期间,机关党委捐款5.5万元,发出三八节慰问信致以全校女教职工节日问候,组织开展"云跳绳"比赛等,及时稳定教职工情绪增强必胜信心;积极响应学校号召,组织6名党员志愿者参加学校迎接湖北籍学生返校,联合心理中心开展运动读书活动助力师生身心健康和校园安稳。

【组织建设和制度建设】

坚持问题导向,持续巩固拓展"不忘初心、牢记使命"主题教育成果,及时调整机关"两委"委员联系服务群众分工、修订完善机关党委会会议议事规则、强化党员领导干部双重组织生活、党建工作考核等工作制度落实,结合各支部实际,推进联合支部生活、体验式支部生活开展,疫情期间多举措保障支部生活的正常开展,集中开展了"党旗飘扬,先锋引领"诗歌朗诵、"战疫故事汇"、微党课、口述校史视频制作大赛等主题活动,不断提升党支部的影响力、吸引力、凝聚力和战斗力,扎实推进重温入党誓词和新党员宣誓工作,机关支部书记讲党课实现全覆盖,党员领导干部讲党课常态化,确保党建主体责任抓牢抓实。强化支部工作保障,根据学校干部调整及时调整支部班子,组织各支部党务干部参加5批次机关党务干部专题培训,及时为支部划拨建设经费和返回党费共计14.33万元。定期为支部配发学习资料,累计发放《党建》《支部工作图解》等资料3 000余册,为支部准备主题教育学习PPT、视频等资料20余份。做好党员发展及日常管理工作,确定发展对象 5 名，发展预备党员 5 人，预备党员转正 4 人，按时交纳党费 40.64 万元，完成新党建信息平台试运行工作，实时推进 590 余名党员信息的维护和完善。

【作风建设和纪律建设】

扎实开展服务育人、管理育人工作，围绕巩固深化“不忘初心、牢记使命”主题教育成果要求，做好思想引领、价值塑造、管理服务育人工作，督促各支部各单位驰而不息纠正“四风”；继续在各支部推进党员示范岗和党员责任区设置工作，彰显机关窗口服务形象；先后到马克思主义学院、计算机学院和医学院等单位开展机关作风调研，了解学院对机关的诉求和期望，助力学校发展。约谈 2019 年党建考核相对靠后单位，为推进支部建设体检把脉；督促机关支部开展党风廉政主题党日、参观廉政教育基地等廉政教育活动，推进节假日等重要时间节点廉政提醒常态化，实现线上线下党风廉政教育全覆盖。做好机关党委“七一”表彰和学校 2020 年教师节表彰、“青年好网民”优秀故事征集评选等选树典型的推荐、评选工作，营造机关创先争优、积极向上的良好氛围。

【工会与教代会工作】

认真贯彻落实教代会制度，关注教职工思想动态和合理诉求，2020 年征集提案 9 项，向学校提交提案 9 项，开展学校教职工表彰奖励办法、在职教职工大病基金管理办法意见征集 2 项。切实做好帮扶慰问工作，全年慰问家庭困难、生病、退休职工等 100 人，发放慰问金 9.6 万余元；收缴办理大病资助金 1.4 万余元，帮助 7 名职工获得大病资助 4.7 万余元；全年发放节日慰问费 112.95 万余元、节日慰问品 6 000 余人份、职工生日蛋糕券 864 人份、扶贫地区农产品 1 730 人份，及时传递学校温暖做到零误差；配合学校做好职工体检、子女入读重大幼儿园、附小、附中等宣传工作，帮助解决职工后顾之忧。丰富教职工文化生活，组织开展青年职工座谈会，凝心聚力共谋发展；开展“三全育人”家校协同育人讲座，关心青年职工及子女成长；组织开展疫情防控、扶贫攻坚、抗洪救灾等主题书画摄影比赛，推选优秀作品参加学校和教育部书画摄影展彰显中国精神和中国力量；组织开展趣味运动会，推进全民健身运动，关注职工身心健康；依托各工会小组开展形式多样的春秋游和工会活动，增添机关活力，全身心投入“双一流”建设中。

（撰稿人：赖炳根，石万曲）

虎溪校区党建工作

【综述】

2020年，虎溪党工委以党的十九届四中、五中全会精神为指导，以“三全育人”综合改革示范区建设为抓手，落实立德树人根本任务，全面提高政治站位，夯实党建工作基础，巩固和拓展主题教育成果，圆满完成了各项工作任务。

【思想政治工作】

持续推进党建进学生舍区，完善党团活动室的各种设施设备，打造松一、松五文明示范楼栋党团活动室，内设党建宣传栏，订阅《人民论坛》等资料。在学生舍区举办《“时政讲坛”——习近平新时代中国特色社会主义思想》系列讲座，组织开展第五届师生阅读系列——《中国制度面对面》读书交流会。利用“七位一体”宣教平台播放安全教育视频、防新型网络诈骗视频和校园消防安全知识视频等，提升学生的安全防范意识和能力。运行维护“重大虎溪学生事务”微博、“重大虎溪”微信公众平台，全年发布微博83条，微信公众号推文34篇，做好学生思想引领和服务工作。组织召开学生工作例会8次，开展学生工作队伍安全专项培训，强化学生安全管理工作。按照学校统一安排部署，组织驻校区的14个行政单位师生员工代表，共计500余人聆听民法典宣讲，组织党工委师生党员100余人参加党的十九届五中全会宣讲。全年召开理论学习中心组学习10次，所属单位举办教职工政治理论学习61次。

【党建工作】

以“不忘初心、牢记使命”主题教育为新起点，依据主题教育中查摆的问题，制订任务台账，明确责任分工，坚持深化整改，做到一以贯之，确保整改整治任务落实到位，不断巩固和拓展主题教育成果。严肃党内政治生活，严格落实领导干部双重组织生活制度，党支部“三会一课”制度，全年各支部组织生活114次，党章专题学习交流6次，领导干部为分管领域或联系支部上专题党课10次。组织师生党员观看爱国主义影片、参观抗战名人故居等特色主题党日活动10余次，不断丰富活动内容和形式。严格对照党员标准，规范党员发展流程，努力做好在优秀青年教师中发展党员工作，全年发展党员34人，其中教职工党员3人。深化校内外党建协作，校内联合校区6个二级党组织，借助网络培训阵地，培育入党积极分子320人；校外推进与校区社会服务单位的党建协作，同沙坪坝电信党委共同讲好抗疫故事，联合开展微宣讲主题党日活动。评先进、树典型、立标杆，通过“七一表彰”，评选先进党支部2个，优秀党务工作者6名，优秀共产党员11名。组织新党员宣誓、老党员重温入党誓词。以支部为单位设立党员示范岗、责任区6个，优秀党员上墙、上屏，营造党员争当表率的良好氛围。

【意识形态工作】

召开党工委委员会专题研判校区意识形态工作，提高防范意识，强化监督管理，有效应对舆情。加强驻校区各单位的协调配合，共同落实意识形态工作责任。发挥支部的战斗堡垒作用，夯实党员思想根基，筑牢党员理想信念，自觉抵制各种错误思潮的侵袭。严格执行学校审查审批要求，对校区开展的人文社会科学讲座，切实履行“一会一报”“一事一报”制度，严把场地、人员、内容等关键环节。每学期开学初进行师生思想动态调研，撰写调研报告，全年向党办报送相关信息 3 篇。成立“信息采编小组”，每天监控、采集国内各大网络媒体、论坛上与校区有关的信息，寒暑假、节假日不间断，全年编辑《信息采集》26 期，分析研判校区意识形态现状与形势。

【党风廉政建设】

加强理论武装，组织纪工委委员学习《第十九届中央纪律检查委员会第四次会议公报》等文件，在党支部“三会一课”、教职工政治理论学习中引入廉政教育内容。召开纪检工作专题讨论会，审议通过《虎溪纪工委纪检工作监督管理制度》《虎溪纪工委廉政谈话制度》，探索实行“AB 角”执纪审查工作模式，着力破解“熟人社会”监督难困局。探索实行团队监督，建立纪检监察协作区，定期组织交叉检查，实现基层监督全覆盖。以领导干部、敏感时节、重要领域为重点，加大廉政风险排查力度，发送廉政过节提醒短信，紧抓关键岗位重点环节，健全完善廉政风险防控体制机制。探索并实现基础管理岗位轮岗制度，管委会相关涉及职工已于 2020 年 12 月 31 日前完成岗位交流轮换，分析测试中心 3 名行政管理人员已实现轮岗。

【工会工作】

完善分工会关爱制度，做好 7 名退休老同志节假日慰问工作，为所属单位 52 名劳务派遣员工配发节日慰问品。举办美育绘画讲座，组织参观周贡植故居，观看爱国主义题材影片，开展果实采摘、冬至包饺子等活动，丰富职工业余生活，加强单位凝聚力。畅通渠道、广开言路，通过设立意见箱，发放调查问卷等形式，收集各类意见建议 34 条，充分发挥职工在民主管理中的建言献策作用。

（撰稿人：王庆贺）

群团工作

工会工作

【概况】

2020年，校工会以习近平新时代中国特色社会主义思想为指导，深入贯彻落实党的十九大、十九届二中、三中、四中、五中全会精神和中国工会十七大精神，在学校党委的领导和行政的支持下，紧紧围绕中心工作，统筹做好疫情防控和工会工作，自觉服务改革发展稳定大局，履职尽责、凝心聚力，竭诚服务教职工，完成了年度各项工作任务。

【强化教职工思想政治引领】

组织开展工会专兼职干部培训会，宣讲党的十九届五中全会精神，把学习五中全会精神与学习党的十九大和十九届二中、三中、四中全会精神相结合，与学习习近平总书记关于工人阶级和工会工作的重要论述相结合，与学习党史、新中国史、改革开放史、社会主义发展史相结合，一体学习、一体贯彻，进一步提高政治站位，增强“四个意识”、坚定“四个自信”、做到“两个维护”。

组织工会专兼职干部和工会会员学习习近平总书记系列重要论述和重要讲话精神，引导广大教职工增强对党的创新理论的政治认同、思想认同、情感认同，坚定不移听党话、矢志不渝跟党走。坚持以社会主义核心价值观引领教职工，不断增强思想政治引领的有效性，聚焦社会热点问题、敏感问题，多渠道了解教职工思想动态，把加强教职工思想政治工作的过程转化为解决问题、推动工作的过程，引导广大教职工正确看待学校发展面临的新形势、新机遇、新挑战，增强自信、坚定信心。

【参与学校民主管理和民主监督】

召开重庆大学第十四届工会会员代表暨第九届教职工代表大会第四次会议。会议听取了学校工作报告和财经工作报告。会议征集教代会提案54件，经提案工作委员会审理，立案40件，涉及教学科研、队伍建设、校园文化建设、环境建设、管理服务等方面。

召开全委会4次，讨论和审议涉及教职工切身利益的重大事项。6月，学校工会、教代会全委会第十六次会议审议通过了《重庆大学教职工表彰奖励办法(2020年修订)》。

召开教代会学校财经工作监督委员会会议，听取学校2019年决算和2020年预算情况报告；召开学校福利委员会会议5次，讨论决定教职工节日慰问品采购、困难教职工帮扶资助和大病资助等事项。

【助力青年教师职业发展】

组织4名优秀青年教师参加第五届重庆市高校青年教师教学劳动与技能竞赛，1人获工科组一等奖第一名，1人获文科组三等奖，1人获思政组三等奖，1人获理科组优秀奖，学校获优秀集体奖。工科组一等奖获得者程勇老师代表重庆市参加第五届全国高校青年教师教学竞赛，获得工科组三等奖。

【开展文体活动】

上半年通过网络定期推送微运动、体适能、瑜伽、心理健康讲座等视频课程，下半年开设拉丁舞、摩登舞、瑜伽、体适能、旗袍走秀等7个线下兴趣培训班，以及中国画之写意花鸟基础技法课程，参与教职工累计6 300余人次。举办教职工趣味运动会，全校有41个分工会（工会直属小组）组队参赛，共1 000余名教职工参与活动。

举办“网聚职工正能量　争做中国好网民”重庆大学教职工摄影比赛，共收到作品64件，对优秀作品进行表彰。选送学校优秀作品参加重庆市教科文卫体工会举办的“网聚职工正能量　争做中国好网民”文艺作品大赛，获得微视频类一等奖1个、诵读作品类二等奖1个、摄影作品类相机组一等奖3个等奖项。其中学校部分优秀作品经市教科文卫体工会推荐参加重庆市总工会“网聚职工正能量　争做中国好网民”主题活动，获得诵读作品类二等奖、摄影作品类相机组二等奖等奖项。诵读作品《想起红岩　想起你》经重庆市总工会推荐参加全国“网聚职工正能量　争做中国好网民”主题活动网络正能量诵读作品征集活动，获得中华全国总工会网络工作部和中央网信办社会工作局颁发的“直播诵读类优秀作品”荣誉证书。

【开展教职工慰问】

2020年元旦、春节，组织全校性送温暖活动，通过学校招投标中心组织采购粮油和干货作为慰问品发放给全体教职工，金额合计273万余元。法定节日期间，通过校园卡为全体教职工发放节日慰问金3次，金额合计795万余元。通过重庆市公共资源交易中心组织采购价值268元（面值300元）的生日蛋糕券发放给全体教职工，金额合计142万余元。开展教职工结婚、生育、退休、生病住院、直系亲属去世等慰问540余人次，金额合计48万余元。

【开展困难教职工帮扶资助】

法定节日期间慰问建档困难教职工47人次，金额合计4.26万元。帮扶资助遇临时困难教职工22人，金额合计9.3万元。资助患大病教职工33人，金额合计38.5万元。在广泛征求教职工意见的基础上，按照中国保险协会与中国医师协会规范定义的重大疾病范围，结合以往申请大病资助基金的患重大疾病的教职工的实际情况，对《重庆大学在职教职工大病资助基金管理办法》进行修订，加大对患大病教职工的帮扶资助力度。

【开展消费扶贫助力脱贫攻坚】

采购并发放云南绿春县茶叶、木耳，金额合计95万余元。通过农校对接精准扶贫线上集中采购平台购买并发放大米，金额合计39万余元。

做好扶贫农产品宣传，动员全校教职工自费购买因受新冠肺炎疫情影响滞销的重庆巫溪县天元乡香肠、蜂蜜等农产品，金额合计5万余元。动员全校教职工自费购买云南绿春县茶叶、木耳、红米等43个种类的农产品，金额合计103万余元，由校工会历时一周完成发放工作，助力绿春县脱贫攻坚。

（撰稿人：郝小玮）

共青团工作

【综述】

2020年，校团委深学笃用习近平新时代中国特色社会主义思想，深入学习贯彻党的十九大和十九届二中、三中、四中、五中全会精神，围绕立德树人根本任务，按照“1511”工作思路，高举一面旗帜、坚持五育并举、夯实一个基础、落实一项任务，积极助力学校“双一流”建设和“三全育人”综合改革，全力培养德智体美劳全面发展的社会主义建设者和接班人。

【聚焦思想引领】

1.深化理想信念教育，筑牢“主阵地”

开展“青年大学习”行动，构建“导学、讲学、研学、比学、践学、督学”六位一体的学习体系，打造青年讲师团、青年宣讲团等，全面学习宣传党的十九届五中全会精神和伟大抗疫精神等，广泛开展“绽放战疫青春、坚定制度自信”“青春告白祖国”等各类主题教育、团日活动近5 000场，覆盖学生11万余人次。1名青年教师获重庆青年五四奖章，1名学生获“中国大学生自强之星”称号。

2.深化网络思想引领，畅通“主渠道”

推动多层次一体化网络阵地建设，建成“六位一体”新媒体矩阵，发挥宣传、发声的功能。团属官方微博最高位列人民网、新浪微博发布的全国高校团委微博排行榜第一，微信号最高位列全国基层团组织微信号影响力榜单第二。制作抗疫原创歌曲《与你同在》MV等，发起“向重大报到、为武汉加油”宣传活动，全网累计浏览量超8 000万，相关作品在《人民日报》新媒体等媒体以及团中央等平台报道或转载，抖音平台单个正能量短视频浏览量超1 000万、点赞超200万。制作重庆大学云祭奠H5对抗击新冠肺炎疫情斗争牺牲烈士和逝世同胞表示深切悼念，联合清华大学等5所高校的理论宣讲团共同开展高校联合抗疫志愿宣讲，单场高峰时段吸引5 600余名高校学生同时在线学习。

3.深化思政教育品牌，打造“主课堂”

推进“青马工程”，开展“理论学习+创新创业+志愿服务+挂职锻炼+对外交流”培养，建立“青马者说”等特色栏目。打造“励德树声”品牌，邀请王维俊少将等专家作报告。1名学生获全国“青马工程”优秀学员称号（西南唯一）等，2名学生入选全国“青马工程”高校班、3名学生入选重庆市“青马工程”高校班。

【聚焦基层组织建设】

1.激活团组织活力

一是深入实施团组织“达标工程”，持续推动基层团组织规范化建设，全面落实“三会两制一课”，学校团委获评2020年全国五四红旗团委。二是实施团支部“标杆工程”，开展“五个一”主题建设活动，推动团支部“对标定级”。三是推动学生会组织改革，印发《重庆大学学生会（研究生会）改革实施方案》，召开学校第二十九次学生代表大会，规范部门设置，精简工作力量，完善述职评议制度。四是深化学生社团改革，修订《重庆大学学生社团管理办法》，成立学生社团建设管理评议委员会，开展线上线下社团活动1 500余场，覆盖师生10万余人次，获世界级奖项1项、国家级奖项10余项。

2.提升团干部素质

一是依托团校建立健全学生骨干培训体系，开设11个“青”字头班级和研究生骨干培训班，覆盖1 700余名团干部。二是持续开展寒暑假“百子挂职”品牌工作，累计选派407名学生在31个省份的150余个基层单位进行挂职锻炼。三是承办团干部岗位实践能力大比武高校团支部书记专场赛等，获高校专场赛一等奖。

3.增强团员先进性

规范团员推优入党制度，印发《重庆大学关于推荐优秀团员作为入党积极分子工作的实施细则》。印发《重庆大学学生共青团员星级评价实施意见》，开展团员星级评价工作，实施“阳光团员”工程。1名学生获全国抗击新冠肺炎疫情青年志愿服务先进个人称号，1名教师团干获重庆市抗击新冠肺炎疫情先进个人称号。

【服务学生成长成才】

1.强化德育

一是弘扬三大文化。开展红岩、国学、民俗文化节，举办“中华魂”系列主题教育活动，学生获重庆市“中华魂”演讲比赛一等奖（第一名）、重庆市向上向善好青年等。二是讲好师生故事。评选学校“向上向善好青年”“青年好网民”“青年抗疫先锋”等典型标杆，开展学习宣传活动；结合重大节点，创新“前锋锐评”“倾听重大”等专栏内容，累计推送20余期，超过10万人次浏览。三是做好朋辈教育。举办“朗朗重大”自习打卡、“学霸工作室”和各类讲座及分享会200余场，覆盖学生2万余人次。

2.推进智育

一是实施创新创业树声行动，开展“百千万”创新创业人才培养，创新创业教育连续两年被教育部“战线联播”单篇简报报道。二是强化“1+2+N”竞赛培育，实施“五阶段”竞赛实训。第十二届“挑战杯”中获金奖1项、银奖4项、铜奖2项，学校总分与复旦大学并列全国第十六名，连续两届捧得“优胜杯”，刷新重庆市和学校历史最好成绩，国赛获奖项目数量位列西南地区第一。第六届“互联网+”中获金奖1项、银奖3项、铜奖3项，连续三年获得重庆高校最好成绩。第七届“创青春”中获金奖1项（共9项、西部唯一）等。在第十三届全国大学生创新创业年会，获最佳创意项目（共21项）、最佳创业项目（共10项）等。三是连续两年与璧山区共同承办“互联网+”重庆市赛，连续三年承办“挑战杯”重庆市赛，承办重庆市第三期创意培训班、重庆“青创说”活动，举办以第二十四届“科技文化节”为龙头、以“树声”创新创业品牌为牵引的100余场创新创业活动。四是2名学生入选2020年福布斯亚洲30位30岁以下精英，1名学生获第十二届中国青少年科技创新奖（重庆市唯一）。

3.发展体育

一是创新疫情体育模式。举办“宅”家锻炼计划打卡活动、云端运动会、“团”结战“疫”等系列主题活动，覆盖师生2万余名。二是打造体育品牌活动。组织啦啦操大赛、篮球联赛等体育赛事，开展“健康人生”项目、“树声前锋杯”综合体育比赛、体育文化节等活动。武术协会获全国大学生拳击锦标赛男子组第一名1个、第二名2个，登山协会获全国大学生户外技能赛团体总分第五名，跆拳道协会成员获中国跆拳道（竞技）锦标赛铜牌等。

4.提升美育

一是打造文化活动品牌。开展“毕业演出季”“校园歌手大赛”“歌手·天声少年”“校园新秀大赛”等文化活动品牌，常态开展“周周艺起来”系列活动，线上线下近30场，覆盖10万余人次。二是加强经典文化传承。排演话剧《我在天堂等你》入围第七届重庆大学生戏剧演出季参演剧目；川剧《越王回国》等9个作品入围重庆市第六届大学生艺术展演，其中合唱队获该类别第1名、创10年来最好成绩；4个作品入围全国第六届大学生艺术展演活动（重庆市共16个）；学生书法协会获第四届全国书法、硬笔书法网络大赛8个奖项。

5.加强劳育

一是做好精准志愿服务帮扶。组织参与国际马拉松等大型赛会志愿服务、中国国际智能产业博览会、第十八届中国国际农产品交易会等重庆大型赛会志愿服务，累计参与逾2.8万人次，时长18万小时。二是打造志愿服务品牌项目。开展“西部计划志愿者”“研究生支教团”等投身脱贫攻坚的品牌项目，“服务联合国机构项目”等国际志愿服务、“学雷锋”等校园特色活动、“公益劳动周”等学生身体力行的品牌项目，时隔五年再获中国青年志愿服务项目大赛金奖等。三是推进社会实践平台提档升级。寒暑期600余支团队赴全国各地开展社会实践活动，获全国大中专学生志愿者暑期“三下乡”社会实践活动优秀单位、全国大学生最佳暑期实践大学（全国仅10所）等集体荣誉。22个相关团队获全国社会实践活动优秀实践团队、全国百强暑假实践团队、“千校千项”最美团队等全国表彰，中国大学生知行促进计划获表彰团队总数位列全国高校第二。四是积极助力成渝地区双城经济圈建设。与共青团自贡市委签署共建大学生社会实践基地协议，为成都2021年第31届世界大学生夏季运动会招募志愿服务校园大使。

（撰稿人：钟川江）

学部（学院）工作

人文学部

外国语学院

【概况】

2020年,外国语学院抢抓机遇、迎难而上,学院建设全面加强,核心竞争力不断提升。各项工作取得显著成绩,各项事业呈现欣欣向荣、蓬勃发展的良好态势。

1.坚持文化传承,涵养优良师德师风,积极培育良好人文生态

传承老一代外语人“德高怀远,敬业爱生”精神,涵养优秀师德师风。制作以韩其顺教授为代表的老一代优秀教师采访视频(获“口述校史　薪火相传”主题视频大赛二等奖),引导教师潜心育人;开展课程思政实践和经验分享;4门课程获评校级“三进课程”建设。用心打造新时代“四有”外语教师队伍,逐渐形成良好的师德人文生态。

2.引育并举,师资队伍建设成效显著

为积蓄学科发展力量,推动学院学科发展,强化学术队伍培养和创新团队建设,储备优秀教师资源,学院向海内外高校相关领域博士生推出“未来教师支持计划”,拓宽人才引进渠道,在人才引进数量和质量上有较大突破。2020年,引进学科带头人1人,引进青年专任教师5人,其中境外知名高校博士占比达83.33%。1人获国家级人才称号;1人获唐立新优秀教师教学奖;1人获重庆大学教书育人奖(优秀教师)。新增牛津大学英文系高级访问学者1人、德国杜塞尔多夫大学访问学者1人;新增博士学位教师2人;境外在读博士3人,博士后培养1人。

3.学科建设实现新突破,科学研究再上新台阶

“十三五”期间,“外国语言文学”一级学科博士点培育工作取得重大突破,增列为学校自主审核一级学科博士点,在软排名中,学科排名位于前30%。获各类科研奖励6项,其中获重庆市第十次社会科学优秀成果奖一等奖1项,并首次获教育部人文社科二等奖1项。发表各类论文42篇,其中A级期刊4篇,B级刊物5篇;出版各类专译著12本,签约28本。获各类科研项目10项,科研经费122.6万元,获国家社科基金滚动支持40万元。

4.借力“一流专业”建设,快速提升专业人才培养质量

英语专业入选全国外语专业国家一流本科专业建设点名单,“英语散文选读”“中国文化元典导读”等8门课程被纳入学校一流专业核心课程群建设。按照外语语言文学学科分类,对原有课程体系进行重组调

整，现有课程体系实现了外语语言文学学科方向全覆盖。强化实践教学，拓宽研究性学习渠道。开设创新实践类课程，将第二课堂演讲、模联等专业竞赛纳入学分体系。

2020 年，各类竞赛成绩喜人。在“外研社 · 国才杯”全国英语演讲大赛中，2 人获全国二等奖、2 人获全国三等奖、4 人获重庆赛区特等奖、1 人获重庆赛区一等奖；2 人获全国英语阅读大赛重庆赛区特等奖；1 人获全国英语写作大赛重庆赛区特等奖；2 人获第九届全国口译大赛重庆赛区一等奖；1 人获笔译（中译英）三等奖，17 人获笔译（中译英）优秀奖；1 人获中华杯全国日语演讲比赛西南地区总决赛优秀奖；1 人获第十五届全国大学生文学作品征文比赛二等奖；1 人获全国科普讲解大赛三等奖；1 人获第四届全国书法硬笔书法网络大赛高校组一等奖；1 人获全国大学生组织管理能力大赛校级赛一等奖；学院获暑期三下乡“优秀组织单位”奖，1 个实践团队获“优秀团队”称号，1 名学生获“先进个人”称号；获评“青知行”志愿服务月先进集体和“新闻宣传十佳新媒体”。

5.深化大学外语教育改革，支撑学校“双一流”建设

开设非限制性选修课程 14 门，申报全英文授课课程 5 门，面向留学生或中国学生开放文学、文化以及学术交际技能类高阶课程，丰富学校通识课程体系。提倡质量文化，完善科学评价体系。研制校本水平测试体系，科学评价学业成绩。对接专业认证，全面修订课程大纲。全面推进混合式教学模式，打造重庆市级线上线下混合式一流课程 2 门；获批中国高等教育学会重大教学改革项目 1 项；入选重庆市教委 2019 年度高校在线课程建设与应用优秀示范案例 1 项。开发优质教学资源，获批重庆市重点建设教材 1 套，出版教材 7 部。

推进在线课程建设。线上运行慕课 5 门，其中重庆市级精品在线课程 2 门，累积吸引全国 18 万人选学，疫情期间，公益支持全国 72 所高校学分共享用课。

【大学英语第一教工党支部获批重庆市“双创”样板支部培育创建单位】

样板支部通过研讨建设方案活动，强化党员身份意识和使命感，开启“政治生日主题仪式”，重温入党初心。样板支部以成果为导向加强自我学习和终身学习，推动教师将党建工作落脚在人才培养核心工作上，主动适应教育教学改革需要，做好育人示范。

【“外国语言文学”增列为学校自主审核一级学科博士点】

“外国语言文学”一级学科增列为学校自主审核一级学科博士点，并打造出特色鲜明的 4 个学科方向，即外国文学、外国语言学及应用语言学、比较文学与跨文化研究和语言、认知与智能计算。

（撰稿人：阳乾凤）

艺术学院

【概况】

学院师资团队中具有教授、副教授职称者达40%。现拥有艺术类工作室9个,专业实验室7个。设计学、美术学、新兴交叉学科数字设计与艺术传播为重庆市重点学科。

党建和思想政治工作:学院组织处级干部、科级干部、支部书记按培训要求完成“党的十九届四中全会精神”“党史、新中国史”两个网络专题班学习。认真落实“三会一课”和主题党日制度。全年共发展新党员37名,预备党员转正19名,培养入党积极分子197名。修订学院党委会会议议事规则和党政联席会议议事规则以及“三重一大”议事规则,加强对学院党委会会议和党政联席会议议决事项的执行、监督、问责追责及执行情况报告,健全和完善学院党委总揽全局、协调各方的工作机制,充分发挥党委领导核心作用;加强学院领导班子自身建设,加强党建带团建,充分发挥党外代表人士、教职工代表大会及工会等组织作用。学院党委组织学院学科和系(室)调整合并,并为各系(室)选优配强行政班子。

教育教学工作:学院制订疫情期间教学工作方案,及时开展在线教学,确保“停课不停教、停课不停学”。学院2020年新建和再建设通识课程共计22门;创新实践课程7门;市级教改项目1项立项成功;2020年中国高教学会项目立项2项(省部级);校级教改项目1项立项成功,2项结题。省部级金课2门;校级优质课程2门;“三进”项目1项。

科研工作:学院教师全年在CSSCI及以上学术期刊发表学术论文13篇,其中A级期刊3篇、B级4篇、C级期刊6篇。出版学术专著9部(含译著3部)。获得科研项目立项16项,其中国家军工项目1项、国家社科基金项目(子项目)1项、科技部国家重点研发计划(子课题)2项、重庆市社科规划项目5项、中央高校基本科研业务费特别委托项目1项、原创基础项目2项、后期资助项目1项、基地项目2项、面上项目1项;科研经费到账共279万元,其中纵向科研经费132万元,横向科研经费147万元。取得专利3件(授权发明专利2件、外观设计1件)。各种学术获奖共20项,其中包括代表中国工业设计行业最高水平的“红星奖”银奖1项,入选第十三届全国美展作品6件,省部级一等奖1项、二等奖5项、三等奖2项,中国美术家协会入选奖4项。舞蹈系四位教师在“重庆市中青年拔尖舞蹈人才扶持”项目中喜获“拔尖舞蹈编导”称号。学生获2020全国大学生工业设计大赛总决赛铜奖和优秀奖各1项,获全国大学生工业设计大赛(重庆赛区)一等奖9项,二等奖14项,获国家级创新创业大赛1项,省部级2项等。

学科与平台建设:2020年11月学院将原有的7个系调整为4个系(音乐系、舞蹈系、设计学系、美术学系),将设计学方向原有的产品设计、环境艺术设计和视觉传达3个系合并为设计学系,将原有的国画系和油画系合并为美术学系。重庆大学工业设计中心获批为第二批校级人文社科重点科研平台;校企共同筹备建立重庆大学产品协同创新中心;与重庆市经信委、沙坪坝区人民政府、浪尖集团筹备合作建设西部(重庆)工业设计联合创新大学。设计学系与重庆市美术公司合作共建艺术设计硕士联合培养基地,与重庆市设计院共建本、硕实践实训基地。美术学系与重庆市美术馆共建“中国画研究生创作研究”联合培养基地等。

学生工作：建立心理关爱学生数据库，全年组织团体心理辅导10次，个别谈话辅导200余次，心理委员培训5次，心理讲座2期。开展“科技创新先进集体和个人”评选，设立环艺“优学奖”“远伦教育”基础奖学金，专项奖励资金达15.5万元。在暑期“三下乡”社会实践活动中，2支队伍获重庆大学“三下乡优秀团队”，学院被评为“优秀组织单位”。疫情期间，学院本科学生王杰立被授予“武汉市新冠肺炎疫情防控优秀青年志愿者”称号。

【美育建设】

2020年，学院积极申报多种面向全校的美育通识课程，面向全校学生举办美育通识讲座。完成学校组织的“铭初心、爱国志、奋斗情”七一主题云音乐会。策划“艺赞华诞”主题展演活动。12月举办首届重庆大学师生书画展，展览共收到投稿近千件，展览作品近250件，题材包括油画、书法、国画、水彩、铅笔画等，充分反映了重庆大学艺术教育的总体风貌。12月25至26日，承办“艺术审美与人文素养构建”全国高校美育教育研讨会暨(全国)教育书画协会高等美术教育分会2020年学术年会，并举行了重庆大学美育教育中心揭牌仪式，重庆大学美育教育中心正式成立。

【社会服务】

2020年7至8月，学院组织各专业骨干教师赴云南绿春县，以“精准对接、专题推进”为主旨，开展文化艺术扶贫调研工作。10月17日，“画说绿春”画展在虎溪校区隆重举办。师生将哈尼族艺术元素融入“艺赞华诞”的主题展演中，邀请哈尼族歌唱家进入校园演出。6月以来，学院积极配合重庆市政府、重庆市委宣传部的“十校结百村，艺术美乡村”项目，组织师生到重庆市奉节和忠县开展设计服务。同时，积极投入历史文化名镇保护、城市老旧社区升级研究、城乡空间艺术生产等设计工作，为重庆市的历史文化名镇保护、老旧社区改造等工作提供积极支持。

（撰稿人：雒三桂）

体育学院

【概况】

2020年，体育学院在学校党政的正确领导和大力支持下，深入学习贯彻习近平新时代中国特色社会主义思想和十九大及十九届历次全会精神，持续推进问题整改，切实增强“四个意识”、坚定“四个自信”、做到“两个维护”，坚持立德树人根本任务，努力提高体育工作在学校人才培养中的作用。党政领导班子率先垂范、强化责任担当、履职尽责，带领全院教职工以饱满的工作热情和务实的工作作风，克难奋进，锐意进取，严格做好疫情防控的各项工作，促进了学院教学、科研、学科建设、竞训等各项工作有效开展，圆满完成学院本年度的各项工作任务。

【围绕中心抓党建，凝心聚力促发展】

以发展凝聚人心,以和谐谋划未来。扎实推进党建“五个工程”建设,夯实党建工作基础,积极发挥学院党组织在人才培养和学科建设等中心工作中的政治核心作用和战斗堡垒作用。认真落实意识形态工作责任制,牢牢掌握意识形态话语权、领导权。做细做实师生思想政治工作,把思想政治工作贯穿党建工作全过程、贯穿教书育人全过程、贯穿学院事业发展全过程,增强广大教职工的使命感和紧迫感,提增信心、把握机遇、大胆探索。加强典型引领,组织学习抗疫精神和鲜学福、袁利等校内外先进人物事迹,开展“体育之星”创先争优优秀标兵评选,引导广大教师以德立身、以德立学、以德施教,争当“四有”好老师。组织党员赴涪陵816地下核工程基地、建川博物馆等地开展主题党日活动,依托“红岩魂”等本地红色教育资源,开展行之有效的革命传统教育、形势政策教育、先进典型教育和警示教育。支持工会、团委、学生会及体育类学生社团组织开展丰富多彩的文体活动,增进教职工之间、师生之间的沟通交流,增强凝聚力,促进和谐。坚持“五育并举”,明确各类岗位的育人元素和育人职责,扎实推进“三全育人”,更好地发挥体育在学校人才培养中的作用。

抓好党风廉政建设,健全完善规章制度。院党政领导班子成员认真履行党风廉政建设“一岗双责”,做好廉政风险防控。坚持问题导向,加强调查研究,及时发现在学院建设和发展过程中存在的瓶颈和突出问题,并着力加以整改和解决。进一步健全完善学院的相关制度规定,严格用制度规范各项工作、推动工作落实。坚持民主集中制,严格执行党委全委会、党政联席会和“三重一大”等制度。加强对工会、共青团、学生会等群团组织的领导,抓好统战工作,努力营造风清气正的良好政治生态,以优良的党风带院风正教风端学风,弘扬正气,传递正能量。认真落实中央八项规定及其实施细则精神,杜绝“四风”。

【加强师资队伍建设，加大人才引进力度】

学院现有在编教职工74人,其中专任教师61人,教授4人、副教授31人。2020年虽有疫情影响,但人才引进工作没有中断,通过各种渠道发布招聘信息,收集优秀人才信息并主动长期跟踪联系。2020年召开境内线下、线上面试会议12场,意向人员8人(博士后1人,博士4人,硕士运动健将3人),其中世界冠军、奥运会羽毛球冠军、重庆市英才计划入选者1人(李雪芮)。加强现有师资队伍的培养。为保障学科发展、教学运作,训练任务师资队伍是关键,2020年推荐的2名青年教师访学归来,推荐10余人参与国内进修和培训,邀请专家学者到学院给老师们开展讲座和培训等12场,以提升师资队伍的科研、教学及综合能力。依据《重庆大学专业技术职务评聘工作实施办法(2019年修订)》制订了《2020年重庆大学体育学院高级职务评审实施办法职称评审制度》,做到公平、公正、公开的晋升途径,让教师更加明确努力方向。

【创新体育教学工作，确保教育教学质量】

遵循教育部“停课不停学、停课不停教”的总原则,学院成立了教学专项工作小组,负责疫情期间教学临时方案的审核、制订与实施。上半年疫情教学期间,按时完成全校367个教学班的相关信息收集上报和建群等工作。制订了《2019—2020年度第二学期体育学院线上课程教学质量检查方案》,保障线上体育课教学质量。疫情教学后期,与学校相关部门积极配合,分别制订了公共体育课和专业课复课的详细方案,及时修订了《疫情管控学期公共体育课考核内容及办法》。随着学校学生分批次陆续返校上课,全校公共体育课程及专业课按前期安排平稳地进行线上线下教学内容的有效衔接,最终安全、平稳地按时完成了春季学期教学工作任务,学院的毕业生也高质量地完成了毕业论文,并顺利通过答辩。

课内外一体化的体育锻炼设计促进学生锻炼常态化。下半年,学院根据国家以及相关部委的文件,紧紧围绕"全面提高人才培养质量"的精神,结合学校公共体育课现状,制订了《公共体育课修读管理规定》,同时将课外体育锻炼纳入体育课成绩考核内容。激励广大学生"走下网络、走出宿舍、走向操场",积极参加体育锻炼,养成良好生活习惯,引导学生采用步道乐跑 App 进行课外跑步锻炼,从 9 月 6 日至 12 月 12 日,全校公共体育课上课年级学生的总参与人数为 12 274 人,总跑步次数 282 745 次,总跑步里程 844 700 千米。课外锻炼基本实现上课年级的全覆盖。

【科研与竞赛成绩稳步前进】

2020 年科研项目立项 10 项,总经费 47.9 万元。其中教育部青年基金项目 1 项,经费 8 万元;重庆市体育局攻坚项目 1 项,经费 10 万元,一般项目 2 项,经费 3.5 万元;一般横向项目 2 项,经费 20 万元;中央高校基本科研业务费学院专项 1 项,经费 5 万元;大学生国家创新训练项目 1 项,经费 1 万元;校 SRTP 项目 2 项,经费 0.4 万元。出版专著 1 部,教材 1 本。发表学术论文 3 篇,其中 SCI 期刊 1 篇,CSSCI 期刊 1 篇,CSCD 期刊 1 篇。

体育竞赛工作有序开展并取得可喜成绩。2020 年上半年因疫情影响,学校各项目队都没有训练,下半年在做好防控工作的同时进行恢复训练,并有序组织参加线上和线下的比赛,取得可喜成绩。2020 年校运动队获得全国赛前四名共计 2 次,分区赛和重庆市级比赛冠军共计 16 次。

项　目	比赛名称及获奖名次
网球	1.2020 年 1 月第二届中国大学生网球年终精英赛 男子单打第二名 男子单打第四名 2.2020 年 10 月重庆市大学生网球比赛 丙组男子双打第一名 丙组男子团体第一名 甲组男子单打第一名 丙组女子团体第一名 丙组女子单打第一名 丙组女子双打第一名
篮球	2020 年 10 月重庆市大学生校园篮球联赛 校园组第一名
足球	1.2020 年 11 月重庆市大学生足球联赛 高水平组第三名 2.2020 年 11 月重庆市大学生足球联赛 校园组第一名

续表

项　目	比赛名称及获奖名次
其他单项	1.2020 年重庆市大学生田径比赛 甲组男子 5 000 米第一名 甲组男子跳高第一名 甲组女子跳高第一名 2.2020 年重庆市大中学生游泳比赛 男子 100 米蝶泳第一名 男子 200 米混合泳第一名 3.2020 年重庆市大学生武术比赛 男子自选太极拳第一名 男子传统器械第一名 4.2020 年全国大学生排舞比赛 特等奖

【学生体质健康测试相关工作逐步推进】

学生体质健康测试参测率连续五年上升。在学校体质健康测试的条件相对落后的情况下,2020 年完成新老校区共 23 109 名本科生的学生体测,参测人数从 2016 年的 8 917 人增加到 2020 年的 23 109 人。经过一年的开发和不断迭代补缺,体测网站实现了手机预约,为学生预约体测、工作人员统计体测数据提供了方便。完善学生体测平台建设。在新老校区各修建了一个学生国家体质健康测试中心:老校区中心面积 200 平方米,改造经费 14.8 万元(体育学院自筹资金);虎溪校区中心面积 300 平方米,改造经费 35 万元(学校专项经费支出)。

【重视学生管理工作,狠抓学风班风建设】

配齐配强学生思政工作队伍,在原有基础上,2020 年新增 4 名班导师加入学生工作队伍,其中 3 名年轻博士。2020 年派出辅导员参加校内各种业务培训共计 12 人次,成功申报学校名师工作室建设项目 1 项(项目经费 3 万元),完成学校团委重大活动项目 2 项。积极开展如研究生体育文化节、学院迎新晚会、全校体育文化节以及体育学院文明寝室大比拼等学生活动,取得了研究生体育文化节足球赛总冠军等 7 个第一名、学校体育文化节多个冠军等荣誉。

以班风室风建设为重点,不断促进学风建设。按年级分重点开展班级建设:通过建立成长档案、书写学期规划书、开展素质拓展等方式,引导低年级学生健康成长;通过举办简历制作比赛、模拟招聘会等系列活动,引导高年级学生做好生涯规划和充分的就业准备;通过开展各类评先评优活动带动学风建设促进了班风学风建设。开展学院“学风室风建设年”。继 2019 年“学生工作制度建设年”后,2020 年作为学院学风室风建设年,组织开展“寝室你我共建”评比、学生寝室党员之家挂牌等活动。

学生帮扶及指导工作再上台阶。一是做好学生困难帮扶工作,公平公正开展研究生、本科生各类助学金的评选工作,精准帮扶家庭经济暂时困难学生。二是做好学生职业规划与就业指导工作,加强毕业生就业指导培训，充分利用就业信息发布平台，邀请校内外专家和优秀校友回校讲座交流，全年开展就业专题培训、会议多场，完成了就业追踪和就业总结考核。学院获评 2019 年就业工作先进单位，1 名辅导员获评 2019 年就业工作先进个人。2021 届毕业生就业工作比去年同期有所进步。

【弘扬校园体育文化，促进师生科学健身】

体育学院利用自身专业特点和专业知识为全校师生提供体育健身服务，倡导科学健身。学院体态评估实验室教师，继续高质量地服务于全校师生。在学院网站及微信推广疫情期间居家锻炼方法视频。学院教师利用课余时间积极指导体育类学生社团 10 余个，较好地丰富了学生的课余体育活动，得到了广大青年学子的认可和好评。协助校学生会、研究生会、校工会、研工部、校团委等举办好形式多样的群体性体育竞赛活动，增强校园体育文化氛围。

重视和发展体育类学生社团。目前学校共有体育类学生社团近 30 个。体育学院充分发挥自身优势和专业特长，与校团委一起共同致力于学生体育社团的发展。近年来，涌现出如“跆拳道社团”“校园马拉松跑团”“武术协会”等多个广受学生欢迎的体育社团，学生跆拳道社团获批重庆大学“标杆社团”。

（撰稿人：李　宁）

美视电影学院

【概况】

学院设有戏剧影视文学专业、导演专业、表演专业、播音与主持艺术专业、广播电视编导专业、摄影专业、戏剧影视美术设计专业、戏剧影视美术设计专业（服装和化装设计方向）等 8 个本科专业（方向）。学院拥有“戏剧与影视学”一级学科硕士学位授权点，该学科被评为重庆市“十三五”重点学科。学院数字影视研究基地被评为数字影视艺术理论与技术重庆市重点实验室。表演专业、播音与主持艺术专业为重庆市特色专业，播音与主持艺术专业为重庆市一流专业，并入选国家级一流本科专业建设点。“广播播音与主持”“话筒前艺术”课程为重庆大学精品课程。重庆大学文化创意产业研究院设立于美视电影学院，为重庆市及区县政府、企业等在文化创意产业发展咨询方面做出了应有贡献。

学院现有在校本科生近 1 000 名，其中硕士研究生 210 余名；教职员工 90 余名，其中专任教师 55 人、教授 10 人、副教授 18 人。2020 年度学院引进国外留学博士和硕士各 1 名来院工作。1 名教师赴美国访学回国，5 名教师在境外在职攻读博士学位，1 名教师获评副教授职称。学院还分别从学界、业界聘请多位知名专家学者或导演、演员为客座教授和兼职硕士生导师。著名表演艺术家张国立担任学院院长。

2020 年度，学院教师发表 CSSCI 论文 6 篇，成功申请省部级及以上科研项目 9 项，科研创作成果获奖 6 项，实到科研经费总额 151.5 万元，副高及以上人均科研经费 7.2 万元/人，参加本学科相关学会全国性学术会议 4 人次。

【新冠肺炎疫情防控取得成效】

2020年初以来,根据全国新冠肺炎疫情发展态势,以及学校各阶段疫情防控政策和措施,学院通过线上线下方式,及时召开党委会、党政联席会议、学院中层以上干部会议、教职工大会和学生大会,研究疫情防控应急预案,布置新冠疫情防控工作。学院成立了疫情防控工作领导小组,下设综合协调组、信息上报组、宣传教育组、后勤保障组,切实落实疫情摸排和防控工作。学院由党委书记担任疫情防控工作领导小组组长,全面负责疫情防控工作的组织领导和责任落实。各系和部门根据学院安排,具体实施完成疫情防控的各项任务。从新冠疫情发生以来,学院在信息收集、信息上报、知识宣传、体温检测、清洁消杀、后勤保障、线上教学、人员来访、离渝管控等各阶段疫情防控工作落实到位,防控有效,保障了学院各项工作顺利开展。

【学院学生参加社会实践及专业比赛取得优异成绩】

学院鼓励学生积极参加各类专业比赛和重要文艺活动,取得了丰硕的成果:学院《七色光绘梦》团队参加第七届"创青春"中国青年创新创业大赛获全国创新组金奖;播音与主持艺术专业学生孙千翔在第九届海峡两岸电视艺术节暨第十二届海峡两岸电视主持新人大赛中获得银奖;在第四届钓鱼城·全国大学生影评大赛中,美视电影学院学生荣获本科生组一等奖;学院学生参加第六届中国"互联网+"大学生创新创业大赛获重庆赛区金奖;学院学生参加第九届全国大学生电子商务"创新、创意及创业"挑战赛获一等奖;在重庆市第六届大学生艺术展演活动中,学生表演作品《手机风波》获戏剧(小品)项目专场决赛一等奖,作品《想起红岩　想起你》获朗诵项目专场决赛一等奖;播音与主持艺术专业学生在江苏未来金话筒线上比赛中,分别获得一、二、三等奖和最佳人气奖;播音与主持艺术专业学生谭潇雪荣获中共中央宣传部、文化和旅游部授予的全国优秀志愿讲解员称号;学院创作团队获第十六届中国国际动漫声优大赛西部赛区一等奖,以及全国十佳声优团队称号。

(撰稿人:伍三国)

国际学院

【概况】

国际学院设有综合办公室、留学生管理办公室、留学生招生办公室、教务办公室及教研室,学校海外孔子学院办公室挂靠国际学院。截至2020年12月31日,学院在编教职工30人,其中管理岗位16人(含12月新进1人)、教学岗位14人(含10月退休1人),其中1人在海外孔子学院任教,实际在校任教13人。

2020年受疫情影响,部分留学生滞留海外,留学生人数受到较大影响。2020年1月1日至12月31日,学校共接收来自90个国家的803名留学生,其中学历生686人(本科177人,硕士研究生370人,博士研究生139人)。截至2020年12月31日,仍有343人滞留海外,境内留学生170人,其中校内住宿72人,校外住宿98人。2020年新招收长期留学生362人,其中学历生185人(含本科生50人,硕士生91人,博士生44

人），非学历生 177 人。成功获批 2020—2021 学年中国政府奖学金高校研究生项目、丝绸之路项目等多个学历项目招生名额以及教育部中欧、中美及世界知名大学学分专项名额等，完成商务部援外高级学历项目申报。

自 2020 年初新冠肺炎疫情暴发以来，学院多措并举，切实做好留学生疫情防控工作。严格执行“日报告、零报告”和简报制度，建立留学生健康动态档案。与校内有关部门、培养学院以及重庆市教委、出入境、主城 11 个区 20 余个街道社区，构建联防联控统一战线。搭建中英双语心理咨询平台，坚持宿舍巡查工作制度，及时解决留学生实际困难和合理诉求，积极筹措、发放防疫物资，宣传普及疫情动态及防控知识。制订和完善疫情期间留学生管理制度，规范应急处理流程，加强出入管理等。做到留学生“零感染”，保障了在华留学生生命健康和校园安全稳定。学院认真落实教育部“停课不停教、停课不停学”要求，精心组织留学生在线教学工作。

学院积极探索第二课堂育人功效，学生活动紧密围绕专业建设、时代特色、文化交流等主旋律，促进中外学生互动交流。疫情期间，弘扬正能量，讲好中国抗疫故事，组织国内外留学生开展或参与形式多样的抗疫活动。4 名学生作品入选国家留学基金委“感知中国·我们的抗疫故事”征文活动，线上、线下组织师生学习分享交流习近平总书记给北京科技大学全体巴基斯坦留学生回信精神的感想与体会。组织中外学生参加成渝教育局（厅）、人社局（厅）举办的“创业西部　留·在双城——成渝双城经济圈外国留学生创新创业大赛”，荣获一、二等奖及优秀组织奖。3 名留学生荣获教育部“优秀来华留学生”称号。

疫情期间，及时跟进了解 3 所海外孔院中方院长、公派教师和志愿者的各方面情况，向孔院寄送防疫物资，协调组织 11 名外派教师和志愿者平安回国。受疫情影响，3 所海外孔院各类汉语课程和文化活动均转为线上。协调乐卓博大学与校内各学院开展线上学术交流研讨，组织泰国勿洞孔院申报线上教学项目，顺利组织召开乐卓博大学孔子学院线上年度理事会。根据中国国际中文教育基金会和教育部中外语言交流合作中心的要求和安排，稳步推进孔子学院转隶工作。

学院高度重视综合治理和安全稳定工作，2020 年共计开展留学生心理访谈 77 人次，举办各类安全教育活动 3 场、消防演习 3 次，发送各类安全提示 20 余次，开展宿舍安全检查 30 余次，按时报送安全隐患排查整改情况，妥善处置突发事件 10 余起，确保校园安全稳定。

学院党支部按照学校党委和机关党委的工作要求和部署，通过线上线下、集中学习和自学等多种形式组织全院教职工开展政治理论学习，提升全员政治理论素养。组织形式多样的主题党日活动，加强支部组织建设和学院文化建设，引导党员在教学、科研、管理等各项工作中发挥先锋模范作用。

【精心组织留学生在线教学工作】

因疫情原因，大部分留学生无法返校，为确保留学生教育教学工作有序进行，学院多次联合研究生院和教务处发布通知，要求各培养学院采用线上教学、线上线下混合教学、直播、录播等方式开展课程教学、网络辅导、答疑、考核考试等，保证教学质量，完成教学任务。据统计，2020 春季学期，全校共有 17 个专业学院为 200 余名境外留学生开设了 131 门课程。2020 秋季学期，全校共有 19 个培养学院的近 200 名境外留学生参加了166门线上课程的学习。国际学院全年共组织线上59个班次、线下6个班次的多项教学课程,共计6 484课时。

【大力推进全英文授课项目建设】

为夯实国际化发展基础,深入贯彻落实学校国际化发展推进大会精神和《重庆大学国际化发展规划(2020—2029)》目标任务,学院会同教务处和研究生院大力推进全英文授课项目建设工作,制订《重庆大学推进全英文授课项目建设方案》,成立全英文授课项目专家评审组。2020年12月,通过相关学院/专业负责人现场答辩以及专家评审小组评议,确定对工商管理等5个本科专业、翁凌飞"国际发展与公共政策"等61门本科课程、金锺铉"轻合金及应用"等47门研究生课程进行立项建设。疫情期间协助组织学校"环境质量与健康"和"分子生物学"2门全英文精品课程免费在线开放。

【继续拓展来华留学生创新实践实习基地】

2020年12月,学校与重庆高新区签署合作协议,合作建设来华留学生实践实习基地。至此,学校来华留学生创新实践实习基地增至5个。

(撰稿人:周思余,龙庆会)

弘深学院

【概况】

弘深学院是重庆大学本科教育教学改革的基地,是培养拔尖创新人才的实验创新学院,肩负着"育英才、创成果、树典型"的办学使命。

弘深学院下设机构2个:教学办公室、学生办公室。现任领导2人,在岗教职工6人,任课教师、班主任、学业导师聘自相关专业学院。设有电气电子实验班、机械实验班、土建实验班、数理实验班、生化实验班,统筹管理明月科创实验班。3个年级、16个实验班共有全日制本科生422人。党员32人,其中教师党员6人、学生党员26人。

全面推进支部建设。一是坚持把政治思想建设摆在首位。严格执行"三会一课"制度、组织生活会制度以及入党积极分子"学前计划"。深入学习贯彻习近平新时代中国特色社会主义思想,增强"四个意识"、坚定"四个自信"、做到"两个维护"。坚持用习近平新时代中国特色社会主义思想武装头脑、指导实践、推动工作。严管意识形态阵地,精准把握师生思想动态,牢牢把握意识形态工作主动权。二是坚持高标准加强组织队伍建设。巩固深化"不忘初心、牢记使命"主题教育成果,切实增强服务师生的行动自觉。高质量发展学生党员26名。获得党工委表彰"优秀党务工作者"1人、"优秀共产党员"1人。三是坚持全面从严治党。加强党风廉政建设,严格执行集体决策制度,贯彻落实中央八项规定精神,严肃纠正"四风"。四是积极探索新时代党建工作新模式。开展党建协作,联办支部活动,丰富组织生活。

配合学校巡察审计。配合学校党委第三巡察组开展虎溪校区党工委巡察，并根据巡察反馈意见，召开专题整改研究会议，形成问题清单、任务清单、责任清单，列出整改措施，明确责任人和整改时限，全面推进整改工作。配合学校审计处开展院长任期经济责任审计，根据经济责任审计报告，切实推进问题整改。

抗击新冠肺炎疫情。面对突如其来的新冠肺炎疫情，按照学校统一部署，带领全体师生众志成城、共克时艰，坚决打赢疫情防控工作阻击战。成立疫情防控工作小组，做到守土有责、守土负责、守土尽责。建立网格化工作机制，推进疫情防控“三个全覆盖”，摸底排查全覆盖、传达信息全覆盖、关爱师生全覆盖。坚持“日报告”和“零报告”制度。确保停课不停学，直至恢复正常行课。弘深学子积极响应号召，主动加入疫情防控阻击战，用责任和担当让青春在战“疫”中闪光。2019级学生金鹏宇写下请战书志愿参加家乡梁平疫情防控工作，受到媒体广泛报道，并被授予梁平区“优秀青年志愿者”荣誉称号。

创新人才培养模式。持续探索人才培养模式改革，对标世界一流大学，新组建明月科创实验班，举行揭牌仪式，完成第一届招生30人。明月科创实验班是重庆大学新工科教育改革试点班，实施以项目为驱动的新工科教学模式，打破传统学科分类界限，培养设计思维、工程思维和系统思维等创新核心能力，造就未来产业创新领军人才。

申报拔尖计划基地。面向国家战略需求，根据《教育部办公厅关于2020年度基础学科拔尖学生培养基地建设工作的通知》，按照学校部署要求，制订《重庆大学基础学科拔尖学生培养计划2.0总体工作方案》及基地工作方案7个，完善配套制度15个，完成“拔尖计划”申报工作。根据《教育部关于在部分高校开展基础学科招生改革试点工作的意见》，配合教务处形成《重庆大学强基计划培养方案》，高质量完成“强基计划”申报工作，学校获批“强基计划”试点高校。

加强校所联合培养。深入推进“科教结合、协同育人”拔尖人才培养工作。线上线下结合，中科院物理研究所高水平专家开展前沿学术讲座8次。重庆大学—中国科学院物理研究所“严济慈物理学英才班”完成第二届招生。

提升综合能力素养。切实推进“三全育人”综合改革，系统规划学生工作，强化价值塑造，促进全面发展。把习近平总书记“六个下功夫”要求、社会主义核心价值观、中华优秀传统文化融入学生工作全过程。依托辅导员名师工作室，深化实施“大一工程”。全年开展素质拓展训练、生涯规划教育等特色活动10余项。积极参加学校活动成绩突出：重庆大学第二十六届华语辩论赛获四强。社会实践获重庆大学“优秀团队”“优秀组织单位”称号。重庆市第八届辅导员素质能力大赛获优秀奖。重庆大学2020年辅导员素质能力大赛获一等奖。

推进弘深书院建设。学校明确，依托弘深学院建设弘深书院，探索拔尖人才培养新模式。按照学校部署要求，根据工程建设程序和规范，推进弘深书院建设，先后完成书院实施方案及经费预算学校审议，书院设计方案和家具设计方案编制，工程量清单及预算控制价编制，以及书院公开招标等工作，为书院开工建设奠定了良好基础。

【国际交流】

奠定学生留学基础。目标性、阶段性地推进国际化工作,引导学生进入世界一流大学深造学习。制订《弘深学院国际化发展规划》《弘深学院推动国际化水平行动计划》。加强与世界名校合作,推进与剑桥大学签订 3 个月以上交流项目。提升学生国际交流能力,利用暑期开设雅思班 4 个、托福班 1 个、全英文研讨课程 4 门、外教一对一口语课程。开展一对一留学咨询,制订个性化发展方案,精准规划升学路径。

【继续深造】

继续深造意愿强烈。2016 级 135 名毕业生,103 人读研深造,继续深造率 76.3%。其中,19 人赴美国哥伦比亚大学、卡内基梅隆大学,英国剑桥大学、伦敦大学学院、华威大学,新加坡国立大学、南洋理工大学等国际名校继续深造;84 人国内读研,其中进入清华大学 4 人、北京大学 3 人、其他 C9 高校 25 人。

【学科竞赛】

学科竞赛表现优异。虽有疫情影响,2020 年仍获得国际级、国家级和省部级奖 120 余人次,其中重要学科竞赛亮点多。获中国"互联网+"大学生创新创业大赛金奖 2 人、银奖 5 人。全国大学生数学建模竞赛,获特等奖 1 人、一等奖 3 人。全国大学生节能减排社会实践与科技竞赛,获特等奖 1 人、一等奖 5 人。全国大学生机械创新设计大赛,获一等奖 5 人。全国大学生英语竞赛,获特等奖 2 人。

【荣誉表彰】

荣誉表彰成果丰硕。2018 级电气实验班荣获重庆市"先进班集体"荣誉称号。2019 级电气电子实验班以第一名的成绩获得学校"先进班集体标兵"荣誉称号,同时获得学校全额资助短期出国交流学习奖励。特别值得一提的是,这是弘深学院连续两年以第一名获此殊荣。分流到各专业学院 2016 级的 137 名毕业生获得"优秀毕业生""优秀毕业生干部"53 人,比例达 38.7%。

(撰稿人:张　雄)

人文社科高等研究院、博雅学院

【概况】

2020 年,高研院 & 博雅学院现有政治、经济与法律,道德—政治—法律 2 个二级学科博士点,有中国语言文学、中国史、哲学 3 个一级硕士点,本科可授予文学、史学、哲学、法学 4 个学士学位。有经略研究院和长江流域社会与文化 2 个省部级基地平台,有共和国研究中心和古典辞书编撰研究中心 2 个校级重点研究基地。学院现有教职工 62 人,其中专任教师 51 人,专任教师全部具有博士学位。

本年度共开设博雅本科课程 65 门;开设研究生课程 41 门次;通识课程 59 门次,覆盖学生 4 526 人次。在全校通识课评教中,学院排名前 5%的课程有 7 门(全校共 8 门),占 88%;排名前 20%的课程 19 门(全校共 34 门),占 56%,拍摄《博雅师说》宣传片取得广泛反响。修订 2020 年版中国语言文学、中国史和哲学三个一级学科的研究生培养方案。本年度发表教改论文 2 篇，立项 1 项市级重点教改项目、1 项校级教改项目、2 项研究生校级教改项目；荣获重庆市微课比赛一等奖 1 项，获得重庆市线下一流课程 1 门、校级“三进”课程 3 门、“课程思政”优秀教案 2 门、“荣誉课程”1 门、“线上线下混合课程”1 门。国创项目立项 4 项，其中国家级 1 项、市级 3 项；结项 4 项，其中，良好 3 项、合格 1 项；SRTP 立项 3 项、结项 3 项，其中优秀 1 项，良好 1 项，合格 1 项；获重庆市研究生科研项目 1 项、校级优秀硕士论文 1 篇。

2020 年度新增省部级以上科研项目 22 项，其中国家社科基金项目 8 项，教育部和古委会项目 4 项，重庆市哲学社会科学规划项目 10 项。本年度学院教师发表论文 39 篇，其中 CSSCI 以上核心检索 26 篇（A 级期刊 4 篇，B 级 16 篇，SSCI 检索 1 篇，SCI 检索 1 篇），CSSCI 重要期刊和权威期刊占比分别为 62% 和 15%，出版学术著作 4 部。为配合疫情防控需要，压缩学术活动，本年度共计召开学术讲座、会议、论坛等 5 场，通过网站、微信公众号等宣传方式，提升学术活动受众人数。

现有全日制本科生 166 名，获奖 107 人次。其中，综合奖学金 76 人次，专项奖学金 5 人次，唐立新奖学金、“关工委”德育奖学金、感恩中国近现代科学家奖学金各 1 人。在“争先创优”和“五四”评优中，荣获荣誉称号学生 35 人次；十佳创新创业先进个人、十佳团学新闻宣传工作先进个人各 1 人，十佳青年志愿者先进个人 2 人，十佳班长荣誉称号 2 个；先进班集体称号 1 个，五四红旗团支部 1 个，优秀团日活动 1 个，最具创意奖班级 1 个，最佳文艺奖班级 1 个。

全日制硕士研究生 110 人，博士研究生 13 人，获奖 97 人次。其中，国家学业奖学金 52 人次，国家奖学 2 人，重庆市三好学生荣誉称号 1 人，校级优秀研究生、研究生干部、优秀共青团员等先进个人荣誉称号 42 人。

受疫情影响，2020 年度共有 5 名教师参加了 1 次线下和 4 次线上国际会议，均作了主题报告，在外文期刊发表论文 3 篇。1 名研究生参加了国际会议并做报告，1 名本科生参加了牛津大学主办的“2020 英国四所高校在线暑期课程项目”。根据学院出台的奖励政策，今年首次对出国类外语考试成绩达到要求的 3 名学生进行了总额近 4 000 元的奖励。

【吴娇获得重庆市第六届高校微课教学比赛一等奖】

学院青年教师吴娇的《〈诗经〉研读》获得重庆市第六届高校微课教学比赛一等奖。

【科研质量明显提升】

本年度成功申报国家社科基金 8 项，位列学校文科单位第二名，其中，申报成功的国家社科基金中华外译项目实现了重庆大学在该项目上零的突破。CSSCI 重要期刊和权威期刊占比分别达到 62% 和 15%。

【《大学国文》教材被评为重庆市重点建设教材】

由学院《大学国文》课程组编写、高等教育出版社出版的《大学国文》教材被评为重庆市重点建设教材。

【《大学国文》成功申报重庆市线下一流课程】

通识核心课程《大学国文》成功申报重庆市线下一流课程。

（撰稿人：薛育余）

社会科学学部

公共管理学院

【概况】

2020年,公共管理学院下设行政管理系、公共经济学系、公共人力与社会保障系、土地资源与城市发展管理系;设有公共管理1个一级学科博士学位授权点,公共管理、理论经济学、心理学3个一级学科硕士学位授权点,公共管理硕士(MPA)和社会工作硕士(MSW)2个专业硕士学位授权点。学院现有在职教职工88人,其中专职教师64人,专职院领导、辅导员及行政管理人员24人。在专职教师中,教授18人、副教授及副研究员28人、讲师18人,具有博士学位的58人,占学院教师的90.6%。本年度,学院新引进教师7人,包括准聘副教授1人,讲师4人,弘深青年教师2人,他们分别来自北伊利诺伊大学、香港城市大学、中山大学、华中科技大学等著名高校。

2020年,学院的党建和思想政治工作扎实推进。截至2020年12月,学院党委共有党员423人、党支部19个。院党委通过中心组学习、全院教职工大会、"三会一课"等途径深入学习贯彻习近平新时代中国特色社会主义思想,学习贯彻党的十九大和十九届二中、三中、四中、五中全会精神;党员、领导干部坚持学习党章;"七一"组织新党员宣誓和老党员重温入党誓词;积极配合学校党委对学院的巡察工作,对提出的问题立行立改,并持续推进;深入贯彻高校党的建设和思想政治工作会议精神,聚焦立德树人、"三全育人",制订《公共管理学院育人元素育人职责》;认真落实意识形态工作责任制;严格执行哲学社会科学类活动"一事一报""一会一报"制度;修订完善学院党委会议和党政联席会议议事规则。全年共发展预备党员95名,开展入党积极分子和发展对象等培训300余人次。

2020年,重庆大学公共经济与公共政策协同创新团队荣获重庆市高校哲学社会科学协同创新团队;重庆市2011协同创新中心——地方政府治理协同创新中心成功承办2020线上智博会——第二届中国地方政府治理高层论坛,为地方政府探索治理新机制、提升地方政府治理体系和治理能力现代化水平建言献策。

2020年,学院新增科研项目共计91项,合同经费1 960万元。其中纵向42项,合同经费710.2万元,占总经费36.2%;横向27项,合同经费983.34万元,占总经费50.17%;校级项目22项,合同经费266.5万元,占总经费13.6%。国家级项目12项,合同经费305.5万元,占总经费15.5%,其中国家社会科学基金项目9项,立项率达50%,合同经费185万元,国家自然科学基金项目3项,合同经费120.5万元;省部级项目18项,合同经费197.7万元。本年度共发表论文55篇,其中CSSCI 25篇,SSCI/SCI 12篇;在SSCI A类期刊发表6篇。

共出版专著5本，均出版于A类出版社。共计开展学术讲座、论坛16场次，师生参与累计共计约830人次。

截至2020年底，学院现有全日制本科生715名（含留学生13人）。全院本科生244人次获各类奖学金，其中，9人获国家奖学金，27人获国家励志奖学金，188人次获学校综合奖学金，20人次获唐立新奖学金等专项奖学金；10人被评为市级三好学生、优秀学生干部、社会实践活动先进个人等称号，1个班级被评为市级先进班集体，1个宿舍被评为市级文明寝室；48人次获评校级优秀学生、优秀学生干部、优秀毕业生等称号，85人次获评校级优秀团员、优秀团干部、青年志愿者先进个人等称号。多名本科生负责或参与的项目分别在第六届中国国际“互联网+”大学生创新创业大赛、第十二届“挑战杯”中国大学生创业计划竞赛和第七届“创青春”中国青年创新创业大赛（互联网组）全国决赛中累计获得6银1铜的好成绩，实现国内三大双创赛事的获奖全覆盖；本科生新立项SRTP项目6项，国创项目2项，市创项目4项，配套经费共38 000元，SRTP项目结题6项，其中以优秀结题1项，国创项目结题2项，市创项目结题4项。学院实行本科生导师制、研究生辅导员制、青年导师制，将“三全育人”落到实处。学生获2020年“挑战杯”全国大学生课外学术科技作品竞赛全国银奖、“互联网+”全国大学生创新创业大赛全国银奖。学院三下乡社会实践团队连续11年获“重庆市社会实践优秀团队”；院学生会被评为2020年重庆大学优秀学生会；院团委获2020年重庆大学共青团工作特色奖（社会实践类）；2020年暑期社会实践团队获学校暑期社会实践活动优秀团队。获27届校篮球赛男篮冠军。组织承办了2020重庆大学体育文化节暨秋季趣味运动会，蝉联13年团体总分第一；获重庆大学第25届华语辩论锦标赛亚军。

2020年，学院共招收学术型硕士研究生90人，社会工作研究生25人。来自“双一流”重点高校学生达到招生总人数的50%。招收公共管理博士研究生20人，招收来华留学博士生1名。首次举办“云端夏令营”学术交流活动，报名学生人数突破1 400人，147名获得入营资格。53人获得公共管理学院的优秀营员称号，其中25人最终选择公共管理学院攻读学术型硕士学位，营员留存率达47.2%，“双一流”高校占比100%，有效优化了研究生生源结构。新增硕士生导师8人，现有硕士生导师65名左右（含院外导师），博士生导师28名（含院外导师）。获得重庆大学研究生教育教学改革研究一般项目、重庆大学研究生重点课程1项；学术型硕士成功申报重庆市研究生创新项目3项；获得重庆大学优秀硕士论文2篇，重庆市优秀硕士论文1篇；获得重庆大学优秀博士论文1篇。

2020年，学院录取非全日制公共管理专业学位（MPA）硕士研究生323人；荣获第四届中国研究生公共管理案例大赛三等奖，实现学校在案例大赛的零的突破；成功举办卓越大学MPA联盟第五届联盟会议暨MPA高质量发展学术交流会，积极推进MPA校区域间、高校间培养交流，显著提升重庆大学MPA影响力。

2020年，学院坚持国际化发展，成立国际合作办公室。制订国际化工作方案，建设学院英文网站，建设“重大公管国际合作”公众号，宣传国际合作交流相关信息。在疫情背景下，通过项目资助的方式积极鼓励学生在线上参与国际交流学习项目。留学生及中国港澳台籍长期生共25人。其中本科共计15人，占总人数60%，分别来自韩国、加拿大、俄罗斯、日本、马来西亚等国家和地区；硕士研究生共9人，占总人数36%，分别来自泰国、意大利、波兰等国家;博士研究生1人,占总人数的4%,来自索马里。

【承办2020线上智博会——第二届中国地方政府治理高层论坛】

2020线上智博会——第二届中国地方政府治理高层论坛于9月14日在重庆科苑戴斯酒店举行,本次论坛由智博会组委会主办,重庆大学、重庆市2011协同创新中心“地方政府治理协同创新中心”承办,重庆市社科联等单位协办。论坛邀请了来自国家高端智库、知名高校、企业和科研机构的专家学者和优秀企业家到会作报告,围绕大数据智能化和政府应急管理创新融合交流研讨。

(撰稿人:周草臣)

经济与工商管理学院

【概况】

2020年是不平凡的一年,经济与工商管理学院在“双一流”建设道路上行稳致远。

2020年,为应对新冠肺炎疫情,学院成立了新型冠状病毒肺炎防控领导小组和工作小组,全面领导各项防控工作,有序组织全院师生在线开展教学、研究和办公,全院师生健康平安。

2020年,经济与工商管理学院拥有1个国家重点学科(技术经济及管理),2个一级学科博士点(工商管理、应用经济学);2个博士后流动站(工商管理、应用经济学);设有EMBA、MBA、MPAcc、MF、MIB等5个专业硕士学位点;设有工商管理、市场营销、会计学、金融学、物流管理、信息管理与信息系统、能源经济等7个本科专业。学院在编教职员工167人,其中教学科研岗位140人、思政实验行政管理岗位24人。

2020年引进1名优秀青年基金获得者、5名弘深青年教师。

2020年度学院扎实做好教育部第五轮学科评估工作,同时顺利完成了重庆市重点学科的终期验收。在软科排名中,工商管理专业排名第16位(前6%),应用经济排名第42位(前16%)。

2020年度学院获批国家级科研项目8项,其中国家自科基金面上项目3项、青年项目2项,国家社科基金西部项目1项、后期资助项目1项,国家重点研发计划课题1项。2020年度,学院实现科研经费3 832.942万元,其中,国家级项目经费2 591.29万元。学院教师发表CSSCI/CSCD及以上期刊论文227篇,其中,英文SSCI/SCI检索论文共79篇,UTD/FT期刊MIS Quarterly 1篇、UTD/FT期刊POM 1篇(在线发表)、FT期刊JAMS和CAR各1篇(同等贡献作者),JCR一区检索论文39篇、JCR二区检索论文20篇;发表中文A级期刊论文5篇;出版专著和译著5部,获得第八届高等学校科学研究优秀成果奖(人文社科)二等奖1项。中国科协、重庆市政府、重庆大学、四川大学共建的国家级智库“城市化与区域创新极发展研究中心”正式成立并依托经管学院开展建设工作。

学院完成6个系的系主任换届调整工作,其中2人为国家级人才。学院获批国家级一流本科专业建设点4项,国家级线上线下混合式一流课程1门、国家级线下一流课程1门。

2020 年，学院通过线上招生复试新模式圆满完成各类研究生招生复试工作，共招收博士研究生 48 名，学术硕士研究生 129 名，其中来自“985”“211”高校的优质硕士生源占 76.7%；毕业学术硕士生 112 名、博士生 41 名，获得重庆市优秀博士论文 2 篇、优秀硕士论文 1 篇。

2020 年度，MBA 项目招生 461 人，毕业 331 人（其中包括 EMBA 5 人）。金融硕士项目获 2020 年全国金融硕士优秀教学案例 3 篇。会计硕士、金融硕士分别招生 66 人、64 人；会计硕士、金融硕士、工程硕士分别毕业 161 人、63 人、4 人。MIB 项目招生留学生 11 人，毕业留学生 23 人，成立 MIB 招生资格委员会。

2020 年，EDP 中心虽受疫情冲击，但仍坚持拓展市场，共开班 30 期，培训学员 1 695 人，收入创单学期内最高纪录。

2020 年度，学院先后与世界排名前 100 位的瑞士日内瓦大学、美国加州大学欧文分校和法国图卢兹商学院等洽谈成功学生双学位合作项目，达成新合作项目协议 2 个，续签协议 1 个。疫情期间，师生的对外交流与合作仍持续开展，国（境）外大学教授通过在线方式交流 41 人次；教师参加线上国际学术会议 19 人次，参加美国百森商学院组织的线上师资培训项目 13 人次，研究生参加线上国际会议 25 人次，学生出国交流学习（含线上短期项目）28 人次。2020 届 54 名本科毕业生赴境外深造，留学率 16.88%。1 名研究生入选联合国志愿者，为该国际组织项目全校唯一入选学生。

2020 年度，学院校友办组织校友无偿捐赠 5 批次，捐赠医用口罩 18 420 个。

2020 年学院党委共发展党员 100 名，转正党员 112 名，完成 8 个支部的合并调整及 8 个支部换届工作。

2020 年，学院研究生会连续 15 年获重庆大学优秀研究生分团委、研究生分会称号；研究生获校级及以上奖励 323 人次，获奖学金 426 人次；本科生获奖 146 项，获各类奖助学金 30 项共 823 人次。学生在“互联网+”大赛中获奖 24 项，其中 20 名研究生在重庆市创新创业大赛中获奖。田宇带队在 MCM/ICM 中获 M 奖（一等奖），傅文润等同学在 CMC 中获全国一等奖。暑期社会实践团队连续四年获得全国优秀实践团队称号，连续三年获得“全国百强实践团队”称号。

【学院人才工作取得历史性成绩】

学院积极做好各类优秀人才申报和推荐工作，2020 年度学院共有 6 人次获得国家级人才称号，取得历史性突破。另外，市级人才项目也成果显著，其中，张宗益入选重庆市英才优秀科学家项目，郁培文入选重庆英才创新创业领军人才和巴渝学者特聘教授，徐细雄入选重庆英才名家名师（哲学社会科学领域），钱丽萍入选重庆市高校中青年骨干教师，Robert W. Palmatier 入选巴渝学者讲座教授。

【举办 MBA《师说万象》在线讲座和在线招生宣讲】

疫情期间，MBA 项目开展《师说万象》系列讲座 12 期，产生了积极的社会影响；举办了 2021 年线上直播宣讲会，观看人数达到 2.5 万人次，报考 2021 年 MBA 项目的现场确认人数达到 1 996 人，较上一年增长 37.1%。

【承办 2020 年双法学会工业工程分会年会】

中国优选法统筹法与经济数学研究会工业工程分会学术交流暨学会年会于 2020 年 11 月 11—13 日在重庆举行，重庆大学经济与工商管理学院承办，来自清华大学、北京理工大学、重庆大学等高校 160 余位专家学者参加，会议包含七个大会主题报告、青年教师和博士生论坛和工业工程分理事会议。

（撰稿人：陆位忠）

新闻学院

【概况】

2020 年，新闻学院设有新闻学、广播电视学两个本科专业，新闻传播学一级学科硕士授权点、新闻与传播硕士专业学位点，新闻传播学一级学科博士点，已建成“本—硕—博”完整的新闻传播人才培养体系，学院在编教职员工有 45 人，其中管理及教辅岗位 11 人、教学科研岗位 34 人。

学院党委坚持“五个到位”的工作思路，坚持“七个有力”的工作要求。院党委在严抓疫情防控、扶贫攻坚的同时，重点抓从严治党、学校重点工作落实、学院决策机构议事规则制度落实、“三重一大”制度的执行以及班子协作等。以学校党委巡察整改工作为契机，规范党建工作程序，建立健全党建长效工作机制。抓立德树人提升“三全育人”水平，助推“双一流”建设。

2020 年学院共成功申报国家社科基金项目 3 项，教育部项目 1 项，省部级以上和横向科研项目 12 项，中央高校基金项目 11 项，合同经费 230.5 万元，到账经费 188 万元。发表学术论文 68 篇，其中 CSSCI 及以上 33 篇，占比 49%。C 刊论文中含中文 A 级期刊 7 篇，中文 B 级期刊 11 篇，中文 C 级期刊 15 篇，国际期刊 4 篇。另外被《人大复印资料》《新华文摘》等转载、转摘 3 篇。出版学术专著 10 部，其中包含中文权威出版社 3 部，国际权威出版社 1 部；重要/百佳出版社 6 部；另主编本科教材 1 部。获教育部高等学校科学研究优秀成果奖、重庆市社会科学优秀成果奖等各级各类奖项 7 项。2020 年度，新闻传播学创新团队获批重庆市高校协同创新研究团队。

学院现有全日制本科生 464 名，全院本科生有 130 余人次获得各项奖学金。6 人获得国家奖学金，20 余人次获得各类专项奖学金，1 人获评共青团中央“抗击新冠肺炎疫情青年志愿服务先进个人”称号，1 人获评“中国大学生自强之星”称号，1 人获范敬宜新闻教育奖——新闻学子奖，46 人获得校级优秀团干部、优秀团员称号，42 人获得校级优秀学生干部、优秀学生称号。本科生成功申报立项国家级、市级、校级大学生创新创业项目 12 项，其中，国家级项目 4 项、市级项目 2 项。在疫情影响下，新闻学院就业工作表现突出，截至 2020 年 7 月，2020 届本科毕业生就业率达到 100%，升学率达到 46.2%。

2020 年新闻传播学科一级博士点由国务院学位委员会正式公布，14 名法学院、公共管理学院新闻传播学方向的博士研究生转到新闻学院进行培养与管理。7 月 12—14 日学院成功举办第七届优秀大学生学术夏令营，共吸引了来自同济大学、暨南大学等大学的222名同学参加活动。在推免报名阶段，共有885名推免生报名新闻学院，最终接收推免生48人，“985”“211”高校生源比例超过50%，生源质量有所提高，推免工作受到研究生院领导的表扬。2020年共有80名硕士研究生顺利毕业，曾润喜和张小强两位教授指导的2篇硕士学位论文获校级优秀论文，曾润喜教授指导的1篇硕士学位论文获重庆市优秀论文。

2020年与重庆广播电视集团合作，建立了重庆市研究生联合培养基地，与香港城市大学媒体与传播系签署硕士联合培养协议。

【2020年网络与新媒体讲习班成功举行】

重庆大学新闻学院、重庆大学社会科学学部，联合中国新闻史学会网络传播史研究委员会举办的2020网络与新媒体讲习班顺利举行。受疫情影响，本期讲习班采用“腾讯会议+哔哩哔哩直播”的线上方式开讲。本期讲习班邀请来自清华大学、北京大学、香港城市大学、复旦大学等知名高校的12位专家学者担任主讲教师。来自清华大学、北京大学、中国人民大学、复旦大学、上海交通大学等高校的青年教师与研究生，中央广播电视总台、人民网、《检察日报》等媒体机构从业人员，以及本校研究生和本科生等2 000余名学员参加学习与研讨。

【完成重庆大学融媒体实验中心的建设】

9月，完成重庆大学融媒体实验中心项目的建设工作。完成了选题策划指挥报道系统、大屏展现系统、融媒体内容管理等10多个系统设备购置，搭建一套全流程化的融媒体教学体系，为学院的实验教学和创新实践提供平台。

【完成国家级虚拟仿真实验项目：“灾难事件融合报道虚拟仿真实验项目”第二期建设】

虚拟仿真实验项目的第二期建设工作，对“灾难事件融合报道虚拟仿真实验项目”中无人机进行航拍模拟训练、新闻摄影训练、新闻摄像训练、知识点预习模块、“实验报告”管理模块等内容进行了完善和优化。

【《从网络集群行为到网络集体行动——网络群体性事件及相关研究的学理反思》获得教育部优秀成果奖】

12月，董天策教授发表在《新闻与传播研究》2016年第2期的论文《从网络集群行为到网络集体行动——网络群体性事件及相关研究的学理反思》获得了第八届高等学校科学研究优秀成果奖三等奖。

【主办“面向新时代的新闻传播学博士培养”会议】

8月，围绕“面向新时代的新闻传播学博士培养”，重庆大学“新闻传播学一级学科水平提升计划”第1期研讨会在线上平台举行。来自北京大学、复旦大学、中国人民大学、中国传媒大学等9所高校的新闻传播学专家受邀出席，分享在博士培养方面的经验与卓识，助力重庆大学新闻学院博士研究生教育的全面开展。

【主办“面向新时代的新闻传播学科建设”会议】

8月，围绕“面向新时代的新闻传播学科建设”，重庆大学“新闻传播学一级学科水平提升计划”第2期研讨会在线上平台举行。来自中国社会科学院、中国教育电视台、清华大学、复旦大学等高校的新闻传播学专家受邀出席,分享在新闻传播学科建设方面的经验与卓识,助力重庆大学新闻传播学科建设。

【主办“一流本科专业建设与卓越新闻传播人才培养”会议】

9月,围绕“一流本科专业建设与卓越新闻传播人才培养”,重庆大学“新闻传播学一级学科水平提升计划”第3期研讨会在线上平台举行。来自清华大学、中国人民大学、浙江大学、华中科技大学等18所高校的新闻传播学领域专家受邀出席,在一流本科专业建设和卓越人才培养方面开展交流对话,分享经验与心得。

【主办“西部高校新闻传播教育发展与创新”会议】

11月,学院发起召开的“西部高校新闻传播教育发展与创新”交流会在线举行。来自四川大学、兰州大学、西安交通大学、云南大学、新疆大学等14所西部高校的新闻传播学院院长,通过视频会议在线交流西部高校新闻传播教育在学科建设、专业建设与人才培养等各方面的举措与经验,共商新时代背景下西部高校新闻传播教育的发展与创新大计。

【承办2020“讲好中国故事”创意传播大赛重庆分站赛】

“讲好中国故事”创意传播大赛是由国务院新闻办指导、中国外文局主办,由重庆市人民政府新闻办公室指导,当代中国与世界研究院、中国互联网新闻中心、重庆大学主办,重庆大学新闻学院、上游新闻承办。重庆赛区推送的4部作品分别获得特等奖、二等奖、三等奖。

(撰稿人:龚　兵)

法学院

【概况】

法学院下设法学、知识产权两个本科专业,拥有法学一级学科硕士、博士学位授权点(涵盖10个二级学科)及法律硕士专业学位授权点(JM)、法学一级学科博士后流动站。截至2020年底,学院有教职工85人,其中专任教师69人、行政人员12人、辅导员2人、全职博士后2人;有全日制本科生487人、硕士研究生513人、博士研究生109人。

2020年,在学校党政的领导下,学院深入学习习近平新时代中国特色社会主义思想,紧紧围绕“双一流”建设要求和“立德树人”根本任务,深化推进“三全育人”改革,加强师德师风建设,克服新冠肺炎疫情带来的困难,各项任务圆满完成。

党建工作方面。认真学习贯彻习近平总书记系列重要讲话和党的十九届五中全会等重要精神,配合学校民法典学习宣传要求,组建专家团队面向全校宣讲,组织策划了教师解读民法典系列报道。深化推进“三全育人”,将思政工作要求纳入教职工职责规范和考核中,梳理《法学院岗位育人元素和育人职责》,构建一体化育人支撑体系。加强师德师风建设,把好人才政审关,对教师在教学科研、管理服务等方面的特色亮点进行系列专题报道。重视意识形态、安全稳定及保密工作,严格执行讲座报告的报批审核制度。大力推进特色党支部建设，探索党建带团建模式，促进党建与业务的融合。严把党员发展质量关，2020 年发展党员 76 人，较上一年增长 19%，其中包括博士 3 人。重视统战工作，推荐 4 名教师入选学校统战工作联谊会员。制订疫情防控方案，购置疫情防护物资，做好师生信息管理，积极建言献策，为疫情防控提供坚强政治保证。对口帮扶云南绿春县司法系统、平河中学、拉祜寨等。支持分工会、教代会工作，组织观看影片《金刚川》、荣昌秋游、教工篮球队友谊赛，讨论通过学院绩效工资改革方案及工作量计算办法。创办《重大法学校友》刊物。加强作风建设，切实履行党风廉政建设主体责任。

人才培养方面。应对疫情开展线上授课，保证线上授课质量。组织青年教师微格诊断 20 人次，完成 6 名老师的主讲教师资格认定，教学工作坊开展活动 5 次。完成法学创新实践教学团队建设项目 1 个，获批 2 门线上线下混合式课程、1 门经典传承课堂、1 门荣誉课程、5 门通识教育课程 2.0 建设项目。荣获省部级教学成果 1 项，获批省部级教改项目 2 个、校级教改项目 3 个。强化实践教学环节，改革整合实践教学，全年共有 120 名学生参与集中实习，分布在主城及区县 9 个实习单位。利用现代信息技术，建设"刑事诉讼审前羁押阶段与会见的实验仿真项目"。重视对学生综合素质和创新能力的培养，2020 年，本科生结题国家（市）级大学生创新训练项目 10 项、新获批立项国家级（市）大学生创新训练项目 7 项，获得第 18 届 JESSUP 国际法模拟法庭比赛全国一等奖、全国大学生环保知识竞赛优秀奖、全国大学生英语能力竞赛二等奖等集体荣誉 16 项、个人荣誉 455 项。

人才队伍建设方面。2020 年，学院引进教授 1 人、副教授 1 人、讲师 1 人、弘深博士后青年教师 4 人、全职博士后 1 人，教师晋升副教授 1 人。黄锡生教授被评为第三届重庆市十大法治人物，齐爱民教授、杜辉副教授分别入选重庆英才名家名师和青年拔尖人才。学院获评重庆大学信息工作先进集体，1 人获评学校信息工作先进个人、1 人获评学校最受学生欢迎的教师、2 人获评学校先进工作者、1 人获评学校档案工作先进个人。

学术科研方面。2020 年，学院新增纵向科研项目 17 项，其中包括国家社科基金项目 9 项、司法部课题 1 项、重庆市社科规划办哲学社会科学规划研究项目 4 项，合同经费共计 308.5 万元；新增横向项目 16 项，合同经费 221.4 万元。新增各级论文 120 篇，其中 A 级期刊 4 篇（2 篇 SSCI 一区、1 篇《中国法学》、1 篇《法学研究》）、B 级期刊 23 篇、C 级期刊 42 篇。出版专著 14 部，编著 3 部，参编 1 部。新增各级各类获奖 6 项。邀请专家开办讲座 17 场。举办第 5 期云山青年圆桌论坛。

国际化方面。学院组织 30 名学生前往新加坡参加法律交流研习活动。克服疫情影响，选派国内外交换生 4 人，1 人前往美国加州大学戴维斯分校攻读法律硕士双学位项目。教师线上参加国际会议、文化交流 2 人次。在线开展国外院校交流活动 3 次。

服务社会方面。作为主要成员单位参与重庆大学和重庆市人民检察院共建的公益诉讼检察研究基地。教师积极发挥智库作用，50 余人次担任重庆市委、重庆市政府法律顾问，市人大立法咨询专家、市政府立法评审委员会委员、各级人民法院咨询专家、仲裁委仲裁员等，助力地方法治建设。全年举办学生普法宣传活动 20 余场,发放传单 1 万余张,惠及群众 4 000 余人。举办培训班 12 期,培训来自全国各地干部学员 670 人。

【国家社科基金立项成果丰硕】

李晓秋教授获批国家社科基金重大专项,陈锐教授获批国家社科基金冷门绝学研究专项。

【获批重庆市样板支部立项建设项目】

法学院本科三支部 2020 年入选“重庆市高校党建工作样板支部”培育创建单位。

【获准首批重庆市研究生联合培养基地】

学院与重庆市第五中级人民法院联合申报的“法律硕士研究生联合培养基地”获准首批重庆市研究生联合培养基地。

(撰稿人:刘　勇)

马克思主义学院

【概况】

2020 年,马克思主义学院在马克思主义法学理论方向招收博士研究生,同时设有马克思主义理论一级学科硕士学位授权点,调整哲学一级学科硕士学位授权点到其他单位。学院在校内外选聘兼职思政课教师 120 人,专职思政课教师 27 人。在编教职员工 66 人,其中管理岗位 8 人、教学科研岗位 58 人,教授 14 人,副教授 26 人。陈飞教授入选“重庆英才·青年拔尖人才”计划。

在教学方面:有市级精品课程 2 门,校级精品课程 1 门,校级精品资源共享课程 1 门,重庆市优质课程 1 门,本科优质课程 5 门,校级研究生重点课程 5 门,市级精品在线课程 1 门;市级教学名师工作室 1 个,重庆市高校思想政治理论课教学科研示范团队 1 个;重庆市教委骨干教师择优资助计划 6 人。2020 年获得重庆市教改项目 1 项,重庆大学教改项目 1 项,出版教材 1 部,发表 CSSCI 教研论文 3 篇。蒋荣指导学生获得第四届全国高校大学生讲思政课公开课展示活动二等奖 1 项;陈娜获得高校国家安全教育教学风采展示二等奖,魏强获得第五届重庆市高校青年教师教学劳动和技能竞赛三等奖;石佳获得 2020 年重庆市高校思想政治理论课教师教学能力大赛三等奖。学院组织进行了第二届青年教师教学基本功比赛。设有重庆大学虚拟仿真思政课体验教学中心一个。2020 年 6 月,开展问卷调查,学生对思政课的满意度为 98.43%。

在科研方面:共计获得项目 22 项,合同经费 320.8 万元。其中,国家级项目 2 项,省部级项目 8 项,纵向经费共计 160 万,占总经费的 49.88%,横向项目 160.8 万元,占总经费的 50.12%;共发表论文 59 篇,其中 A 级期刊论文 1 篇,SSCI 二区 1 篇,B 级 8 篇,CSSCI 11 篇,出版专著 2 部;获重庆市社科优秀成果奖 3 项,获重庆市发展奖 1 项。牵头设立了红岩精神重庆大学研究中心。以 93.33%绩效指标完成了马克思主义理论重点学科建设终期验收工作。科研成果在上海软科学排名中位于前 30%。举办“红岩讲坛”3 期,“重庆大学马克思主义学院研究生导师讲坛系列”2 期。民政部政策理论研究基地研究成果获 2020 年全国民政政策理论研究三等奖，张邦辉、杜俊华、魏强等专家的4篇文章被“学习强国”、光明网、求是网、央广网等转载。

在研究生培养方面：在读研究生114人，其中新招收42名，毕业31名。《研究生培养方案》在外审中得到好评，正式启动研究生课程建设；严格研究生导师招生方向，推进师德师风建设。获得重庆市研究生项目4项。在第11届重庆市马克思主义研究生论坛中获奖总数排名第一，其中一等奖3项。2020届毕业研究生就业率为90%，其中有6人考取了博士研究生，占毕业研究生总人数的20%。

在党的建设方面：学院党委下设党支部11个，含教工支部6个，研究生支部5个，其中中国近现代史纲要教研室教师党支部是“全国党建工作样本支部”培育支部，2019级研究生党支部是“校学生示范党支部”。学校党委舒立春书记联系2019级研究生党支部。学院现有党员148人，其中教工党员62人，学生党员86人。学院积极加强政治建设、思想建设、组织建设、作风建设、制度建设等，坚持从严治党，党要管党，学院党建工作成效突出。全年组织院党委中心组学习11次，召开党委会17次、党政联席会39次，出台了《马克思主义学院2020年党的建设和从严治党工作计划》等18个规章制度，有效推动学院发展。学院设立党建创新项目，积极开展主题教育活动，继续组织红岩讲坛、红岩读书会等加强师生员工党性教育。学院成立十九届五中全会精神宣讲团，宣讲覆盖全校二级党组织，杜俊华教授的党课视频获全国干部培训课程的提名奖。组织全院教职工积极做好疫情防控工作和扶贫工作，圆满完成学校党委规定的任务。积极做好安全稳定、意识形态、离退休工作，学院获得校宣传工作先进集体和信息工作先进集体表彰。

在学生工作方面：组织12人参加由《中国青年报》举办的百强校媒活动并获“全国百强高校校园媒体”称号。2名学生在全国大学生环保知识竞赛中获奖，1人在重庆大学第一届研究生配音大赛中取得优异成绩。学院研究生社团获重庆市2020年“三下乡”社会实践活动优秀组织奖，“燃梦青春”实践团队被评为优秀团队，并被中国青年志愿者和重庆共青团报道。2019级研究生团支部获得重庆大学五四红旗团支部、重庆大学特色研究生分会、重庆大学优秀研究生分团委称号。社团红岩研习会《第一届融合式红色文化宣传活动》获学校重大项目立项，不定期举办纪念恩格斯诞辰200周年等展览活动，举办“中国特色社会主义制度在抗击疫情中的优势彰显”等主题宣传活动，郭明义爱心团队马克思主义学院分队定期前往养老服务站、社区等地，开展重阳节敬老爱老活动，关心社区老人及慰问退休老教师，弘扬新时代社会主义核心价值观。在2020年学校研究生思想政治教育工作考评中，学院获得99.7分，为2018年以来最高分。

【社会服务与交流】

师生参加线上线下国际国内大型学术会议累计20余人次。学院入选中国高等教育学会马克思主义研究分会副理事长单位，张邦辉教授当选该分会第五届理事会副理事长。幸小勤当选“中国自然辩证法研究会问题哲学专业委员会”委员。冯帆参加重庆大学2020 E-Global Bridge英国四所高校在线暑期课程。退休教师余曙光作为首批教育部高校银龄教师支援西部计划的代表赴新疆塔里木大学支教，获得社会广泛好评。何跃教授被评为“重庆市残疾人工作先进个人”。

（撰稿人：李丽昆）

理学部

数学与统计学院

【概况】

2020年,学院设有数学系、信息与计算科学系、统计与精算系,包含数学与应用数学、信息与计算科学、统计学、金融数学等4个本科专业,2020年招收本科生180人、研究生121人。学院有本科生638人,在校学历研究生378名,其中,学历博士生56名、工程博士4人、学术型硕士148人、专业型硕士170人(其中,全日制专硕149人,非全日制专硕21人)。

学院有在编教职工114人,其中专任教师99人,管理人员和实验人员10人;教授28人,副教授38人。2020年,教师晋升教授1人、副教授2人。3位教师分别获评“唐立新奖教金优秀教学教师奖”“重庆大学优秀青年教师”“最受学生欢迎的教师”。

【党建工作】

学院党委组织全院师生深入学习贯彻党的十九届五中全会精神和习近平新时代中国特色社会主义思想。学院有中共党员194人(含5名毕业未转出党员),其中在职教工党员60名,在校学生党员129名(含预备党员)。有正式党员165名,其中在职教工正式党员60名,在校学生正式党员105名。党支部7个,其中教工党支部3个,学生党支部4个。组织入党积极分子党课培训2期175名、发展对象培训4期41名。选配学院学生工作办公室主任和学院团委书记各1名。表彰优秀共产党员14名、优秀党务工作者7名,先进党支部1个。

【毕业生去向情况】

学院本科生毕业去向落实率83%,研究生毕业去向落实率96.74%。在124名本科毕业生中,26名学生推免清华大学、中国科学院、中国科学技术大学、复旦大学、中国人民大学、武汉大学、南京大学、中山大学、上海财经大学、中央财经大学、对外经济贸易大学等名校继续攻读学位;14名学生考取国内名校继续攻读学位;12名学生分别赴约翰·霍普金斯大学、纽约大学、爱丁堡大学、昆士兰大学、香港理工大学等名校攻读学位。

【本科和研究生培养】

学院为全校开设47门全校公共课,其中4门通识与素质教育课程,合计13 940学时;为本院本科生开设94门理论课和实践课,教学工作量全年6 034学时。2020年组织参加数模竞赛获得美赛F奖1项,一等奖11项，二等奖48项，全国数模竞赛一等奖4项，二等奖6项，重庆市一等奖17项，二等奖24项；十一届全国大学生数学竞赛全国一等奖1项、二等奖2项，三等奖2项。开展了“概率论与数理统计”“数学实验”“高等数学”等本科课程的MOOC课程建设。获得本科市级重点教改项目1项。

学院学生获十一届全国大学生数学竞赛全国一等奖1人、二等奖2人，重庆赛区一等奖14人，二等奖8人，三等奖17人；全国大学生数模竞赛全国二等奖2人，重庆市二等奖2人；获美国大学生数学建模竞赛一等奖(M奖)6人，二等奖(H奖)4人；国家大学生及市级大学生创新性实验计划3项结题，新增3项；全国大学生泰迪杯数据挖掘竞赛二等奖1项；亚太地区大学生数学竞赛三等奖1项；重庆大学大学生科研训练计划结题4项，新增1项；新增优异生8人，复选优异生12人。

承担数学与统计学两个一级学科共计378名硕、博研究生的培养，为本院研究生开设专业课39门共计1 559学时；承担13门全校研究生公共课数学共计1 616学时。承担重庆市研究生教育教学改革研究项目1项，重庆市高等教育重点建设教材3项；重庆市优博1项，重庆大学优博2项。

【科学研究、学科建设】

学院新增科研项目26项，其中，国家自然科学基金5项，博士后科学基金3项，重庆市科委重点项目1项，面上项目7项，横向项目5项。学院全年实到科研经费441万元，其中国家自然科学基金207万元，中国博士后基金24万元，其他省部委项目47万元，重庆市科委项目经费100万元，横向项目经费63万元；纵向项目经费占总经费的85.94%；发表论文共109篇，其中SCI检索96篇(其中A级期刊42篇，B级期刊32篇)。

2020年，学院数学一级学科博士后流动站入站3人。建有数学和统计学2个一级学科博士点、2个重庆市一级重点学科，应用统计专业硕士点。

【学术交流与国际化】

学院教师因公赴国(境)外长期访学进修2人次。学院邀请国外专家学者12人、国内学者72人，举办学术报告70多场；举办专业学术会议3次。

在岗外籍博士后1人，来华留学生和中国港澳台籍学生1人。应届毕业生海外升学7人。

学院开设双语课程18门。学院正在积极和新加坡国立大学签署联合培养项目协议。

【重要成绩】

2020年数学学科稳定在ESI学科排名前1%；数学与应用数学专业入选国家首批“强基计划”。

(撰稿人：穆春来)

物理学院

【概况】

2020年,物理学院设有物理学科一级学科博士点1个,物理、应用物理、电子技术3个本科专业。学院在编教职员工111人,其中管理岗位12人、教学科研岗位72人。2020年度,学院引进国家级人才1人,弘深学者B类1人,副教授4人,弘深青年教师6人,教学秘书1人。

2020年度共发表SCI检索科研论文145篇,其中T2级期刊34篇,A级期刊论文65篇,B级期刊论文26篇。本年度获批科研项目36项,其中国家自科基金项目13项,重庆市科技计划项目11项,科技部国家重点研发计划(子课题)1项,博士后科学项目1项,其他一般纵向项目4项,横向科研项目6项。新获批纵向项目立项金额869.5万元,新立项横向项目合同金额214.2万元。在研项目75项,其中国家自科基金项目28项,科技部国家重点研发计划(子课题)1项,重庆市科委项目27项,重庆市教委项目2项,重庆市人社局项目3项,博士后项目5项,其他部门科技计划项目1项,横向项目8项。全年实到科研经费922万元,其中纵向经费840.46万元。

学院现有本科生537人,研究生221人。本年度14人次获国家奖学金,14人获国家励志奖学金,112人获校综合奖学金。在"争先创优""五四"评优等各类表彰中,学院学生获校级先进个人103人次,五四红旗团支部2项,优秀团日活动1项,文明寝室1个,先进班集体1个。在"国家大学生创新实验项目""大学生科研训练计划""国家级大学生创新训练项目"中,总计立项23项,参与项目同学达48人次。在各类赛事中,获第十一届中国大学生物理学术竞赛三等奖5人次,第四届西南地区大学生物理学术竞赛一等奖5人次,第十二届全国数学竞赛重庆赛区(非数学类)一等奖2人次、二等奖5人次、三等奖1人次,2020高教社杯全国大学生数学建模竞赛重庆市一等奖3人次,第三届"卓越杯"大学生物理实验竞赛二等奖9人次。

2020年学院招收研究生85名,其中全日制学术型硕士研究生59名,学历博士26名。其中硕士生优质生源比例为34%;博士生优质生源比例为69%。本年度,学院有12名同学被授予博士学位、36名同学被授予硕士学位。修订了物理学一级学科研究生培养方案;3个项目获重庆大学研究生教改项目立项;新增博导2名;获批重庆市研究生科研创新项目博士生、硕士生项目各1项;1名博士生成功申请国家建设高水平大学公派出国项目;2篇学位论文获评重庆市优秀博士论文、1篇学位论文获重庆市优秀硕士论文;组织线上暑期夏令营并录制学院研究生招生宣传视频;组织举办了第一届物理学院研究生学术论坛;学院博士生贺文聪和刘文林为共同第一作者,在*Nature*子刊*Nature Communications*上发表研究论文;学院博士生宋前举、戴士为和清华大学胡嘉顺为共同第一作者,在*Science*子刊*Science Advances*杂志上发表研究论文。相关研究论文引起了国际科技界的广泛关注。

物理学院党委着眼于常态化疫情防控,对标中央部署抓好疫情防控、对表校党委决策科学谋划部署、对焦主业统筹推进落实,学院全体师生安全复工。做好基础党建工作,以党风廉政建设为重点、以党的先进性教育为重点、以班风学风建设为重点，提升学院全体师生的思想政治教育工作。做好“不忘初心、牢记使命”主题教育总结工作，结合学校“双一流”建设需要，让学院整体实力更上一台阶。

【新增国家级虚拟仿真实验教学一流课程】

“原子核衰变放射强度测量及物质吸收虚拟仿真实验”课程于 2020 年 11 月获批国家级虚拟仿真实验教学一流课程，课程负责人刘安平。

【发表高水平论文】

王锐副教授在物理学顶级期刊 *Physical Review Letters* 发表了在拓扑声子态研究方面的重要进展并受著名期刊 *The Journal of Physical Chemistry Letters* 邀请，撰写前瞻性(Perspective)综述。胡陈果教授科研团队在摩擦纳米发电等方向连续发表 3 篇 *Nature Communications*。韩德专研究员从理论上构建了首个严格可解的连续谱中束缚态模型，相关研究成果发表在 *Science Advances* 杂志上。

【组织的重要学术会义及学术交流】

10 月 27 日，与中国科学院理论物理研究所签约共建“彭桓武科教合作中心”协议。

10 月 29 日，承办第十六届“彭桓武理论物理论坛”，第一届“彭桓武理论物理青年科学家论坛”，承办重庆市科技局科技创新“十四五”规划专家咨询会。

11 月 22 日，举办重庆大学 2020 海内外优秀青年学者秋季论坛物理学院分论坛。

12 月 11 日，举办软凝聚态物理及智能材料研究重庆市重点实验室学术研讨会(2020)。

12 月 18 日，举办了 2020 年引力和宇宙学研讨会。

12 月 18 日，举办了“量子物理前沿问题”研讨会。

【科研平台建设成效显著】

获批 2020 年国家自然科学基金理论物理专款交流平台项目“重庆大学理论物理学术交流与平台建设”，并且已经上升至最高一级。

与中国科学院理论物理研究所签约，共建“彭桓武科教合作中心”。

【获奖、表彰】

胡陈果教授团队获重庆市科学技术奖自然科学奖一等奖 1 项，周小元获得中国分析测试协会科学技术奖一等奖 1 项。

（撰稿人：魏　娟）

化学化工学院

【概况】

2020 年,化学化工学院设有化学工程与技术、化学 2 个一级学科博士点,化学工程与技术、化学 2 个博士后流动站,1 个国家级一流专业建设点,另外设有应用化学、化学工程与工艺、制药工程、材料化学等 4 个本科专业。学院现有在编教职员工 130 人,其中管理岗位 13 人、教学科研岗位 98 人,2020 年新增国家级特聘教授 1 名。

截至年底,学院有市级实验教学示范中心 1 个,国家级精品课程 1 门,国家级网络资源共享课程 1 门,国家级一流在线课程 1 门,市级精品课程 1 门,校级优质精品课程 18 门,获得省部级教学成果奖 3 项,市级精品教材 1 部,国家"十一五"规划教材 2 部,2020 年在编教材 4 部。甘孟瑜教授被评为市级教学名师,获评学校优秀主讲教师 1 名。

2020 年学院实到经费 2 902 万元,其中纵向经费 2 279 万元,横向经费 623 万元,创历史新高。获 2020 年度国家自然科学基金资助项目 12 项,合同经费 2 472 万元。其中国家自然科学基金重大项目 1 项,直接经费合同金额 1 787.1 万元,优秀青年基金 1 项,合同经费 120 万元,面上项目 8 项,合同经费 502 万元,青年基金项目 2 项,合同经费 50 万元。2020 年承担科技部国家重点研发计划(课题)3 项,合同金额 1 580 万元;牵头承担应用推进计划军工项目 1 项,合同金额 860 万元。2020 年共计发表 SCI 检索论文 282 篇,其中 T 级期刊论文 22 篇,A 级期刊论文 175 篇,其中在 JACS 和 AIChE 等化学化工顶尖刊物上发表论文 7 篇。本年度获权发明专利 7 项,申请美国发明专利和欧洲发明专利各 1 项,转让发明专利 17 项,合同经费 230 万元。2020 年获中国化工学会石油和化工科技进步奖三等奖获 1 项。

学院现有全日制本科生 653 名,全日制研究生 667 名(包含硕士 502 名,博士 165 名)。2020 年,全院有 500 余人次获得各项奖助学金,145 人次获评校级各类先进个人称号。学院团委 2020 年获评"五四红旗团委",学院团委书记获评"优秀青年工作者"。2018 级化学类 2 班获评重庆大学"争先创优"标兵班集体、2017 级虎溪校区兰园七栋 326 室获评重庆大学"争先创优"文明寝室标兵、吴东洋获评重庆大学"争先创优"学生干部标兵提名。全院本科生申报大学生创新性实验计划 35 项,其中,国家级项目 3 项、市级项目 4 项。学院利用校友以及与企业合作的资源,现设有德水奖学金、86 化学校友奖学金、栋方艾圣创新奖学金、广州盛美奖学金、中科院大连化物所奖学金等 5 个学院专项奖学金,助力学生发展。

2020 年招收学历博士生 53 人(其中 15 人为硕博连读,占 28%;3 人为直博生),工程博士 11 人,招收全日制硕士生 174 人。2020 年接收全国推荐免试研究生 32 人,其中 8 名为本校推免生。研究生培养质量喜人:学院博士生强于杰论文《新型含氮类有机分子缓释行为的电化学与分子模拟研究》、彭立山论文《非贵金属电解水催化剂几何与电子结构调控及催化性能研究》、刘易东论文《手性布朗斯特碱在不对称催化反应中的应用》获得重庆市优秀博士学位论文,硕士李莎论文《锂硫电池碳硫复合正极材料的研究》获重庆市优秀硕士学位论文。2020 年获得重庆市研究生科研创新项目资助 6 项。成功申报研究生教改项目市级重点 1 项，市级一般 1 项，校级 2 项。重庆市研究生教学案例库通过考核 1 项，筹备签署研究生实习实践基地 1 家，重庆市研究生实践联合基地项目通过考核 2 项。动员申请校级全英文授课 4 门。

2020 年，学院不断拓展学科发展领域，与英国、澳大利亚、日本、新加坡、中国香港等国家和地区的大学建立了科技交流与合作交流关系。2020 年对学院英文网站进行更新。

【成功申报化学本科专业】

为推动学校基础学科建设，带动其他相关专业的发展，促进学校一流大学建设，学院成功申报化学本科专业，将于 2021 年开始招生。

【承办年度会议】

11 月 13—15 日，承办中国系统工程学会过程系统工程年会（PSE）；12 月 12—14 日，承办第二届先进储能材料与器件国际研讨会；12 月 13 日，举办由化学化工学院发起的第七届嘉陵江化学化工前沿学术论坛。

（撰稿人：覃　彬）

生命科学学院

【概况】

生命科学学院建有“生物学”一级学科博士点，稳步推进学科优化调整，重组学院的学科方向和团队建设，全面优化开展“生物学”本硕博一体化人才培养方案。学院紧密围绕人类健康以及生态安全等国民经济可持续发展中的重大需求，围绕植物学、微生物学、生物化学与分子生物学和遗传学等 4 个重点学科方向构建研究团队。目前，学院在职教职员工 37 人，其中，管理岗位 11 人、教学科研岗位 26 人，其中获“重庆市英才计划”项目资助 5 人。新引进副教授 1 人、弘深青年教师 10 人。

2020 年是“十三五”规划的收官之年，也是“双一流”建设的关键时期。学院党政领导班子以巩固拓展“不忘初心、牢记使命”主题教育成果和巡察整改为契机，聚焦立德树人、“三全育人”根本任务，履行“一岗双责”，积极发挥党委核心作用。修订完善了学院党委会、党政联席会和“三重一大”等制度。严格党组织生活，落实“三会一课”、主题党日等基本制度，本年度同重庆市高级人民法院审判监督庭党支部联合开展主题党日活动，积极探索基层党建新途径、新形式、新方法。组织师生观看爱国主义电影《八佰》和《我和我的家乡》，组织教工参观重庆市廉政教育基地，邀请重庆市纪委、宣传部专家为师生作《全面从严治党》的专题讲座，加强师生党风廉政建设，推进全面从严治党。通过“七一”表彰和“生命之光”优秀标兵评比，发挥党员先锋模范带头作用。学院党委带头购买扶贫地区的产品，先后派出 15 人次参与科技精准扶贫，助力乡村振兴。新冠肺炎疫情暴发后，学院成立疫情防控工作领导小组，在全校第一个发起了防护物资的募捐倡议，向沙区街道爱心捐款数万元资助抗疫。围绕实验室安全管理，开展专题讨论会 3 次，组织消防安全演练 2 次。组织工会活动4次,为教职工发放慰问品4次,组织学院教职工为云南绿春县儿童捐献衣物、书籍和玩具。

生命科学学院紧紧把握国家需求,充分发挥学院特色学科的优势,注重协同创新,加强组织和培育,增强承担国家重大项目的能力,解决国家重大战略需求,进一步提升学校生命科学科技创新和服务经济社会发展的能力,全面提升"生物学"学科的原始创新能力。本年度,学院共承担项目70项,合同经费4 366万元,科研到账经费1 259万元。新获批科研项目25项,其中国家自然科学基金项目10项,重庆市科技计划项目7项,其他部门科技计划项目1项,留学人员回国创业创新支持计划3项,横向科研项目4项。2020年度发表SCI论文47篇,其中国际期刊A级论文30篇,国际期刊B级论文11篇,自然指数期刊论文3篇;授权专利3项。本年度,成功申报2项国家自然科学基金国际(地区)合作与交流项目,其中1项国际合作重点项目。

学院现有本科生112名,其中新录取27名,包括中国港澳台地区学生1名;授予学士学位22名。本年度新申报国创项目3项,SRTP项目4项,1名本科生在SCI期刊以第一作者发表论文1篇。

本年度,新招收了学术博士10名、工程博士2名,学术硕士39名。毕业研究生33名,其中学历博士8名、同等学力博士1名,学术硕士24名。

生命科学学院获批重庆大学2020年教学改革研究项目立项1项,重庆大学2020年本科实验教学改革项目立项1项,重庆大学2020年校级虚拟仿真实验教学项目立项1项。获批重庆大学2020年线上线下混合式课程项目立项1项。获得2020年"重庆市研究生科研创新项目"博士、硕士项目各1项。获重庆市优秀博士论文1篇,重庆大学优秀博士学位论文1篇,重庆大学优秀硕士学位论文1篇。

学生活动丰富多彩,思政工作落地生根,人才培养卓有成效。1名辅导员和1名班导师被评为"重庆大学优秀青年工作者"。

全年获重庆大学优秀学生干部和先进个人19人次,本科新生军训先进个人4人次,重庆大学文明寝室1个,重庆大学先进班集体1个。获优秀学生综合奖学金15人次;获国家助学金26人次;获国家励志奖学金4人次、获国家奖学金1人次;获社会专项奖学金2人次。获第五届全国大学生生命科学创新创业大赛一等奖2人。本科毕业生升学率61%。

现有国际学生4名,包括外籍本科生1名,中国香港籍本科生1名,外籍研究生2名;1名博士生获得国家留基委资助公派赴法联合培养。本年度,邀请外籍专家进行学术交流线上12人次,线下2人次。国(境)外来访接待线上10人次,线下2人次。

【学科建设卓有成效】

生命科学学院夏玉先教授获得重庆大学教师节"优秀教师"表彰;彭国雄教授牵头的微生物学团队荣获"重庆英才·创新创业示范团队"称号;学院参与支撑的植物学与动物学、临床医学、生物学与生物化学均进入ESI前1%。

【科研、教改及国际合作项目成效显著】

2020 年生命科学学院新增国家自然科学基金项目 10 项;获批重庆大学教学改革研究项目 1 项,本科实验教学改革项目 1 项,校级虚拟仿真实验教学项目 1 项,重庆大学线上线下混合式课程项目 1 项;获国家自然科学基金委员会中德合作研究专项重点项目 1 项。

【人才计划再添硕果】

2020 年生命科学学院 1 名青年教师荣获“重庆市英才计划青年拔尖人才”项目资助,推荐牛津大学教授申报并获批教育部“长江学者”讲座教授 1 名。

【抗疫工作成绩突出】

面对新冠肺炎疫情,全院上下勇于担当。合作研发病毒检测试剂盒,并向沙坪坝区防控指挥部捐赠了 5 000份、价值约 90 万元的新冠病毒检测试剂盒;学院师生向沙坪坝区街道捐款 2 万元;2 位教授承担了重庆市科技局和重庆大学“疫情应急”专项,1 项新型冠状病毒研究获国际合作重点项目支持。

【成功承办全国大学生学科竞赛】

11 月 28 日,生命科学学院承办第四届全国大学生生命科学竞赛(重庆赛区)暨第一届重庆市大学生生命科学竞赛决赛,这也是学院首次承办国家级大学生竞赛活动。

【校庆筹资工作荣获“先进集体”表彰】

生命科学学院在重庆大学 90 周年校庆相关活动中表现突出,荣获“重庆大学 90 周年校庆社会筹资工作先进集体”表彰。

(撰稿人:高定伦)

分析测试中心

【综述】

在学校党委、行政领导和相关职能部门、学院的大力支持下,分析测试中心坚持“科学、公正、准确、满意”的质量方针,遵循“校级仪器共享机构,提升自主创新能力”;学科交叉融合平台,助推学校“双一流”建设;第三方权威检测基地,服务地方经济发展的总体发展定位,2020 年度分析测试中心仪器规模显著增长,测试服务覆盖领域不断拓展,技术水平持续提升,社会认知度和活跃度进一步提高。在全体教职工的协同努力下开拓创新、锐意进取,扎实推进中心平台建设、能力建设、测试服务、人才培养等一系列工作,顺利完成了年度各项工作任务。

【仪器配备】

中心在学校“重点推进传统工科的现代化改造,加快理科建设,不断提升学科水平与国际学术影响力”的基本原则上进行科学规划,分批次进行仪器补充配置。本年度中心在继续完善理化学科设备的同时,着重配备生物、生命、药物、医学、材料、机械、电气、土木等基础学科的相关设备,扩展支撑学科基础前沿研究,加速学校拔尖创新人才的培养和国际领先原创性成果的产出,提升相关学科在国内国际上的排名,助推学校“双一流”建设。通过详细的校外专家咨询、校内技术论证、问卷调查等系列调研论证,2020 年度中心投入 2 000 万元拟采购毛细管电泳—四级杆飞行时间质谱仪、聚焦离子束电子束双束电镜、磁学测量系统、多通道电化学工作站 4 台(套)大型设备。

【师资力量】

中心现有教职工 20 名(含临聘人员 7 人),其中主任 1 名,教学科研岗 1 名,实验技术岗 15 名及行政管理岗 3 名,高级专业技术职称人员 5 名,6 人具有博士学位,是一支朝气蓬勃、技术娴熟、业务过硬、团结向上,积极为教学科研服务的团队。中心已有 1 人获得了国家级实验室资质认定评审员和重庆市实验室资质认定评审员的资质,5 人获得了内部校准人员的资质,17 人获得了内审员资质,业务能力不断提升。

【测试服务】

中心各实验室寒暑假全年无休,从预约测试到出具解析数据全程高效、便捷,提供了可靠准确的检测数据,圆满完成了校内外各单位委托的相关分析测试任务,得到了校内外师生的一致认可。中心已服务全校理学、工学、建筑、信息、医学等 15 个二级单位、370 余个课题组。

【人才培养】

中心坚持立德树人根本任务,注重实验室育人、文化育人,积极承担育人责任,不断思考和探索适合校级公共服务平台的人才培养模式。2020 年,中心面向全校研究生开设公共选修课“科研创新方法与现代分析测试”;同时,针对物理学院研究生开设了“电子显微学与材料微结构分析”课程。此外,还面向全校师生开展了多期高分辨透射电镜、环境扫描电子显微镜、台式扫描电镜、傅里叶红外光谱、荧光光谱仪、纳米粒度仪、紫外可见近红外光谱、液相色谱质谱联用仪的仪器操作培训。中心开设的课程结合理论教学和上机实验操作,鼓励学生理论结合实际,培养精知识、懂实践、通科研、强应用的创新型人才。

【技术交流】

2020 年中心开展线上/线下技术交流讲座与培训 44 场次,讲座内容实现了中心所有仪器设备的全覆盖。交流内容形式多样,包括中心工程师开设的技术讲座、厂商应用培训、邀请业内资深工程师开展专项技术研讨等。中心注重技术队伍理论素养和业务能力的积累与培养,为技术人才快速成长营造良好的环境和提供多途径培养渠道。2020 年虽有疫情影响,但中心工程师仍积极参加相关的线上和线下培训学习班、学术交流会和研讨班,以大会报告、特邀报告、邀请报告及经验分享的形式亮相国内相关学术会议、技术论坛等活动,在相关专业技术领域具有一定影响力。

【用户交流会】

为更好地发挥校级公共平台的科研服务支撑作用,积极拓展大型仪器设备助力学校科学研究的广度和深度,全力提升中心“检测精密、数据精准、服务精细”水平,中心于 2020 年 11 至 12 月以科室为单位开展了

5 期分析室用户交流会。交流会旨在与各学院老师代表面对面、零距离座谈，针对中心仪器购置、仪器需求、服务质量等全方面、多角度提出宝贵意见与建议，将大家请进来，聆听大家的声音。座谈交流主要聚焦 5 个方面：仪器购置、升级改造；课程教学、仪器培训与讲座；技术合作、联动测试；校院平台协同发展、技术队伍成长；收费调研、科研成果奖励。

【承办会议】

2020 年 9 月 24—25 日，第二十四届全国分析测试中心主任及地方协会负责人会议在重庆召开。本次大会由中国分析测试协会主办，重庆大学分析测试中心、重庆科技检测中心承办。来自全国各地高校的分析测试中心主任，地方协会、科研院所负责人，企业代表等 400 余人参加了会议。会议聚焦分析测试新技术、新方法等内容，探讨分析测试工作的新思路、新领域和新趋势，相互学习借鉴先进经验，深化了与同行的交流合作，搭建了国家级科研院所、地方协会和高校分析测试人才高端交流合作的优质平台。

【亮点工作】

1. 中心荣获 2020 年度中国分析测试协会科学技术奖（CAIA）一等奖

2020 年 12 月 10 日，中国分析测试协会科学技术奖（CAIA）颁奖大会在北京召开。重庆大学分析测试中心作为申报单位，中心工程师作为主要完成人的成果项目“热电材料的样品制备、结构表征及性能优化”荣获本年度 CAIA 奖一等奖。

2. 中心当选中国分析测试协会高校分析测试分会副理事单位

2020 年 11 月 11 日，第二十五届高校分析测试中心研究会年会暨中国分析测试协会高校分析测试分会成立大会在广州举办。在大会上，重庆大学分析测试中心当选为中国分析测试协会高校分析测试分会副理事单位，中心主任周小元教授当选为高校分析测试分会（第一届）副主任委员。

（撰稿人：曹丽转）

工程学部

机械工程学院

【概况】

2020年学院在学校党委和行政的坚强领导下,以习近平新时代中国特色社会主义思想和十九大精神为指导,持之以恒抓党建,凝心聚力抓学科,全面贯彻党的教育方针,落实立德树人根本任务,扎实推进“双一流”学科建设,在党的建设、人才培养、科学研究、社会服务、文化创新传承等多方面取得显著成效。

学院现有在岗教职工214人,其中专任教师145人,实验及管理人员26人,学院代管工程培训中心43人。2020年新进弘深青年教师8人,弘深青年学者1人。2020年共招收博士后29人,其中与企业工作站联合招收博士后12人。2020年有全日制本科生1 946人,全日制硕士生987人,博士生220人,工程博士生34人。

积极发挥党组织政治优势,党建引领学院各项工作有序开展。在2020年新冠肺炎疫情期间,学院党委积极响应习近平总书记关于坚决打赢疫情防控阻击战的号召,切实发挥党的政治优势和组织优势,让党旗始终高高飘扬在疫情防控、教学复学的第一线;按照学校政治稳定、安全稳定及平安校园建设要求,及时成立以书记、院长为“双组长”,党政领导班子成员共同组成的安全稳定工作领导小组,根据责任分工定期研究和检查学院安全稳定工作,开展安全稳定防范教育;自1月底以来对全院500余名在职及退休教职工详细摸排,对全院学生累计详细排查4万余人次,同时开展“‘炬心’互助,共同抗疫”系列活动,持续关注学生后疫情身心健康管理与教育,确保全院3 000余名师生的安全稳定。在学校学科调整工作中,在重大科研项目承担、重点课程建设等工作中,师生党员带头攻坚克难,起到了先锋模范作用。优化支部设置,充分发挥支部战斗堡垒作用。以习近平新时代中国特色社会主义思想为指导,坚定“四个自信”,以学院历史为主线,以传承“攻坚克难、求精创新”文化为内涵,打造原创话剧。学院党委组织全院党员积极投身扶贫攻坚。与定点帮扶地区的贫困村党支部结对子,搭建扶贫工作平台,依托互联网开展“云”帮扶,打造“前锋 Live”乡村振兴直播间,与抖音、微信等平台合作开展直播带货助农活动。党员教师带头消费扶贫,销售金额在全校前列。

积极组织国家自然科学基金项目及其他国家级项目的申报,2020年获批自然基金13项。2020年获批科技部国家重点研发计划(课题级)2项、科技部国家重点研发计划(子课题级)8项、国家自然科学基金项目联合基金项目(重点支持项目)2 项、国防科技创新超越工程(166 工程)1 项。到账经费 8 273 万元,比 2019 年有大幅度提高。获批重庆市科学技术奖科技进步奖一等奖。

立足教育教学改革,积极探索人才培养新方式,围绕新工科、大工程观等内容,开展教学研究,市级教改项目 6 项(其中重大 1 项)。重视专业建设,机械设计制造及其自动化专业完成专业认证工作。重构机械类课程教材体系,3 本教材被评为重庆市高等教育重点建设教材。促进信息技术与教育教学深度融合,在应对新冠肺炎疫情期间,学院积极推动教师和学生投身新时代教与学变革实践,努力实施大规模在线教学。获批国家线上和线下一流课程各一门,重庆市精品在线开放课程两门,重庆市线下一流课程一门。获批高等教育课程思政项目 1 项。学院师生在各类竞赛中获得国家级一等奖 5 个,二等奖 6 个,三等奖 6 个;省部级一等奖 17 个,二等奖 14 个;以及其他各类奖项。

进行研究生教学改革,加强研究生重点课程建设,本年度获批重庆市教改项目 2 项。开展校企合作建设专业学位研究生实践基地,本年度获批重庆市创新实践基地 1 项。努力提高人才培养质量,本年度获重庆大学优秀博士学位论文 3 篇,重庆大学优秀硕士学位论文 5 篇。鼓励导师培养一流博士,在卓越期刊论文上有较大增长。

受国内外新冠肺炎疫情影响,本年度学院国际合作与交流工作在师生出国交流、国外人员来访等外在指标方面存在大幅度下滑,但学院仍然借机加强内涵建设,在拓展国际合作交流渠道、加强学院网站建设与宣传、强化学院国际化工作顶层设计、完善学院国际化队伍和管理制度、提升留学生管理水平与培养质量等方面开展了卓有成效的工作

【党委工作成绩突出】

2020 年学院党委完成全国党建标杆院系验收工作。

【机械工程博士后流动站评估获优秀】

参加全国博士后流动站综合评估,获得优秀。

【完成专业认证工作】

机械设计制造及其自动化专业于 2020 年 4 月底提交了自评估报告,机械工程专业认证委员会接受了认证申请并于 11 月 26—27 日进行现场考察。专家们对学院师生的参与度、教学各环节的资料、实验设备的配置及产学研特色结合等方面给予了高度的认可。

【提升本科教学质量】

工程制图和机械原理获批首批国家级一流本科课程。工程经济学获批重庆市精品在线开放课程。机械设计获批线下一流课程。

【完成“双一流”学科建设周期总结工作】

围绕《重庆大学“先进制造学科群建”设方案》,深入建设以极端化、智能化为特色的先进制造一流学科群,召开了“双一流”建设周期总结咨询评议会。经评议,通过了“双一流”建设周期的目标任务。

【启动第五轮机械工程学科评估】

根据学校要求制订计划,完成了《机械工程学科参评工作实施方案》;参加了重庆大学第五轮学科评估材料审查会,完成了《机械工程学科评估简况表》。

【提出学院“十四五”规划】

在总结“十三五”的科技发展成就、经验和问题的基础上,围绕国家重大战略需求和世界科技前沿,发挥机械工程优势学科引领作用,在生物制造、微纳制造等基础领域实现创新突破。组织学院“十四五”科技发展战略论证会,提出学院“十四五”期间科技发展的总体思路和总体部署。

(撰稿人:冯文军)

电气工程学院

【概况】

2020年,电气工程学院拥有电气工程国家重点一级学科,拥有电气工程一级学科博士点、电工学科博士后流动工作站、输配电装备及系统安全与新技术国家重点实验室、雪峰山电力装备安全国家野外科学观测研究站、高电压输配电装备安全理论与技术国家自然基金委创新研究群体、“111”国家高校学科创新引智基地、国家工科电工电子基础课程教学基地、国家电工电子基础实验教学示范中心、国家电工电子基础系列课程教学团队等。

学院现有教职工184人,其中教师138人,实验技术18人,专职辅导员6人。出台《重庆大学电气工程学院人才引进工作流程》《重庆大学电气工程学院职称评审实施细则》,修订学院绩效工资实施办法,优化人才服务质量,增强人文关怀。柔性引进中国工程院院士李立浧教授。杨鸣、陶璐琪、潘建宇入选重庆英才计划第二批青年拔尖人才,余年入选重庆英才计划首批创新创业(科技领域)领军人才。侯世英获评重庆大学第八届最受学生欢迎老师,张志劲张入选第五批重庆市有突出贡献的中青年专家,弘深青年教师王豪入选2020年度国家“博新计划”。国家级人才项目取得重大突破。

党政管理方面,修订学院“三重一大”决策制度实施办法、党委会和党政联席会议事规则;压实责任,精准施策,推进疫情防控机制新常态;深入开展“党建+科技扶贫”,积极响应消费扶贫,共计17余万元。党课《新冠疫情防控彰显中国特色社会主义制度显著优势》入选学校“加馆藏”。高电压与绝缘技术系教工支部

“战役故事汇”工作案例在全国高校思政网“四个一”专栏刊出。学院党委入选重庆大学首批党建工作标杆学院。

2020 年,招收博士 86 人、硕士 254 人、授位 344 人。“电工电子学(Ⅰ)”获批国家级线上线下混合式一流课程;“真空断路器预防性试验虚拟仿真教学项目”获批国家级虚拟仿真实验教学一流课程;“面向全球能源发展需求的电气工程专业升级改造探索与实践”获批国家第二批新工科研究与实践项目(专业首个国家级新工科项目)。获批重庆市教改重点项目 1 项、“互联网+”重点项目 1 项。获批重庆市线上、线下混合式一流课程、社会实践一流课程 2 门。获批重庆市重点建设教材 2 本,其中《电工学》推荐评选国家优秀建设教材;《模拟电子技术基础》《电气安全》获评中国电力教育协会高校电气类专业精品教材。获批重庆市研究生教改重点项目 1 项,校级项目 5 项;获批校级全英文授课精品课程 3 门;荣获市级优秀博士学位论文 2 人,优秀硕士学位论文 3 人。

2020 年,学院新增科研项目 222 项,合同总经费 1.4 亿元(首次破亿),科研到账经费 10 701 万元。申报国家自然科学基金 76 项,获批 26 项,总计获资助直接经费 1 204 万元。获批优秀青年科学基金项目 1 项,面上项目 14 项,青年基金 11 项,获批率较去年增长 136%。获批国家基础加强计划项目 1 项(合同金额 3 000 万元),实现该类项目实现零的突破。

发表 SCI 论文 282 篇,较去年增长 20%,其中一区、二区论文 247 篇,占比 87%;获权发明专利 114 项,转让/转化专利 12 项;出版专著 4 部、标准 11 部、软件著作权 5 件;获重庆市科技奖励二等奖 2 项。

智慧能源学科群通过教育部“双一流”建设周期检查评估。雪峰山电力装备安全基地获评国家野外科学观测研究站。

获国家公派研究生项目资助 13 人:联合培养 12 人、攻读博士学位 1 人;接收 11 名国际研究生攻读学位。与美国威斯康辛密尔沃基分校“1+1+1”硕士双学位项目通过国家留基委评估,获批创新型人才国际合作培养项目。

“111”基地成功入选高等学校学科创新引智计划 2.0,获批经费 1 000 万元(为期 5 年);引智 Jiang Jing 教授、Mohamed Missous 教授、Simon Rowland 教授等,获批科技部高端外国专家引进项目 4 项。廖瑞金教授入选爱思唯尔 2019 年度中国高被引学者榜单。联合主办 2020 年 IEEE 国际高电压工程与应用会议。制定学院国际化发展规划,并自筹 100 万元专项经费,支持教师及学生出国交流及外籍专家来访。

【学院党委及高压教工党支部持续发挥实效带动效应】

学院党委入选重庆大学首批党建工作标杆学院;高压教工样板支部工作案例在全国高校思政网“四个一”专栏刊出。

【获批2门国家级一流课程及专业首个国家级新工科项目】

“电工电子学(Ⅰ)”获批国家线上线下混合式一流课程;“真空断路器预防性试验虚拟仿真”教学项目获批国家虚拟仿真实验教学一流课程。“面向全球能源发展需求的电气工程专业升级改造探索与实践”获批国家第二批新工科研究与实践项目。

【学生实践社团荣获国家级奖励及称号】

电气青协云支教团队作为全校唯一的学生社团荣获2020年云支教大学生乡村教育奖——“云支教”爱心奉献奖。

【科研经费及科研项目取得重大突破】

实到科研经费首次突破亿元,合同总经费1.4亿元,科研到账经费10 701万元;国家自然科学基金获批数创历史新高,申报国家自然科学基金76项,获批26项,总计获资助直接经费1 204万元。优秀青年科学基金项目1项,面上项目14项,青年基金11项,获批率34.2%。

陈伟根教授牵头的“×××储能技术”获批国家基础加强计划项目,实现零的突破。

【获批全校首个国家级野外科学观测站】

雪峰山电力装备安全基地获评国家野外科学观测研究站。

【“111”基地升级,国际学术影响力进一步提升】

“111”基地成功入选高等学校学科创新引智计划2.0,获批经费1 000万元(为期5年)。蒋兴良教授荣获“IEEE Caixin Sun and Stan Gryzbowski”终身成就奖;廖瑞金教授入选中国高被引学者榜单。

(撰稿人:沈　晗)

能源与动力工程学院

【基本情况】

2020年,能源与动力工程学院下设动力机械系、热能工程系、新能源系、热物理系、制冷及低温工程系、核能工程系、中心实验室及学院办公室。拥有工程热物理国家重点学科,动力工程及工程热物理、核科学与技术等两个重庆市一级重点学科,动力工程及工程热物理一级学科博士学位授权点及博士后科研流动站。拥有能源动力类(包含能源与动力工程、新能源科学与工程、核工程与核技术)本科专业。拥有低品位能源利用技术及系统教育部重点实验室、国家工业节能与绿色发展评价中心、能源与动力电气虚拟仿真国家级实验教学中心、多能互联互补分布式能源技术及系统重庆市工程技术研究中心、热工重庆市高校重点实验室等平台。

本年度，在疫情防控常态化背景下，学院人才队伍得到大幅提升，科研经费及成果稳步提升，各项工作有序推进。

【队伍建设】

2020 年，学院有教职工 112 人，专任教师 83 人。新增国家自然科学基金委员会创新研究群体 1 个、国家级青年人才 1 名、省部级人才 3 名。新进弘深青年学者 B 岗 1 名、副教授 1 名、准聘副教授 1 名、弘深青年教师 3 名（含外籍教师 1 名）。新聘教授 2 人、副教授 2 人。

【党建和思想政治工作】

截至 2020 年底，学院有党员 336 人，党支部 18 个。本年度新发展党员 68 名。教职工党员 85 人，党员比例达 76.6%。本科生党员比例为 5.3%，研究生党员比例为 39.4%。

1.教职工工作

推进“两学一做”学习教育常态化制度化，认真开展“不忘初心、牢记使命”主题教育，通过“学习强国”平台组织党员开展理论学习和网络竞答活动；组织党员观看主旋律电影；利用周边革命遗址、教育场馆、爱国主义教育基地开展党性教育。通过开展多种形式的学习教育，全面加强党的领导，为学院改革和发展提供强有力的思想组织保障。

2.本科及研究生工作

坚持立德树人，扎实做好学生教育管理工作，学生工作与学院中心工作相向而行，在学院形成全员全过程全方位的育人格局，根据学院实际情况落实《能源与动力工程学院学生素质教育方案》，进一步提升学院学生的综合素质。

本年度学生在学科竞赛方面取得显著成绩：获第十一届全国大学生节能减排社会实践与科技竞赛特等奖 1 项、一等奖 5 项、二等奖 1 项、三等奖 3 项；获 2020 年美国大学生数学建模竞赛 M 奖 1 项；获全国英语竞赛一等奖 1 项、三等奖 4 项；获第八届全国大学生光电设计竞赛二等奖 1 项；获“哈希”第十五届全国环境友好科技竞赛三等奖 1 项；获 iCAN 国际创新创业大赛省级金奖。

【教学工作】

1.本科教学

本年度牵头申报并获批本科储能科学与工程专业，联合制订物理、数学强基计划本科培养方案，设置能源动力类方向培养课程模块，参与全国重燃专业培养方案制订及 3 门课程教学大纲建设。推进实施学院教育教学发展中期提升行动方案，获批国家级一流课程 1 门，三进课程 1 门，线上线下混合式教学课程 1 门，上线在线课程 1 门。获批省部级优秀教材 1 门。获得学校立项一流专业核心课程群：能源与动力工程专业核心课程群。开展 4 门基础课程全英文教学的试点。获批省部级重点教改项目 3 项，省部级一般教改项目 3

项,校级项目教改 1 项。发表教改论文 4 篇,申报市级优秀教材 1 部,申报校级全英文授课课程 4 门。启动学院金课建设 8 门,策划学院教学成果奖 4 项。策划实施学院本科生创新实践能力培养“6211”计划。开设 46 门课程线上教学活动。新增 1 家校外联合实践基地,构建校企联合培养模式初步方案。成功举办第 13 届全国大学生节能减排社会实践与科技竞赛,本校学生获得 1 项特等奖、7 项一等奖、1 项二等奖、3 项三等奖的历史最好成绩。稳步推进科研助手项目,开展“走进能源”等系列专业学术报告,加强国际化培养,参加学校优秀学生海外访学及升学计划 5 人次。

2.研究生教学

本年度招收全日制硕士 131 名,其中“985”和“211”高校生源占比 57.25%;招收全日制学术博士 34 名,专业博士 9 名,其中“双一流”学校毕业生占比 86.04%。加强研究生过程管理,继续实施硕士集中开题试行方案和博士资格考试若干规定及试行实施办法。本年度学院共 126 名研究生顺利毕业,21 名博士申请学位并顺利授位。获重庆市优博 1 人、重庆市优硕 1 人,重庆大学优博 3 人、重庆大学优硕 3 人;获批 1 项市级重点研究生教改项目、2 项市级一般研究生教改项目;获批 1 项重庆市研究生联合培养基地;《高等传热学》入选重庆市高等教育重点建设教材;“工程伦理”获得重庆大学研究生重点课程立项;共计 13 位申请联合培养和 2 位申请直接攻博的同学获得了留基委的资助;3 名博士 3 名硕士获得重庆市研究生科研创新项目立项。

【科研工作】

本年度新增各类科研项目 103 项,合同总经费约 2 981 万元,到校经费 4 167 万元。其中,新增国家优秀青年科学基金项目 1 项,国家自然科学基金国际(地区)合作研究项目(组织间国际合作)1 项、地区基金 1 项、面上项目 2 项、青年基金 6 项,省部级项目 11 项,横向项目 58 项。共发表论文 262 篇,其中“三大子刊”发表论文 2 篇(*iScience*,*Joule*),在自然指数期刊发表论文 5 篇,被 SCI 收录论文 201 篇(其中 JCR 一区 142 篇,二区 38 篇),授权发明专利 20 项;“低品位劣质燃料高效清洁稳定燃烧技术及应用”获 2020 年四川省科学技术三等奖。

【学科与平台建设】

动力工程及工程热物理学科软科排名 12%,泰晤士高等教育首届中国学科评级为 A(重庆大学仅 6 个学科为 A)。完成了重庆大学“双一流”指标监测;持续推进“能源与动力工程学院学科提升计划”;“智慧能源”学科群建设项目立项;制订学院科研发展“十四五”规划;完成重庆市重点学科“十三五”终期考评且评价优秀;完成“十四五”重点领域研究方向和“卡脖子”关键问题凝练。完成动力工程及工程热物理第五轮学科评估工作。拟订教育部重点实验室“十四五”发展规划,制订了实验室开放基金申请指南等多项文件;全面排查实验室安全隐患、开展健康管理及个人防护,完成九教实验室公共设施维护与公共区域装修方案的修改;进一步推行实验室标准化建设。能源动力与电气国家级仿真实验教学中心、工业节能与绿色发展国家级评价中心、多能互联互补分布式能源技术及系统重庆市工程研究中心等建设有序推进。

【对外交流与合作】

本年度承办动力工程学会第八届青年学术年会及中德 Bamboo-derived energy conversion reactor 项目会议。能源与动力大讲坛已成功举办 13 场，邀请了来自双一流院校和重要科研院所的知名专家前来进行学术交流，其中包括核动力专家、中国工程院于俊崇院士。

学院正在逐步加强“一带一路”沿线学校的交流与互动，向着更加国际化的方向深入前进。与国外联合开展科学研究的工作取得实质性进展，筹建分布式可再生能源高效转化与储存学科引智基地（“111”引智基地）；与泰国孔敬大学、诺丁汉大学马来西亚校区已签署框架协议；联合新加坡国立大学成立新能源材料及器件国际研发中心。本年度，教师 19 人次参加国际会议，其中，做主旨报告 3 人次、做分论坛主题报告 2 人次。获批 2020 年国家留学基金委创新型人才培养项目“能源与动力专业创新型人才国际合作培养项目”；与新加坡国立大学签署的“3+1+1”联合培养项目。2020 年派出 6 名学生到新加坡国立大学苏州研究院学习，并正在与新加坡国立大学签署“3+2”联合教育项目协议。

（撰稿人：邬琦琦）

资源与安全学院

【概况】

2020 年，资源与安全学院设有矿业工程、安全科学与工程 2 个一级学科博士点；矿业工程、安全技术及工程 2 个博士后流动站；另外设有采矿工程、安全工程 2 个国家级一流本科专业。学院在编教职员工 103 人，其中辅导、管理、实验技术岗位 30 人、教学科研岗位 67 人、博士后 6 人。

2020 年，学院新增科研项目 141 项，合同经费 7 174 万元，其中包括重庆市基地运行费 1 200 万元，实到经费 2 771 万元。获批国家自然科学基金项目 14 项，其中优秀青年科学基金项目 1 项，面上项目 10 项，青年基金 3 项，已到经费 409.7 万元。获重庆市科学技术奖科技进步奖一等奖 2 项，河南省科学技术类科技进步奖一等奖1 项，绿色矿山科学技术奖一等奖 2 项，中国煤炭工业协会科学技术奖一等奖 1 项，中国黄金协会科学技术奖一等奖 1 项，云南省科学技术奖科技进步奖二等奖 1 项，中国黄金协会科学技术奖二等奖 1 项，绿色矿山科学技术奖二等奖 1 项，四川省科技进步奖三等奖 1 项。发表期刊论文 181 篇，其中 T2 级 1 篇，A 级刊物 102 篇，B 级刊物 42 篇，专利获权 15 项。

2020 年学院共招收 139 名研究生。其中，学术博士 36 人，工程博士 10 人，学术硕士 60 人，专业硕士 33 人。学院与紫金矿业集团股份有限公司签订了校企协同育人协议，获批重庆市研究生教改项目 2 项、重庆大学研究生教改项目1项,牵头制订了资源与环境专业学位硕士研究生和工程博士的中文、全英文培养方案。2020年推免生留校率逐年递增,达到78.9%,优质生源率达到55%。共有2名同学获得重庆市优秀博士学位论文,1名同学获重庆市优秀硕士学位论文。共有11名同学获批CSC高水平建设大学出国项目,同比增长10%。

学院现有全日制本科生435名。全院本科生有64人次获得各项奖学金,其中6人获得国家奖学金,24人获得国家励志奖学金,10人获得资源与安全学院校友“土博士”奖学金,24人获得社会专项奖学金。1人被评为国家百佳心理委员,1个集体被评为全国十佳社团、五四红旗团支部,1个寝室被评为重庆市普通高校特色寝室,1个集体被评为学校实践活动优秀组织集体,12人被评为学校优秀本科毕业生,8人被评为学校优秀本科毕业生干部,16人被评为学校优秀学生,13人被评为学校优秀学生干部,14人被评为学校各类先进个人。全院本科生申报大学生创新创业训练计划11项,其中,国家级项目6项、校级项目5项。本科生获国家级竞赛类奖7项,获省部级竞赛类奖7项。

【扎实开展新时代党建示范创建和师德师风建设】

2020年,学院多形式多途径宣传“最美奋斗者”鲜学福院士,引导全院师生全方位、多维度向他看齐。协办第三届重庆大学“立德树人”师德模范报告会;协助宣传部撰稿科技部《科学家精神丛书》之《求实篇——鲜学福》。学院以“口述校史初心不改　牢记使命薪火相传”为主题,拍摄专题片《传承的力量》《创新的力量》,讲述国重建立发展历程中涌现的先进人物和资安人扎根中国大地、科研报国的感人故事。985矿业三支部王宏图工作室获批2020年重庆市“双带头人”教师党支部书记工作室。

【不断完善本科专业,安全工程专业获批国家级一流专业建设】

安全工程专业获批国家级一流专业建设;司鹄教授主讲的“安全人机工程学”课程获批国家级一流课程,安全工程工程教育专业认证顺利通过,有效期6年;在全国博士后流动站评估工作中,安全科学与工程流动站被评为优秀,矿业工程流动站被评为良好。

【学院教师分别荣获重庆市科学技术奖一等奖、国家自然科学基金优秀青年科学基金】

学院始终坚持面向国家战略需求,服务地方社会经济发展,全面提升科研创新能力,解决国民经济建设中关键科学技术问题,取得了一批高水平科研成果,形成了鲜明的学科特色。卢义玉、葛兆龙等作为主要完成人申报的项目“复杂煤层树状钻孔高效开采煤层气技术及装备”,吴燕清、许洋铖等作为主要完成人申报的项目“复杂地质条件下地下工程隐蔽致灾体探测关键技术及装备研究”分别获得重庆市科技进步一等奖。陈结教授主持的“盐矿水溶开采及溶腔综合利用”项目获得国家自然科学基金优秀青年科学基金资助。

【煤矿灾害动力学与控制国家重点实验室主办、协办大型学术会议】

2020年召开了煤矿灾害动力学与控制国家重点实验室战略发展研讨会,特邀杨春和院士作了《深部页岩气开发中的岩石力学问题》的报告。在2020年度中国岩石力学与工程大会、2020年度绿色矿山年会、

2020 年 IEEE 国际地球科学和遥感研讨会(IGARS 2020)上共有 52 人次作特邀报告、大会报告、分组报告。邀请中科院武汉岩土所、中国矿业大学、《煤炭学报》等国内外知名专家作学术报告 24 人次。会议的成功举办,极大提升了学院和国家重点实验室的海内外影响力,其研究成果与水平也得到了国内外采矿界、岩石力学与工程界知名专家的高度评价。

(撰稿人:李　倩)

材料科学与工程学院

【概况】

2020 年,材料科学与工程学院设有材料科学与工程、冶金工程 2 个一级学科博士点,其中材料学为国家重点学科、钢铁冶金为国家重点(培育)学科;设有材料科学与工程、冶金工程 2 个博士后流动站;开设了材料科学与工程、材料成型与控制工程和冶金工程 3 个本科专业。学院在编教职工有 246 人,其中专任教师 186 人、管理岗位 13 人、辅导员 8 人、实验系列 39 人。

2020 年,学院新增省部级及以上项目 75 项,实到经费 10 376.09 万元,其中国家自然科学基金 28 项,数量全校第一。发表 SCI 期刊论文 433 篇,其中黄晓旭教授团队在顶级期刊 *Nature* 上发表最新研究成果。科研成果获省部级奖 1 项,行业奖 2 项。举办 4 期学术沙龙,活跃了学术氛围。组织完成"磷酸镁水泥制备与应用关键技术"科技成果鉴定,达到国际领先水平。超瞬态物质科学大科学装置建设大力支持学校基础科学研究,对"双一流"建设发挥引导和支撑作用。国家镁合金材料工程技术研究中心主办的全英文镁合金专业期刊 *Journal of Magnesium and Alloys* 2020 年影响因子达到 7.115,进入 JCR 一区、中科院工程技术 1 区 Top 期刊,重庆大学成为全球镁合金研发最活跃和有影响力的高校,部分研究成果达到国际领先水平,对外成果转化获得了显著经济与社会效益。张育新教授入选科睿唯安 2020 年全球高被引科学家名单。

现有全日制本科生 1 400 余人,研究生 1 200 余人。学院着力打造"12345"学风建设体系,打好"学风建设"保卫战。扎实推进就业引领导航、就业牵手护航、就业帮扶助航"三大就业"行动,2020 届本科生就业率为 91.87%,与去年同期相比增长 6.23%;研究生就业率为 99.63%,与去年同期相比增长 5.36%;选调生及国家基层项目就业人数为 34 人,与去年同期相比增长 62%。

疫情期间学院坚持"停课不停学""停课不停教",全面贯彻 OBE 教学理念,修订相关教学管理文件,深化校企人才联合培养工作,持续推进一流专业建设和教学改革,获批冶金工程一流专业核心课程群,获批 2 门重庆市一流本科课程,2 门校级线上线下混合式课程和 1 门经典传承课,出版《无机材料性能学基础》教材 1 本,获批校级虚拟仿真实验项目 1 项,新增校外实习实践基地 1 个,获批教育部产学合作协同育人项目 2

项，重庆市级教改项目 3 项、校级教改项目 4 项，发表教改论文 13 篇，获得第十三届全国大学生节能减排社会实践与科技竞赛、全国大学生冶金科技竞赛、全国大学生数学竞赛、英语竞赛、金相技能大赛等竞赛奖励 14 项，共计 51 人次。本科生发表学术论文 8 篇，其中 SCI 4 篇，申请和获权发明专利 15 项，19 名优异生全部推免读研深造。

学院继续深化研究生教育改革，优化招生选拔新方式，开通“网络直播”为考生在线答疑、举办学术云端暑期夏令营，完成研究生远程复试工作，实施优质生源工程，修订材料科学与工程、冶金工程学科的学术型研究生培养方案，材料与化工专业学位研究生培养方案，制订材料科学与工程、冶金工程学科的学术型研究生全英文培养方案。开办“重庆大学—四川机电职业技术学院”攀钢集团冶金技术人才能力提升班，支持地方企业。加强专业学位研究生教育的改革与建设工作，高层次应用型人才培养取得佳绩，获准重庆市研究生联合培养基地项目 2 项，通过市级联合培养基地中期考核 3 项，教学案例库 1 项，申请全英文精品授课课程 2 项。获准重庆市研究生教学改革重大项目 1 项，一般项目 1 项，重庆大学研究生教学改革重点项目 1 项，一般 6 项，与江苏省产业技术研究院下属的集萃金属材料研究所合作签订协议开展研究生联合培养。研究生发表 SCI 一区论文 20 篇、SCI 二区论文 138 篇，SCI 三区论文 112 篇、SCI 四区论文 85 篇，获权专利 36 件。

2020 年学院克服疫情影响，坚持开设 UBC 材料实验班，申报了与冶金材料交叉融合的材料工程全英文专业。与丹麦技术大学、不列颠哥伦比亚大学长期进行研究生联合培养，与挪威科技大学开展硕士双向联合培养。新引进外籍教师 1 人，来华留学生长期生 2 人，非语言类外语授课课程数 26 门，中外合作办学项目 1 项，其他学生联合培养合作项目 4 项。成功举办第七届国际镁及镁合金会议(ICM 7)，国内外 15 个国家 1 200余位代表采用线上和线下相结合的方式参会。111 引智基地和轻合金材料国际联合实验室运行良好。

2020 年学院着力打造“材料强国”品牌，围绕中心工作抓党建，学院领导班子积极开展有针对性的校内外调研工作，并就学院“十四五”期间以及未来发展规划开展系列研讨，找出学院学科发展中存在的主要问题和短板，提出了材料和冶金学科水平的改进和提升举措，为学院未来几年学科建设工作谋划了布局和奠定了基调。以材料学院为主体的重庆大学材料学科 ESI 排名在 2020 年 9 月突破全球前 1‰，11 月时攀升至全球前 0.909‰。在 2020 年 10 月《美国新闻与世界报道》发布的大学排名中，材料学科世界排名第 83 位，较 2019 年同期提升 8 名；在软科(ARWU)世界大学排名中，冶金学科排名稳定在世界第 12 位。

(撰稿人：毛红霞)

航空航天学院

【概况】

航空航天学院下设工程力学系、基础力学系、航空航天工程系，拥有深空探测省部共建协同创新中心、非均质材料力学重庆市重点实验室和重庆市力学实验教学示范中心。有力学博士学位授权一级学科、力学博士后流动站，力学学科为重庆市重点学科，工程力学为国家一流本科专业建设点。本科招生专业有工程力学、航空航天工程。硕士研究生招生专业有力学（学术型）、航空宇航科学与技术（学术型）、机械、能源动力（专业学位），博士研究生招生专业有力学。

学院现有教职工 67 人，其中专任教师 51 人，其中包括教授 17 人、副教授 24 人，讲师 10 人；另有弘深青年教师 11 人。

2020 年，学院在校全日制本科生 442 名，硕士研究生 149 名，博士研究生 61 名。研究生发表 SCI 论文 33 篇，2 人分获重庆市优秀博士、硕士论文，2 人获校优秀博士论文，1 人获校优秀硕士论文。研究生获国家级比赛二等奖 1 项、三等奖 2 项，2 人获市级创新项目资助。4 人分获重庆市三好学生、优秀毕业生、精神文明建设先进个人、科学技术创新先进个人荣誉称号。CADC 团队斩获国家级二等奖两项、三等奖一项，并被评为优秀团队。学院“乡村都市行”三下乡社会实践团队被共青团中央评为全国优秀团队，《中国青年报》评选的全国百强团队前 30 名。

工程力学专业获批国家一流本科专业建设点。对力学、航空宇航科学与技术学术学位及机械、能源动力专业学位研究生培养方案进行了全面修订。新开设基础力学综合与提高本科课程。教师主持校级教改项目 2 项，校级课程建设 8 门，出版《弹性力学》、《张量基础与力学应用》、*Science and Engineering of Short Fiber Reinforced Polymer Composites* 等教材。获市级教改项目 1 项、校级研究生英文精品课程 2 项。

院领导及骨干教师赴国内高校进行招生宣传，举办线上学术夏令营，生源质量稳步提升。

大力推进合作交流，与诺贝尔物理学奖得主、英国曼彻斯特大学 Novoselov 教授团队和德国凯泽斯劳滕大学 Friedrich 教授团队筹建重庆大学国际联合研究院团队——石墨烯及复合材料研究中心。举办 2020 重庆大学力学人才培养研讨会，力学教指委近 20 位专家参会；举办重庆大学—新加坡国立大学学术研讨会，增强学院影响力。邀请国内外知名专家学者访问学院并做学术报告 10 余场。教师参加境外国际学术会议 3 人次。学生参加境外国际学术会议、论坛 3 人次，赴境外参加学习 1 人次。

【学科建设稳步推进】

新增深空探测省部共建协同创新中心，学科平台进一步完善。

在重庆市“十三五”重点学科建设终期验收中被评为优秀。

完成教育部第五轮学科评估数据提交。

【科研产出持续提升】

完善科研管理制度,制订《重庆大学航空航天学院学术论文投稿管理办法(试行)》《航空航天学院科研成果绩效核算实施细则》。

2020 年获批国家自然科学基金 5 项,包括面上项目 3 项、青年基金 2 项、重点项目 1 项,合同经费 617 万元。年度新增项目 53 项,合同经费 1 258.276 万元,实到经费 1 927.54 万元。

教师在国内外学术期刊、国际会议上发表论文 122 篇,其中 SCI 期刊 104 篇,JCR 一区/二区论文占比 85.6%。

【队伍建设成效显著】

国家级人才计划取得突破,李卫国教授入选国家级人才计划,弘深青年教师周胜兵入选国家博士后人才计划。

持续推进人才引进,获批弘深青年学者 B 岗 1 人、准聘副教授 1 人;引进弘深青年教师 7 人,全职和联培博士后 6 人。

拓展海内外人才资源,2020 年获批省部级人才计划 2 人(瑞典马尔默大学 Ivan Argatov 教授,新加坡国立大学吕力教授)。

2020 年申报国家级人才 3 人,1 人进入会评,1 人进入国家级青年人才项目会评。

付绍云教授、胡宁教授连续 6 年入选爱思唯尔高被引学者榜单。付绍云教授、胡宁教授、邓明晰教授和学院外专计划引进专家 Feodor M. Borodich 院士入选"终身科学影响力排行榜"(Career)全球 2%顶尖科学家;付绍云教授、胡宁教授、邓明晰教授、张建宇教授、李元庆研究员、徐朝和研究员入选"2019 年度科学影响力排行榜"(Singleyr)全球 2%顶尖科学家。

【党建工作稳步开展】

2020 年学院有党员 157 人,其中教工党员 46 人,学生党员 111 人;正式党员 114 人,预备党员 43 人。下设 8 个支部,其中教工党支部 3 个,研究生党支部 4 个,本科生支部 1 个。落实党委主体责任和纪委的监督责任,切实履行"一岗双责",抓好廉政风险防控,不断压实推动"两个责任"贯通协同、形成合力,严格落实保密及意识形态工作责任制,推动全面从严治党向纵深发展。

贯彻执行习近平总书记关于疫情防控工作的重要讲话精神,落细落实学校新冠肺炎疫情防控的部署要求,号召全院党员为抗疫自愿捐款。修订完成《航空航天学院党委会会议议事规则》《航空航天学院党政联席会议议事规则》《航空航天学院"三重一大"决策制度实施办法》。扎实推进课程思政建设,承担课程思政项目 3 项。

开展“七一”系列主题教育活动，举行新党员入党宣誓仪式，表彰优秀共产党员7人、优秀党务工作者4人、先进党支部1个，走访慰问老党员、困难党员8人。

严把党员发展质量关，发展党员33名，转正党员20名。加强入党积极分子的教育培养，完成2批98名入党积极分子，4批34名发展对象的培养培训。

坚持以党建带群建促团建，充分发挥工会教代会、共青团组织的桥梁和纽带作用，重视民主党派和党外知识分子在学院发展中的重要作用。

（撰稿人：刘　畅）

汽车工程学院

【概况】

2020年，汽车工程学院设有车辆工程和工业设计本科专业，车辆工程专业设置汽车设计制造与试验、新能源汽车、智能网联汽车、汽车发动机4个专业方向，“车辆工程”本科专业是国家特色专业，也是重庆市和国家一流本科专业。拥有“车辆工程”博士学位点、“车辆工程”和“动力机械及工程”硕士学位点，“车辆工程领域”工程硕士学位点，“车辆工程”学科为国家重点学科。

截至2020年底，学院有教职工62人，其中正高27人，副高17人，中级职称11人。2020年学院晋升副高职称1人，新入职副教授1人、弘深青年教师1人，新聘兼职教授1人、客座教授1人。胡晓松老师获批中国汽车工业优秀青年科技人才奖及“重庆英才计划·创新创业领军人才”。

学院围绕“电动化、智能化、网联化、共享化”发展趋势组建科研团队，加快科研实验平台建设，不断提升科研创新能力。2020年学院新能源动力传动系统、动力电池、氢燃料电池、汽车热管理与CFD、汽车NVH、可穿戴—人机交互模拟驾驶、智能网联汽车实验车、智能制造仿真与多人协同虚拟现实等8个科研平台，显著增强了学院的科研创新能力，有力地支撑了学院承担的国家重点研发计划、国家自然科学基金、重庆市科技计划项目等一批国家级、省部级项目的实施。2020年学院科研工作增长迅速，新增科研项目63项，其中纵向项目29项。累计实到经费2 044万元，其中纵向经费1 136万元。申报国家自然科学基金各类项目20项，获批5项（其中，面上项目4项，青年科学基金项目1项）。牵头申报国家重点研发计划项目1项，参与课题/子课题4项。在国内外学术期刊上发表期刊论文147篇，其中A级论文79篇，B级论文41篇，C级论文22篇。获权发明专利26项。获得各类科技奖励7项。学院胡晓松老师被评为2020科睿唯安全球高被引学者、2020爱思唯尔中国高被引学者。胡晓松老师获得IEEE智能交通系统杰出青年学者奖、APPLIED ENERGY最佳论文奖、IEEE最佳车辆电子论文奖、瑞士Energies杰出青年成就奖（全球每年度仅一人入选）、世界新晋可持续领域领袖奖(全球仅两人获奖,第一位中国籍获奖者),被评为日本学术振兴会外籍特聘研究员。

目前,车辆工程本科专业每届招收 5 个班,工业设计本科专业招收 1 个班,现有在校本科生 630 余人。2020 年学院积极开展教改研究和改革,立项 2 个市级教改一般项目,3 个校级实验教改项目,1 个校级一般教改项目,1 个产学合作协同育人项目;发表 2 篇教改论文;顺利结题 1 个市级重大教改项目、1 个市级一般教改项目。积极推进大学生创新实践教学,提升本科生创新能力。2020 年完成国创市创项目申报 10 个,结题 9 个;SRTP 项目申报 3 个,结题 4 个。2020 年 8 月,学院本科生在 2020 年中国汽车工程学会年会上发表论文 2 篇,其中 1 篇论文获优秀论文奖励,入选会议精选集并被 EI 检索,汽车工程学院也获得了中国汽车工程学会颁发的学术创新院校荣誉称号。2020 年 11 月,方程式赛车队油车获全国大学生方程式赛车比赛全国总成绩三等奖、电车获全国二等奖;其中电车荣获单项奖轻量化全国第二名。

学院现有全日制在读研究生 610 余人,2020 年招收全日制博士 14 名、工程博士 5 名;学术硕士 48 人,专业硕士 57 人,协同 70 人;授位博士 11 名,硕士 154 名,工程硕士 12 名。积极组织学院老师申报研究生教改项目,6 人次申报成功市级项目 3 项,校级 3 项。完善研究生培养管理体系建设。完成 29 人次导师资格审核工作;完成学硕专硕的中英文及工程博士 5 个培养方案的修订;完成 41 位博士、754 位硕士的学位论文作假行为全面排查工作;全面顺利开展学位论文全部查重及首次全部盲审工作。

2020 年学院举办了第四届汽车文化节。学院将汽车文化节作为校企联系的重要平台。在汽车文化节期间,先后举办了短视频营销大赛、汽车文化节配音大赛等,吸引了 30 多家汽车领域相关企业现场招聘宣讲;汽车文化节上中科创达与重庆大学汽车工程学院签署战略合作协议。并授牌“校企协同育人基地”。汽车文化节已经成为学院的精品项目,在人才培养、校企合作方面起到了较好的桥梁作用,获得了较好的社会美誉度。

【学院整合】

2021 年初,经学校党委常委会研究,决定对机械工程学院、汽车工程学院、机械传动国家重点实验室进行整合。机械工程学院、汽车工程学院合并为机械与运载工程学院,简称机械学院,英文全称 College of Mechanical and Vehicle Engineering,简称 MVE。

(撰稿人:余红华)

重庆大学—辛辛那提大学联合学院

【概况】

2020 年,重庆大学—辛辛那提大学联合学院设有电气工程及其自动化和机械设计制造及其自动化两个本科专业。学院在编教职员工 9 人,均为管理岗位。

本年度，学院共招收新生 101 人，其中电气工程及其自动化专业 53 人，机械设计制造及其自动化专业 48 人。学院在校生规模达 483 人：电气工程及其自动化专业 269 人；机械设计制造及其自动化专业 214 人。

【党建工作】

本年度，面对新冠肺炎疫情的冲击和中美关系紧张化影响，学院党支部始终高举社会主义办学大旗，密切配合学校疫情防控部署，严格落实各项疫情防控措施，保障师生学习、工作有序开展；排除万难帮助在美国完成最后一年学业的 2015 级 77 名同学顺利回国；对家在国内中高风险区的学生和家中有疫情感染情况的学生进行重点关注，在学习和生活上给予帮扶，伴随他们度过最困难的时期。

全面践行“三全育人”理念，党员领导干部带头讲党课 2 次，党支部组织生活 22 次，针对青年学生开展主题学习教育活动 10 次，团日活动 130 余场，持续开展“我与书记面对面”一对一谈话，覆盖学生 80 余人次；学院持续开展“春芽计划”，每位教职工与一个班集体“结对子”，院长、辅导员、教务人员、实习指导老师等全员参与，管理下沉、教育下沉、送教上门，打造“全员育人型党组织”，全面提升党员服务群众水平。

着力打造“学习型”支部，本年度，学院牵头申报的“启航计划（大一工程）”辅导员名师工作室获成功立项；支部书记带头申报 2021 年度教育部高校思想政治工作精品项目——《以“大国工匠精神”为引领，构建校企协同课程育人体系》，凝练经验，将先进实践成果积极向同行宣传推广。

【教学工作】

本年度统筹安排课程 133 门次，其中全英文课程 95 门次，共有 9 位美方教师、44 位中方教师参与全英文课程教学，成功从校内相关单位选拔中方教师 5 人，为全英文授课师资队伍注入新鲜力量，形成教育背景优秀、学术功底深厚、语言能力突出的任课教师队伍。

以申报中外合作办学机构为契机，依据“宽口径、厚基础、重实践”原则，制订机械、电气、土木和软件 4 个中外合作办学专业大类培养方案，将通识教育、基础教育和专业训练有机结合，增大各阶段学生课程修读弹性，培养适应和引领未来的国际化复合型人才。

受新冠肺炎疫情影响，学院美方教师无法到校授课，2016 级学生无法赴美完成学业，学院教学管理团队全面谋划，制订切实可行的线上授课方案，成功跨越中美方教学平台差异和时空障碍，确保学院全年级线上线下正常开课和考核，学生平均出勤率 97%，课程目标达成度高达 93%；学院及时凝练线上教学经验并进行宣传报道，刊登在学校《教学信息窗》和全国《中外合作办学》杂志等媒介。

本年度学院继续加强教学过程管理和效果督导，实现全英文课程独立评价全覆盖，累计评价中方全英文课程 62 门次、美方全英文课程 33 门次，为学院国际化人才培养质量提供有力支撑。

为消除新冠肺炎疫情造成的学生赴国（境）外交流的顾虑，学院及时在学生和家长中加强宣传引导，制订鼓励政策，重塑学生参与国际交流的信心，本年度学院共有 82 名学生参加 3 个月及以上出国（境）交流学习，其中 79 人在国内通过线上方式参与，2 人在目的国交流学习，1 人线下、线上接续式交流学习，新增中国港澳台地区及外籍专家交流(线上)37 人次,规模与去年持平。

学院继续在教育教学改革方面进行积极探索,《Co-op 项目培训》作为学校唯一一门社会实践类课程被教育部认定为首批国家级一流本科课程,同时被重庆市教委认定为重庆市一流本科课程,开创重庆大学社会实践类课程的先河。新增教育部产学合作协同育人项目 3 项、重庆市一般教改项目 1 项、校级线上线下混合式课程建设项目 1 项,创历史新高。

【Co-op 实习】

学院继续开设 Co-op 实习简介、工程实习教育等特色专业课程,提升学生职场素养,引导学生树立职业规划,明确学习目标。加强与企业协同育人。学院开发合作企业数达 60 家,其中世界 500 强企业 14 家,国家各类先进技术研究院(所)14 家。实习岗位类型更加多元化,囊括主流工程领域技术岗位,诸如机械结构工程师、电气工程师、嵌入式软件工程师、AI 算法工程师等。

学院积极支持学生参与科研实习,2020 年度累计发表期刊论文 20 篇,其中以第一作者发表 SCI 一区和 SCI 三区论文共 8 篇;获准专利 30 项;软件著作权 2 项;代表重庆大学参加 Robocon 全国机器人大赛获三等奖;参加"互联网+""挑战杯"等创新创业比赛获省部级及以上荣誉 14 项,参加全国大学生机器人大赛 Robomaster、Robocon 等学科竞赛获省部级及以上荣誉 6 项。

由于新冠肺炎疫情的暴发,教育部下发文件暂停一切实习实训活动。为保障学院 Co-op 系统性工程实践课程的教学目标顺利实现,学院制订了《新冠疫情期间 Co-op 实习临时调整方案》,通过远程实习、参与社区抗疫、文献调研等多样化、灵活性的实习形式,在保障学生安全的前提下有条不紊地开展实习活动;通过线上回访企业导师、不定期抽查学生实习内容等方式监督保障远程实习质量。经过学院、企业、学生三方的通力协作,本年度共有 274 名学生、410 人次圆满完成了 Co-op 实习任务。

【学生培养成果】

本年度,学院 2020 届共毕业 91 名学生。其中 7 名同学获得辛辛那提大学最优等荣誉学位(Summa Cum Laude),15 名同学获得辛辛那提大学极优等荣誉学位(Magna Cum Laude),12 名同学获得辛辛那提大学优等荣誉学位(Cum Laude)。

77 人继续深造,其中 57 名同学拿到哥伦比亚大学、宾夕法尼亚大学、康奈尔大学、新加坡国立大学、杜克大学、卡耐基梅隆大学等世界一流大学录取通知书;20 名同学被保送至上海交通大学、西安交通大学、同济大学、哈尔滨工业大学(深圳)等国内著名高校深造,年级总深造率 84.6%,海外升学率 62.6%。就业学生成功签约国家电网、厦门集团等海内外优质企业,就业成果丰硕。

本年度,在严峻疫情和复杂的中美关系考验下,学院顺利完成各项教学任务,开启立德树人、"三全育人"新篇章,为学校的"双一流"建设和国际化办学做出了新的贡献。

(撰稿人:李　璀)

建筑学部

建筑城规学院

【概况】

党建工作方面:扎实推进基础建设,重点聚焦党建合力。进一步落实“不忘初心、牢记使命”制度化要求,坚持中心组学习、开展“三会一课”、主题党日活动等,举办特色主题党日活动 57 次。以巡察问题整改为契机,落实全面从严治党战略部署,加大整改力度,补齐短板弱项。成立疫情防控领导小组,压实压紧防控责任,做好全院师生健康信息调查、疫情报告、疫情处理、档案留存、防疫医疗用品发放等工作。开展技术扶贫和消费扶贫工作,承担了开州区定点扶贫工作,通过“e 帮扶”购买重庆开州区、湖北、云南绿春县等地扶贫农产品。

人才队伍建设方面:学院现有教职员工 205 人,其中专任教师 174 人,其他专技教辅人员 31 人。学院围绕立德树人根本任务,强化师德师风引领机制,完善人才队伍的内部培育和缺位引进机制,扎实推动“三全育人”综合改革,着力构建“学术带头人+后备人才”相结合的人才梯队。2020 年引进教授 1 人,“弘深青年学者”1 人,弘深青年教师 8 人。

本科教学:申报全校通识课程 1 门,正在中国大学平台建设慕课 1 门。入选“2020 年重庆市线上线下混合式一流课程”1 门;建筑学、城乡规划、风景园林专业持续建设国家级一流本科专业,3 个专业均入选校级一流专业核心课程群,多专业学部联合毕业设计入选校级学科交叉课程,城市设计入选校级荣誉课程。新增重庆市高等教育教学改革研究项目 2 项(重大项目 1 项、一般项目 1 项),新增教育部高等教育司的产学合作协同育人项目 1 项,新增重庆大学教学改革研究项目立项 2 项,申报重庆大学教学成果奖 3 项,完成 3 项重庆市高等教育教学改革研究项目结题验收、6 项重庆大学校级教学改革项目结题验收,新增重庆大学示范性虚拟仿真实验教学项目 1 项。推荐 3 本教材申报重庆市优秀教材。新增专业实习基地 5 个,实习基地数量总计达 78 个。新增国家级大学生创新实践项目 7 项、市级 13 项、结题 14 项(其中 4 项优秀);新增重庆大学 SRTP 项目 10 项,结题 6 项(其中 1 项优秀)。新增重庆大学实验教学改革项目立项 1 项,完成结题 2 项。

研究生教学:精准转型,坚持招考改革,精细化区分学术型和专业型研究生招生特点,进一步推进“宽口径、跨专业、大考题、细方向”的招考改革方向。2020 年接收优秀应届本科推免生 78 名,较上一年增加 41.8%。4 名研究生获得国家建设高水平大学公派研究生项目;2 人获重庆大学项目交换或双学位项目。

2020 年申请获得招生资格的博士生导师 12 人,硕士生导师 20 人。获批重庆市研究生教改重大项目 1 项;入选重庆市市级研究生校企联合培养基地 1 个;扩充共建专业学位联合培养基地 2 个;获得国内竞赛奖 10 余项,获得国际竞赛奖 4 项。申请重庆市研究生科研创新项目 7 项;1 人获重庆市优秀博士论文,2 人获重庆市优秀硕士论文;2 人获重庆大学优秀博士论文,1 人获重庆大学优秀硕士论文;本学年研究生高水平论文发表共 54 篇。

思政教育管理:围绕“德才兼备”人才培养目标,以“打造学生工作精度、探索学生工作深度、提升学生工作温度”为出发点开展学生工作。利用“遇建”“青年大学习”“E 班”“学院官微”等平台,对学生进行思想教育引导,持续开展“红岩先锋”党支部建设,以“爱国爱党”“携手抗疫,共克时艰”等为主题的党团活动,获得“五四”评优表彰十佳团日活动等集体党团表彰 7 项。开展心理援助等方式保障学生健康成长,关注特殊群体学生的发展。举办“学霸工作室”“云端筑语对话”等,提升学生学习能力和学术水平;举办“建院嘉年华”“学生干部能力提升”“心理委员培训”等活动提升学生干部能力;打造“建行见美”“无止桥”等特色品牌,鼓励学生参与社会实践;开展趣味运动会、羽毛球赛、篮球赛等,促进学生文体发展。获得“重庆大学优秀研究生分团委、优秀研究生分会”“重庆大学暑假社会实践活动优秀组织单位”等集体荣誉称号。建立用人单位信息数据库,打造立体化就业信息发布平台;与 78 家单位建立实习实践基地,与 33 家单位建立研究生培养基地;建立就业服务社团,组织“校企开放日”等活动;将生涯规划教育融入各类就业指导活动。升学率 45.3%,获重庆大学就业工作先进集体奖。

学科及实验室平台建设:建筑学、城乡规划学、风景园林学 3 个学科均以优秀成绩通过重庆市“十三五”重点学科建设验收;建筑学顺利通过第 6 次教育部专业评估,本科、硕士获得双优秀;顺利完成城乡规划专业评估中期督查工作。与土木工程等学科持续建设“山地城镇建设与新技术”教育部重点实验室、重庆市“山地城镇安全与减灾防灾协同创新中心”等 9 个省部级学科平台。跟踪重庆市“8+3”发展战略,围绕学院“山地城乡智慧人居”学科提升计划,启动“国际山地城乡智慧人居中心”平台的筹备工作。

科学研究:2020 年学院纵向项目新增 23 项,到账经费 1 992.482 万元;横向项目新获批项目新增 111 项,到账经费 2 933.97 万元。学院 13 人获得国家自然科学基金项目资助,相较 2019 年的获批项目增长 1 倍,合同经费 550 万元;此外学院获批国家重点研发计划(子课题)1 项,重庆市技术创新与应用发展专项 2 项,中国博士后基金项目 2 项,重点实验室开放基金 2 项。发表期刊论文合计 183 篇,其中 A 级期刊 47 篇,B 级期刊 55 篇;出版专著 7 部,译著 1 部,编著 7 部,主编及参编地方行业标准各 1 部,专利获权 5 项,软件著作权 3 项。设计类获奖成果丰硕,获国际风景园林师联合会风景园林奖(IFLA AAPME)卓越奖 1 项;全国优秀城乡规划设计奖 9 项,其中一等奖 1 项(自 2001 年以来重庆市再次获得该奖项),二等奖 1 项,三等奖 4 项;首次获得第十三届全国美术作品展览入选作品 6 项;重庆市优秀工程勘察设计奖一等奖 1 项,二等奖 1 项;重庆市优秀城乡规划设计奖一等奖 1 项,二等奖 3 项,三等奖 1 项;重庆市美术作品展三等奖 6 项。2020 年上半年虽受疫情影响,但本年度学院主办、承办各类线上线下学术研讨会议及学术讲座 136 次,恢复线下教学以来周均 4~5 场学术会议。

对外交流与合作:制订学院《“十四五”国际化发展专项规划》及《国际化工作方案》,谋划部署未来五年国际化发展思路与举措。2020 年学院留学生人数共计 45 人,硕博高层次学历生占比 75.6%,留学生规模稳步增长。与 2 所世界一流大学(英国谢菲尔德大学、西班牙马德里理工大学)签署合作协议,构建中欧不同学历层次学生的双向流动体系,并已接收对方 4 名学生。通过国家创新型国际人才合作培养项目答辩(全校今年唯一)。精进全英文授课培养方案,加强线上课程建设,保障境内外留学生培养质量。举办“高水平 SCI 国际期刊论文写作”系列学术讲座,邀请国外知名期刊主编与学院师生云端会晤。鼓励师生参加线上国际学术交流,本年度共有 29 人次师生参加重要国际学术会议并做报告。加强与境外留学生的联络沟通和学业追踪,确保将留学生管理工作落实到每位学生。

【主办 2020 年全国环境声学学术会议】

2020 年 11 月 20 日,“2020 年全国环境声学学术会议”在重庆大学建筑城规学院建卒厅顺利召开,本次学术会议以“智慧城市,健康未来——环境声学的发展与机遇”为主题,由中国声学学会环境声学分会、重庆大学建筑城规学院、重庆市声学学会联合主办,来自中国科学院声学研究所、同济大学、厦门大学等单位近 90 位专家及企业代表出席了本次会议,就环境声学领域中室内噪声控制、交通噪声、机场噪声、新型降噪材料、标准化、噪声防控立法等多个领域进行了深入交流。

【举办首届重庆大学光影艺术节】

2020 年 12 月 19—22 日,首届“重庆大学光影艺术节”在重庆大学建筑城规学院中庭顺利举行,此次活动由重庆大学建筑城规学院、重庆大学土木建筑学会、亚洲照明设计师协会联合主办。活动展出了来自重庆大学建筑城规学院、四川美术学院公共艺术学院艺术与科技系、重庆大学材料科学与工程学院、加拿大多伦多大学的 23 组作品。此次光影艺术节是研究生课程改革的示范项目,是产学研一体化的优秀案例。

【《西部人居环境学刊》创佳绩】

2020 年,学院主办的《西部人居环境学刊》入选建筑科学领域高质量科技期刊分级目录 T 3 级;在《中国学术期刊评价研究报告》中被评为 RCCSE 中国核心学术期刊(A);入选中国高校期刊研究会 2020 年优秀期刊;在“CNKI 中国学术期刊影响因子年报”中位列 Q1 期刊。围绕抗疫推出的微信笔谈:“突发疫情后健康人居环境笔谈”与“中国城市百人论坛 2020 青年论坛 No.1”社会影响良好。

(撰稿人:黄　著)

土木工程学院

【概况】

2020 年,土木工程学院全体师生积极应对新冠肺炎疫情,排除困难、适应新形势和新要求,采用多种灵活形式保障了学院各项工作的正常开展和持续推进,在贯彻落实“立德树人”根本任务和建设“一流学科”等方面均取了新的进展。党委工作取得新突破:学院党委在2020年重庆市新时代高校党建“双创”工作中被评为重庆市党建工作标杆学院;积极承担定点扶贫相关工作,超额完成了工作任务;队伍建设持续推进:周绪红教授获全国创新争先奖和何梁何利奖,周绪红教授、杨永斌教授获重庆市杰出英才奖,新增国家级人才5人次、省部级人才3人次;科学研究成果突出:主持项目获国家科学技术进步二等奖1项(通过初评已公示);入选爱思唯尔2019年高被引学者2人;学科平台建设取得新发展:本年度,完成土木工程一流学科建设周期(2016—2020)自评估专家论证会。专家组一致认为:重庆大学土木工程一流学科建设目标达成,成效显著,贡献卓越,能力超强;低碳绿色建筑国际联合研究中心评估获优;专业建设持续推进:两个专业获首批国家级一流专业建设点,荣获首批国家级一流课程2门,获批国家级教改项目1项;国际化工作扎实开展:科技部外专项目获批两项。建立了由在职教职工、离退休教师和学生疫情防控工作小组等组成的覆盖全员的防控组织机构,搭建了疫情防控管理体系,有效保障了学院工作开展。

2020年,土木工程学院设有土木工程、建筑环境与能源应用工程、测绘工程、城市地下空间工程4个本科专业;设有土木工程一级学科博士后流动站、土木工程一级学科博士点、土木工程一级学科硕士点和建筑与土木工程工程硕士点,土木工程学科为国家一流建设学科。

2020年12月31日学院在编教职员工280人,其中教学科研岗位209人、师资博士后5人、弘深青年教师15人,专职科研人员3人,实验技术岗位28人、辅导员岗位7人、管理岗位13人,教授(研究员)84人,副教授76人,博士生导师79人。教师队伍中有国家级人才35人次,省部级人才55人次,重庆市创新团队1个,重庆市级教学团队2个。

【党建工作】

本年度学院党委入选重庆市首批新时代高校党建“双创”培育创建单位,研究生防灾研究所三党支部被评为重庆大学党建工作样板支部。

疫情防控和定点扶贫方面,学院党委高度重视疫情防控工作,组建防控工作组,建立相关管理制度,召开系列会议部署工作,组织党员自愿捐款,带头做好师生思想教育工作及学生返校保障工作等;积极承担定点扶贫工作相关任务,成立专项工作小组、召开系列会议落实工作精神,带头通过e帮扶平台采购物资、发放物资,超额完成了工作任务。

党的政治建设方面,学院党委召开党委会、党委(扩大)会17次;党委委员和师生党支部书记开展专题党课40余次;理论学习中心组进行专题学习、研讨11次;各单位固定在单周进行政治理论学习200余次,师生党支部固定在双周开展组织生活600余次。

基层组织建设方面,本年度共有246名积极分子培训合格、153名发展对象培训合格。召开党支部书记工作例会4次、专题培训会3次。完成277名毕业生党员组织关系转移工作。学院创新调整支部设置,成立长江学者创新团队研究生支部。组织开展民主生活会、民主评议党员,召开领导班子成员、支部考核述职会；坚持以党建带群建，定期召开统战工作座谈会，主动研究指导学生及社团相关工作。

党风廉政建设方面，根据校党委第四轮第一巡察组意见，学院党委按照巡察整改要求及时整改。学院党委定期专题研究部署党风廉政建设工作，将党风廉政建设工作与学院中心工作同研究、同部署、同督促、同检查；定期听取纪委工作汇报，加强对学院各方面工作的监督，形成学院齐抓共管、上下联动的全面从严治党格局，营造良好政治生态。

主题教育方面，学院党委召开"不忘初心、牢记使命"主题教育总结大会，对本阶段工作进行了总结，对后续工作开展进行了部署安排；健全完善工作机制，加大执行力度，通过修订完善党委会、党政联席会议事规则、"三重一大"实施办法等不断完善党建工作机制，切实保障整改措施落实到位。

【行政管理工作】

2020 年度学院共召开党政联席会 16 次，学术委员会 12 次，学位评定分委员会 8 次，教学委员会 5 次。

疫情防控方面，建立了由职教职工、离退休教师和学生疫情防控工作小组等组成的覆盖全员的防控组织机构。先后制订了《土木工程学院关于做好疫情防控和开学准备有关工作的实施方案》和《土木工程学院关于行政人员、辅导员返岗疫情防控措施的补充通知》等多个办法措施，搭建疫情防控管理体系。

管理制度方面，明确岗位补充原则和协作方案，将 AB 角岗位职责纳入岗位考核内容，形成《土木工程学院机关岗位设置及协作方案》，深化行政管理人员协作方案。

办公环境改善方面，开展建工馆一楼地板整修、中央空调室外机移机工作以及会议室和教师办公室改造等工作。同时制订了《土木工程学院公房使用管理办法》进一步强化办公用房管理。

离退休工作方面，组建离退休教师疫情防控小组，点对点联系全院 170 余名离退休教师，对因疫情影响生活不便的老师及时提供帮助关心。

【人才队伍建设】

周绪红院士荣获全国创新争先奖和 2020 年度何梁何利奖，周绪红院士和杨永斌院士荣获重庆市杰出英才奖，王宇航教授荣获 2019—2020 年度重庆青年岗位能手标兵。2020 年新增国家级人才 4 人次；新增省部级人才 3 人次。学院引进 1 名中国港澳台籍教授、1 名弘深优秀学者 B 岗教师、1 名副研究员、2 名青年教师、2 名准聘副教授，7 名弘深青年教师特别资助岗，3 名弘深青年教师重点资助岗。新增 2 名正教授，5 名副教授。

【本科教学】

2020 年共招收本科生 481 人，2020 届毕结业生人数为 498 人。本年度正常开设土木工程、建筑环境与能源应用工程、测绘工程、城市地下空间工程和勘查技术与工程 5 个本科专业的课程，其中勘查技术与工程于 2017 年停止招生，2020 届为最后一届毕业生；2016 级土木工程卓越班继续开展了校企联合毕业设计，效果不断提升。本年度第二次实施大类分流工作，2019 级土木类学生进行了专业分流，绝大多数学生进入第一志愿的专业学习；抗疫期间在线教学平稳推进。对标专业认证要求，再次全面修订课程大纲要求，执行目标达成度评价;3门课程立项校级三进课程;出版教材10部,4部教材获评市级优秀教材,发表教研论文18篇。2个专业获批一流专业核心课程群。获市级精品在线开放课程2门,2门课程获批国家一流课程。获批市级教改项目5个,校级教改项目4个。获批国家级新工科研究与实践项目1个。

【研究生教育】

2020年共招收研究生448人,其中博士研究生88人、硕士研究生360人(含外籍博士3名、硕士7名)。2020年成功举办了大学生暑期夏令营,从来自全国90余所高校的461名学生中择优遴选了154名本科生参加。为进一步提升研究生培养质量,推进本硕博贯通培养模式,学院对学术型及专业型博士、硕士研究生培养方案进行了修订,取消调整了28门课程,新开设31门课程,共开设全英文专业课程16门、校企联合课程8门;选派61名研究生督导专家组老师完成了87次课程同行督导评教。制订了《土木工程学院关于研究生导师招收博士、硕士研究生的规定(重大土木〔2019〕20号文的补充规定)》。新增重庆市研究生教改项目1项、重庆大学研究生教改项目5项、重庆市联合培养基地2项、第一届教育教学改革研究优秀成果奖3项、重庆市教学成果奖5项、中国学位与研究生教育学会研究生教育成果奖2项、重庆大学中文精品课程1门。推荐申报重庆大学全英文精品课程4门、重庆市研究生优秀教材3本。研究生积极申报项目,14个研究生科研项目获批"重庆市研究生科研创新项目"。2020年度共获评重庆市优秀博士论文2篇、重庆市优秀硕士论文2篇,重庆大学优秀博士论文4篇、重庆大学优秀硕士论文8篇。学院严把学位论文质量关,自2020年8月起实行研究生毕业论文全盲评制度。2020年授位研究生413名,其中45名获得工学博士学位、158名获得工学硕士学位,210名获得工程硕士学位。

【科学研究】

2020年,学院新增科研项目275项,合同经费9 773万元,实到经费8 596万元。国家自然科学基金项目27项,获批项目数创历史新高,其中国家重大科研仪器研制项目1项、联合基金重点支持项目1项,合同总经费2 211万元。发表期刊论文553篇,其中SCI 344篇,中文A级51篇,中文B级20篇;出版科技著作8部,编著3部,译著6部;获校级及以上奖励37项,其中国家科技进步二等奖1项,省部级奖6项;获权专利168项,其中发明88项、实用新型80项。主编及参编国家标准1部,行业标准9部、其他标准24部。主办、承办国内外学术会议10场次。

【学生工作】

2020年有全日制本科生1 954人、研究生1 507人。积极组织线上主题团日活动,创作抗疫歌曲、诗词、漫画,开展线上宣传,关怀疫区和留校学生,鼓励学生参加抗疫志愿服务。夯实学工队伍,做好青年教师专职辅导员、兼职辅导员和班导师的聘任工作。完成宿舍党团活动室建设。开展学生安全、法制、心理健康、职业生涯等专题系列教育和活动。继续推进学业困难学生帮扶,扎实开展新生入学教育活动,特邀王宇航和刘纲教授做研究生新生科研方法报告及给本科生讲第一课。坚持开展"职海启航"系列活动,组织学生到中建海龙装配式建筑基地、重庆京东方项目观摩实践,走访中建四局三公司广西分公司实习基地等。克服疫情困难,举办线上简历指导、线上求职讲座、与三峡大学土木与建筑学院线上就业工作交流和线上招聘会等活动,荣获重庆大学就业工作先进集体。继续推进校企合作,世茂集团、建发房产、重庆前卫集团、重庆道远景观和酉阳冉湖茂建筑公司等设立了奖助学金,中建一局建设发展、基准方中、华润置地和中建二局西南等企业支持学生活动。举办三十四届"冬之声"系列活动、"土木研杯"篮球赛、足球赛和重阳慰问老教师等文体志愿活动,研究生卫冕"羽林争霸"赛冠军。学生荣获第十三届全国大学生节能减排社会实践与科技竞赛一等奖、高校学生钢结构创新竞赛一等奖等学科竞赛奖项。

【国际化】

2020 年度新招收 6 名来华留学学历学生;新招收 4 名中国港澳台地区学历生;派出 424 人次学生参加各长、短期(含线上)海外学习交流活动,其中 26 名长期生(交流 3 个月以上);学生出国(境)深造 30 人;教师参加重要国际会议分论坛并做主题报告 6 人次;中国港澳台地区及外籍教师短期来访 14 人次;与国(境)外大学签署 1 份联合培养、合作研究协议;在国际学术组织、专业性国际组织任职主要负责人新增 8 人;新增中国港澳台地区长期教师 1 人;新增国际联合研究平台、中心、机构/区域国别研究中心 1 个。土木工程学院在重庆大学各个学院的国际化综合评分排名第 2。

【实验中心】

2020 年,学院实验中心承担了 196 个教学班、71 192 人次本科生的教学实验(不含研究生实验人数)。本科生参加国家级大学生创新实验项目 9 项,市级大学生创新实验项目 18 项,重庆大学大学生科研训练计划 21 项,获重庆市大学生创新创业大赛金奖 1 项。新增实验课程 3 门,积极推进虚拟仿真实验教学,土木工程施工课程获 2020 年重庆市线上线下混合式一流课程认定。完善了学院实验安全管理体系,制订了中心管理办法并统一制作了安全标识、房间危险源标识卡。推动土木工程国家级实验教学示范中心建设工作,从实验教学改革、实验教学与理论课结合、科研实验支撑人才培养与建设、科研实验平台转化为教学实验平台、科普工作与育人阵地建设等方面梳理了工作要点。乌龟山实验室群建设土建完成招投标,回转式风洞实验平台研制采购招标,结构实验室性能提升完成,燃气实验室改造完成立项。

(撰稿人:李　鑫,陈培稚)

环境与生态学院

【概况】

重庆大学环境与生态学院设有水科学与工程、环境科学、环境工程、环境生态工程 4 个系以及给排水科学与工程、环境科学、环境工程、生态科学与工程 4 个本科专业,给排水科学与工程、环境工程为国家一流本科专业建设点,环境生态工程获批推荐申报国家一流本科专业。

学院现有教职员工 146 人,其中教授 34 人,副教授 47 人;管理人员 12 人,专任教师 93 人,弘深青年教师 19 人,师资博士后 4 人,辅导员 6 人,实验室 12 人。学院制订人才引育政策,优化教师队伍,2020 年学院引进各类人才,已通过学校批准 37 人,目前到岗 18 人,其中弘深青年学者 B 岗 4 人,弘深青年教师 13 人,实验室 1 人;学院新增重庆市英才计划青年拔尖人才 2 人,重庆市第三届学术技术带头人后备人选 2 人。

学院现有环境科学与工程、生态学 2 个一级学科博士授权点;环境科学与工程、生态学 2 个一级学科博士后科研流动站。学院有 1 个教育部重点实验室——三峡库区环境与生态重点实验室,1 个国家级实验教学示范中心——城市建设与环境工程实验教学中心,1 个国家工程实践教育中心和 1 个重庆市工程实践教育中心,3 个市级重点实验室和 4 个市级实验中心。学院还有重庆市城镇污水处理技术装备创新战略联盟研究中心;学院还与土木工程学院共建 1 个国际联合研究中心——低碳绿色建筑国际联合研究中心,1 个教育部国际联合实验室——“绿色建筑与人居环境营造”教育部国际联合实验室,1 个教育部和国家外专局联合基地——111 引智基地。

2020 年,面对突发的新冠肺炎疫情,学院切实做好疫情防控预案,坚持“日报告、零报告”;成立工作专班,全年无疫情发生。切实做好扶贫工作,认真落实云南绿春科技环保扶贫工作,认购绿春农产品 7.5 万元,湖北扶贫农产品 1.5 万元。学院全年召开中心组学习 12 次;指导支部召开“三会一课”、主题党日活动总次数 380 余次;发展党员 82 名,培养入党积极分子 99 名,上交党费 17 万元。在《思想理论教育导刊》等核心期刊发表理论学习、课程思政研究成果 6 篇;接受学校党委第七轮巡察,并配合巡察开展了深入整改工作。“重庆留学生意识形态安全与风险防范对策研究”获重庆市发展研究奖二等奖。

学院新增国家一流课程 1 门,重庆市一流课程 1 门,校级一流专业核心课程群 2 项,荣誉课程 1 门,线上线下混合式课程 2 门,非限课程 10 门,三进课程 3 项。本年度学院共完成了 99 门理论课程 152 个教学班、69 门实践教学(含实验、课设、实习、实践)195 个教学班的教学任务。学院获国家级创新训练项目立项 5 项、市级创新训练项目立项 6 项、SRTP 立项 13 项。立项重庆市教改项目 1 项,校级教改项目 3 项,新增教学实践基地 2 个;7 名教师参加微格诊断,一教授团队以正高组第一名的成绩被推荐参加 2020 年重庆市高校教师教学创新大赛。学院积极搭建网上直播平台,通过线上直播进行招生宣讲,网络直播点击量累计超 3 万,同时也组织近 20 场线下宣讲会,覆盖了江西省所有地区和知名高中,学校在江西省的录取位次理工类较去年提高 122 位,文史类较去年提高 47 位,学院获重庆大学招生宣传工作一等奖。

学院成功举办“荟集直辖重庆,关注生态环境”网络夏令营,全年举行研究生招生面试 41 场次,“985”“211”优质生源高校录取比例分别为 29.03%、30.65%。全面推行研究生论文双盲制度,双盲率达 100%。学院获准重庆市研究生导师团队建设项目 1 项;获得重庆市研究生联合培养基地建设项目 1 项;获准“国家建设高水平大学公派研究生项目”联合培养博士生 2 名、直攻博研究生 3 名。本年度研究生作为主要作者发表 SCI 论文 158 篇(其中二区及以上 127 篇),承担科研创新项目 7 项,参加国家级及行业竞赛获奖 16 人次。研究生培养质量提升明显,获校优博 3 篇,校优硕 8 篇;一流水准毕业博士 12 人,占比 52.17%;一流水准毕业硕士 4 人,占比 2.30%。

2020 年,学院获批科技部重点研发计划课题牵头 2 项;获批国家自然科学基金 16 项;军工项目 1 项,省部级项目 10 项,横向科研项目 80 项。学院实到科研经费总计 6 700 万元,其中纵向 5 600 万元,横向 1 100 万元。全年发表各类论文 242 篇,其中 SCI 收录论文 212 篇,自然指数 16 篇,一区论文 176 篇;获得各类科技奖励共 5 项,其中获得国土资源科学技术奖二等奖 1 项,重庆市科技进步二等奖 1 项,中国黄金协会科技奖二等奖、三等奖各 1 项,绿色矿山科学技术奖二等奖 1 项。

学院邀请德国科学院院士 Andreas Schaeffer 教授团队,通过网络联合指导本科毕业生进行论文研究,并进行网上答辩。邀请 Andreas Schaeffer 教授、Martina Ross-Nickoll 教授等就全球环境变化与生态安全前沿研究进行线上主题演讲。师生线上参加重要国际会议并做报告 9 人次,其中主旨报告 1 人次,教师参加线上国际学术会议 11 人次。学院积极开拓国内资源,加强与国企、央企的战略合作,先后与深圳市环水投资集团有限公司、西南兵工重庆环境保护研究所有限公司、核工业西南勘察设计研究院有限公司、中建三局绿色产业投资有限公司、中国科学院武汉水生物研究所等签订了战略合作协议,学院充分发挥学科及人才优势,与企业就科技创新、人才培养、项目合作等达成共识进行广泛的合作。

(撰稿人:唐　亮)

管理科学与房地产学院

【概况】

2020 年,管理科学与房地产学院设有管理科学与工程一级学科博士点和博士后流动站;学院设有工程管理、房地产开发与管理、工程造价、财务管理 4 个本科专业(均被评为 5★级本科专业)及工程管理(智能建造)和工程管理(国际工程方向)两个专业方向。工程造价本科专业以优异成绩通过住房和城乡建设部高等教育工程管理专业评估委员会首次评估。

学院在编教职员工 92 人,其中教授 17 人,研究员 1 人,副教授 40 人,讲师 21 人。新晋升正高职称 2 人,副高职称 2 人。

截至 2020 年底,学院有国家级教学团队 1 个,市级教学团队 1 个,校级本科教学建设团队 2 个;国家级优势特色专业 1 个,国家一流专业 3 个,重庆市一流专业 1 个,市级优势特色本科专业 2 个;国家一流课程 2 门,重庆市一流课程 4 门,国家级精品课程 2 门,市级精品课程 1 门,校级精品课程 2 门,市级精品资源共享课程 1 门,校级精品资源共享课程 3 门;“十一五”国家级规划教材 12 部,“十二五”国家级规划教材 5 部,“十三五”住房和城乡建设部规划教材 5 部。

【人才队伍建设】

选拔推荐学院教师申报人才项目 15 项(含国家级 3 项、市级 9 项、校级 3 项)。申立银教授连续六年入选中国高被引学者;毛超老师、蔡伟光老师入选 2020 年重庆英才计划青年拔尖人才项目;香港理工大学沈岐平教授获重庆市高等学校巴渝学者讲座教授称号。2020 年教师节表彰,洪竞科老师入选重庆大学十大优秀青年教师;侯文华老师获得第八届最受学生欢迎老师称号;刘勇、陈萌、徐鹏鹏获先进工作者称号。完成新进教师培训4人次。完成教师资格认定2人次。拓展引才渠道,着力推动大管科建设,引进弘深青年教师2人。6名教师完成正高、副高职称申报工作,其中2名教师晋升教授,2名教师晋升副教授。完成校学术委员会委员候选人、学部学术委员会委员候选人推荐以及学院学术委员会换届工作。开展重庆市英才计划入选者、巴渝青年学者、青年教师聘期考核,以及A类合同人员转编考核工作,曹轲老师、李志杨老师转编。

【科研】

学院拥有重庆市重点社科基地——建设经济与管理研究中心、校级研究基地——重庆大学可持续建设国际研究中心、重庆大学城乡建设与发展研究院、国际建筑经济与管理研究中心等科研平台,重庆大学—中海地产集团职业发展研习中心、工程管理及房地产教学实践中心等教学科研实践基地。

2020年度新增立项国家项目3项(其中国家自然科学基金面上1项,青年2项);新增省部级项目10项(其中重庆社科规划项目5项,重庆科委项目4项),新增其他纵向项目3项。全年共发表的英文论文53篇,其中国际期刊A级30篇、国际期刊B级12篇、国际期刊C级8篇。2020年度发表中文A级期刊2篇、B级期刊1篇。截至11月底,共有23篇ESI高被引论文,其中16篇以学院老师为第一作者或通讯作者。全年到账项目经费总额1 657.16万元,其中纵向经费到账270.03万元,横向经费到账1 387.13万元。全新新签合同金额1 615万元,其中合同金额100万元以上的项目2项。

管科学院扎实推进各项科研活动,助力疫情防控。刘贵文教授应邀参加重庆市政府组织的"关于应对新冠肺炎疫情影响促进房地产市场平稳健康发展"的专家研讨会,为推进疫情防控工作建言献策;向住建系统提交《新冠肺炎疫情对重庆市房地产市场的影响分析与政策建议》的研究报告,并为国家住建部出台相关政策提供智力支持。叶晓甦教授就财政部PPP中心组织的关于"PPP如何助力打赢疫情防控阻击战"系列问题作专题发言,从公共卫生事件属性、成立疫情PPP项目合作中心、发挥财政资金的乘数效应等方面提出建议。王林教授成立"新冠肺炎应急管理"课题组,开展新冠肺炎风险感知、企业影响及防控问题等研究,向有关部门提交《停课不停学的网络教学问题及建议》《关于稳妥创建五好无疫社区,逐步释放居民恐慌压力的建议》等11篇建议。叶贵教授参与国家自然科学基金应急课题"重大突发公共卫生事件下公众风险感知、行为规律及公众情绪引导"的申报等工作,提交了关于《构建'四位一体'管控体系,标本兼治新型冠状病毒网络谣言》的政策建议。

【学生】

2020年学院共有全日制本科生1 014名,其中各有280余人获得各项奖、助学金;有22人获得"优秀共青团员"称号,24人获得"优秀共青团干部"称号;40人荣获校"优秀学生"称号,32人荣获校"优秀学生干部"称号,另有36人获得校"先进个人"荣誉称号;2个班级获得重庆大学"争先创优"先进班集体,5个寝室获得重庆大学"争先创优"文明寝室。2020年奖励品学兼优的学生共计300余人次,发放"奖、助、勤、补"合计90多万元。2020年学院共有本科毕业生273名,本科毕业生就业率达96.70%,荣获学校"就业先进集体"称号。

2020 年录取全日制硕士研究生 149 人，全日制博士研究生 27 人，非全日制硕士研究生 251 人。本年度授予硕士学位 186 名，其中全日制学术硕士研究生 71 人、全日制专业硕士研究生 82 人，非全日制专业硕士研究生 33 人。授予学历博士学位 6 人。本年度在市级荣誉方面，共有 2 人获“优秀毕业研究生”称号，1 人获“市三好学生”称号，1 人获“精神文明建设先进个人”称号，1 人获“志愿服务活动先进个人”称号，1 人获“创新能力提升先进个人”称号，1 人获“艺术教育活动先进个人”称号。24 人获“校优秀毕业研究生”称号，53 人获“校优秀研究生”称号，32 人获“校优秀研究生干部”称号，3 人获“精神文明建设先进个人”称号，3 人获“青年志愿者先进个人”称号，3 人获“科技学术创新先进个人”称号，3 人获“体育活动先进个人”称号，3 人获“文艺活动先进个人”称号。2020 年毕业研究生就业率达到 98.27%。

【国际合作与交流】

学院深入贯彻《重庆大学国际化发展规划（2020—2029 年）》，全面落实《关于加快推进学院国际合作交流的指导意见》，以“坚持以我为主、实施全面开放、加强统筹推进、聚焦提质增效”为工作原则，围绕 STRIVE（奋进）这一核心理念，对标一流，制订学院国际化工作方案，进一步强化学院国际化发展理念，充分利用和拓展国际优质资源，切实提高学院人才培养、科学研究、师资建设以及管理服务等国际化水平。

创新学生国际化培养模式，构建多元化人才培养体系，学院推动实施“A Journey to a Better Me”海外名校在线学术冬令营，与新加坡国立大学、南洋理工大学、香港大学在线课程及微软实训课程，包括虚拟与增强现实科研、人工智能实验室科研、创新管理、工业 4.0 等前沿课程，为学生提供拓宽视野、提升实践创新能力的平台，30 余名学生参与并获得结业证书。审慎研判海外疫情风险，确保学生健康和安全，取消 2020 年“我们梦想的未来都市”日本短期访学项目，并妥善处理退款等各项事宜，保障学生权益；与英国拉夫堡大学（Building 领域英国第一）2+2 本科联合培养项目进入协议阶段；与新加坡国立大学重新签订学生交换协议；与澳大利亚阿德莱德大学商谈“3+1+1”项目；与荷兰代尔夫特理工大学探讨创新型人才培养项目。11 名学生在线参加人机互动国际会议、第二十五届可持续建设国际会议并作报告。毛超教授指导 2017 级彭争民、刘润林、张馨月和 2018 级林晨 4 名同学在 2020 年英国皇家特许建造师学会（CIOB）Global Student Challenge（GSC）全球学生挑战赛决赛中荣获第三名，是该比赛创办以来学院团队在此项国际赛事中取得的最好成绩；7 名同学获批重庆大学 2020 年出国类外语考试奖学金；6 名同学分别获批剑桥大学暑期课程、亚洲地区交换生、都柏林大学（1+1+1）硕士双学位项目等。7 名同学申请 CSC 攻读博士项目，其中 3 名同学（李锴、刘智、张琳琳）获批；3 名同学申请 CSC 联合培养博士项目，其中 2 名同学（施庆伟、唐妙涵）获批。2020 届硕士研究生叶钊颖同学通过国家留学基金委和西班牙 IE 大学考核，获得国家留学基金委“国际组织复合型后备人才项目”全额资助，赴西班牙 IE 大学全球与公共事务学院攻读国际发展（关系）专业硕士学位。

扎实推进高水平国际科技合作，学院获批科技部外国文教专家支持计划已达 17 项。

2020 年录取留学生 8 名，注册报到 6 名，其中博士生 2 名，硕士生 4 名。

（撰稿人：周　放）

信息学部

光电工程学院

【概况】

2020 年,光电工程学院设有仪器科学与技术、光学工程 2 个一级学科博士点;仪器科学与技术、光学工程 2 个博士后流动站;测控技术与仪器、光电信息科学与工程、电子科学与技术 3 个本科专业,其中测控技术与仪器是国家特色专业建设点。此外,还拥有精密仪器及机械国家重点学科、微纳系统与新材料技术国家级国际研发中心、光电技术及系统教育部重点实验室、新型微纳器件与系统技术国防重点学科实验室、工业 CT 无损检测教育部工程研究中心、重庆市微光机电工程技术研究中心,以及重庆市教委创新实践教学团队、重庆大学创新实践教学团队等国家级、省部级教学和科研研究基地。2020 年学院在学校考核为 A 等。

学院现有教职员工 133 人,其中专任教师 88 人,博士后及弘深青年教师共 15 人。2020 年学院晋升正高职称 3 人、副高职称 2 人,新进专任教师 10 人(研究员 1 人、副教授 3 人、弘深青年教师 6 人)。

在抗疫工作中,王佳硕、廖雪颖等多位同学在家乡参加抗疫志愿者获当地政府表扬;共举行“光电大讲堂”8 期,品牌效应初显;“心灵”辅导员名师工作室获批立项建设;李力、马诗玥获“第六届中国国家互联网+大学生创新创业大赛国家级”银奖,郑渟渟获重庆市大学生“互联网+”创新创业大赛金奖;仇季玉获重庆大学争先创优精神文明建设先进个人标兵荣誉称号,C503、C509、松四 434、梅二 519 等 4 个寝室获重庆大学文明寝室荣誉,C505 寝室入选重庆大学文明寝室标兵;张悦参加“爱国心 · 报国情 · 强国志”征文活动被重庆学习平台推送;张必鑫斩获重庆大学第四届“十佳心理委员”,熊祝获全国第五届大学生艺术展演活动艺术表演类二等奖,研究生节目《你也想起舞吗》首次登上研究生迎新晚会舞台并获二等奖,李雨佳获校研究生歌手大赛亚军,研究生足球队获年度校季军;2008 届谢璐入选 2020 年全国先进工作者,1995 届夏曙东博士私人向学校捐款 500 万元设立“曙光教育发展基金”。

学院现有党员 361 名,其中在职教职工党员 83 名,学生党员 278 名;年度新发展党员 62 人,其中教职工党员 1 人,学生党员 61 人;转正 64 人。2020 年新转入研究生党员 44 人,新转入教职工党员 3 人;举办两期入党积极分子培训班培训积极分子 158 人。制订或修订了《光电工程学院“三重一大”决策制度实施细则》《光电工程学院党委落实意识形态工作责任制的实施办法》《光电工程学院党政联席会议议事规则》《光电工程学院党委会会议议事规则》等规章制度。测控系教工党支部入选重庆市新时代高校党建示范创建和质量创优工作“样板支部”培育创建单位以及校级“双创”工作样板支部。

现有全日制在校本科学生 937 名，在全国大学生“恩智浦”杯智能车竞赛、大学生光电设计竞赛、大学生电子设计竞赛模拟电子系统、信息安全技术、嵌入式系统专题邀请赛、第八届 TRIZ 杯大学生创新方法大赛等比赛中，荣获国家级一等奖 1 项、二等奖 6 项、三等奖 6 项，荣获西部及西南赛区奖一等奖 3 项、二等奖 4 项、三等奖 1 项、优秀奖 1 项，荣获市级奖一等奖 2 项、二等奖 2 项、三等奖 3 项等荣誉。本科生创新实践项目共计立项 28 项、结题 32 项，其中 3 项被评为优秀项目。此外，本学年小学期开设了“电子系统设计与制作”“移动机器人与智能技术”2 门创新实践类课程，共计 369 名学生选修，选课人数比去年同期增长了 26.8%。

2020 年获得重庆市教学改革一般项目立项 2 项、光电信息科学与工程专业教指委教学改革一般项目立项 3 项、产学合作协同育人项目立项 3 项，获得重庆大学教学改革一般项目立项 3 项、本科实验教学改革项目立项 3 项，学院自立教学改革项目立项 5 项、结题 3 项；发表教学研究论文 7 篇，出版教材 4 本。黄维、李顺波获第四届全国高等学校电子信息类专业青年教师授课竞赛（预赛）华西赛区三等奖，高磊获 2020 年全国光电信息类教师授课比赛三等奖。袁刚负责的《专业实习（测控技术与仪器专业）》立项为重庆大学三进课程—专业教育示范课程，杜晓晴负责的《半导体器件与测试技术》立项为重庆大学线上线下混合课程，袁刚负责的“测控电路”先后被认定为重庆市线下一流课程和首批国家级一流本科课程。

现有在校研究生 578 人，其中博士研究生 165 人，学术型硕士研究生 241 人，专业型硕士研究生 166 人，非全日制工程硕士 6 人。2020 年招收学历博士 36 人，招收全日制硕士研究生 138 人。本年度 4 名研究生成功获批国家建设高水平大学公派研究生项目，3 名博士生学位论文获得重庆市优秀博士学位论文，2 名硕士生学位论文获得重庆市优秀硕士学位论文。

本年度获批立项重庆研究生教育教学改革项目 2 项、重庆大学研究生教育教学改革项目 3 项，获批立项重庆大学研究生全英文精品课程 6 项。获批建立重庆市研究生联合培养基地 1 个。成功举办第十届“光电之旅”暑期学术优秀大学生夏令营活动。

2020 年学院新增科研项目 110 项，合同经费 5 554 万元，实到经费 4 678 万元。其中牵头国家自然科学基金面上项目 9 项、青年基金 9 项，国家重点研发计划课题项目 3 项、子课题项目 3 项，国防基础加强计划 1 项、国防前沿创新计划 4 项，重庆市创新研究群体科学基金 1 项。发表期刊论文 166 篇，其中高水平期刊论文 135 篇。臧志刚教授入围科睿唯安 2020 年度高被引科学家，臧志刚、朱涛、余淼、陈显平 4 位教授入选爱思唯尔 2020 年中国高被引学者（臧志刚：材料科学与工程学科，朱涛、余淼、陈显平：仪器科学与技术学科），朱涛、臧志刚、杨进 3 位教授入选斯坦福大学全球前 2%顶尖科学家（Career）。获重庆市科技进步一等奖 1 项（第一获奖人高潮），参与重庆市科技进步奖二等奖 1 项、参与中国机械工业科学技术二等奖 1 项。

2020 年，在学院国际国内合作与交流工作方面，成功举办第 15 届全国流变学学术会议（RHEO 2020），举办“光电讲坛”专家学术讲座 20 余次。此外，本年度学院教师共参加国内学术交流会议 30 余人次，邀请国内学者来学院交流 30 余人次；学院师生共参加线上国际学术会议 16 人次。申请并获批国家建设高水平大学公派研究生项目 4 人;与新加坡国立大学、英国哈德斯菲尔德大学、德国德累斯顿应用科技大学、美国马萨诸塞大学(麻省大学)签订了教学与科研合作协议。接收国内访问学者计划教师 5 名;继续聘请日本东北大学高伟教授为研究生授课。

2020 年,学院仪器科学与技术学科、机械工程学科共同申报重庆大学“双一流”学科重点建设项目极端环境高端装备研发与试验平台并获批立项,获得建设经费 3 000 万元;完成了《“双一流”建设学科监测指标体系》《“双一流”建设大学监测指标体系》的数据收集和填报工作;支撑“先进制造”学科群完成 2016—2020 年“双一流”建设周期总结验收工作;完成重庆市“十三五”重点学科仪器科学与技术、光学工程学科建设结题验收,结果均为优秀;仪器科学与技术、光学工程两个一级学科参加全国第五轮学科评估,完成了评估材料的提交。

【第 15 届全国流变学学术会议在重庆召开】

2020 年 12 月 4—7 日,由重庆大学光电工程学院、光电技术及系统教育部重点实验室承办的第 15 届全国流变学学术会议在科苑戴斯酒店召开。重庆大学党委常委、副校长明炬,光电工程学院党委书记秦岚、院长郭永彩,流变学专业委员会的全体委员以及来自 139 家单位的 380 余名专家学者代表参加了会议,会议规模为全国流变学学术会议有史以来最大。会议由光电工程学院磁流变研究中心主任余淼教授主持,特邀北京科技大学副校长吴爱祥教授等 8 名专家作大会特邀报告,分为理论—模拟—测试技术、聚合物及其加工流变学、电—磁—光流变学、石油与矿业流变学、岩石岩土流变学、多相多组体系流变学等 6 个分会场,就磁流变领域最新研究进展、未来亟须解决的问题、下一步研究计划等进行了充分的学术交流。

(撰稿人:蓝　红)

微电子与通信工程学院

【概况】

2020 年,学院设有信息与通信工程一级学科博士学位授权点;信息与通信工程博士后流动站;信息与通信工程重庆市重点学科;另外,设有电子信息工程、通信工程、集成电路设计与集成系统 3 个本科专业。学院在编教职员工 111 人,其中教学科研岗位 75 人、教学岗位 8 人、实验技术岗位 13 人、管理岗位 15 人。

2020 年受新冠肺炎疫情影响,学院以“停课不停学、停课不停教”作为总原则,督促教师及时调整教学安排,有序展开线上教学活动,最终克服困难,确保本科日常教学工作顺利完成。同时,专业建设和质量工程稳步推进。2020 年学院通信工程专业获批国家级一流专业,新获批重庆市重点教改项目 1 项、思政类教改项目 1 项,教育部产学合作项目 2 项,高等教育学会项目 1 项,重庆大学教改项目 3 项、实验类教改项目 2 项,发表教改论文 1 篇。教师积极参加各种教学比赛,获各种省部级奖项 3 项。2020 年,本科学生参加重庆市电子设计竞赛,获一等奖 4 项,创历史最好成绩;本科学生创新实践项目立项 43 项,其中重庆大学 SRTP26

项，重庆市国创 12 项，国家级国创 5 项。

2020 年，到位总经费达历年最高水平，纵向经费 1 103.3 万元、横向经费 1 178.23 万元，达到 2 281.53 万元，其中国家级经费 829.25 万元，省部级经费 274.05 万元；新增国家自然科学基金重点项目 2 项、面上项目 3 项、青年项目 6 项；新增国防科技创新超越工程 1 项，基础加强计划项目 1 项，横向军工项目 11 项；军工项目到位经费 555.84 万元。发表论文 107 篇，国际国内期刊 A 级论文 53 篇、B 级论文 30 篇。获权发明专利 54 件，完成知识产权转让 32 件。荣获重庆市科技进步二等奖 1 项（参与）。牵头、参与申报国家重点研发计划项目（含国防）11 项，获准 5 项。成功获批教育部产学合作项目 6 项，重庆市教改重点项目 1 项，重庆大学教改项目 4 项，课程建设项目 5 项，重庆大学重点课程群建设项目 1 项。

现有全日制本科生 1 120 名，全院本科生获得各项奖学金 340 人次，其中 14 人获得国家奖学金，46 人获得国家励志奖学金，5 人获得聂荣臻奖学金，1 人获得唐立新奖学金，1 人获得华为奖学金，2 人获得重庆大学前锋奖学金，9 人获得重庆大学德育奖学金。全院本科生获得各类荣誉称号 240 人次，其中通过差额评选，1 人被评为重庆市优秀毕业生，1 人被评为重庆市优秀学生干部，1 人被评为重庆大学十佳自立自强先进个人，获重庆市文明寝室 1 个，重庆大学文明寝室标兵提名 1 个，重庆大学先进班集体标兵 1 个，重庆大学新生十佳班级 2 个，重庆大学十佳五四红旗团支部 1 个。全院本科生获得学科类竞赛（不包括电子竞赛）国家级奖项 8 项，省部级奖项 5 项；文体类竞赛省部级奖项 1 项。2020 届本科生毕业去向落实率为 90.08%，升学率为 43.89%。2020 届研究生毕业去向落实率为 97.74%。

利用选拔优秀本科生参加新加坡南洋理工大学电气与电子工程学院游学项目、取消推免生笔试等措施吸引优秀生源，2020 年学院招收博士生 22 名（含 5 名留学生），全日制学术型硕士研究生 57 名，专业硕士 80 名（全日制 78 名，非全日制 2 名），突破历年来硕士招生总人数新高。落实一流人才培养目标，认真执行学院制订的研究生培养与管理文件，2020 届毕业研究生实现全部硕士论文校外盲审，同时提高硕导资格审核条件，严格导师资格审核，确保导师指导水平。获得重庆市优秀硕士论文 2 篇，重庆大学优秀硕士论文 3 篇。成功申报重庆市研究生教学案例库项目 1 项，重庆大学教改项目 1 项，重庆市研究生导师团队 2 个，成功组织重庆大学集成电路重点课程体系建设。加强研究生创新实践能力培养，组织学生参加各类科技创新竞赛 70 项，获国家级一等奖 1 项、二等奖 5 项，三等奖 1 项，省部级一等奖 1 项，二等奖 1 项，三等奖 6 项，全国大学生英语竞赛 2 项。成功申报重庆大学—中国汽车工程研究院股份有限公司电子信息研究生联合培养基地，组织学生成功申报重庆市研究生科研创新项目 4 项（博士 1 项，硕士 3 项）。成功申报重庆市研究生教改项目 1 项，成功组织重庆大学工程伦理重点课程体系建设。

截至 2020 年底，学院党委有党支部 16 个，其中教职工党支部 5 个，研究生党支部 10 个，本科生党支部 1 个，配备专职组织员 1 名；共有党员 269 人，其中教职工党员 77 名、研究生党员 177 名、本科生党员 15 名；开展两期入党积极分子培训 164 人，组织 12 人参加重庆大学党委党校发展对象培训，新发展党员 55 名，转正 23 名。选送领导干部和骨干教师参加干部培训 10 人；组织全院师生党员自愿捐款 15 716.96 元，支持新冠肺炎疫情防控工作;学院学生主动投身家乡抗疫行动,1 人获得深圳市南山区“抗疫先锋”称号,2 人获得重庆大学“青年抗疫先锋”称号;发动全院教职工购买云南绿春扶贫产品,通过 e 帮扶平台采购湖北扶贫物资 12 183.6 元,对口支援重庆开州,捐赠 5 台笔记本电脑,购买 44 412.5 元扶贫产品,组织学生党员开展暑期三下乡社会实践“送智”扶贫活动,获得教育部易班首页新闻推荐、重庆日报电子版新闻报道,顺利完成脱贫攻坚任务;学院“七一”表彰优秀共产党员 13 名,优秀党务工作者 3 名,先进党支部 3 个。

2020 年成功主办第 12 届 IEEE 通信软件和网络国际学术会议(IEEE ICCSN)。新招来华留学博士生 5 名,完成全英文授课国际博士生培养方案修订工作。为提高学科国际声誉,完成学院全新英文网站建设。

【国家自然科学基金项目创历史最好成绩】

共获批国家自然科学基金 11 项,其中应用于低成本毫米波相控阵的异频共口径大规模可重构密布阵列天线关键技术研究、低轨卫星物联网绿色通信与智慧组网理论 2 项获批重点项目。

【信息与通信工程以优秀通过重庆市“十三五”重点学科建设终期验收】

认真总结、全力准备,以优秀通过重庆市“十三五”重点学科建设终期验收。

【牵头完成电子信息专业学位研究生、全英文授课专业学位国际研究生的培养方案修订】

克服协调难的问题,作为责任学院牵头组织计算机、光电、自动化、软件、生物学院圆满完成电子信息专业学位研究生、全英文授课专业学位国际研究生培养方案的修订工作,获研究生院好评。

【克服疫情影响,顺利完成本科教学工作】

全国暴发新冠肺炎疫情以来,学院根据国家、学校对疫情防控的指导精神,以“停课不停学、停课不停教”为总原则,学生返校前督促任课教师对课程教学进度进行调整,合理安排线上教学工作,有序展开本科教学。学生返校后,督促教师及时调整教学安排,针对线上课程不足在课堂教学中进行查漏补缺,有序、顺利地完成了本科教学工作。

【通信工程专业获批国家级一流专业】

通信工程专业入选 2020 年度国家级一流本科专业建设名单。

【工程基础课程数字电子技术获批国家级一流课程】

学院“数字电技术”课程被认定为教育部“双万计划”首批国家级一流本科课程,该课程同时也被认定为 2020 年重庆市线上线下混合式一流课程。

【多个教学竞赛获奖】

①陈建军老师代表学院参加教指委举办的第四届全国高等学校电子信息类专业青年教师授课竞赛,首次获得全国一等奖 1 项。

②组织学院老师参加首届高校教师创新大赛,何伟老师在重庆市高校教师教学创新大赛中获得三等奖。

③首次组织学院老师参加全国高校电工电子基础课程实验教学案例设计竞赛(鼎阳杯),吴华老师获得西部赛区二等奖。

【“TI 杯”重庆市电子设计竞赛取得优异成绩】

积极鼓励教师指导本科电子设计竞赛,在“TI 杯”重庆市电子设计竞赛中,重庆大学共获得一等奖 5 项,学院囊括其中 4 项,高居重庆市各高校首位。

【成功举办第 12 届 IEEE 通信软件和网络国际学术会议(IEEE ICCSN)】

受全球新冠肺炎疫情影响,本次会议采用网络在线会议模式。会议吸引了来自美国、澳大利亚、英国、菲律宾等国家参会人员,围绕通信软件和网络为主题展开交流讨论,为从事相关技术研究的专家、学者和专业技术人员搭建了一个高水准国际平台。

(撰稿人:许　可)

计算机学院

【概况】

2020 年,计算机学院设有计算机科学与技术一级学科博士学位授权点,计算机科学与技术博士后科研流动站;拥有计算机软件与理论国家重点培育学科;拥有信息物理社会可信服务计算教育部重点实验室,软件理论与技术重庆市重点实验室,重庆市软件研发技术中心等多个研究基地。学院计算机科学(COMPUTER SCIENCE)学科稳居 ESI 排名前 1%。学院有教职员工 133 人,其中管理岗位 10 人,教学科研岗位 100 人。引进弘深青年学者 B 岗 2 人,副教授 3 人(博士后转编入职 1 人),准聘副教授 1 人,弘深青年教师 5 人,巴渝学者讲座教授 1 人。

学院共有党员 387 人,党支部 16 个,推优发展预备党员 70 人,考察转正党员 67 人,培养入党积极分子 150 人;表彰院级优秀共产党员、优秀党务工作者 25 名,先进党支部 3 个,优秀主题党日活动 5 个;开展主题党日活动 68 次,组织师生党员自愿为服务疫情防控捐款 2 万余元,动员学院教职工累计参与消费扶贫金额约 8.5 万元。学院党委接受学校党委第二巡察组专项巡察,根据巡察整改反馈意见,研究制订了《计算机学院党委关于巡察反馈意见的整改实施方案》。

学院新增科研项目 59 项,到账科研经费 3 069.6 万元,创历史新高。其中刘铎老师牵头申请的国防科技创新超越工程项目获得资助,立项金额 2 800 万元,创下计算机学院教师牵头的纵向项目立项金额之最。学院获国家自然科学基金项目 7 项,其中包括区域联合重点资助项目;获省部级科研项目 15 项,其他纵向科研项目和横向科研项目共 35 项。学院共发表论文 156 篇,其中 SCI 论文 104 篇,高水平 IEEE/ACM Transactions 论文 26 篇,SCI 二区以上论文 90 篇,国际国内 A 级论文 73 篇。学院承办了大型国内学术会议“第十六届和谐人机环境联合学术会议”。

学院有研究生 633 人,其中全日制学历博士生 79 人,工程博士 12 人;获重庆大学研究生教育教学改革项目 1 项,重庆市优秀博士论文 1 篇,重庆市优秀硕士论文 2 篇。与成都华为技术有限公司建立了重庆市研究生联合培养基地。博士研究生就业率100%,硕士研究生就业率98%。

学院有本科生1 245人,设计算机科学与技术、物联网工程和信息安全3个本科专业;有国家级优势专业1个,国家级一流本科专业建设点1个,重庆市一流专业建设项目2项,国家卓越工程师计划1项;国家级新工科项目2项;国家级精品课程2门,国家级精品资源共享课2门,教育部—IBM精品课程1门,市级精品资源共享课2门,重庆市一流课程1门;国家级规划教材4部,首届市级优秀教材1部,重庆市教学团队1个,入选高校计算机专业优秀教师奖励计划2人;国家级(市级)大学生创新训练项目立项9项。2016—2020年连续五年获得“中国大学生计算机设计大赛”优秀组织奖。

学院本科生参加学科竞赛获国际级奖25人次,国家级奖61人次,省部级73人次。其中,2018级袁塑钦荣获中国青少年科技创新领域的最高荣誉:第十二届中国青少年科技创新奖,是重庆市唯一获此殊荣的学生;2017级刘森昊获得全国大学生节能减排与社会实践创新竞赛国家级一等奖;2017级学生袁福焱、李果等获得第四届全国大学生计算机系统能力培养大赛二等奖;在美国大学生数模竞赛中,计算机学院同学首次摘得一等奖6项,获得了近五年来的最好成绩。本科生就业率96.62%,其中升学率36.8%。

学院邀请国内专家学者120余人,19名国外专家、青年学者通过线上或线下方式进行学术交流。学院师生参加线上国际学术会议40人次。与美国、澳大利亚、英国、新加坡等多个国家和地区的大学、研究机构建立了学术交流关系;与美国伊利诺伊大学签订学分互认培养项目;引进7名优秀的海外青年人才。学院进一步加强与科技企业、院校及研究院所等的交流与合作,包括华为罗马广场学术研讨、华为中央研究院项目合作、重庆长安工业及前卫集团的合作交流与调研、重庆市妇幼保健院的技术协作攻关以及重庆两江南开中学的研学活动组织等。

学院承办第二届西部高校计算机学院院长论坛,特邀中国工程院院士、教育部计算机类教学指导委员会主任、清华大学计算机科学与技术系主任吴建平作了线上报告;特邀中国科学技术大学大数据学院执行院长、中科大智慧城市研究院院长、教育部计算机类教学指导委员会委员陈恩红出席会议并作了报告;共有60所高校100余位西部高校计算机学院院长(系主任)和专家学者参加会议。

(撰稿人:马　前)

自动化学院

【概况】

自动化学院现有自动化、物流、机器人3个本科专业,其中国家级一流专业1个,省部级一流专业1个,教育部卓越工程师教育培养计划1个,重庆市三特行动计划特色专业1个,省部级特色专业1个。学院设有控制科学与工程一级学科博士点和交通运输工程博士点,控制科学与工程博士后流动站,其中控制理论与控制工程是国家211工程重点学科和国家985工程重点建设学科。学院现有教职员工85人,其中教学科研岗位 61 人和其他专业技术岗位 11 人，已建成以 IEEE Fellow、欧亚科学院院士、国家首批特聘专家等高层次人才领衔的学术梯队，聚焦智能控制与装备等国际前沿，在探月工程、交通强国、新一代人工智能等重大战略任务中取得突出成果，为社会输送了大量自动化领域的高层次创新型复合型人才。

学院现有党员 334 人，设有 20 个党支部，其中教师支部 4 个，研究生支部 12 个，本科生支部 4 个。2020 年新提交入党申请书人数为 201 名（含教师 2 人），共发展入党积极分子 189 名，发展党员 78 名，党员转正 56 名。本年度召开党委会 16 次，开展党委中心组理论学习 11 次，教职工政治理论学习 12 次。全年党支部组织生活共计 315 次，党员领导干部讲专题党课 12 次，全年党委委员参加联系支部的党组织生活 18 次。2020 年学院表彰先进基层党组织 5 个、优秀党员 22 人、优秀党务工作者 6 人，慰问困难党员 8 人，行政教师党支部被评为“校级党建工作样板支部”。学院党委坚决贯彻落实学校党委脱贫攻坚的指示精神，与青木关镇青云街社区共建“袁利袁正刚党代表工作室”。

学院现有省部级教学团队 1 个，校级实验教学示范中心 1 个，市级精品课程 2 门，省部级线上线下混合式一流课程 1 门，重庆大学一流专业核心课程群 1 个，重庆大学线上线下混合课程 2 门，重庆大学在线开放课程 3 门。2020 年出版教材 2 本，新增实习基地 1 个，成功申报自动化专业第二学位，获批省部级教学改革研究项目 8 项，校级教学改革研究项目 6 项，国家大学生创新训练项目 6 项，重庆市创新项目 13 项，重庆大学创新项目 27 项。唐丹老师获评 2019—2020 学年度重庆大学最受学生欢迎的教师。2020 年学院推免研究生 51 名，其中自动化专业学生 43 名，物流工程专业学生 8 名。2020 年度学生获校级个人荣誉 279 人次，其中校级“十佳”5 人次，“先进班集体”2 个、“文明寝室”5 个、“重庆大学先进班集体标兵”1 个、“重庆大学文明寝室标兵”1 个、“重庆市文明寝室”1 个、“重庆市三好学生”等市级荣誉 2 人次、“重庆市精神文明建设先进个人”1 人次、“重庆市志愿服务活动先进个人”1 人次、“重庆市创新能力提升先进个人”2 人次、“重庆市体育活动先进个人”1 人次。

2020 年学院研究生招生总人数为 177 名，其中学术型硕士 59 名，专业学位 88 名，全日制博士 27 名，同等学历博士 2 名，外国留学生博士 1 名。学院完成控制科学与工程、电子信息、交通运输工程、交通运输专业的培养计划修订，并首次招收交通运输全日制专业硕士研究生。学院获批重庆市研究生教育教学改革研究优秀成果奖 1 项，重庆市研究生教改项目 2 项，重庆大学研究生教改项目 1 项，重庆市研究生科研创新项目 4 项，重庆大学—广州高新兴机器人有限公司重庆市研究生联合培养实践基地。本年度学院答辩授位 140 名，其中博士 13 名，学术硕士 46 名，专业学位硕士 81 名。多位研究生学位论文获优秀学术论文奖，包括中国自动化学会优秀博士论文提名奖 1 名，中国电子学会优秀博士论文奖 1 名，重庆市优秀博士论文奖 1 名，重庆市优秀硕士论文奖 1 名，重庆大学优秀博士论文奖 2 名，重庆大学优秀硕士学位论文 2 名。

2020 年，学院新增科研项目 73 项，合同经费 7 274.12 万元，实到经费 4 615.2 万元，其中成果转化类项目合同金额 3 000 万元 1 项。获批国家自然科学基金项目 8 项，其中联合基金项目（重点支持项目）1 项，国际（地区）合作交流项目 1 项。发表高水平期刊论文 108 篇。牵头获省部级一等奖 3 项，分别为省部级自然科学奖一等奖 1 项、技术发明奖一等奖 1 项、科技进步奖一等奖 1 项。

2020 年,学院不断拓展学科发展领域,与美国、日本、马其顿等多个国家和地区建立了科技交流与合作交流关系。受新冠肺炎疫情影响,全年境外交流人次有所减少。据不完全统计,学院全年教师、学生累计出访进修、交流 3 人次,接收境外学生(含本科生、研究生)共 6 人次。

(撰稿人:苏晓杰)

大数据与软件学院

【概况】

2020 年大数据与软件学院设有软件工程一级学科博士点。学院下设软件工程系、数据科学系、智能科学系和教学实验中心。学院设有软件工程理论与计算、软件工程技术、软件服务工程、软件智能技术与安全测评等 4 个学科研究方向。另外,设有软件工程、人工智能和数据科学与大数据技术 3 个本科专业。

学院在编教职员工 64 人,其中管理岗位 10 人,教学科研岗位 46 人,辅导员岗位 4 人,实验室岗位 3 人,工勤岗位 1 人。

学院现有党支部 9 个,其中学生党支部 6 个,教职工党支部 3 个。现有党员 214 人,其中教职工党员 51 人(含院聘教工党员 1 人),学生党员 163 人。2020 年发展党员 41 人,转正预备党员 51 人。

2020 年,学院招收全日制本科生 225 人。现有全日制本科生 895 人,共有 519 人次获得各项奖助学金。其中,94 人获得专项奖助学金(1 人获得前锋奖学金,2 人获得华为奖学金,1 人获得 CASC 奖学金)。34 人被评为学校优秀学生,27 人被评为学校优秀学生干部。

2020 年,招收学历博士生 7 人,工程博士生 3 人。全日制硕士研究生 74 人,其中学术型硕士生 28 人,专业学位硕士生 43 人。招收非全日制专业学位硕士 3 人。

现有在读留学生 13 人(含硕士生 9 人,博士生 1 人,本科生 3 人)。2020 年,学院组织师生通过互联网开展国际学术交流活动。其中,教师线上参加重要国际会议并做主旨报告和分论坛主题报告共计 9 人次,学生参加重要国际会议并做报告共计 28 人次。

【推进“三全育人”,疫情期间“停课不停摆”】

开展“新时代管理服务人员能力提升”系列线上培训,邀请学校职能部处工作人员分享规范化、科学化、精细化、高效化的管理工作经验,不断提高行政人员管理育人的水平;举办面向全院教职工及学生家长的“三全育人”家庭教育线上论坛,构建以学院育人为主,学生家长、社会企业相互衔接、全面覆盖的“三全育人”格局。

【抓严抓实疫情防控,深化思想政治教育与价值引领】

在疫情防控工作中,坚持“因事而化、因时而进、因势而新”的“三因”理念,以鲜活的战“疫”故事为教材,加强学生爱国教育、科学教育、公民教育、生命教育,教育部易班网首页刊载学院学生的优秀抗疫案例,

3 名同学获评重庆大学“青年抗疫先锋个人”荣誉称号。

【聚焦国家软件发展战略，强化使命驱动，突出特色化软件人才培养，持续推进教育教学改革】

获批教育部第二批新工科研究与实践项目 1 项,获批重庆市高等教育教学改革研究项目 2 项,获批重庆市研究生教育教学改革项目 1 项。“重庆大学—重庆长安汽车股份有限公司研究生联合培养基地”获批重庆市 2020 年研究生联合培养基地。软件工程专业课程群作为一流专业核心课程群立项建设,人工智能导论等 4 门课程入选重庆大学—华为“智能基座”产教融合协同育人建设计划,机器学习等 6 门课程入选校级重点课程建设计划。顺利完成软件工程专业工程教育认证专家组进校考查。

【着眼高质量、内涵式发展，稳步推进学科建设】

软件工程在 2020 年软科中国大学排名中进入全国前 8%,提升 1 个位次。作为重庆市“十三五”重点建设学科,软件工程学科“十三五”期间建设目标达成度为 92%,优秀通过重庆市“十三五”重点学科建设终期验收。

【创新就业工作模式，多渠道多形式稳就业】

疫情防控期间,全面强化稳就业举措,依托 QQ、微信、钉钉等平台开展“云指导”,促进毕业生“云上就业”。2020 届本科毕业生就业率 97.78%,研究生就业率 98%(硕士 97.8%,博士 100%),在全校率先实现特殊群体全部就业。学生深造率 42.22%(境内 35.55%,境外 6.67%)。

【承办学术会议，增强学术影响力】

承办以“携手创新发展”为主旨的 2020 南南合作与数字经济发展论坛、首届 CCF 中国软件大会(2020 CCF Chinasoft)、重庆智慧医疗创新发展高峰论坛,邀请多位海内外享有盛名的学术界泰斗及产业界精英助力学院发展。

(撰稿人:张晓兰)

ICT 研究中心

【综述】

2020 年,ICT 研究中心在学校党委和行政的领导下,围绕学校中心工作和年度工作重点,以工业 CT 无损检测教育部工程研究中心为平台,以重庆大学 ICT 研究中心为高层次人才培养和技术研究主体,以重庆真测科技股份有限公司为技术成果转化、工程化研究和产品开发产业化基地,在学科建设、人才培养、科学研究、成果转化、社会服务等各方面全面开展工作,成效突出,并顺利通过教育部组织的工程研究中心评估。

【科研项目】

组织和参与完成 11 个项目立项并签订合同总金额 6 671.05 万元,包括国家重大战略专项项目、重大军工项目、“两机专项”子项、军工横向项目和其他横向项目。

【技术创新】

自主开发完成 160 kV 微焦点单级聚焦透射靶射线源,并成功应用在重点项目上。225 kV 微焦点单级聚焦反射靶射线源研发工作进入样机安装测试阶段。自主开发完成的 15 MeV/9 MeV 双能电子直线加速器工业 CT 系统通过重庆市组织的专家成果鉴定,主要性能指标达到国际先进水平,部分指标处于国内领先水平;开发的工程化样机得到市场认可,通过市场竞争,获得了首套订货。

【实验室管理】

积极参与学校保密和质量相关工作,按时完成上级单位保密办和国防院交代的各项任务。开展季度保密教育培训工作、保密自查自评工作,以及中心涉密人员的定岗定密、脱密管理等工作,全年未发生泄密事件。开展军工项目立项和实施,维护中心质量体系正常运行。落实各项辐射安全防护措施,加强辐射防护设备设施的日常维护和检查,举办师生辐射安全培训和交流活动。落实实验室安保及消防安全措施,组织师生参加消防安全培训,完成中心大楼消防疏散标志整改,完成灭火器、消防急救箱等消防器材的更新。

【团队建设】

结合学校建设"双一流"大学的目标,根据工业 CT 无损教育部工程研究中心发展规划需求,在光电、数统、机械等相关学院支持下,围绕工业 CT 系统集成、精密机械与控制、数字信号与图像处理、辐射与探测等研究方向,建设人才队伍。完成工业 CT 无损检测教育部工程研究中心技术委员会换届工作,聘请哈尔滨工业大学谭久彬院士为主任委员、重庆大学杨士中院士为首席科学家、重庆大学王珏研究员为中心主任。

【人才培养】

完善"课题征集,公开选题、公开考核"选题方式,以暑期课题、毕业课题或具体项目形式到产业化基地实习实践。组织学术研讨与交流,邀请国内外行业专家学者学术交流 10 余人次;举办 12 次硕博论坛,为中心学生之间进行学术交流提供了有利的开放平台。研究生实践能力得到大幅提高,就业率达到 100%。派出博士研究生王少宇等到美国联合培养,通过参加国际学术会议等活动,拓展研究生知识视野,提高国际对话能力。组织研究生参加全国射线数字成像与 CT 新技术网络研讨会、2020 远东无损检测新技术论坛现场会议等多种形式学术交流 100 余人次。

【开放交流】

为航天 806 所、航天 692 厂、中电科 26 所、华为等十余家单位提供工业 CT 有偿检测服务,为中船江淮集团、兵器红宇集团、航天 31 所、火工大等十余家单位提供工业 CT 无损检测论证服务;接待火箭军、重庆市军民融合办、中咨公司、重庆高新区、兵器工业集团、航天科工集团、航天科技集团、航发集团、中石化、华为、中国无损检测标准化委员会、中物院等二十余家政企事业单位参观、考察、调研;参加国内外学术会议 100 余人次,大会报告 10 次。

(撰稿人:段晓礁)

医学部

医学院

【概况】

2018年6月重庆大学恢复医学学科建设，成立医学高等研究院（医学院），2020年6月医学高等研究院撤销，保留医学院建制，旗帜鲜明地提出建立世界一流医学院的目标；2020年3月刘国祥教授被聘任为新建医学院首任院长（医学部主任兼），王亚洲教授为副院长，截至2020年底，教职工人数达33人，其中专任教师20人，行政管理员13人（含临聘5人）。

【多渠道并举，积极引进人才】

瞄准学科发展急需的高层次人才，打造具有国际竞争力的人才队伍。12月，学院承办"2020年中国肿瘤标志物学术会——海内外青年拔尖人才引进宣讲会"，全年共组织9批人才引进面试会，面试人才128位，推荐41位至校办公会议审核，成功引进徐波教授（国家级高层次人才）、许成雄教授和5名弘深青年教师；12月，聘请解放军卫生局原局长、国家973首席科学家陈景元为医学院客座教授。

【优化学科布局，研究生教育步入正轨】

2020年，医学院进行了多次学院组织结构和学科体系的论证工作，初步确立了院、系、研究中心、附属医院的组织框架。正式启动临床医学本科专业和博士学位点申报工作。

5月，成立由9人组成的医学院第一届学位评定分委员会，刘国祥教授任主席，王亚洲、徐波教授任副主席。制订了《重庆大学医学院学位评定分委员会章程》《基础医学全日制学术学位硕士研究生培养方案》和《临床医学全日制学术学位硕士研究生培养方案》。开展了2次硕士生导师资格遴选工作，共遴选硕士生导师105名，其中医学院14名，附属肿瘤医院35名，附属三峡医院10名，附属中心医院12名，陆军军医大学兼职导师34名。录取2020级60名学术硕士研究生，其中基础医学25人，临床医学35人，本年级硕士研究生采用与陆军军医大学联合培养方式，课程学习阶段与陆医大研究生合班进行（陆医大校园），探索培养高水平创新拔尖人才模式。

10月，成立由7人组成的医学院第一届学术委员分委员会，刘国祥教授任主任委员，王亚洲教授任副主任委员，制订了《重庆大学医学院学术委员会章程》。

【开展科学研究，科研水平稳步提升】

2020年度累计新增合同经费695万元，其中纵向490万元，校级42万元，横向163万元。

本年度共发表SCI论文16篇,其中T级4篇,A级7篇,B级5篇,CSCD论文3篇,廖祥团队、罗阳团队和黄锐团队研究成果分别在期刊*Nature Communications*、*Analytical Chemistry*、*Elife*等刊发,王亚洲团队在2018年*Journal of Nanobiotechnology*发表的论文入选2020年ESI高被引论文。

罗阳团队“高精度超敏免疫检测关键技术与应用”“病原微生物快速检测与同步清除的转化研究”项目分别荣获2019年度重庆市科学技术发明一等奖和2019年度重庆产学研创新成果一等奖。“超快速血型检测系统”获首届全国退役军人创业创新大赛创新团队一等奖。

【加快平台建设，推动高质量发展】

学校高度重视医学院基础平台建设,学校党委书记舒立春、校长张宗益和副校长刘汉龙多次实地调研基建改造进展情况,在各部门大力支持下,学院基建改造工作稳步推进。通过《医学院公共学科平台实验技术岗编制设置方案》,科研办公楼、神经智能研究中心完成改建,C校区福利社、招待所、三教、四教、七教、图书馆移交医学院进行建设管理,医学公共实验中心和实验动物中心正在加紧建设。

【构建附属医院体系，树立重大医学品牌】

全面对接学校医学学科发展整体规划,构建医教研协同发展模式,提升附属医院医疗、教学、科研质量和水平。引进徐波教授就任附属肿瘤医院院长。重庆三峡中心医院正式划转为重庆大学第二家直属附属医院,并更名为重庆大学附属三峡医院。医学部主任兼医学院院长刘国祥教授带队,组织校内外知名医学专家先后对3所附属医院110余个临床学科进行大规模调研和评估,摸清了学科底数,明确了发展方向,奠定了未来发展基础。

【加强国内外交流合作，增强学科影响力】

2020年度教职工参加重要学术线上会议4次,线下会议27次,承办2020年中国肿瘤标志物学术会——重庆城市会暨精准医学成渝论坛。临床医学本科专业建设工作组通过网络调研北美排名前十的医学院校。学院领导和专家先后赴中国医科大学、上海交通大学、西湖大学、中科院先进技术研究院等国内各知名高校和研究所参观学习。

10月,刘国祥教授被增选为重庆市医学会第四届理事会副会长。

12月,南方科技大学医学院院长邢明照,南方医科大学黄巧冰教授等先后来院交流学科建设经验;时任国家卫生健康委体改司监察专员姚建红一行来校调研,对医学院取得的成绩予以充分肯定。

【共克时艰积极作为，凝心聚力抗击疫情】

按照国家卫健委和重庆市卫健委的部署,学院全面动员附属肿瘤医院、附属三峡医院、附属中心医院力量,驰援抗疫一线。同时发挥医工学科交叉优势,开展科研攻关,医学院团队研发的新冠病毒核酸快速检测技术,为疫区大规模检测提供技术储备。

【加强党建工作，凝聚师生合力】

7月,医学高等研究院(医学院)直属党支部更名为医学院直属支部委员会,王亚洲为医学院直属党支部书记；截至 2020 年底，支部共有党员 23 名，其中教职工 16 名，学生 7 名，开展了 10 次党组织生活。9 月，设立共青团重庆大学医学院委员会，王天怡为团委书记；截至 12 月底，共有团员 51 名。

（撰稿人：吴成彬）

药学院

【概况】

2020 年，药学院设有药学一级学科硕士点；设有药化系、药理系和药分系；涵盖天然药物化学、药物化学、药理学、药物分析、药剂学和生药学 6 个研究方向。在编教职工 48 人，其中教学科研岗 34 人，实验技术岗 6 人，管理岗 7 人，专职辅导员 1 人，新增重庆市杰出青年基金获得者 1 人。

学院党委现有党支部 5 个，党员 132 人，本年度发展学生党员 25 人，预备党员转正 15 人，在职教师培养入党积极分子 2 人。教工党支部获批重庆市教育工委和重庆大学党委“双带头人支部书记工作室”培育单位，教工支部书记李亦舟获批市级课程思政教改重点项目 1 项。坚持“三会一课”制度，开展支部主题党日活动 70 余场，开展中心理论组学习 14 次、教工政治理论学习 12 次，组织新进教师座谈会、与机械学院党委“双带头人”党支部和出版社党总支交流学习等特色党建活动 6 次。开展“七一”表彰活动，表彰优秀共产党员 15 人、优秀党务工作者 3 人，表彰疫情防控先进个人 4 人、“学习强国”学习积极分子 6 人、优秀党小组 2 个、优秀主题党日活动 2 个，慰问困难党员 8 人。选派教工支部书记李亦舟参加教育部“双带头人”培训，选派 6 名教师参加校党委党校的专项培训，强化统一战线，推荐 2 名党外知识分子联谊会会员。

2020 年，学院完成招聘面试 14 人，其中面试弘深青年学者 A 岗/B 岗 10 人（占比 71%），完成教师聘期考核 5 人。在青年教师教学能力提升方面，冯旭利荣获重庆市高校教师教学创新大赛三等奖；王晨晖荣获重庆大学课程思政优秀教案一等奖。

2020 年，学院新增科研项目 30 项，合同经费 963.5 万元，实到经费 623.52 万元，其中国家自然科学基金项目 6 项，合同金额 436.5 万。发表 SCI 论文 61 篇（SCI 一区 23 篇，SCI 二区 23 篇），“天然产物全合成与创新药物研究”重庆市重点实验室于 8 月 28 日举行 2020 年科技活动周“创新研究药物，治疗感染疾病”科普知识线上讲座。

现有全日制本科生 194 人，2018 级药学 02 班获得重庆大学 2019—2020 学年度“五四红旗团支部”，1 人获得第六届中国国际“互联网+”大学生创新创业大赛全国铜奖，1 人获得全国大学生英语竞赛三等奖，1 人被评为重庆市优秀毕业生，1 人被评为重庆市创新能力提升先进个人，6 人获国家奖学金，6 人获国家励志奖学金，21 人被评为重庆大学优秀学生，12 人被评为重庆大学优秀学生干部，8 人被评为重庆大学优秀毕业生，6 人被评为重庆大学优秀毕业生干部，12 人被评为重庆大学先进个人，兰园七栋 449、兰园二栋 507 获得重庆市文明寝室称号。

2020 年招收学术型硕士研究生 57 人(包括推免生 6 人),其中“211”及“985”院校优质生源占 42%;招收学术型博士研究生 9 人、工程博士研究生 2 人。授位研究生 51 人(硕士生 32 人,博士生 19 人)。2 人获批重庆市研究生科研创新项目;2 人获得重庆大学 2020 年度优秀硕士学位论文、1 人获得重庆大学 2020 年度优秀博士学位论文;1 人获得重庆市优秀博士学位论文。

2020 年,学院获本科招生宣传工作二等奖,王晨晖教师荣获校级招生工作先进个人。研究生就业率保持 100%,本科生就业率保持在 95%以上,荣获 2019—2020 学年毕业生“就业工作先进集体”,副书记周余斌荣获 2019—2020 学年毕业生就业工作先进个人。

2020 年,招收留学生(博士研究生)3 名,2020 届毕业生中国外攻读博士学位 4 人、国外做博士后研究工作 1 人。

2020 年,动物房饲养各类实验动物 1 800 余只,主要为各类小鼠及大鼠,为学院以及校内相关学院提供动物实验服务,涉及动物模型 10 种,参与课题组近 10 个,参与课题项目近 20 项。

学院大型仪器设备公共服务中心是市级、校级公共服务测试中心,本年度中心仪器设备运行状态良好,傅里叶变换离子回旋共振质谱仪、核磁共振波谱仪(400 兆、600 兆)、激光扫描共聚焦显微镜、小动物活体成像仪等共 7 台仪器荣获“重庆大学优秀机组”荣誉称号。依托中心顺利开展两门研究生实验选修课,王晨晖教师获批重庆市高等教育教学改革研究项目 1 项,中心接待包括浙江工业大学药学院、长三角绿色制药协同创新中心、重庆市政协等单位的参观交流。

【成功申报药学学科博士学位授权点一级学科】

2020 年学院深入推进学科建设,组织召开重庆大学自主审核拟增列药学一级学科博士学位授权点专家论证会,与会专家认为重庆大学药学学科已经具备设立药学一级学科博士点的良好基础,新增药学一级学科博士点非常必要且有重要意义。经学院申请、国内外同行专家论证、学校学位评定委员会审议,同意药学学科为重庆大学 2020 年新增一级学科博士学位授权点。

【药学学科首次参加第五轮学科评估工作】

药学院牵头组织医学门类下唯一参评学科药学参与学科评估,这是药学学科首次参加学科评估工作。学院党政联席会多次讨论药学学科评估工作的部署、安排,评估工作分工具体、责任明确。在学校召开的第五轮学科评估材料(初稿)审查会上,学院认真听取学校意见,服从学校统一部署,把学科评估工作做实做精做细,完成学科评估材料一修稿、二修稿和报送稿的准备并录入国家评估系统。

(撰稿人:蔡　慧)

生物工程学院

【概况】

重庆大学生物工程学院拥有生物医学工程一级学科博士点(国家一级重点学科)、生物学一级学科博士点(重庆市重点学科)和生物医学工程、生物学2个博士后流动站;拥有生物医学工程、生物学2个一级学科硕士点和生物医学工程、生物工程2个工程硕士领域。设有生物工程系、生物医学工程系,有生物工程、生物医学工程、智能医学工程3个本科专业。2020年,学院在编教职工99人,其中教学科研岗位76人,实验、行政及学生工作等管理岗位23人。2020年学院蔡开勇教授获第八届“中国侨界贡献奖”一等奖,当选第八届国务院学位委员会生物医学工程学科评议组委员;王贵学教授入选爱思唯尔高被引作者;唐丽灵教授入选重庆市英才计划第二批“名师名家”。学院获市级科技进步奖一等奖1项、重庆产学研创新成果奖一等奖2项、重庆市自然科学奖二等奖1项。学院部分研究成果在国际顶级期刊 *ACS Nano*、*Biomaterials* 等发表。牵头制订国际标准9项。“生物医学工程专业”获批国家级一流专业建设,有市级优质课程1门,校级交叉课程建设1门,三进课程建设1门,已完成国家“十三五”规划教材3部。获得中国国际“互联网+”大学生创新创业大赛重庆赛区选拔赛金奖1项,第四届全国大学生生命科学竞赛总决赛一等奖1项。获“挑战杯”全国大学生课外学术科技作品竞赛重庆赛区特等奖及国家一等奖1项。引进人才11人。

学院现有“生物流变科学与技术”教育部重点实验室、国家生物产业基地公共实验中心(重庆)、重庆市医疗电子技术中心、国家医疗器械重庆基地、重庆市血液净化工程研发中心、血管植入物开发国家地方联合工程实验室、国家“111计划”、“生物力学与组织修复工程”学科创新引智基地。2020年学院新增各类科研项目62项,纵向项目36项,横向项目26项。科研到款金额1 092.75万元,其中纵向839.73万元,横向253.02万元。学院共发表SCI收录的科研论文175篇;中科院一区文章40篇,二区文章70篇;自然指数期刊2篇;JCR一区文章118篇,二区文章40篇。部分研究成果在国际顶级期刊 *ACS Nano*、*Biomaterials*、*Small* 等发表。申请发明专利4项,获权发明专利20项。

学院现有全日制本科生453名,其中115人获得各项奖学金。17人获得专项奖学金,18人被评为学校三好学生,16人被评为学校优秀学生干部。国家级(含市级)大学生创新训练项目结题6项(其中1项优秀);大学生科研训练计划项目结题9项(其中优秀2项);国家级(含市级)大学生创新训练项目立项6项;大学生科研训练计划项目立项8项。

学院采取积极有效措施努力拓展生源,包括开展网上招生宣讲、举办研究生暑假夏令营等,研究生报考及上线人数均呈上升趋势。2020年招收学术型硕士生111名,专业学位硕士生36名,学术型博士生53名,工程博士生11名,接收2021级研究生推免生56人(含直博生1人),同比增长180%。研究生授位质量稳步提升,创新人才硕果累累:2020年授位博士34名,授位硕士110名,研究生发表SCI/EI论文113篇,获2020年重庆大学优秀博士学位论文3篇、优秀硕士学位论文3篇,重庆市优秀博士学位论文2篇、优秀硕士学位论文1篇。本年度获重庆市研究生创新项目7项,重庆市研究生教育教学改革研究项目结题1项。

学院开展了多渠道、多层次、全方位的国际合作与交流,教师积极参加国际学术会议(包括线上会议)进行学术交流和报告。江启慧(Vivi Kasim)教授参加 International Conference on Health Informatics, Medical, Biological Engineering, and Pharmaceutical 并作会议报告,钟代笛教授参加 ITU-T SG16 全会、IEEE 标协理事会全会,并作学术报告。

2020年10月24日,学院召开重庆大学生物医学工程学科发展研讨会,邀请中国科学院院士骆清铭等专家参会。11月26日,学院承办成渝地区医疗器械企业产业科技经济论坛,中国科学院院士付小兵等150余人参会,共同探讨产学研用的深度融合,为成渝地区双城经济圈医疗器械技术/产品研发指明方向。12月4—7日,学院作为协办单位召开了第15届全国流变学学术会议,蔡开勇教授作大会报告。

2020年11月,江启慧教授指导留学生获成渝地区双城经济圈留学生创新创业大赛二等奖。江启慧教授承担的"分子生物学"获教育部全英文授课品牌课程建设,疫情期间响应中国教育国际交流协号召,将视频上传到互联网,对海内外高校及社会大众免费公开,用优质教育资源做到"停课不停教、停课不停学"。

2020年钟代笛教授担任国际个人健康设备标准委员会主席、国际个人互联健康产业联盟中国组组长,今年牵头制订健康领域国际标准9项,参编联合国机构发布的《数字健康平台指南》。吴寿荣教授继续担任美国科学促进会会员、日本学术振兴会(JSPS)中国同学会全国副会长兼重庆分会会长。钟代笛教授当选民进中央青年工作委员会副主任和民进重庆市委青年工作委员会主任,其参政议政成果获评全国政协优秀社情民意。

2020年11月27日,学院举办重庆大学缙云国际健康论坛,杨力教授作为大会主持发言人发表重要讲话,钟莉教授、雷明星教授作会议报告,并特邀英国巴斯大学 Charareh Pourzand 教授作网络讲座报告。

(撰稿人:刘晓红)

附属肿瘤医院

【概况】

2020年,重庆大学附属肿瘤医院门急诊人次459 091人次,同比增长0.65%;出院人次79 489人次,同比增长16.50%;住院手术台次16 432台,同比增长21.44%,其中三、四级手术同比增长23.12%;平均住院日8.42天,同比减少1.83天。业务收入22.25亿元,同比增长9.02%。

【医疗质量】

1.坚决做好疫情防控

围绕"一个中心",做好"两项保障",管控"三类人员",建立"四道防线",实现院内及援鄂队员零感染,确保医护人员、患者和家属安全。

2.巩固基础医疗质量

修订医疗质量月考核细则，制订季度专项工作内容，规范病历管理，推进合理用药，强化围术期管理。开展手术室运行提效专项工作，推进加速康复外科（ERAS），开展ERAS管理332例。加强院感管理与检测，Ⅰ类切口SSI率0.25%，同比下降0.23%。

3.强化专科能力建设

推进日间诊疗模式，全年完成日间诊疗3 671例，同比增长110%。深入开展肿瘤多学科联合诊疗，完成肿瘤多学科联合诊疗5643例。深化肿瘤护理"1+555+N"学科发展模式，为患者提供多层次多途径的护理服务。

4.牵头肿瘤医疗质控

成立重庆市肿瘤医疗质量控制中心万州分中心和黔江分中心，成立肺癌诊疗、妇科肿瘤诊疗、鼻咽癌诊疗、乳腺癌诊疗、前列腺癌诊疗等5个肿瘤专家组，组织专家开展督查评估及业务指导。

【科教人才】

1.科研平台逐渐完善

建立科研公共服务平台，建成小动物实验成像平台等各类基础实验平台和临床基础研究转化平台。完成生物样本平台资源的整合，目前在库样本161 891份，样本利用率64.09%，样本共享率62.15%。

2.科研绩效取得突破

立项科研项目138项，其中国家自然科学基金3项，省部级以上项目73项，纵向科研经费997.5万元；在研临床研究项目达到243项。获得医学科技成果奖3项，其中省部级2项、厅局级1项。发表论文304篇，其中SCI论文104篇，单篇IF最高19.233。牵头发布专家指南/共识4部，牵头出版著作9部，获得专利授权34项。

3.学科梯队持续完善

融入重庆大学"双一流"建设，接受重庆大学临床学科调研。临床药学获批市级重点专科，影像科获批市级临床重点专科，开展乳腺肿瘤防治研究中心学科群建设，肿瘤优势学科群逐步建立。

4.推进教育教学工作

设立临床医学、基础医学硕士研究生培养点，有博导8人，硕导41人，招收博士生5人、硕士生17人。启动放射肿瘤科专科医师规范化培训，开展临床药师培训，提升基层肿瘤防治能力。3名带教师资、4名住培医师入选首批重庆市住培名师与优生计划，通过重庆市住培基地飞行检查。

5.国际交流日益密切

制订《国际化工作方案》，接待澳大利亚、加拿大等国家外事人员来院洽谈合作事宜，与德国癌症研究中心、美国纪念斯隆凯特琳癌症中心、美国Fox Chase癌症中心等科研机构开展学术研讨。

6.举办高层次学术会

9月5日，举办中国癌症基金会基层肿瘤中心建设培训项目第三期院长培训班，原国家卫生部领导、市领导、国家卫生健康委领导出席会议。来自全国19个省自治区直辖市的基层医院院长、肿瘤专家、医疗行政部门负责人等500余人参加了培训。

7.抓实人才引进培育

招录173人,其中博士25人,硕士57人;引进高层次人才5人,其中海外高层次人才2人。成立英语培训中心、科研培训中心、医院管理研究中心,开展院内人员培训,提高职工综合素质。医院荣获众多人才荣誉:吴永忠教授当选中国抗癌协会副理事长、中国抗癌协会肿瘤放射治疗专委会候任主任委员,入选重庆市首席专家工作室领衔专家;周琦教授当选中国抗癌协会肿瘤内分泌专委会主任委员,并入选"重庆英才·名家名师";王颖、曾晓华、王维、李咏生教授入选"重庆英才·创新创业领军人才";杜寒剑、陈锐入选第六批重庆市中青年医学高端人才。

【综合管理】

1.做好运营提质增效

面对新冠肺炎疫情的复杂形势,坚持一手抓疫情防控,一手抓医院发展,出台6项措施,即调整工作时间、开展日间诊疗、充实一线队伍、建立网络医院、促进快速康复、行政支援临床,医院运行呈现六升三降的良好趋势。创新性开启融合发展模式,开展职能科室与临床医技科室对接,增强各科室间协作,解决了临床医技发展中的问题。

2.实施医保综合监管

开展"医疗—医保—物价"联动专项行动,清除诊疗服务僵尸项目3 638项;优化检验检查项目1 650项;核查康复理疗项目50项,关停14项;完成合理手术收费、药品智能化监管、物资信息化管理的整治,建立齐抓共管长效机制。

3.推进基础设施建设

新院区选址高新区科学城,占地278亩,规划总建筑面积约65万m^2,编制床位2 500张,完成工艺流程设计、概念设计、用地调规、土地购置等工作。西门子3.0T磁共振、大孔径CT、后装治疗机等大型设备投用,完成质子项目申报,启动院内物流SPD耗材项目,完成消毒供应中心改造,复合手术室建成投用。

4.推进智慧医院建设

强化技防建设,提升安防智能化水平,重庆市卫生健康委在医院召开现场会推广建设经验。医院通过国家医疗健康信息互联互通标准化成熟度四级甲等测评,通过国家电子病历应用水平四级评审,通过重庆市智慧医院四级测评。

【公益职能】

1.川渝共建肿防体系

6月3日,与四川省肿瘤医院签署共创"川渝肿瘤融合发展共同体"框架协议,推动川渝卫生健康一体化融合发展。

2.推进"一网一链"建设

与合川区、梁平区、云阳县、石柱县人民政府签订院地战略合作协议,"五个一"院地合作模式推进基层癌症防治体系建设。建成涵盖10个二级肿瘤医院、24个肿瘤规范化诊疗基地、5个单病种专科联盟、56家医疗协作医院,累计90个肿瘤专科联盟成员单位的三级肿瘤防治网络。派驻专家105人次,开展学术讲座118场次,推广卫生适宜技术91场次,培训基层医护人员7 090人次;接收209名医务人员及管理干部进修学习,218人参观交流。

3.援鄂援藏援外扶贫

组建援鄂抗疫医疗队20人赴湖北支援;完成第四批医疗人才"组团式"援藏任务;制订《整建制派遣援外医疗队工作实施方案》,组建储备人才队伍。对口扶贫的黔江区金溪镇山坳村16户农户稳固脱贫;与云南绿春县对接健康扶贫工作,开展绿春县医务人员线上培训。

【党建文化】

1.完善医院党建体系

坚持党委领导下的院长负责制,规范开展"三重一大"决策。组织党委中心组(扩大)学习13次,各支部(科室)职工政治学习547次。换届调整全院基层党支部,设置在职党支部51个。开展基层党支部书记述职评议考核工作,发展党员9名。建立科主任会、支部委员会"双会"议事决策制度,打通党建和业务工作的融合通道。

2.推进干部队伍建设

协助重庆大学配齐配强院领导班子,完成党委、纪委领导班子换届;开展中干集中调整选任工作,调整任命干部133人,研究生及以上学历占比51.48%,40岁以下占比45.59%。完善干部考核评价机制,党支部书记管理绩效与科室目标管理挂钩。

3.抓好党风廉政建设

落实党风廉政建设"两个责任",签订党建工作责任清单。定期专题研究党风廉政建设工作,建立了党委主抓、纪委监督,多部门齐抓共管的工作机制,全院政治生态整体向好、持续向好。

4.推进医院文化建设

打造集精神文化、党建文化、管理文化、质量文化、服务文化、廉政文化、安全文化和家文化等为一体的文化体系,升华了"向善向上　尚德尚学"医院核心文化内涵。

5.推进精神文明建设

建成宣教中心,开展各类录制和直播227场次,短视频新媒体投放524条,对外宣传报道1 280篇。推进基层工会组织建设,加强医院民主管理与监督,对收到的45条职代会建议,做到条条有回复,件件有落实。两人荣获"重庆市五一劳动奖章";1人荣获"重庆市三八红旗手"称号;1人荣获"重庆大学青年五四奖章";院团委荣获重庆大学"五四红旗团委"称号;援鄂医疗队荣获孝感市委市政府"爱心团队""重庆大学青年五四奖章",抗疫一线女职工18人荣获"最美巾帼奋斗者"称号。

(撰稿人:吴　静)

附属三峡医院

【综述】

2020年,附属三峡医院在学校党委和行政的领导下,对接国家、地方重大战略需求,服务学校“双一流”和医学学科建设,紧扣“医学高地三加快,院校融合三提升”的年度核心主题,积极进取,多维奋斗,综合实力全面提升,成功跻身广州艾力彼“全国省单医院100强”排行榜第14位,三级公立医院“国考”考评等级为A,3项工作获选人民网公立医院高质量发展典型案例A类,医院实现可持续健康发展。

【更好更快融入学校】

2020年1月1日正式划归重庆大学,铸就建院历程中的重要里程碑;5月20日经中共重庆市委机构编制委员会批复同意更名;7月27日圆满举行揭牌仪式。按照直属管理方案,从机构名称、组织管理、人事管理、医疗管理、人才培养、科研管理、财务管理、资产管理、外事管理、工会工作、条件保障等方面着力,加速融入学校中心工作。10名职工当选为学校第十四届工会会员代表、第九届教职工代表。

【坚决抗稳时代重任】

抗击疫情有力有为,收治渝东北地区10个区县的新冠肺炎确诊患者248例,于2020年3月11日实现清零,创造了重庆市抗击疫情“六个第一”,被授予“重庆市抗击新冠肺炎疫情先进集体”“重庆市先进基层党组织”称号。1名职工荣获“全国抗击新冠肺炎疫情先进个人”和“全国优秀共产党员”称号,1名职工荣获全国“优秀医院院长”称号,5名职工荣获“重庆市抗击新冠肺炎疫情先进个人”称号,1名职工荣获“重庆市优秀共产党员”称号。决战决胜脱贫攻坚,下大力气帮扶万州区龙驹镇和云南绿春县,以产业扶贫、健康扶贫、消费扶贫带动贫困人群增收致富,被授予“重庆市事业单位脱贫攻坚记大功集体”称号。

【提升医学教育能级】

按照大学临床医学院建设标准,健全教学体系与架构,优化医学教研室设置,持续提升带教能力。强化师资队伍力量,1名职工获评“重庆大学服务育人标兵”荣誉称号,新增10名硕士生导师,195名职工取得国家和市级住培、护培师资证书,在学校专家指导下开展青年教师讲课比赛、普通话培训、英语能力提升培训等。新增4个国家住院医师规范化培训专业基地(重症医学科、康复医学科、眼科、超声科)、1个重庆市临床药师规范化培训基地(药学部),积极创建重庆市公众卫生应急技能培训基地。招收学术型硕士研究生4名,保质保量完成1 394名学生、学员的日常教学任务。

【学科建设乘势奋进】

接受学校医学部专家组调研评估,从学科目标、学科方向、学科地位、学科带头人、人才梯队、医疗特色、教学能力、科研绩效、平台建设、学科文化10个维度,为51个临床学科厚植发展土壤。2020年新增国家“群众满意的科室”1个(药学部)、重庆市临床重点专科建设项目2个(重症医学科、检验科)、重庆市中医药重点学科建设项目1个(中医肛肠病学)、重庆市临床药学重点专科建设项目1个(临床药学内分泌专业),呼吸与危重症医学科通过全国规范化建设项目（PCCM）实地评审。

【加速科学研究产出】

逐步完善科研管理组织机构，建立健全人类遗传资源管理委员会、实验动物管理委员会等。全年获批纵向科研项目 103 项（其中国家自然科学基金项目 1 项），同比增长 151.22%；获得科研经费资助 453.5 万元，同比增长 85.78%；发表学术论文 612 篇，同比增长 53%（其中高质量论文数同比增长 93%，护理 SCI 论文实现零的突破）。成功申建重庆市老年疾病临床医学研究中心，与学校环境与生态学院共建三峡库区环境与人群健康研究中心。召开“新医科”建设校内融合交流会，与学校达成 32 个医工融合合作方向，包括重点合作方向 15 个。

【坚持人才引育并举】

依托学校平台，引进博士 10 名，5 名在职博士进入学校博士后工作站，大幅提升绩效待遇。实施升博、升硕、青年人才培养“三个工程”，升级现有人才队伍结构，3 名职工考取全日制博士，12 名职工考取博士学位班，136 名职工在职读研，遴选 96 名医德高尚、技术精湛、具备担当的青年职工重点培养。向学校人事处、医学院呈报校院人才双聘管理办法，制订高层次人才引进管理办法，明确引才标准及待遇。

【健康服务提档升级】

加快优质医疗资源扩容和均衡布局，三峡国际健康城三峡医学中心、三峡公共卫生应急医院建设进展顺利，重庆三峡卫生健康学校联合三峡水利电力学校招生办学，万州区精神康复中心投入运行；建立 22 个联合病房、4 个专科联盟，成立渝东北远程影像诊断中心，推动分级诊疗实现新的作为。医疗救治能力全面提升，引进 PET-CT、64 通道生命感知磁共振等世界领先设备，广泛开展各类高新难技术，47 项达到市内乃至国内先进水平，其中第四代达·芬奇机器人肠癌手术量一度排名全国第一、甲状腺手术量一度排名全国第三。品质服务建设有新内涵，开设全国首家“全天候门诊”，全国首个华佗工程互联网医疗基地正式挂牌，互联网医院上线运行，周末平诊手术、全程优质示范病房、口腔美容中心等逐步推开，全力以赴建设生殖医学中心。虽受新冠肺炎疫情影响，主要业务指标有所下滑，全年门诊诊疗人次 256.68 万，出院人次 9.8 万，手术台次 4.56万，但整体呈现高质量发展态势。

（撰稿人：刘　洋）

附属中心医院

【概况】

2020 年，重庆大学附属中心医院在学校党委和行政的领导下，在医学部及医学院的指导下，全院职工凝心聚力，攻坚克难，顺利完成各项新冠肺炎疫情防控任务，持续做好常态化新冠肺炎疫情防控工作，有力抓好复工复产，重点工作落实落地，医院事业发展稳步推进。

【统筹抓好疫情防控】

1.班子团结,靠前指挥

新冠肺炎疫情防控期间,医院领导班子精诚团结,挺身在前,带领全院职工圆满完成各项抗疫任务。

2.多措并举,优化防控

紧急组建800人次抗疫志愿者队伍;实施120指挥中心发热分类调度;实行院前院内一体化布防。承担了发热门诊、主城区确诊患者转运和渝中区定点收治医院的任务。

3.响应号召,紧急驰援

先后派出5批次53名医护人员支援湖北,选派骨干圆满完成北京、新疆等地应援任务,担任市级防控组专家5人次。其中支援湖北的张晞同志荣获“全国抗击新冠肺炎疫情先进个人”“全国优秀共产党员”称号。

4.复工复产,抓好服务

自主研发“发热视频App”,开发信息化管理平台,在区域内推广应用,助力复工复产中的常态化疫情管理。

【深化公立医院改革】

1.落实国家医改政策

修订医院章程,开展现代医院管理试点工作。

2.健全“互联网+医疗”服务体系

获批首批互联网医院,首家“互联网+医保”服务试点单位。

3.深化分级诊疗

推进各专科联盟、社区医联体工作,双向转诊回转率为48.45%。常态化开展远程医疗服务工作。与渝中区卫健委签订《远程诊疗合作协议》,实现渝中区基层医疗机构远程医疗服务全覆盖。

【着力抓好医疗服务】

1.提高医疗服务能力

完善学科布局,独立设置老年病科、肾内科、风湿免疫科等。落实临床重点专科护理服务能力建设,延伸优质护理内涵。推动医疗技术纵深发展,2020年三、四级手术占比达82.5%,微创介入手术占比达11.7%,其中胸心外科Stanford A型主动脉夹层外科手术取得突破性进展,完成16例。2020年该院共开展新技术(项目)51项,较2019年增长18%。

2.深化医疗质量内涵建设

新增125项质量指标嵌入院内质控指标体系监测管理。做好医院不良事件管理,强化过程质量。2020年医院病种CMI值(1.28)高出标杆水平28%,低风险组死亡率等质量、安全指标均呈正向改善趋势。

3.强化院感防控管理

制订医院新冠肺炎感染防控措施、应急处置流程;开展全员新冠肺炎防控知识培训、医务人员个人防护用品使用演练、疑似新冠肺炎感染患者应急处置等600余场次，实现医务人员和患者零感染目标。

【持续推动学科建设】

1.加强学科平台建设

获批国家创伤区域医疗中心委省共建项目。获批重庆市临床医学研究中心、国家脑防委高级卒中中心等，成为国家药品不良反应监测哨点医院，新增4个重庆市临床重点专科。

2.强化科学研究工作

实施首批“专病中心”“特色医疗技术培育”项目。获批科研项目立项74项，发表论文98篇。获批国家专利授权50项。新增学术团体任职83人次。

3.加大高层次人才引育

多渠道招录高层次人才61人。入选重庆市有突出贡献的中青年专家1名、“渝中英才”1人。

4.加强教学管理工作

新增国家住培专业基地3个。获批重庆大学医学院硕士研究生导师12名。入选首批重庆市住院医师规范化培训优生计划、名师计划各1人。荣获重庆市第四届住院医师规范化培训临床技能竞赛二等奖。

【履行公卫急救职责】

1.完成日常急救和卫生应急指令性任务

2020年120接警量同比增加24.27%。参与公共事件救援12次，卫生应急演练3次，指令性任务158次。

2.推进急救“一张网”建设

牵头成立重庆市院前急救质量控制中心。配合市卫生健康委推进120急救“一张网”建设，重庆市“1+31”120指挥调度网络模式初步形成。

3.加强急救技能培训

2020年开展专业人员培训9 801人次，公众培训13 901人次。获批重庆市科技局科普基地。

4.组织公益志愿活动

深入开展城市急救公益服务项目，荣获全国卫生健康行业志愿服务大赛金奖。

【推进综合服务保障】

1.深化健康扶贫

先后4次赴对口帮扶乡村开展健康扶贫活动。以远程诊疗为特色的健康扶贫工作获得认可，荣获重庆市卫生健康委委属事业单位脱贫攻坚专项奖励集体嘉奖，获个人记功和个人嘉奖各1人。

2.加强运行管理

平稳上线电子化医疗票据；完成HRP一期建设，初步实现全院信息互联互通数据共享。加大医保管控力度，完成国家医保局医保飞行检查。

3.加强后勤保障

加强防疫相关物资设备的供应、购置及发放保障,做好院内消毒消杀工作。推出“小碗菜”,践行“光盘行动”。开展“扫黑除恶”专项斗争,深化消防网格化管理,构筑平安医院。

【全面筑牢政治堡垒】

认真落实重庆市公立医院党的建设重点任务,顺利完成年度政治学习工作。成功召开第一次党代会,完成党委、纪委换届选举。深化“党建工作全面提升年”主题活动,稳步推进“一支部一品牌”、支部标准化规范化建设。完成44个基层党支部的重新设置和选举。开展“会前10分钟说纪”,推动“以案四改”工作,持续加强党风廉政建设。成立3个援湖北抗疫医疗队临时党支部,14位同志火线入党。召开英雄事迹报告会、汇编《抗疫日记》,推出“同心战疫”专题展,大力传承抗疫精神。

(撰稿人:马　渝)

大事记

重庆大学2020年大事记

一月

2日　学校召开专题会议听取第四轮巡察工作情况汇报。校党委书记周旬出席会议。

3日　高研院秦峰、邹羽2位教师分别获2019年国家社科基金中华学术外译项目立项，实现学校文科领域此类国家社科基金项目“零”突破。

6日　学校党委巡察工作领导小组召开2020年第1次会议。

7日　学校召开教师干部大会，中共中央组织部干部三局局长王维平受中央组织部领导委托，在会上宣布了中共中央关于校党委书记职务任免的决定：舒立春同志任校党委书记（副部长级）。教育部党组成员、副部长郑富芝，重庆市委常委、组织部部长胡文容出席会议并讲话。校长张宗益主持会议。

学校召开2020年第1次校长办公会议。

重庆大学欧美同学会（留学人员联谊会）正式成立。

7—9日　由我校生命科学学院与比利时埃诺省农业工程中心（CARAH）共同举办的中比马铃薯国际合作项目协调评估会在学校举行。

8日　2020未来教育论坛暨北京大学未来教育管理研究中心成立大会在北京大学举行。校长张宗益受邀出席2020未来教育论坛并做主旨报告。

9日　中共重庆大学第十二届委员会常务委员会召开2020年第1次会议。

10日　中共中央、国务院10日上午在北京隆重举行国家科学技术奖励大会。中国工程院院士、日本工程院外籍院士、英国皇家结构工程师学会会士、重庆大学教授周绪红牵头的“高层钢-混凝土混合结构的理论、技术与工程应用”项目获国家科技进步一等奖，实现零的突破。

学校人才工作领导小组召开第22次会议。

11日　学校煤矿灾害动力学与控制国家重点实验室召开研究团队成立大会。校长张宗益出席。

12—13日　第四届“青春创客”系列活动全国总决赛举行。重庆大学推荐的2个学生创新创业项目获一等奖1项（全国共2项）、二等奖1项（全国共3项）。

13日　学校召开2020年第1次院长工作例会。

14日　学校召开“不忘初心、牢记使命”主题教育总结大会。校党委书记舒立春代表学校党委作总结报告，校长张宗益主持会议，中央第二指导组组长王瑞生出席会议并讲话。

学校召开 2020 年第 2 次校长办公会议。

30 日　中共重庆大学第十三届委员会常务委员会召开 2020 年第 2 次会议。

二月

6 日　学校召开 2020 年第 3 次校长办公会议。

7 日　中共重庆大学第十三届委员会常务委员会召开 2020 年第 3 次会议。

17 日　学校正式启动 2019—2020 春季学期线上教学的工作。学校师生开始利用 SPOC 平台、学堂在线等平台开展在线教学工作。

中共重庆大学第十三届委员会常务委员会召开 2020 年第 4 次会议。

学校召开 2020 年第 4 次校长办公会议。

19 日　国务院新冠肺炎疫情防控第二十一工作指导组组长孙新华率队督导学校疫情防控工作。重庆市教委副主任邓沁泉、市卫生健康委副主任王卫，沙坪坝区区长常斌，校党委书记舒立春、校长张宗益参加。

24 日　材料科学与工程学院黄晓旭教授团队的研究成果“High pressure strengthening in ultrafine-grained metals（超细晶金属的高压强化）”在 *Nature* 发表题。

26 日　校党委书记舒立春、校长张宗益通过网络视频连线重庆大学附属三峡医院，向奋战在一线的医护员工表示慰问并致以衷心感谢和崇高敬意。

中共重庆大学第十三届委员会常务委员会召开 2020 年第 5 次会议。

学校召开 2020 年第 5 次校长办公会议。

27 日　校长张宗益主持召开新学期教学工作推进会。

28 日　沙坪坝区委书记江涛、区长常斌率队到学校附属肿瘤医院慰问一线医护人员。

三月

2 日　学校人才工作领导小组召开第 23 次会议。

9 日　学校召开 2020 届毕业生就业工作视频会。校党委副书记王旭出席并讲话。

10 日　中共重庆大学第十三届委员会常务委员会召开 2020 年第 6 次会议。

学校召开 2020 年第 6 次校长办公会议。

13 日　副校长明炬带队前往市发改委汇报大科学装置建设推进情况，市发革委副主任戴明听取汇报并给予指导。

14 日　科技部副部长王曦来校调研学校电镜中心。校长张宗益参加。

19 日　中共重庆大学第十三届委员会常务委员会召开 2020 年第 7 次会议。

24 日　中共重庆大学第十三届委员会常务委员会召开 2020 年第 8 次会议。

学校召开 2020 年第 7 次校长办公会议。

26 日　学校召开国家重点实验室建设专题会议。校党委书记舒立春，校长张宗益，副校长明炬、刘汉龙、王时龙、廖瑞金出席。

重庆高新区党工委副书记、管委会主任商奎，管委会副主任肖庆华，市教委副主任郭小萍一行来校对接重庆大学科学中心建设事宜。校党委书记舒立春、校长张宗益参加。

27 日　学校与沙坪坝区召开境外师生新冠肺炎防疫工作交流对接会。副校长王时龙主持会议，沙区常委蔡焘出席。

30 日　学校人才工作领导小组召开第 24 次会议。

31 日　中共重庆大学第十三届委员会常务委员会召开 2020 年第 9 次会议。

学校召开 2020 年第 8 次校长办公会议。

四月

7 日　学校召开 2020 年定点扶贫工作任务布置会。校党委书记舒立春，党委副书记、纪委书记陶举虎，副校长廖瑞金出席，校长张宗益主持会议。

8 日　重庆市科协党组书记王合清来学校调研，校党委书记舒立春出席座谈会。

中共重庆大学第十三届委员会常务委员会召开 2020 年第 10 次会议。

学校召开 2020 年第 9 次校长办公会议。

9—10 日　学校召开 2020 年春季学期党政联席会。

13—15 日　校党委书记舒立春、副校长廖瑞金带队远赴云南绿春县考察调研，助力绿春县脱贫摘帽。

14 日　校长张宗益率队赴沙坪坝区青木关镇开展扶贫调研。

16 日　学校召开新学期干部大会。校长张宗益代表学校作了题为《补短板　增长项　强内涵　加快双一流建设　服务高质量发展》的工作报告。校党委书记舒立春主持会议并作总结讲话。

学校召开 2020 年全面从严治党工作会。

21 日　中共重庆大学第十三届委员会常务委员会召开 2020 年第 11 次会议。

学校召开 2020 年第 10 次校长办公会议。

23 日　学校召开 2020 年第 11 次校长办公会议。

27 日　学校人才工作领导小组召开第 25 次会议。

28 日　中共重庆大学第十三届委员会常务委员会召开 2020 年第 12 次会议。

学校召开 2020 年第 12 次校长办公会议。

29 日　市委宣传部副部长马然希一行来校调研。校党委副书记王旭参加。

五月

4 日　重庆大学团委荣获“全国五四红旗团委”称号。“全国五四红旗团委”是团中央授予基层团组织的最高荣誉，是对基层团组织深化改革攻坚、履行职责使命的肯定。

学校召开五四青年节座谈会。校党委副书记王旭出席。

6 日　中共重庆大学第十三届委员会常务委员会召开 2020 年第 13 次会议。

学校召开 2020 年度经济责任审计工作启动会。校长张宗益出席并讲话。

8 日　学校党委巡察工作领导小组召开 2020 年第 2 次会议。

学校召开开学复课工作部署视频会。校党委书记舒立春、校长张宗益、副书记王旭、副校长王时龙出席。

8—10 日　副校长刘汉龙带领 6 个扶贫工作组前往云南绿春县，精准推进落实学校定点扶贫各项工作。

10 日　重庆大学—三峡大学 2020 届毕业生春季空中双选会（建筑行业专场）在校举办。

11 日　学校召开 2020 年第 2 次院长工作例会。

12 日　学校召开 2020 年第 13 次校长办公会议。

重庆市副市长屈谦一行到虎溪校区检查开学复课准备工作。市政府副秘书长唐慎，市委教育工委书记、市教委主任黄政，校党委书记舒立春陪同检查。

由重庆大学与四川大学牵头发起组建的“成渝地区双城经济圈高校联盟”在成都正式成立。校长张宗益出席成立大会。

13 日　中共重庆大学第十三届委员会常务委员会召开 2020 年第 14 次、第 15 次会议。

学校召开老年科协代表座谈会。校党委书记舒立春、副书记王旭出席会议，副校长廖瑞金主持会议。

校长张宗益到食堂、宿舍检查指导开学复课疫情防控及后勤保障工作。

14 日　校长张宗益检查指导硕士研究生招生复试工作。

18 日　四川省眉山市党政代表团来校访问，并就共同推动成渝地区双城经济圈建设进行座谈交流。校党委书记舒立春，校长张宗益，校党委副书记王旭，副校长明炬、廖瑞金出席。

19 日　中共重庆大学第十三届委员会常务委员会召开 2020 年第 16 次会议。

学校召开 2020 年第 14 次校长办公会议。

20 日　北碚区委书记周旭一行来校调研，并就深化校地合作进行座谈交流。校党委书记舒立春，校长张宗益，副校长廖瑞金出席。

21 日　学校召开党委第五轮巡察工作动员部署会，校党委书记、党委巡察工作领导小组组长舒立春同志出席会议并讲话。

25 日　学校全面复课第一天，校党委书记舒立春，校长张宗益，校党委副书记王旭，副校长王时龙、廖瑞金等校领导带队检查新学期教学工作。

校党委书记舒立春，副校长孟卫东、明炬、廖瑞金带队开展新学期实验室安全检查工作。

26 日　中共重庆大学第十三届委员会常务委员会召开 2020 年第 17 次会议。

学校召开 2020 年第 15 次校长办公会议。

四川省委教育工委书记、省教育厅党组书记、厅长李江一行到虎溪校区调研。校党委书记舒立春、副书记王旭参加。

27 日　校党委书记舒立春、校长张宗益分别带队到 A、B 校区学生返校集中接待站点调研指导，关心慰问返校学生。

学校召开加强基础学科建设调研会。校长张宗益，副校长孟卫东、明炬、廖瑞金出席。副校长王时龙主持会议。

学校经营性资产管理委员会召开 2020 年第 1 次会议。

27—29 日　学校党委巡察 6 个二级党组织工作动员会先后召开。校党委副书记、纪委书记、党委巡察工作领导小组副组长陶举虎同志先后出席并讲话。

30 日　周绪红院士荣获全国创新争先奖先进个人奖。

31 日　学校召开合校发展 20 周年座谈会。

六月

1 日　学校召开 2020 年第 3 次院长工作例会。

学校人才工作领导小组召开第 26 次会议。

2 日　市委副书记、市长唐良智主持召开重大科技项目推进工作会议，专题研究超瞬态物质科学实验装置等项目建设工作。市领导吴存荣、屈谦、熊雪，校党委书记舒立春，校长张宗益，副校长明炬、刘汉龙参加。

学校召开 2020 年第 16 次校长办公会议。

3 日　中共重庆大学第十三届委员会常务委员会召开 2020 年第 18 次会议。

重庆市高校征兵工作检查调研座谈会在学校召开。重庆市委常委，市征兵工作领导小组副组长、警备区司令员韩志凯来校调研大学生征兵工作，校党委书记舒立春出席会议。

学校与英国萨里大学“云签署”谅解备忘录。校长张宗益、萨里大学校长逯高清出席。

学校在云南绿春县设立“龙之梦奖学金、助学金”教育扶贫项目。

学校附属肿瘤医院与四川省肿瘤医院签署“融合发展共同体框架协议”，共创国家癌症区域医疗中心。

4 日　学校召开 2020 年全国两会精神传达报告会。

9日　校党委书记舒立春会见新加坡驻成都总领事馆总领事陈子勤一行。副校长明炬参加。

周绪红院士团队完成国内首次6层足尺振动台试验。该实验证明了多层冷弯薄壁型钢结构房屋的安全可靠,为我国冷弯薄壁型钢结构建造高层建筑打下了基础。

10日　2020“山东—名校人才直通车”招聘活动在我校举行。山东省委组织部副部长,省人力资源和社会保障厅党组书记、厅长梅建华带队来校招聘人才。校党委书记舒立春、副书记王旭会见客人。

学校召开定点扶贫工作调度会。副校长孟卫东、廖瑞金参加。

15日　中国船舶重工集团海装风电股份有限公司党委副书记孔令勇带队来校招聘人才。校党委副书记王旭会见客人。

16日　中共重庆大学第十三届委员会常务委员会召开2020年第19次会议。

学校召开2020年第17次校长办公会议。

17日　学校举行2020届选调生出征欢送会。校党委书记舒立春出席会议并致辞。

18日　学校召开“十四五”发展规划编制工作布置会。校长张宗益以《高水平编制“十四五”规划,高质量推进“双一流”建设》为题作工作动员,校党委书记舒立春作总结讲话。

校长张宗益会见加拿大驻华大使鲍达民一行。

19日　学校党委巡察工作领导小组召开2020年第3次会议。

学校举行“校长有约”毕业生座谈会。校长张宗益与来自各学院的毕业生代表深入交流。

重庆铁马工业集团有限公司郑英军总经理一行来校调研。副校长明炬会见客人。

22日　学校召开第七届学术委员会成立大会暨第一次全体会议。

23日　中共重庆大学第十三届委员会常务委员会召开2020年第20次会议。

学校召开2020年第18次校长办公会议。

24日　学校召开国际化发展推进大会。校长张宗益作了题为《深入实施国际化战略　以高水平开放引领高质量发展》的学校国际化工作报告。校党委书记舒立春出席会议并讲话。

学校召开“互联网+”大学生创新创业大赛第五届总结会暨第六届动员会。校党委副书记王旭、副校长廖瑞金出席会议。

28日　学校举行2020届学生毕业典礼暨学位授予仪式。校长张宗益作题为《拥抱改变》的毕业致辞。

重庆大学、两江新区、松山湖机器人产业基地共同举行明月湖国际智能产业科创基地、明月湖智能产业中央研究院、明月湖—重庆大学新工科教育科创平台等科创生态体系项目签约仪式。校长张宗益、副校长廖瑞金出席。

29日　学校主办的镁合金国际刊物 *Journal of Magnesium and Alloys*(*JMA*)影响因子达到7.115,上升至全球79种SCI收录的冶金与冶金工程类学术期刊第二位。

30日　学校召开2020年第19次校长办公会议。

七月

1 日　中共重庆大学第十三届委员会常务委员会召开 2020 年第 21 次、第 22 次会议。

中国宝武钢铁集团有限公司党委书记、董事长陈德荣来校调研潘复生院士团队科研创新工作，并就深化校企合作进行座谈交流。副校长明炬会见客人。

2 日　学校召开保密委员会全体会议。校党委书记、保密委员会主任舒立春主持会议并讲话。

2—8 日　学校党委召开第五轮巡察情况反馈会。校党委副书记、纪委书记、巡察工作领导小组副组长陶举虎出席了对 6 个二级党组织的巡察情况反馈会并讲话。

3 日　学校召开加强基础学科建设推进大会。校长张宗益作了题为《夯基础　调结构　优生态　高质量建设世界一流大学》的专题报告，会上发布了《重庆大学基础理科卓越行动计划》《重庆大学基础文科振兴行动计划》。校党委书记舒立春出席并作总结讲话。

5 日　国务院扶贫开发领导小组办公室党组成员、副主任洪天云一行来校调研指导定点扶贫工作。市委副秘书长黄茂军，市扶贫办主任刘贵忠、副主任黄长武，市教委副主任郭小萍，校党委书记舒立春，校长张宗益，副校长廖瑞金参加。

6 日　学校召开 2020 年第 4 次院长工作例会。

学校人才工作领导小组召开第 27 次会议。

7 日　中共重庆大学第十三届委员会常务委员会召开 2020 年第 23 次会议。

学校召开 2020 年第 20 次校长办公会议。

8 日　学校召开二级党组织书记例会。

9 日　烟台市委副书记、市长陈飞率烟台市人民政府代表团来校访问，并就深化校地合作进行座谈交流。校长张宗益出席，副校长廖瑞金主持会议。

10 日　学校组织召开“超瞬态实验装置”技术研讨及用户交流会。校长张宗益参加现场会议。

学校召开 2020 年课程思政暨在线教学工作总结会。校党委副书记王旭、副校长廖瑞金出席会议。

14 日　学校召开 2020 年第 21 次校长办公会议。

15 日　中共重庆大学第十三届委员会常务委员会召开 2020 年第 24 次会议。

18 日　中国科学院院士、西北工业大学常务副校长黄维带队来校访问。校长张宗益、副校长明炬会见黄维一行。

27 日　学校与万州区政府全面深化战略合作签约座谈会暨重庆大学附属三峡医院揭牌仪式在万州举行。重庆市委常委、万州区委书记莫恭明，校党委书记舒立春，校长张宗益，万州区委副书记、区长聂红焰等领导出席。

28 日　中共重庆大学第十三届委员会常务委员会召开 2020 年第 25 次会议。

学校召开 2020 年第 22 次校长办公会议。

29 日　校党委书记舒立春走访各民主党派重庆市委会。

31 日　学校机械学院邵毅敏教授作为首席科学家,牵头负责的国家重点研发计划“多维融合感知智能轴承基础原理与方法”项目启动会召开。副校长明炬出席。

八月

21 日　学校与四川省人民政府签署省校战略合作协议。四川省委书记彭清华,省委副书记、省长尹力,省委常委、组织部部长王正谱,校长张宗益,副校长明炬出席签约仪式。

23 日　学校研究成果亮相重庆市科技周活动。周绪红院士出席活动开幕式。

28—30 日　“赛迪环保杯”第十三届全国大学生节能减排社会实践与科技竞赛决赛在学校举行。校党委书记舒立春、校长张宗益分别出席闭幕式和开幕式。我校共获得特等奖 1 项、一等奖 7 项、二等奖 1 项、三等奖 5 项,获奖数量位列第一。

31 日　学校人才工作领导小组召开第 28 次会议。

九月

1 日　中共重庆大学第十三届委员会常务委员会召开 2020 年第 26 次会议。

4 日　学校举行 2020 级研究生新生开学典礼。校长张宗益以《勇作学术研究的前锋》为题,为 2020 级研究生新同学上“开学第一课”。

西南地区首个涵盖术中滑轨 CT、术中 DSA、术中放疗的复合手术室在学校附属肿瘤医院投入使用,将主要用于神经肿瘤、肝部肿瘤、胸部肿瘤和心脑血管疾病等治疗。

7 日　学校 2020 年本科招生录取工作全部结束,共录取新生 6 471 人。

学校党委巡察工作领导小组召开 2020 年第 4 次会议。

8 日　中共重庆大学第十三届委员会常务委员会召开 2020 年第 27 次会议。

学校召开 2020 年第 23 次校长办公会议。

学校附属中心医院老年病科(全科医学科)护士长张晞,附属三峡医院重症医学病区副主任、副主任医师黄霞荣获全国抗击新冠肺炎疫情先进个人和全国优秀共产党员称号。

外交部国际经济司参赞肖南率队来校调研。副校长明炬会见客人。

9 日　中央政治局委员、市委书记陈敏尔来校调研,看望慰问师生并作形势政策报告。市领导王赋、屈谦参加,校党委书记舒立春、校长张宗益汇报学校有关工作情况。

学校召开庆祝 2020 年教师节大会。校长张宗益宣读了《重庆大学关于表彰 2019—2020 学年度先进集体和个人的决定》。校党委书记舒立春向全校教职工致以节日的祝贺和崇高的敬意。

10 日　学校举行 2020 级本科生开学典礼暨军训动员大会。校长张宗益以《求学重大，筑路人生》为题，为 2020 级本科新同学上“开学第一课”。

11 日　西南地区高校科技创新工作座谈会在学校举行。教育部党组成员、副部长钟登华，教育部科技司司长雷朝滋出席会议并讲话。校长张宗益、副校长明炬参加。

学校召开“双一流”建设周期总结咨询评议会。中国科学院院士、厦门大学原副校长孙世刚，中国工程院院士、哈尔滨工业大学原副校长邓宗全等院士专家对我校“双一流”建设周期工作及成效进行咨询评议。

13 日　中国动力工程学会第八届青年学术年会在学校召开。副校长廖瑞金出席开幕式并致辞。

14 日　2020 年线上智博会第二届中国地方政府治理高层论坛举办。市委常委、政法委书记刘强出席论坛开幕式并讲话，学校党委书记舒立春，市委教育工委书记、市教育委员会主任黄政，市社科联党组书记李保海分别致辞。

学校获 2020 年全国科技工作者日高校科协“积极贡献单位”称号。

15 日　学校召开 2020 年第 24 次校长办公会议。

16 日　中共重庆大学第十三届委员会常务委员会召开 2020 年第 28 次会议。

中国工程科技发展战略重庆研究院召开 2020 年学术委员会会议召开。校长张宗益，中国工程院院士周绪红、潘复生等出席会议。

学校召开第七次全国人口普查工作启动会。

17 日　学校召开 2020 年统一战线座谈会。校党委书记舒立春、校长张宗益出席会议。

17—18 日　学校举行新任辅导员入职培训。校党委副书记王旭作培训报告。

18 日　学校召开 2020 年第 5 次院长工作例会。

19 日　校长张宗益出席卓越大学联盟第十一次校长联席会议。

校长张宗益出席北京理工大学建校 80 周年纪念大会和大学校长论坛，并作了题为《跨界融合，推陈出新——重庆大学新工科建设与人才培养改革与实践》的主旨报告。

20 日　第二届西部高校计算机学院院长论坛在学校召开，校党委副书记王旭出席论坛开幕式并致辞。

21 日　创新“思政课”红岩革命故事展演活动在校启动。重庆红岩联线文化发展管理中心和学校签署合作协议，共建红岩精神重庆大学研究中心。市委常委、宣传部部长张鸣，市政协副主席周克勤，校党委书记舒立春参加签约仪式。

22 日　学校周绪红院士获 2019 年度重庆市科技突出贡献奖，另有 32 项成果获奖，其中获得一等奖 13 项。

23 日　中共重庆大学第十三届委员会常务委员会召开 2020 年第 29 次会议。

学校召开 2020 年第 25 次校长办公会议。

24 日　学校党委召开第六轮、第七轮巡察工作动员部署会，校党委书记、巡察工作领导小组组长舒立春出席会议并讲话。

24—25 日　国家级大学生创新创业训练计划专家工作组 2020 年第一次工作会议在校召开。副校长廖瑞金出席开幕式并致辞。

25 日　中国核动力研究设计院—重庆大学战略合作协议签约仪式在校举行。校长张宗益、副校长明炬，核动力院党委书记万钢、院长王丛林出席。

27 日　学校召开二级党组织书记例会。

28 日　学校人才工作领导小组召开第 29 次会议。

29 日　学校举行 2020 级学生军训成果汇报暨总结表彰大会。校党委书记舒立春向承训部队赠送锦旗并讲话。军训师副师长、中国人民解放军陆军工程大学通信士官学校卢明伦大校作军训总结报告。

学校召开人工智能研究院、智慧城市研究院启动会。校长张宗益出席并为研究院授牌，副校长明炬、刘汉龙参加。

学校召开 2021 届毕业生就业动员大会。

30 日　中共重庆大学第十三届委员会常务委员会召开 2020 年第 30 次会议。

学校召开 2020 年第 26 次校长办公会议。

十月

6 日　学校自动化学院辅导员袁利获评重庆市首届“最美高校辅导员”，全市共 10 人入选。

9 日　中共重庆大学第十三届委员会常务委员会召开 2020 年第 31 次会议。

学校举行 90 周年校庆社会筹资工作总结表彰暨“校友年度捐赠”活动启动大会。副校长廖瑞金参加。

学校首位“银龄计划”教师、马克思主义学院退休教师余曙光飞赴新疆塔里木大学支教。

10 日　学校定点扶贫云南绿春项目“‘五帮五促’助攻坚，稳边富民促振兴”获评教育部直属高校精准扶贫精准脱贫十大典型项目。

学校土木工程学院教师程勇荣获第五届重庆市高校青年教师教学劳动和技能竞赛决赛一等奖。

12 日　学校召开 2020 年第 6 次院长工作例会。

13 日　中共重庆大学第十三届委员会常务委员会召开 2020 年第 32 次会议。

学校召开 2020 年第 27 次校长办公会议。

16 日　学校计算机学院 2018 级本科生袁塑钦获第十二届中国青少年科技创新奖。

17 日　学校以“决战决胜，开启乡村振兴之路”为主题，举行第 7 个国家扶贫日系列活动。

18 日　国家自然科学基金委员会地球科学部与学校环境学院联合开展主题党日活动。国家自然科学基金委党组成员、副主任侯增谦院士，重庆红岩联线文化发展管理中心主任马奇柯，校党委副书记王旭出席活动并致辞。

19 日　学校附属三峡医院、附属肿瘤医院、附属中心医院在重庆市新冠肺炎疫情表彰大会上获表彰。

学校师生作品在第四届“全国大学生网络文化节”获一等奖、二等奖、三等奖各 1 项。

19—20 日　校党委书记舒立春、校长张宗益走访慰问学校今年年满一百周岁的肖明心、胡民泽、祖海清和周其鉴四位老人,为他们送去学校的关怀和祝福。

20 日　中共重庆大学第十三届委员会常务委员会召开 2020 年第 33 次会议。

学校召开 2020 年第 28 次校长办公会议。

20—24 日　学校举行 2020 年秋季学生就业双选会。中国船舶集团、中国建筑集团、中山大学等 600 家高质量企事业单位来校揽才。校党委书记舒立春、校长张宗益、校党委副书记王旭等领导到现场关心鼓励应聘学生。

21—22 日　校党委书记舒立春赴开州区关面乡推进对口帮扶工作。

21 日　学校与华为签约共建“智能基座”产教融合协同育人基地。校长张宗益、副校长廖瑞金、华为技术有限公司高级副总裁张顺茂出席签约仪式。

22 日　学校入选 2020 年度国家知识产权示范高校。

25 日　学校与贵州磷镁材料有限公司、云南省建筑科学研究院共同完成的“磷酸镁水泥制备与应用关键技术”科技成果通过中国建筑材料联合会鉴定,评审专家一致认为项目研究成果整体达到国际领先水平,建议进一步加快成果的推广应用。

26 日　学校召开巩固深化“不忘初心、牢记使命”主题教育成果暨党建“双创”验收准备工作布置会。校党委书记舒立春主持会议并讲话。

学校机械传动国家重点实验室第八届学术委员会暨战略指导委员会第一次会议召开。校长张宗益出席会议。

重庆市抗击新冠肺炎疫情先进事迹巡回报告会重庆大学专场举行。校党委书记舒立春、重庆市委宣传部副部长、市文明办主任马岱良现场聆听报告会。

27 日　中共重庆大学第十三届委员会常务委员会召开 2020 年第 34 次会议。

学校召开 2020 年第 29 次校长办公会议。

28 日　学校召开二级党组织书记例会。

29 日　学校开展 2020 年新进教职工入职培训系列活动。校党委书记舒立春、校长张宗益分别为新进教职工作专题培训报告。

第十六届“彭桓武理论物理论坛”暨第一届“彭桓武理论物理青年科学家论坛”在学校举办,中国工程物理研究院孙昌璞院士、校长张宗益、市科技局副局长牟小云出席并致辞。

学校党委巡察工作领导小组召开 2020 年第 5 次会议。

30 日—11 月 1 日　第十三届全国大学生创新创业年会在学校举行。校长张宗益、副校长廖瑞金出席开幕式。

31 日　卓越大学联盟第四届外国语学院院长交流会在学校举行。

十一月

1 日　学校召开第二十九次学生代表大会暨第四次研究生代表大会。校党委书记舒立春出席开幕式并讲话。

2 日　学校召开 2020 年第 7 次院长工作例会。

学校人才工作领导小组召开第 30 次会议。

3 日　周绪红院士荣获“2020 年度何梁何利基金科学与技术进步奖”。

4 日　中共重庆大学第十三届委员会常务委员会召开 2020 年第 35 次会议。

学校召开 2020 年第 30 次校长办公会议。

5 日　学校召开第十四届工会会员代表暨第九届教职工代表大会第四次会议。校长张宗益向大会作了题为《勇担新使命　奋进新征程　高质量推进中国特色世界一流大学建设》的工作报告，校党委书记舒立春作总结讲话。

6 日　中共重庆大学第十三届委员会常务委员会召开 2020 年第 36 次、第 37 次会议。

7—8 日　学校话剧《我在天堂等你》在“第七届重庆大学生戏剧演出季”成功上演。

9 日　学校召开 2020 年第 31 次校长办公会议。

学校首次开展高层建筑消防疏散演练活动。校党委副书记王旭出席。

重庆大学—云南绿春县定点扶贫乡村振兴工作推进会在校召开。校党委书记舒立春、副校长廖瑞金等出席。

11—13 日　校长张宗益带队先后赴南方科技大学、鹏程实验室、中科院先进技术研究院、中科院苏州纳米所、西湖大学考察调研，并与西湖大学签署校际合作协议。

中国钢结构大会暨山西省钢结构论坛在太原召开。周绪红院士团队项目“冷弯薄壁型钢结构多层房屋关键技术及应用”获中国钢结构协会科学技术奖特等奖。学生代表队“云水栖”云南大理轻钢民宿项目获 2020 年度“津西杯”高校学生钢结构创新竞赛一等奖。

12 日　学校与重庆市人民检察院签署协议，共建公益诉讼检察研究基地。市检察院检察长贺恒扬、副检察长梁田，校党委书记舒立春出席签约仪式。

“弘扬科学家精神　加强作风和学风建设”首场宣讲报告会在校举行。国家自然科学基金委员会监督委员会副主任何鸣鸿围绕《科技创新与科研工作者的责任》作专题报告。

13 日　党的十九届五中全会精神中央宣讲团来学校宣讲。中央宣讲团成员、中央财经委员会办公室副主任尹艳林为600余名在渝高校和高中师生代表作宣讲报告。市委常委、宣传部部长张鸣主持报告会。校党委书记舒立春，重庆市委宣传部、重庆市教委相关负责人，参加了会议参加。

学校附属肿瘤医院牵头成立中国抗癌协会肿瘤内分泌专业委员会，周琦教授当选首届主任委员。

17 日　中共重庆大学第十三届委员会常务委员会召开 2020 年第 38 次会议。

学校召开 2020 年第 32 次校长办公会议。

17—23 日　学校在第六届中国国际“互联网+”大学生创新创业大赛斩获金奖。

18 日　重庆市第六届大学生艺术展演活动开幕式暨舞蹈专场展演在学校举行。校党委副书记王旭出席开幕式。

20—22 日　首届 CCF 中国软件大会(2020 CCF Chinasoft)在学校召开。校党委书记舒立春出席开幕式并致辞。

20 日　学校荣获第二届“全国文明校园”称号。

21 日　中国科协、重庆市政府、重庆大学、四川大学共建“城市化与区域创新极发展研究中心”在 2020 重庆英才大会开幕式上揭牌成立。中央政治局委员、市委书记陈敏尔出席。中国科协党组书记、常务副主席、书记处第一书记怀进鹏，中共重庆市委副书记、市长唐良智，中国工程院院士、四川大学校长李言荣，校长张宗益共同为中心揭牌。

22 日　学校举行 2020 重庆英才大会—重庆大学海内外优秀青年学者秋季云论坛。

24 日　学校召开 2020 年第 33 次校长办公会议。

学校召开二级党组织书记例会。

25—26 日　由重庆大学与中国国际贸易促进委员会重庆市委员会等单位共同主办的“2020 南南合作与数字经济发展论坛”在重庆举行。

26 日　学校师生在歌乐山烈士墓红岩广场举行“11·27”烈士殉难纪念系列活动。

29 日　学校校友总会召开九届二次理事会会议。校长、校友总会会长张宗益出席并讲话。

学校煤矿灾害动力学与控制国家重点实验室召开 2020 年度学术委员会会议。实验室学术委员谢和平院士、李根生院士、康红普院士、杨春和院士等院士专家参会指导。校长张宗益出席并致辞。

30 日　中共重庆大学第十三届委员会常务委员会召开 2020 年第 39 次会议。

学校召开 2020 年第 8 次院长工作例会。

学校人才工作领导小组召开第 31 次会议。

十二月

2 日　学校召开明月科创实验班揭牌仪式暨明月湖—重庆大学新工科教育科创平台研讨会。校党委书记舒立春，重庆两江新区党工委副书记、管委会常务副主任王志杰，香港科技大学教授、明月湖国际智能产业科创基地创始人李泽湘共同为明月科创实验班揭牌。

3日　中共重庆大学第十三届委员会常务委员会召开2020年第40次、第41次会议。

学校党委巡察工作领导小组召开2020年第6次会议。

学校30门课程入选首批国家级一流本科课程。

4日　学校经营性资产管理委员会召开2020年第2次会议。

4—7日　第15届全国流变学学术会议在重庆召开。副校长明炬参加会议。

7日　国家卫健委体改司监察专员姚建红带队来校调研。校长张宗益、市卫健委副主任王卫会见参加座谈交流。

8日　学校与南京市签署协议,共建重庆大学南京研究院。校党委书记舒立春出席并致辞。

8—11日　学校在"挑战杯"中国大学生创业计划竞赛中捧得优胜杯,共斩获金奖1项、银奖4项、铜奖2项,获奖项目数量位列西南地区第一。

9日　财政部重庆监管局党组成员、一级巡视员(主持工作)赵英洪率队来校调研。校党委书记舒立春、副校长王时龙会见客人。

学校与中国农业银行股份有限公司重庆市分行签署战略合作协议。校党委书记舒立春,农行重庆分行党委书记、行长王全刚等出席仪式。

11日　学校国家镁合金中心与宝钢金属有限公司签署战略合作协议。中国工程院院士、国家镁合金中心主任潘复生,副校长明炬出席签约仪式。

11—18日　学校组织开展2020年度保密工作调研检查。校党委书记、保密委员会主任舒立春,副校长、保密委员会副主任明炬分组带队开展调研督查。

14日　校长张宗益带队开展安全检查,现场督办整改突出隐患问题。

15日　广安市委书记李建勤率队来校访问交流。校长张宗益会见李建勤一行。

16日　中共重庆大学第十三届委员会常务委员会召开2020年第42次会议。

学校召开2020年第34次校长办公会议。

17日　学校举行学生思想政治教育专题研讨会。校党委书记舒立春、副书记王旭出席。

学校举办2021年研究生元旦综艺晚会。校党委书记舒立春、副书记王旭、副校长王时龙等校领导以及师生代表500余人欢聚一堂观看演出。

17—18日　学校党委向有关单位反馈第七轮巡察情况。校党委副书记、纪委书记、巡察工作领导小组副组长陶举虎出席反馈会并讲话。

18日　学校召开学习贯彻《深化新时代教育评价改革总体方案》培训会。校长张宗益主持会议并作总结讲话,副校长王时龙作培训报告。

22日　中共重庆大学第十三届委员会常务委员会召开2020年第43次会议。

校党委书记舒立春、副校长王时龙带队开展2021年元旦、寒假前安全检查。

23 日　学校对口帮扶云南绿春县消费扶贫举措获中央电视台《焦点访谈》栏目报道。

24 日　学校召开 2020 年第 35 次校长办公会议。

学校召开 2020 年本科招生工作总结会。

24—25 日　学校先后在 B 校区科学会堂、虎溪校区学生活动中心举办 2021 年新年晚会。校党委书记舒立春，副书记、纪委书记陶举虎，副书记王旭参加 B 校区科学会堂专场演出。

25 日　中共重庆大学第十三届委员会常务委员会召开 2020 年第 44 次、第 45 次会议。

28 日　学校召开 2020 年第 36 次校长办公会议。

学校入选第三批大众创业万众创新示范基地。